中国谷糜专家传略

李顺国　程汝宏　主编

中国农业科学技术出版社

图书在版编目（CIP）数据

中国谷糜专家传略 / 李顺国，程汝宏主编. --北京：中国农业科学技术出版社，2021.12

ISBN 978-7-5116-5629-2

Ⅰ.①中… Ⅱ.①李…② 程… Ⅲ.①农学家-列传-中国-现代 Ⅳ.①K826.3

中国版本图书馆 CIP 数据核字（2021）第 263115 号

责任编辑 朱 绯
责任校对 李向荣
责任印制 姜义伟 王思文

出 版 者 中国农业科学技术出版社
北京市中关村南大街 12 号 邮编：100081
电 话 (010)82106632(编辑室) (010)82109702(发行部)
(010)82109709(读者服务部)
传 真 (010)82106625
网 址 http://www.castp.cn
经 销 者 各地新华书店
印 刷 者 北京建宏印刷有限公司
开 本 170 mm×240 mm 1/16
印 张 34.75
字 数 534 千字
版 次 2021 年 12 月第 1 版 2021 年 12 月第 1 次印刷
定 价 100.00 元

《中国谷糜专家传略》
编　委　会

序

2021年2月《中国谷糜专家传略》完成组稿之际，编撰委员会委托我对为本书作序，深感欣慰！感谢大家的信任。谷子糜子是起源于中国的古老农作物，是中华农耕文明的载体作物，谷子糜子研究领域的老专家是谷子糜子事业发展的宝贵财富。看完书稿，我的心情久久不能平静，老一辈科学家坚毅、执着的敬业精神深深感动着我。《中国谷糜专家传略》不仅记录了老专家的工作和贡献，也记录了新中国成立后谷子糜子的研究与发展历史，记录了谷子糜子产业的发展历程，记录了老专家们的科研精神，也记录了他们对年轻一代的希望和嘱托。

2017年5月13日，河北省杂粮研究实验室学术委员会会议在石家庄召开，中国作物学会粟类作物专业委员会第七届主任委员、河北省杂粮研究实验室副主任、河北省农林科学院谷子研究所所长程汝宏研究员提出编撰全国谷子糜子专家出版物的想法。随后，程汝宏研究员和我开始商讨落实这项工作，并征求了北京、河北、山西、陕西等省（市）科研单位谷子糜子科研老专家的意见，大家都支持这一想法。2017年9月确定了图书出版方案，书稿定名为《中国谷糜专家传略》，入选专家主要是新中国成立以来为谷子糜子研究做出突出贡献，且目前已经退休或者离世的科技工作者。由各谷子糜子科研单位、国家产业技术体系岗位专家和站长负责提出入编专家名单，并负责与原单位或专家本人及其亲属联系。书稿由中国作物学会粟类作物专业委员会、国家谷子高粱产业技术研发中心、国家谷子改良中心组织出版。实施方案确定后，中国作物学会粟类作物专业委员会和国家谷子高粱产业技术研发中心组建了《中国谷糜专家传略》编撰委员会和编纂小组，确定了各省的专家资料收集人。从2018年开始，编纂小组通过专家本人撰稿、专家口述整理、编纂小组采访整理等多种方式收集老专家的模范事迹。历经3年时间，截至2020年底，收集了北京、河北、河南、山东、山西、陕西、内蒙古、黑龙江、吉林、辽宁等省（区、市）100 位谷子糜子专家的事迹材料。他们都从事谷子和糜子资源、育种、栽培、植保等科研工作，为中国谷子糜子研究做出了突出贡献。老一辈谷子专家赵连元研究员对于本书高度关注，帮助出谋划策，时刻关注本书的编撰进展。

谷子和糜子虽然在我国有万年以上的驯化栽培历史，但系统的谷子糜子科学研究是在 1949 年新中国成立之后开展的，从资源收集整理、系统育种、杂交育种、杂交种培育等，发展到今天的常规和生物技术育种相结合的水平。本书收集的 100 位专家正是谷子糜子科学研究的奠基者和发展者，所以本书也是一本谷子糜子的研究历史，从中我们可以了解谷子糜子资源的规模收集是在什么年代、杂交育种何时广泛应用、造就杂种优势利用成功的高度雄性不育何时发现等谷子糜子研究的重大历史阶段和事件。本书也是一本谷子糜子研究成果的汇编，全世界最大量的谷子糜子资源的收集鉴定、60 日骨干亲本的发现和利用、杂交技术的建立、具有突破性的谷子品种豫谷 1 号和昭谷 1 号，糜子品种龙黍 16、陇糜 5 号的培育，优质谷子晋谷 21 的推广应用，《中国谷子栽培学》《谷子育种学》《糜子》等系列专著出版等重大成果，都是《中国谷糜专家传略》收录专家的成果，若想知道这些成果诞生的细节，翻开这本书就能知晓答案。

当我翻阅《中国谷糜专家传略》中陈玉香章节时，看到了一张 1988 年“七五”谷子攻关联查的照片，我有幸和李东辉、李荫梅、崔文生、古世禄、李景春等老专家一同参加这次联查，虽然已过去了 30 多年，多位老专家已经离世，但他们的音容笑貌仍跃然于我脑海，他们为谷子糜子事业奋斗的精神和事迹仍历历在目。李东辉先生去世在“七五”专项验收的现场、古世禄历时 7 年编撰《中国谷子栽培学》、崔文生 40 年南繁北育培育谷子杂交种以及年过八旬依然活跃在糜子育种一线的魏仰浩、贾尚诚、王玉玺专家……

今天，我们组织编撰《中国谷糜专家传略》，实际上是对老一辈专家们的奋斗精神的梳理，更是对老专家们和谷子糜子事业的敬重。继往开来，谷子糜子研究不仅需要老专家们积累的研究成果，更需要老专家们的精神力量。在本书出版之际，我们也应该对那些因各种原因未能收录在本书的谷子糜子老专家们致以诚挚的谢意，我们今天的事业是站在这些巨人肩膀上进行的，我们的工作是他们事业的继续。

今年是中国共产党成立 100 周年，也是“十四五”谷子糜子产业技术研发的开局之年，我相信本书的出版能够为谷子糜子老专家带来慰藉，能够为谷子糜子青年科技工作者带来精神指引，能够为谷子糜子产业技术研发积累历史经验，更能为国家粮食安全和乡村振兴做出更大的贡献。

国家谷子高粱产业技术体系首席科学家　刁现民

2021 年 3 月 16 日

目　录

北京市

河北省

山西省

内蒙古自治区

辽宁省

黑龙江省

河南省

山东省

陕西省

甘肃省

吉林省

宁夏回族自治区

北京市

陈家驹

陈家驹（1925—2010），男，中共党员，江苏省高邮县（今高邮市）人，中国农业科学院作物品种资源研究所研究员，享受国务院政府特殊津贴。陈家驹先生建立了中国栽培粟的分类系统，以谷子光反应为基础完善了谷子生态区划，完成了“日本60日”的引进和驯化，对我国20世纪后期谷子产业发展做出了重要贡献，是著名的谷子品种资源研究专家。

一、学习工作简历

（一）学习经历

陈家驹先生1925年4月27日出生于江苏省高邮县，1937年7月在江苏省高邮县立初级中学学习，1945年8月至1946年7月在南京市钟英中学学习，1946年10月至1949年7月在北京大学农学院农艺系学习。新中国成立以后，北京大学农学院、清华大学农学院和华北大学农学院合并组成北京农业大学，陈家驹先生随校攻读，于1950年8月毕业于北京农业大学农艺系。

（二）工作经历

1950年8月，陈家驹先生经统一分配，到华北农业科学研究所工作，历任技术员、助理研究员，1956年加入中国共产党。1957年中国农业科学院成立之后，陈家驹先生在中国农业科学院作物育种栽培研究所工作，任助理研究员、科研生产组组长、副科长。1962—1966 年在中国农业科学院作物育种栽培研究所品种资源室工作，任谷子组负责人。1966—1970 年在中国农业科学院安阳粮棉研究所（筹备）春播作物组工作。1970 年随作物育种栽培研究所下放到北京市农业科学院，依然从事粟类作物研究。1978 年中国农业科学院恢复后，陈家驹先生在新成立的作物品种资源研究所继续承担粟类作物品种资源研究工作，1978—1988 年任高粱糜谷研究室主任，1981 年晋升副研究员、硕士生导师，1986 年晋升研究员，1991 年在中国农业科学院作物品种资源研究所退休后延聘至 1997 年，1993 年开始享受国务院政府特殊津贴。

二、主要工作业绩

（一）谷子光反应研究与谷子区划

陈家驹先生利用 1957 年及 1963—1964 年参加北方 24 个科研单位联合进行的“我国主要粟产区品种生态型和品种适应性联合试验”积累的资料，对谷子光反应特性做了详细分析。指出谷子为典型的短日照植物，区域性很强，苗期在短日照下发育较快，南种北引会延长品种生育期，甚至不能正常成熟，北种南引会缩短生育期。同时指出，春播和夏播的日照反应强度不一样，不能混合分析，短日处理以 20 天为好。在此基础上，将谷子主产区划分为华北平原、东北平原、内蒙古高原和黄土高原 4 个生态型。谷子品种的光反应特征，也成为以后进行生态区划的主要依据。在 1980—1982 年中国农业科学院作物品种资源研究所工作期间，选取了全国 400 多个品种做了光反应鉴定，对前几年的分析做了验证，品种生态型和区域适应性试验结论为异地引种提供了科学依据。

（二）京谷 1 号的培育

1970—1974 年，中国农业科学院作物育种栽培研究所下放北京市农业科学院期间，陈家驹先生领导的课题组完成了大量的谷子资源繁殖更新任务，同时组织开展谷子品种间杂交育种工作，利用日本 60 日配制了大量杂交组合，在杂交后代中选择抗倒伏、节间短、茎秆粗壮的株系，经多次南繁加代育成品系“2122”，后定名“京谷1号”。京谷1号在1974年北京市夏谷评比中崭露头角，其早熟、矮秆、抗倒、抗病的特点适合当时“三种三收”的耕作制度，与玉米等高秆作物套种产量第一，对后茬作物影响最小，大面积示范田亩产368千克，1975年之后得到了迅速推广，“京谷1号谷子品种的选育和利用”荣获北京市科技成果奖三等奖。

（三）种质资源学科建设

1978年4月，中国农业科学院成立作物品种资源研究所，陈家驹先生任高粱糜谷室主任（1979年9月至1988年8月）。1979年2月，作为资源工作骨干，参与讨论制订了《全国农作物品种资源工作暂行规定》《农作物品种资源对外交换和国外引种的暂行管理办法》《1979—1985年农作物品种资源研究规划》等重要文件，谷子品种资源的征集收集工作开始走上正轨。1984年参与讨论修订了《全国农作物品种资源科研工作协调方案》《农作物品种资源对外交流管理办法》《国家种质库种子入库暂行管理办法》等一系列文件，在品种资源研究的学科建设中，起到了重要作用。

（四）“六五”期间的主要成绩

1979—1985年，陈家驹先生主持“粟品种资源收集、保存、鉴定和利用研究”专题，带领王雅儒、王尧琴等主要成员，组建了全国谷子种质资源研究协作网，讨论确定了谷子种质资源农艺性状鉴定技术方案、种质编目要求、种质保存质量指标，等等。共收集、整理、编目谷子种质资源2 700份，谷子抗谷瘟病、白发病、黑穗病鉴定23 399份次，完成谷子粗蛋白、粗脂肪、赖氨酸含量分析3 600份次，硒含量分析100份、脂肪酸含量分析260份。在此期间（1983—1986），指导硕士研究生高明君进行了“粟品种资源的同工酶分析”，以国内外831个粟地方品种为材料，进行酯酶同工酶分析，获得了13种酶谱类型，研究发现我国的黄土高原（以陕西为中心，包括山西和甘肃东部）粟品种的酯酶同工酶酶谱类型丰富、变异广泛而复杂，与近缘野生种狗尾草的酶谱类型相似，推论该地区是我国粟的起源中心，同工酶酶谱可以作为粟品种起源、演变与分类的依据之一。

（五）“七五”期间的主要成绩

1986—1990 年，陈家驹先生主持国家“七五”攻关专题“谷子资源繁种、农艺性状鉴定与编目”，适逢国家种质库启动运行，大量的谷子种质需要在短期内入库保存。在参加 1986 年粮食作物抗逆性鉴定任务落实之后，牵头制定了谷子抗逆性鉴定方法和评价指标，谷子以抗旱性鉴定为主、耐盐碱鉴定次之。同时认识到，加强抗逆性鉴定，供种是基础，在繁种、鉴定、评价等方面做了大量的协调工作。5 年间共完成谷子种质入国家长期库 15 009份、新编谷子目录 8 560份、农艺性状鉴定 20 233份、鉴定供种 67 412份次。从 8 560份谷子中，获得苗期一级抗旱材料 560 份、高蛋白材料 1 599 份、高脂肪材料 1 041份、高赖氨酸材料 609 份、抗谷瘟病材料 303 份、抗粟芒蝇材料 48 份、高抗白发病材料 659 份、高抗黑穗病材料 77 份。

（六）栽培粟的分类研究

1988—1993 年，陈家驹先生潜心于中国栽培粟的分类研究。在整理 3 000 多份华北平原谷子穗标本的基础上，依据穗型、粒色、米色，将我国栽培粟划分为 22 个主要组群，纠正了国际半干旱热带地区作物研究所在大粟划分中的归类错误。中国栽培粟分类系统得到了谷子学术界采信并沿用至今，对谷子种质的多样性研究起到了指导作用。其间（1988—1991）指导自己的硕士研究生季元甫进行“粟种质资源核型分析与粟分类初步研究”，为小粟和大粟之间的分类提供了细胞学依据，同时证明了中国大粟是由青狗尾草驯化而来，东南亚的小粟或许另有驯化途径。细胞学研究证据也证明了天然四倍体谷子品种的存在。

（七）日本 60 日的驯化与利用

陈家驹先生一直重视优异资源的筛选与利用，20 世纪 60 年代从日本引进了一批地方品种，试种中发现了早熟并高度抗倒伏的品种“60 日”，但由于生态型差别巨大，日本 60 日的结实性很差，在育种中难以直接利用。1970—1982 年，陈家驹先生每年种植一片日本 60 日，从中选择育性稍好一点的单株混收，既要保持日本 60 日的遗传多样性，又要改良 60 日的育性。经过十来年的努力，日本 60 日终于驯化成功，获得了育性良好的稳定材料。又用了 3 年时间，以日本 60 日作为亲本，配制了一批杂交组合，证明了日本 60 日抗倒伏特性能够稳定遗传给下一代。随后通过种质资源协作网，将日本 60 日及其衍生品系，分发到各个育种单位，日本 60 日作为抗倒伏基因源得到了利用。在 20 世纪八九十年代，日本 60 日成了夏谷区育种的骨干亲本，先后培育出了京谷 1 号、聊农 4 号、青到老、锦谷 9 号、鲁谷 5 号等抗倒伏新品种。特别是安阳市农业科学研究所（今安阳市农业科学院）利用日本 60 日和日本土龙杂交创造的豫谷 1 号，综合了丰产性和优质性，成为谷子育种的丰碑，获得了国家技术发明奖二等奖。据不完全统计，到 20 世纪末，夏谷区推广的谷子品种有 50%以上、春谷区有 30%以上，都具有日本 60 日血统，谷子从此摆脱了易倒伏的特征标签。陈家驹先生牵头完成的研究成果“谷子抗倒伏种质 60 日及其衍生系统的应用”在 1983 年获中国农业科学院奖。

三、主要成果和论著

（一）获奖成果

1. 京谷 1 号谷子品种的选育和利用，北京市科技成果奖三等奖，第一完成人，1975 年。

2. 谷子抗倒伏种质 60 日及其衍生系统的应用，中国农业科学院奖，第一完成人，1983 年。

3.《中国谷子品种志》，主编之一，获中国农业科学院奖，1988 年。

（二）品种

京谷 1 号，第一完成人，1974 年。

（三）主要论著

1. 陈家驹，《粟品种分类研究的商榷》（油印稿），1986 年。

2. 陈家驹，王雅儒，王升文，吴舒致，王尧琴．抗倒伏谷子种质“六十日”及其衍生系统的应用［J］．作物品种资源，1984（03）．

3. 陈家驹，王雅儒，王尧琴，王升文．谷子的品种生态型和它们的光照阶段分析［C］//作物品种资源研究论文集．北京：农业出版社，1984；中国作物学会谷子专业委员会．粟论文集，1987：210-232．

4. 高明君，陈家驹．栽培粟起源的同工酶研究［J］．作物学报，1988（02）．

5. 高明君（导师为陈家驹）．粟品种资源的同工酶分析［D］．北京：中国农业科学院，1986．

6. 季元甫（导师为陈家驹）．粟种质资源核型分析与粟分类初步研究［D］．北京：中国农业科学院，1991．

7. 中国农业科学院作物品种资源研究所，山西省农业科学院．中国谷子品种志［M］．北京：农业出版社，1985（编委之一）．

8. 中国农业科学院作物品种资源研究所．中国谷子遗传资源目录（1986—1990）［M］．北京：农业出版社，1991（主编）．

9. 中国农业科学院作物品种资源研究所．中国谷子及其他粟类作物遗传资源目录（1991—1995）［M］．北京：中国农业出版社，1995（主编）．

四、主要社会兼职与荣誉

1956 年，加入中国共产党；1989 年，兼任河北省农林科学院谷子研究所研究员；1986—1995 年，当选第一、第二届中国农学会遗传资源分会理事；1986—1991 年，当选中国作物学会粟类作物专业委员会副主任。

陈家驹先生工作照

陈家驹先生工作照（右 2）

王雅儒

王雅儒（1938—　），女，辽宁省沈阳市人，中国农业科学院作物品种资源研究所副研究员、硕士生导师，1993 年起享受国务院政府特殊津贴，一直致力于谷子种质资源研究事业，在谷子抗病鉴定技术和抗性资源推广利用上成绩斐然，是我国著名的谷子病虫害研究专家。

一、学习工作简历

1961 年吉林农业大学农学系毕业留校；1962 年被分配到吉林省农业科学院园艺系，从事瓜类茄果类蔬菜资源繁种选育工作；1963 年调入中国农业科学院作物育种栽培研究所；1970 年随作物育种栽培研究所下放到北京市农业科学院，依然从事粟类作物研究。

王雅儒老师（左）在进行谷瘟病调查

1978 年中国农业科学院恢复后，转入中国农业科学院作物品种资源研究所，一直从事谷子资源研究工作。早年协助陈家驹先生从事粟品种整理及品种区域划分研究；1970—1998 年，一直主持粟品种保存和选优利用、谷子种质抗谷瘟病、白发病鉴定技术及病菌生理小种研究，先后建立了一系列谷子病害鉴定技术规范和流程，在谷子品种与病原菌的相互作用与协同进化方面有独特见解，开创了谷子白发病鉴定新技术，率先完成了多个谷子抗病基因的遗传学研究，并为各个谷子主产区提供了适用的抗病基因源。在谷子栽培技术、杂粮加工增值技术的研究应用方面也有多项贡献；1986 年晋升为副研究员、硕士生导师；1993 年起享受国务院政府特殊津贴；1998 年退休。

二、主要工作业绩

1963 年，王雅儒调入中国农业科学院作物育种栽培研究所，参加陈家驹先生主持的“粟品种整理及品种区域划分研究”课题，具体负责北京试点粟品种生态型联合试验及光照处理试验工作，随后参加了北方 24 个科研单位联合试验资料的归类整理与讨论分析，在我国谷子品种生态型的划分和谷子主产区的第二次栽培区划中发挥了主要作用。

1965—1969 年，王雅儒先生响应“农业科技人员到农村去”的号召，先是参加中央抗旱工作队驻点山西黎城，后又走遍京郊各区县，在参加当地农业劳动的同时，进行农业生产调查，积极扩繁和试种谷子优良品种“水里混”，实现谷子资源的优选利用，她总结推广“以抗旱保苗为核心”的谷子栽培技术，得到了当地干部群众的欢迎。

1970—1974 年，中国农业科学院作物育种栽培研究所下放北京市农业科学院期间，王雅儒先生主持“粟品种保存及选优利用”课题，在河南安阳种植中国农业科学院保存的谷子品种 4 000多份，收获期邀请陈家驹先生对谷子品种进行确认和去杂，高质量完成全部材料的更新任务。同期开展了谷子品种间杂交和辐射育种工作，在陈家驹先生的指导下，利用日本 60 日配制了大量杂交组合，在杂交后代中选择抗倒伏、节间短、茎秆粗壮的株系，经多次南繁加代育成品系“2122”，后定名“京谷 1

号”。京谷 1 号在 1974 年北京市夏谷评比中崭露头角，其早熟、矮秆、抗倒、抗病的特点适合当时“三种三收”的耕作制度，与玉米等高秆作物套种产量第一，对后茬作物影响最小，大面积示范田亩产 368 千克，1975 年之后得到了迅速推广，“京谷 1 号谷子品种的选育和利用”荣获北京市科技成果奖三等奖。

1975—1978 年，参加谷子新品种选育及资源收集整理保存鉴定工作，负责作物育种栽培研究所库存谷子种质的更新繁种，对新繁殖材料逐一更换包装、装入种子盒，按永久号编写顺序，存入种子库，同时分出部分种子送入青海省农业科学院长期保存。在生长季驻点密云县（今密云区），在京郊调查生产问题，撰写题为《三种三收粟的地位和生产问题》的报告，在《北京农业技术快讯》上发表，同时为当地选育适宜的谷子品种。在平谷县（今平谷区）驻点期间，通过生产示范，推广京谷 1 号高产优质栽培技术，从而实现了北京市谷子品种第二次更新换代，同时开展了夏谷生长锥分化和谷子科学施肥等研究。

1978 年，王雅儒转入中国农业科学院作物品种资源研究所工作，主持“六五”“七五”农业部重点、国家重点科技攻关项目“谷子种质抗谷瘟病鉴定及病菌生理小种研究”专题。针对我国华北谷子主产区谷瘟病高发、常年因病减产 20%~30%、又缺少特效防治药剂的实际，提出培育抗病品种是唯一有效控制病害传播、稳定谷子产量的方法。指出当务之急是从我国丰富的谷子资源中筛选抗病种质，为育种提供抗病材料，同时需摸清我国谷子产区谷瘟病菌的生理小种分化状况，为抗病品种合理布局和有效利用寻找依据。王雅儒采用国际通用的研究方法，组织制定了抗谷瘟病鉴定技术方案，组织了 14 个科研单位，采用人工接种和田间病圃自然发病相结合的办法，用混合菌进行多年多点联合试验，对我国保存的近 20 000份谷子种质进行抗谷瘟病鉴定。菌种采自我国北方 10 省区 64 个地点的 81 个谷子品种共 129 个标样。病菌在酵母淀粉培养基上分离培养，在高粱粒上繁殖，用混合孢子液喷雾接种。在预备试验中已知谷子苗叶穗不同发育阶段的抗病性存在明显正相关特性，又选出了抗感性稳定的种质做对照品种。该项研究超额完成了专题谷瘟病鉴定任务，数据录入国家数据库，验收专家认为：“谷子种质抗谷瘟病鉴定及病菌生理小种研究”是一项基础研究，大规模开展此项研究在我国还是首次，通过对18 465份国内外资源的筛选鉴定，找到40份具有广谱抗性的品种和抗源，为加强抗病育种打下了物质基础；发现并弄清我国抗谷瘟病品种的集中分布区域，通过鉴定找出我国北方谷子产区谷瘟病菌出现7群32个生理小种，这些新的突破和进展也是国内首创，为品种资源研究积累了可贵的经验和技术方法，该项研究属国内先进水平，在学术和实践上有重要价值。1989年该项研究成果获农业部科技进步奖三等奖。

1984年，王雅儒参加了西藏作物种质资源考察，克服了高原缺氧和路途艰险，深入西藏农村，收集到多份珍贵的谷子资源。之前，内地谷子研究者并不了解西藏的谷子栽培情况，虽然在解放初期曾有人带来两份西藏谷子品种，但在张家口试种中未能结实，导致西藏谷子的研究一直缺失。西藏作物种质资源考察，4年间共收集到87份谷子，还有6份半野生材料。王雅儒在1984—1990年承担了“西藏谷子资源的评价分类演化研究”子专题，对87份谷子进行了多点试验并进行抗“四病一虫”人工接种鉴定，还进行了营养成分分析。经过认真观察与记载，去除重复保留了53份西藏谷子地方品种，研究发现西藏谷子表现出的生态类型及形态特征，与我国已知南北方谷子类型和特点明显不同，具有独特的生态表现型，今后若修改谷子栽培区划时应增加西藏栽培区。对收集到的6份西藏谷子半野生材料进行同工酶分析，其酶谱特征也有别于普通谷子和狗尾草。营养成分分析表明，西藏谷子所含粗蛋白和17种氨基酸含量高于我国谷子主产区的优质标准。西藏谷子种质的收集、整理、繁种入库，填补了西藏谷子库存的空白，其特殊的生态型和少有的半野生材料，值得进一步研究。研究发现采集号“189”的西藏谷子品种，对光照反应不敏感，在全国南北方均能正常成熟，是培育广适应性谷子品种的首选材料。1988年“西藏作物品种资源考察”获国家科学技术进步奖二等奖，王雅儒作为参与者获得了项目主持单位颁发的二级证书。

1988—1995年，在中国农业科学院院长基金资助下，王雅儒主持国家自然科学基金项目“我国粟白发病生理分化和粟品种抗性鉴定新方法的研究”。针对白发病的系统侵染性和病原菌的专性寄生性，王雅儒首创了卵孢子包衣接种法，与传统的菌土覆盖鉴定法相比，大大提高了白发病接种鉴定效率和鉴定数据的准确性。通过对保存的20 000余份谷子接种鉴定，抗病种质仅占1.98%，抗病和相对较抗病的品种分布在山东、河北、山西。对采自我国谷子4个生态区的白发病病原，进行了白发病病原的生理分化研究，发现白发病病原与粟品种间有强烈的互作反应，说明白发病病原的致病力有很强的特异性。研究确定了三三二、西城白、大青苗、柳条青等品种作为鉴别品种，可以将68个菌株区分为6群20个小种。B群为优势菌群，B_1为优势小种。发现谷子不同生态区存在不同的小种群，如东北区未见C群和E群，内蒙古高原区未见D群，黄土高原区未见C群、D群和F群，而各小种群均在华北平原出现。用各生态区选出的22份优异资源分别对68个菌株进行抗谱测定，从中选出三三二、龙谷25（变）等9个广抗谱品种，使每个生态区都有可用的广抗谱优异种质，为抗病育种和抗病品种的合理布局提供了依据。如曾经是陕西中部抗白发病谷子育种的骨干亲本大红袍，具有良好的农艺性状和好的配合力及丰产性，数十年中曾培育出延安1号至7号品种，在20世纪90年代初抗性丧失，成为感病品种，但从抗谱分析中看出，大红袍对内蒙古生态区的C小种群表现抗病，进而将该品种推荐给张家口农科所做抗病丰产育种亲本，在实践中取得了良好效果，抗谱研究成为科学育种的可靠依据。我国粟白发病病原生理小种研究和粟优异种质的抗谱测定成果，1994年获农业部科技进步奖三等奖。

1991—1995年主持“八五”攻关“谷子资源抗病虫鉴定”专题和“谷子资源繁种编目鉴定遗传评价”子专题，王雅儒作为第一主持人，全面负责专题申请立项、技术路线制定、研究任务落实、科研工作的协调与组织、总结和验收等各项工作，各项合同任务均圆满完成。选出农艺性状好，兼具1~2种优良特性的品种600份进行了综合评价和研究，主编《高粱谷子黍稷优异资源》，利用筛选到的光温不敏感种质大青苗、六尺白、石榴子、豫谷1号等，组配了39个杂交组合，创造了一批具有广泛适应性的育种材料。按我国谷子生态区划，东北区以丰产抗病为主，华北平原区以抗谷瘟病、谷锈病为主。对日本60日及其后代进行了进一步的抗性遗传性和稳定性研究，发现日本60日育成的京谷1号、锦谷9号、豫谷1号、青到老、聊农4号，均高抗谷瘟病，说明日本60日谷瘟病抗性遗传良好，抗性稳定，60 日的杂种 F_2 代呈现 15：1 和 9：6：1 分离，表明抗病性由两对显性基因控制。日本 60 日的抗倒伏性，在 F_1 代与日本 60 日相近，F_2 呈现 9：6：1 两对基因累加作用，后代抗倒株系的幼苗矮壮叶片宽短，可作为早期选择的标记性状。抗倒伏抗病优异谷子种质日本 60 日的研究与利用成果，1998 年获中国农业科学院科技进步奖四等奖。1991—1994 年，指导硕士生封朝晖完成了“华北平原粟种质资源核型分析及其在分类上的应用”研究，确定了华北粟 $2n=18$，核型基本相同，除第七染色体外其余染色体均较为对称，该项研究为华北栽培粟的分类提供了细胞学证据。

1996—1998 年，王雅儒主持“粟类优良种质评价与利用”“谷子抗谷瘟白发黑穗病鉴定”两项研究。完成谷子黍稷繁种入库 1 483份、中期库更新 3 055份、鉴定供种 16 135份次，完成谷子 202 份优良种质两年三点综合评价，获得优异资源 91 份，完成了谷子种质 6 份抗谷瘟病、4 份抗白发病、2 份抗黑穗病的遗传分析，创造了具有矮秆、抗病、抗旱、抗倒伏、优质等优良性状的复合新种质 12 份，有 6 份创新种质，在育种和生产上得到了有效利用，获得了优异种质后补助。

三、主要成果和论著

（一）获奖成果

1. 西藏作物品种资源考察，国家科学技术进步奖二等奖，二级证书，1988 年。

2. 谷子种质抗谷瘟病鉴定及病菌生理小种研究，农业部科技进步奖三等奖，第二完成人，1989 年。

3. 八种粮食作物种质资源抗病虫特性鉴定与评价，农业部科技进步奖二等奖，第四完成人，1993 年。

4. 我国粟白发病菌生理小种确定和粟优异种质的抗谱测定，农业部科技进步奖三等奖，第二完成人，1994 年。

5. 名优小宗粮豆试验示范，朔州市农业技术承包一等奖，第六完成人，1994 年。

6. 八种粮食作物种质资源抗病虫特性鉴定与评价，国家科学技术进步奖三等奖，第四完成人，1995 年。

7. 抗倒抗病优异谷子种质日本 60 日的研究与利用，中国农业科学院科技进步奖四等奖，第一完成人，1998 年。

（二）论文

1. 陈家驹，王雅儒，王升文，吴舒致，王尧琴．抗倒伏谷子种质“六十日”及其衍生系统的应用［J］．作物品种资源，1984（3）．

2. 王雅儒，谢淑仪，刘辉，等．谷子品种抗粟瘟病的鉴定研究［J］．植物保护学报，1985（3）．

3. 陈家驹，王雅儒，王尧琴，王升文．谷子的品种生态型和它们的光照阶段分析［C］//作物品种资源研究论文集．北京：农业出版社，1984；中国作物学会谷子专业委员会．粟论文集，1987．

4. 王雅儒，宋艳春．西藏谷子考察及研究［J］．中国农业科学，1987，20（1）．

5. 梁克恭，王雅儒，等．粟种质资源抗锈病鉴定研究［C］//“七五”谷子种质资源抗病性鉴定论文集，1990．

6. 刘怀祥，曹秀菊，王雅儒，褚菊征．谷子白发病抗性研究——抗病性鉴定技术研究［J］．植物病理学报，1992（4）．

7. 《Evaluation of millet for resistance characteristics and utilization of elite millet germplasm in China》，国际交流论文，1993 年。

（三）著作

1. 中国农科院作物所. 怎么办——巧种庄稼集锦［M］. 北京：农村读物出版社，1987（主编）．

2. 中国农业科学院. 黄淮海平原治理与农业开发［M］. 北京：中国农业科技出版社，1989（编写第十一章谷子的生态适应性和栽培技术）．

3. 《谷子种质资源抗病性鉴定 1986—1996 文集》（验收文件）。

4. 吴全安. 粮食作物种质资源抗病虫鉴定方法［M］. 北京：农业出

版社，1991：40-42（编写谷子白发病、谷瘟病鉴定方法）.

5. 中国农学会遗传资源分会，中国农业科学院作物品种资源研究所. 植物优异种质资源及其开拓利用［M］. 北京：中国科技出版社，1992：101-103（编写谷子优异种质在育种中的利用）.

6. 中国农业科学院作物品种资源研究所. 高粱 谷子 黍稷优异资源［M］. 北京：中国农业出版社，1999.

四、主要社会兼职

1993 年，任中国作物学会粟类作物专业委员会副主任委员。

王雅儒老师（左 3）工作照（白发病调查）

王雅儒老师（左 1）工作照（白发病调查）

王尧琴

王尧琴（1931—2012），女，贵州安顺人，大学本科学历，中国农业科学院作物品种资源研究所副研究员，主要从事谷子营养品质研究。

一、学习工作简历

1956 年在中国农业科学院作物育种栽培研究所参加工作。1978 年转入中国农业科学院作物品种资源研究所，从事谷子地方品种整理、鉴定工作，先后参与完成了《中国谷子品种志》的编写、谷子营养品质的鉴定与分析，参与编写了《中国谷子品种资源目录》。1986 年退休，1987 年晋升副研究员，参与编写的《中国谷子品种志》于 1988 年获得中国农业科学院奖。

二、主要工作业绩

1974—1978 年，在中国农业科学院作物育种栽培研究所工作期间，王尧琴参与《中国谷子品种资源目录》的整理工作，完成了中国农业科学院保存的谷子地方品种的整理，经农艺性状鉴定，有 123 份谷子种质编入《中国谷子品种资源目录》，在此期间王尧琴研究发现了优异谷子资源“水里混”，其粗蛋白和 17 种氨基酸含量均高于当时的优质标准，中矮秆抗倒伏的特性也符合当时的生产需要，水里混作为营养优质谷子品种，在京郊各区县试种和推广，成为 20 世纪 70 年代早期谷子选优利用的成功案例。

1978 年后，王尧琴转入作物品种资源研究所工作。1978—1985 年，协助陈家驹先生完成“粟品种资源收集、保存、鉴定和利用研究”专题中谷子资源整理编目，同时负责谷子资源的抗旱性鉴定和分析籽粒的营养品质。共收集、整理、编目谷子种质资源 2 700份，完成谷子粗蛋白、粗脂肪、赖氨酸含量分析 3 600份次，硒含量分析 100 份、脂肪酸含量分析 260 份。1983 年，在陈家驹先生的谷子 4 个生态地理类型划分的基础上，王尧琴对谷子品种生态型进行了细化和补充，明确了东北平原生态型、华北平原生态型、内蒙古高原生态型、黄土高原生态型的气候特征和品种特点，并阐述了谷子南方生态型（包括云、贵、川、粤、湘、鄂、桂）栽培粟的特征特性和异地引种的特殊性。

1986 年谷子抗逆性鉴定工作启动后，王尧琴承担起了谷子抗旱性鉴定任务，以“六五”期间摸索的抗旱鉴定方法、参考大豆高粱的抗旱鉴定技术方案，制定了谷子品种资源抗旱鉴定技术规范和抗旱性分级标准。谷子抗旱鉴定采用盆栽、苗期 3 次反复干旱，最后以幼苗成活率评价谷子的抗旱性。随后组成了由 13 个单位参加的抗旱鉴定协作组，落实鉴定任务，统一记载标准，工作细化到盆栽用土量、用水量、复水时期，等等。1986—1990 年，共完成谷子抗旱鉴定 3 103份，获得一级高抗材料 151 份，占 4. 87%；二级抗材料 412 份，占 13. 3%。研究发现西北区的品种抗旱性较强，南方区的品种较差，可见品种的原产地自然条件对品种的抗旱性影响最大。同时发现籽粒大的品种，幼苗壮实抗旱性强，籽粒小的品种苗弱抗旱性差。1981—1982 年，联合山东潍坊畜牧场进行谷子品种的耐盐性试验，初步发现猪汉肠软谷、压塌车等品种是很好的谷子耐盐遗传资源。

王尧琴利用 1982—1986 年间多批次品质分析结果，研究了北方 17 个省区的代表性品种的营养成分，发现谷子籽粒粗蛋白含量为 7. 25% ~ 17. 5%，约有 5%的品种蛋白质含量在 15%以上。在人体必需的 8 种氨基酸中，有 7 种必需氨基酸的含量高于其他粮食作物，其中的蛋氨酸、色氨酸唯有粟米中含量较高，从科学膳食的角度揭示了小米的营养价值。谷子籽粒粗脂肪含量 2. 54% ~ 5. 87%，大部分品种的脂肪含量在 4. 0%以上。脂肪酸组分中 85%是不饱和脂肪酸，其中能防止动脉粥样硬化、软化血管的亚油酸含量约 65%。每百克谷子中含维生素 A 81. 6 国际单位，最高达 394 国际单位；含维生素 B_1 0. 76 毫克/100 克、维生素 B_2 0. 12 毫克/

100 克；维生素 E 7.64~13.48 毫克/100 克，有 7%的样品维生素 E 含量超过 15 毫克/100 克；谷子是一个富硒作物，籽粒硒含量平均为 0.068 毫克/千克，最高含量达 0.118 毫克/千克，富硒谷子的推广种植，有望解决缺硒地区克山病的发生。这一系列的分析结果，为调整育种目标、制订优质资源标准提供了依据。

三、主要成果和论著

（一）获奖成果

《中国谷子品种志》，主编之一，1988 年获中国农业科学院奖。

（二）论文

1. 王尧琴．十三省优良粟种质资源研究［J］. 中国农业科学院作物品种资源研究所科学研究年报，1979.

2. 王尧琴，《谷子综合性状研究》（油印稿），1983 年。

3. 王尧琴，王伟闽．谷子（粟）种质资源研究初报——特性与品质部分［J］. 作物品种资源，1984（03）.

4. 陈家驹，王雅儒，王升文，吴舒致，王尧琴．抗倒伏谷子种质“六十日”及其衍生系统的应用［J］. 作物品种资源，1984（03）.

5. 王尧琴，王伟闽．我国谷子营养成分初探［J］. 作物品种资源，1986（04）.

6. 王尧琴．研究谷子营养含量培育优质新品种［C］//中国作物学会粟类作物专业委员会论文集，1987.

7. 王尧琴．我国谷子科研现状与进展［J］. 种子世界，1989（07）.

8. 王尧琴．粟的起源［J］. 古今农业，1988（01）.

9. 李东辉，王尧琴．粟的品质改良［J］. 作物杂志，1986（03）.

10. 李东辉，王尧琴．谷子的综合利用［J］. 农业科技通讯，1985（04）.

11. 李东辉，王尧琴．谈谈谷子的综合利用［J］. 河北农业科技，

1985（04）.

12. 王尧琴．晋谷 10 号［J］．农业科技通讯，1981（02）.

（三）著作

1. 中国农业科学院作物品种资源研究所，山西省农业科学院．中国谷子品种志［M］．北京：农业出版社，1985（编委之一）.

2. 中国农学会遗传资源学会．中国作物遗传资源［M］．北京：农业出版社，1994（编写第五章：粟）.

3. 中国农业科学院作物品种资源研究所．中国谷子遗传资源目录（1986—1990）［M］．北京：农业出版社，1991（编写谷子抗旱性鉴定数据）.

河北省

李东辉

李东辉（1921—1990），字吟秋，男，中共党员，研究员，1921 年 11 月 12 日出生于北京，祖籍辽宁省义县。中国作物学会粟类作物专业委员会首届主任委员，主要从事谷子栽培与育种工作，享受国务院特殊津贴专家，全国五一劳动奖章获得者。

一、学习工作简历

1944 年 6 月毕业于北京大学农学院。1944 年 7 月至 1946 年 11 月，先后在华北合作事业总会指导局调查科、采种科、采种圃、合作科工作。1948 年 2—9 月在张家口女子师范学校任生物、化学教师。1949 年 3 月至 1962 年历任察哈尔省农林厅沙岭子省立农业试验场作物股技术干部、副股长、张家口地区农科所（现为张家口市农业科学院）谷子室主任。1963—1985 年任河北省农林科学院粮食作物研究所（今粮油作物研究所）谷子研究室主任。1985—1986 年筹建河北省农林科学院谷子研究所，1987 年 4 月至 1988 年 9 月任河北省农林科学院谷子研究所所长，1988 年 10 月任河北省农林科学院谷子研究所名誉所长。1990 年 11 月 30 日在北京组织“七五”谷子育种攻关项目验收过程中，因心脏病猝发不幸逝世，享年 69 岁。

二、主要工作业绩

（一）地方品种整理工作

新中国成立初期，开展了总结推广群众增产经验、评选地方优良品种工作，先后收集到511个谷子地方品种，经过调查评价和试种选优，选出一批适合张家口地区扩大种植的优良品种，包括早熟品种“白罗沙”，中熟品种“西城白”，抗病品种“蒜皮白”，抗风不落粒品种“气死风”，适合水地种植的“东方亮”及适宜旱地种植的“半夜来”“小白苗（谷）”“一根白”等。这些品种就地或在附近地区迅速扩大推广之后，对恢复那一时期的农业生产起到了积极作用。李东辉主编出版了《谷子农家品种整理》（河北人民出版社，1959）。

（二）新品种选育工作

主持国家“六五”“七五”谷子育种协作攻关项目，主持或参加育成春谷品种沙农1号、张农3号、张农4号、张农5号、张农6号、张农7号、张农9号，夏谷品种冀谷2号、冀谷5号、冀谷9号、冀谷11号、冀特1号、冀特2号等。

（三）谷子栽培工作

1. 创新性提出夏谷沟播技术，推动了夏谷种植

20世纪70年代，由于水利的发展，河北省改春谷为夏谷已是大势所趋。李东辉深入冀中南地区生产实地做调查研究，发现限制夏谷高产、稳产的主要因素是“一倒三病”。“一倒”是倒伏，“三病”是谷瘟病、谷锈病和褐条病。他提出要从品种和栽培上迅速解决“一倒三病”，摘掉夏谷低产的帽子。研究出促进根系发育的沟播技术，解决了夏谷防倒的问题，夏谷沟播技术对稳定和提高河北省中南部夏谷产量起到很大作用，一般比平播种植的亩增产50千克以上。1977年北京农业电影制片厂将“夏谷沟播”技术拍摄成科教片，在全国谷子产区放映。1979年国际半干旱地区热带作物研究所代表团来河北省农林科学院参观时，观看了这部影片，代表团团长及从事谷子研究的博士斯文代尔对此项技术评价很高，表示要购买一部在世界上广为宣传。李东辉又从品种、栽培、植保、土肥、工具改革等多方面研究，进而提出“三抗品种、机播沟种、宽幅密植、提高光能利用率”的综合栽培技术，还普遍推行石灰乳浸种、变温浸种及药剂拌种等种子处理技术，有效地控制了谷子“三病”的危害。这一技术除在河北省夏谷地区推广百万亩外，还被河南、山东、陕西、甘肃等省采用。

2. 提出“一优三改”栽培技术

进入20世纪80年代以来，河北省旱情逐年加剧，冀中南是黄淮海平原的干旱中心，地下水位急速下降。李东辉通过生产调研、试验、示范，研制出一套中低产地区夏谷旱作丰产栽培技术，简称“一优三改”。“一优”就是选用优种，当时选用的优种有冀谷9号、冀谷11号、豫谷1号等，实行“良种良法技术小包装”供种，即将谷种精选后用药剂（包括杀虫、杀菌剂）和微肥拌种处理，然后一袋包约0.5千克，一袋种一亩地。“三改”即一改大翻沟播种为贴茬早播；二改原47厘米大宽行距为20~33厘米小垄密植；三改亩用种1.5~2.0千克的大播量为0.3~0.5千克的精量播种。“一优三改”栽培技术的推广给夏谷生产带来几大好处：麦收后抢墒播种可避免大翻沟播时水分散失所造成的土松“烧苗”现象，并提早播期3~5天；精量播种不用间苗，省种省工，且谷苗个体发育健壮；小垄密植使群体结构合理，可充分利用水、肥、光、热资源，再辅之科学施肥、适时培土，实现了夏谷高产稳产，在旱薄地一般增产15%左右，肥水地可增产35%左右。“一优三改”夏谷栽培技术简便易行，农民容易接受，推广面积从1982年的几十万亩上升到1990年的400多万亩，为河北省谷子生产上台阶做出了突出贡献。

三、获奖成果、论著

（一）获奖成果

夏谷新品种冀谷11号的选育与应用，获河北省科技进步奖三等奖，第一完成人，1989 年。

（二）主要论著

1. 主编《谷子农家品种整理》，1959 年河北人民出版社出版。

2. 主编《谷子新品种选育技术》，1990 年天则出版社出版。

3. 参编《中国谷子栽培学》，1987 年农业出版社出版。

4. 参编《中国谷子品种志》，1985 年农业出版社出版。

5. 李东辉，张树森，崔文生，郑彦苏，赵连元．试论决定谷子产量高低的主导因素及其栽培生理基础［J］．中国农业科学，1963（09）．

6. 李东辉．谷子生产中的秕谷问题［J］．中国农业科学，1963（06）．

7. 李东辉，郑彦苏．春粟增粒的水分临界期［J］．华北农学报，1963（02）．

8. 李东辉，董福庭．谷子（粟）的苗色作为变种分类依据的实践意义［J］．华北农学报，1963（01）．

9. 李东辉，张树森，崔文生，郑彦苏，刘松臣．谷子（粟）的栽培特点［J］．中国农业科学，1962（12）．

10. 李东辉．决定谷子产量高低的主导因素及其栽培生理基础（摘要）［J］．华北农学报，1962（01）．

11. 李东辉，陈先雨．土洋结合制造钾细菌肥料［J］．中国农业科学，1959（05）．

12. 李东辉．张家口专区抗旱抢墒种谷经验［J］．中国农业科学，1953（02）．

13. 李东辉，陈滨．河北省 1965 年谷子增产技术总结［J］．华北农学报，1966（01）．

14. 李东辉，崔文生，赵连元．春粟增粒的氮素营养及氮素高效期［J］．华北农学报，1963（04）．

15. 李东辉，王天宇．育苗移栽谷子（粟）的生理生态特点及其增产潜力［J］．华北农学报，1990（02）．

16. 李东辉，程汝宏，李红平．跨大纬度培育谷子原种研究初报［J］．河北农业科学，1990（02）．

17. 李东辉，程汝宏，陈洪斌．谷子动态育种及其应用［J］．粟类作物，1990（2）．

18. 李东辉，陈洪斌，相永琛．我国谷子育种获得一批新成果［J］．农业科技通讯，1989（12）．

19. 李东辉，魏仰浩．粟类作物科研新进展［J］．作物杂志，1989（03）．

20. 李东辉．谷子“商品化”刍议［J］．作物杂志，1988（03）．

21. 李东辉．谷子以增粒为中心的应用基础研究［J］．河北农业科学，1988（03）．

22. 李东辉，李月香．谷子新品系——金谷米［J］．作物杂志，1987（01）．

23. 李东辉．深入开展旱农作物的研究是当务之急［J］．河北农业科技，1987（01）．

24. 李东辉，王尧琴．粟的品质改良［J］．作物杂志，1986（03）．

25. 李东辉，王尧琴．谷子的综合利用［J］．农业科技通讯，1985（04）．

26. 李东辉，王尧琴．谈谈谷子的综合利用［J］．河北农业科技，1985（04）．

27. 李东辉．夏谷的旱农栽培［J］．河北农业科技，1984（03）．

28. 籍贵苏，李东辉，王志民，刘后利．粟蛋白质含量的遗传［J］．华北农学报，1991（S1）．

29. 周金树，王润奇，李东辉．龙爪稷下胚轴离体培养与植株分化［J］．华北农学报，1990（03）．

四、主要社会兼职与荣誉

1986 年 4 月，当选中国作物学会粟类作物专业委员会首届主任委员。1983 年 7 月，获河北省政府通令嘉奖；1984 年 6 月，被河北省委授予科普先进个人；1984 年获评全国优秀科技工作者、全国五一劳动奖章获得者；1987 年当选中国共产党第十三次代表大会代表。

李东辉工作照（左 2）

人民日报
RENMIN RIBAO

一季度国内市场稳定繁荣
社会商品零售额比去年同期增13%

学习李东辉的无私奉献精神

把整个生命献给崇高的事业

新闻简报

航空工业40年成就卓著

"说"与"考"

研究创作现状 促进小说繁荣
小说创作研讨会在京举行

1991 年 4 月 18 日，《人民日报》头版头条以《把整个生命献给崇高的事业——记优秀共产党员、著名谷子专家李东辉》为题报道了李东辉同志的光辉事迹。

赵连元

赵连元 1934 年 10 月 1 日出生，河北高碑店十里铺村人，农民家庭出身，中共党员，河北省农林科学院谷子研究所研究员，享受国务院政府特殊津贴，1996 年退休。赵连元先生从事农业科研工作 50 年。

一、学习工作简历

赵连元长期致力于谷子新技术的研究和探索，涉及种质资源、遗传育种、栽培技术、农业物理、生理生化、生物技术等诸多课题，取得多项成果；长期深入农村调查研究，推广研究成果，为生产服务，得到农民群众肯定；执行原农业部、河北省政府联合投资的河北省谷子研究所筹建工作，圆满完成任务。赵连元不忘初心、牢记使命，全心全意为发展谷子事业奋斗不息。

（一）学习经历

1950 年在北京大同中学学习，1951 年因贫退学，应招考入察哈尔省立农事试验场练习生班，学习农业科学技术，勤学苦练，历经五年完成学业，定为技术员。1961 年北京农业大学作物育种函授结业。赵连元在数十年的科研生涯中，紧紧抓住各种学习机会，真学实干，不断充实自己，为加快知识更新不懈努力，多次获得“学习好标兵”“五好标兵”奖状。

先后参加了河北省农林科学院“生物统计学习班”“普通遗传学学习班”、张家口农科所“细胞遗传学学习班”、河北遗传学会“分子遗传学学习班”、清华大学“生物技术研讨班”、中国科学院河北分院原子能研究所“放射性同位素应用培训班”等。

（二）工作经历

赵连元在张家口地区坝下农科所学习工作35年（1951—1986），历任练习生（1951），技术助理员（1954），技术员（1956），农艺师（1979），农业物理研究组组长、课题主持人（1960），种子研究室副主任、课题主持人（1963），农业微生物研究组组长、课题主持人（1969），谷子研究组组长、课题主持人（1972），业务副所长（1978），主管全所科研工作。1984—1985年借调到河北省农林科学院，参加河北省谷子研究所筹建工作；1986年调入河北省谷子研究所，任副所长、副研究员、生物技术研究室主任、课题主持人；1993年任研究员；1996年完成课题研究任务后退休。

（三）社会兼职

1964年，河北省农业厅种子专业组成员；1979年，河北省科委育种专业组成员；1980年，张家口地区农学会副理事长；1984年，张家口地区行署智囊团成员；1984年，阳原县政府谷子生产顾问；1985年，国家“七五”攻关项目“谷子新品种选育研究”项目可行性论证专家委员会委员；1986年，中国作物学会粟类作物专业委员会副主任委员；1987年，国家谷子“七五”攻关专家工作组成员；1991年，国家科委“主要粮食作物新品种选育技术研究”项目可行性论证专家委员会委员；1991年，农业部“谷子新品种选育技术研究”项目可行性论证专家组组长；1993年，河北省科委国家级科技成果鉴定评审专家；1993年，北京科教电影制片厂《高产谷子》科学顾问；1994年，河北省专家献策团成员；1994年，河北省科委、计委、经委河北省工业结构调研新兴产业专业组专家。

（四）荣誉奖励

1958年，获河北省青年社会主义建设积极分子；1958年，获全国青年社会主义建设积极分子；1961 年，获农科所技术改革先锋；1963 年，获农科所学习好标兵；1970 年，获农科所五好标兵；1977 年，获农科所劳动模范；1978 年，获张家口地区劳动模范；1986 年，获张家口地区优秀科技工作者；1993 年起，享受国务院政府特殊津贴；1994 年，荣获 1993 年河北省科技进步活动先进个人；1994 年，获河北省农林科学院二等功；1996 年，获河北省农林科学院“八五”先进个人。

二、工作业绩

（一）张家口地区坝下农科所期间（1951—1986）

1. 执行和主持“谷子新品种选育及原始材料研究”课题（1951—1963—1982）

赵连元作为执行人（1951—1962），积极参加了张家口地区谷子农家品种的调查征集工作，1953—1954 年利用冬春时间，深入阳原县、赤城县、蔚县农村，单人徒步串村入户，调查征集谷子农家品种 200 多份，为国家保留下宝贵资源，发现阳原县团豆沟村农民相玉山，应用单株选择法育成谷子新品种“一根白”，该品种早熟、耐瘠、耐旱，适宜山坡地种植，受到农民欢迎，其事迹被收入任惠儒编著的《种谷子》一书。多年执行张家口地区农家品种整理鉴定工作，为谷子育种积累了宝贵资料，被收入山西省农业科学院主编的《中国谷子品种资源目录》一书和张家口农科所、承德农科所两所合著的《谷子农家品种整理》一书。

1953 年在蔚县良种场驻点一年，对蔚县栽培历史悠久的“小白苗”农家良种进行选育研究，分离出 24 个类型，从中选出张农 7 号、张农 9 号两个新品种，供示范推广。

1955 年在宣化县（今张家口市宣化区）殷家庄村驻点一年，进行旱坡地谷子栽培技术调查，面对 200 多户从整地到收获逐户如实登记栽培措施，年终汇总成文，为育种研究提供依据。在谷苗 2 尺（1 尺约合 33.3 厘米，全书同）多高时突发粟叶甲为害，心叶干枯，经与老农现场试验用“剪除心叶法”防治取得满意效果。

1958年在万全县（今张家口市万全区）宣平堡村下放劳动锻炼一年，帮助建成社办农业试验场，设有化验室、图书室、气象观测站、肥料厂、试验田、种子田、百花田，选择有文化的中青年和有经验的老农10人担任技术员，引进谷子、玉米、高粱、山药新品种和栽培新技术，为当地生产服务。为了解决缺肥问题，开始研究细菌肥料，从当地土壤中分离出固氮菌菌种，用农副产品做原料试制成功了固氮菌肥料，经试用有明显效果，经专家鉴定确认后建立了菌肥厂进行生产，在张家口地区万全县召开现场会推广土法制造菌肥，宣平堡社办试验场成为一面红旗。

1963—1983年，谷子生产上出现了不同程度的“品种单一、种子混杂、种性退化”问题，赵连元在《河北科技报》发表了《谷子引种的科学根据》，在《科技资料》发表了《谷子的田间选种》《介绍一种改良混合选种法》《选用良种的科学根据》等多篇科技资料，供农民科学种田参考，对解决谷子生产中的问题起到了重要作用。

1964年设计了“谷子农家品种返还”项目，把经过研究整理的当地农家品种，以县为单位返还给县良种场集中种植，收获前组织农民群众到现场评选，并进行田间精选留种，有计划地供给农民推广，当年参加评选的农民有1 370人，评选出的品种有247个，其中以半夜来、小白苗、西城白、大白谷、一窝蛇、六道棱、生铁蛋、三变化、媳妇笑、竹叶青、一根齐等最受欢迎。按照当地的自然条件、生产条件、生产生活需要，基本实现了大、中、小日期配套，绿苗、黄苗、紫苗配套，水地、淤地、旱地、山坡地配套，对解决谷子生产存在问题起到了良好作用。

加强引种试验，简而易行，行之有效，按引种规律从承德、赤峰、长城以南等地区不断引进新品种，经试验成功大面积种植的品种有承农2号、鹿角白、跃进4号、72-184、么里谷等。

为了加速谷子良种普及，赵连元设计了“大样板田工作方案”，品种（栽培）试验阶段完成后即可进入大样板田示范，大样板田即百亩级、千亩级、万亩级的样板，其自然条件、生产条件、栽培管理条件多样化、代表性强，通过大样板田可以统一领导、群众、技术人员的思想，农民群众可以学会管理技术，种子部门可以精选种子做好储存，按计划分配种植，大样板田面积大，在村周路边都有分布，示范效应大。

1964年，组织“阳原县张农9号千亩样板田”获成功，次年全县普及张农9号10万亩（1亩约合667平方米，全书同）；组织“张家口市么里谷千亩样板田”获成功，两年普及5万亩。

1967年在怀安县水濠洼村驻点一年，与县农业局合作建立以谷子、玉米为主的浅山丘陵区综合增产样板，全村2 900亩丘陵山坡地，当年总产粮食57万斤（1斤合0.5千克，全书同），平均亩产196.6斤，比1966年亩产108.1斤，增产81.9%，显示科学种田对浅山丘陵区具有明显的增产潜力。

1974年在赤城县白草乡驻点一年，组织白草乡万亩谷子亩产400斤样板田获成功。当年在受冻害的情况下万亩谷子亩产达到310斤，较往年亩产260斤，增产19.2%。1975年万亩谷子亩产达到430斤，超额完成任务，其经验在张家口地区推广应用。

1976年在宣化县李家堡，组织“跃进4号千亩样板田”获成功，在全区普及30万亩。

1983年在阳原县东堡，组织“72-184千亩样板田”获成功，两年普及5万多亩。

1977—1978年在怀来县黄营驻点两年，组织国内外第一块“两系杂交谷子百亩样板田”获成功，为全国杂交谷子协作会提供了观摩现场。为两系杂交谷子成果鉴定会提供了现场，样板田平均亩产802斤，比当地谷子亩产611斤增产23.8%。为进一步组织赤城县千亩杂交谷子样板田，提供了依据。

赵连元主持的谷子新品种选育及原始材料研究课题，为张家口地区谷子生产提供谷子优良品种14个，其中育成品种6个（张农7号、张农9号、张农10号、张农11号、张农12号、张3-19）。引进良种4个（么里谷、承农2号、跃进4号、72-184）。评选地方良种6个（小白苗、西城白、半夜来、大白谷、压塌车、红石柱）。进一步提升了谷子良种化水平。

2. 主持“农业微生物研究”（1969—1970）

1969年张家口地区决定在张家口坝下农科所建赤霉素厂，以满足农作物、蔬菜、果树生产的需要，赵连元急生产之所急，接受任务后，在北京农业大学闫方贵教授的全力帮助下，大干 100 天，建成生产车间投入生产，产品经北京农业大学化验纯度高达 99.8%。生产期间无偿接待北京、山西、黑龙江生产实习人员，还无偿派技术人员帮助张家口市、万全县、闻喜县、大同市等单位建厂生产，此项工程最艰难的事是“任务急、投资不足，仅两万元”，只有走“利废利旧、自力更生”的路子，经多方查询，从荒山坡废弃的工地上找到了锅驼机、内燃机，请求解放军派汽车运回农科所，改装成高压锅炉和空气压缩机，建厂任务完成后 2 万元工程款尚未用完。为了减低生产成本，还研究了赤霉素提取新技术，被收入河北省科委科技情报站编印的《科技参考资料》1971 年第 9 期。针对生产上存在的虫害问题，试制成功了多种生物农药，如：杀螟杆菌、白僵菌、蚜霉等。经试用，对粟灰螟、玉米螟、菜青虫、蚜虫防治效果显著。

3. 主持“农业物理研究”课题（1960—1963）

1960 年赵连元被选派参加中国科学院河北分院原子能研究所举办的“放射性同位素应用培训班”，面对陌生专业，赵连元认真学、刻苦练。结业后，在所领导的信任和全力支持下，立即投入新工作，改建好放射性实验室，骑自行车往返 600 多公里从天津取回放射性同位素，从北京、保定等地购置了放射性工作专用的仪器设备、器材试剂，配备了 5 名中青年科技人员，边学习边工作，开始了新的征程。

谷子辐射育种研究：研究了谷子的辐射敏感性，不同品种对 $^{60}Co-\gamma$ 射线的反应有明显差别，不同生育期，不同苗色的品种表现为，生育期愈大，苗色愈浅，愈敏感。引变剂量以半致死剂量为标准，则晚熟黄苗品种为 1 万~2 万拉德，中熟绿苗品种为 2 万~3 万拉德，早熟紫苗品种为 3 万~4 万拉德，应用上述标准进行辐射育种结果为，以 3 万拉德处理早熟紫苗品种“红石柱”育成“张农 10 号”和“56 天小谷子”，以 3 万拉德处理中熟绿苗品种“西城白”，育成千粒重 6.7 克的“白大粒”品种，均被收入《中国谷子品种志》，雄性不育材料被收入《植物遗传育种学》，处理张农 3 号获 15 种变异，育成张 3-19，经审定，定名“冀张谷 1 号”，成为大面积推广品种。1966 年 3 月 7 日，徐冠仁院士来信称：“你们的谷子辐射育种工作很出色，对辐射育种为生产服务是一个很大的推进。”实践证明，谷子辐射育种具有多、快、好、省的特点，只要育种目标明确、选材准确、技术合理、选择科学，可大大提高辐射育种的工作效率。应用^{32}P 研究谷子的磷素吸收分配运转规律，揭开了谷子生育后期需要磷素但后期追施磷肥往往效果不明显之谜。^{32}P 示踪结果显示：谷子生育后期需要的磷素，不是来自后期追施的磷素，而是生育前期植株叶鞘、叶片积累贮存磷素的再利用，被收入《中国谷子栽培学》《作物栽培学》等专著，现磷肥作种肥已成为谷子增产的措施之一。

4. 主持“谷子杂种优势预测技术研究”（1976—1986）

利用杂种优势已成为当代农作物增产的重要技术措施之一，但从田间测配大量组合中去筛选优良组合，需时费力，工作量太大，特别是谷子现有品种资源约 15 000份，若能在室内预测结果的基础上，再进行田间测配选择，可收事半功倍之效，1976 年与中国科学院生物物理研究所协作，在杨福愉院士的主持下，试用匀浆互补法代替线粒体互补法获得理想结果，为了与农村科研基地配合，赵连元又进一步简化预测方法，选出蒜系 28×250、蒜系 28×287 增产 30%左右，抗旱耐瘠，适合丘陵旱地种植，1985 年在阳原县示范 2000 亩获成功。

“杂种预测简法”1979 年获河北省科委科技成果奖四等奖；“杂种优势预测杂交谷子示范”1985 年获张家口地区科技成果奖二等奖；“匀浆互补法预测杂种优势”1987 年获中国科学院科技成果奖三等奖。

5. 主持“纤维蛋白固态发酵研究”（1981—1982）

大量的农副产品，如谷草谷糠和工业副产物糟粕浆渣等，通过微生物发酵转化为细胞蛋白，变废为宝，保护环境安全，具有重大意义。赵连元从中国科学院环境化学研究所引进 815 菌种，进行实验，获得进展，建立了 815 菌种扩繁技术体系和固体发酵技术体系，发酵产品蛋白质含量显著提高，秸秆由 3. 19 提高到 25. 06，废纸浆由 3. 81 提高到 28. 81。

（二）河北省农林科学院谷子研究所期间（1986—1996）

1. 执行筹建河北省谷子研究所任务（1983—1986）

河北省谷子研究所是原农业部和河北省政府联合投资兴建的重点项目，河北省农林科学院成立了以贾如江副院长为组长的项目领导小组。成员有骆国通、李东辉、赵连元、吕德滋、马榕荫，下设项目执行小组，负责人为赵连元，成员有张玉宗、王廷良、金洪伟。

1983 年 12 月至 1984 年 11 月完成了建所前期准备工作，编写建所任务书，由河北省农林科学院、省计委、省科委、省财政厅、省农业厅五大部门联合向省政府请示，争取将谷子研究所建在河北省。很快得到省政府的批准，1984 年 11 月 1 日，农业部科技司、河北省农林科学院联合投资合建河北省谷子研究所的协议书签字生效。筹建工作立即紧张有序全面展开。1984 年 12 月至 1986 年 11 月完成了繁重的基建任务。全所占地总面积 65 280平方米，其中试验地面积 53 280平方米。所区面积 12 000平方米，所区建筑面积 8 000平方米，包括实验楼 2 666平方米，综合楼 805 平方米，住宅楼 3 100平方米，网室 660 平方米，车库 100 平方米，所区道路 650 平方米，被评为全优工程。大型精密仪器设备陆续到位，科研工作和科技开发工作，不断取得进展，组建高水平的科研队伍工作正在积极进行中，至此，筹建任务全面完成。

1987 年 5 月 15—17 日，举行了谷子研究所落成典礼。农业部和河北省政府有关领导主持典礼并讲话，检阅了重点工程和设备，11 个省（市、区）133 位来宾到会祝贺。同时举行了全国谷子学术交流会和全国谷子科研成果展览会，成立了中国作物学会粟类作物专业委员会，定期出刊《谷子科研通讯》，谷子研究所承担了国家“七五”攻关重点课题。面对谷子专业当前和长远亟待解决的重大问题，组织全国谷子科研大协作，充分显示出省、部合建谷子研究所的优越性。

2. 主持“细胞工程在谷子育种中的应用研究”（院管合同项目，1986—1990）

课题于 1987 年 4 月通过了中国科学院院士田波主持的专家论证组的开题论证，历时 4 年完成任务，1990 年通过了河北省农林科学院组织的专家验收。1996 年获河北省科技进步奖三等奖。

植物细胞在遗传上的全能性、不均一性和易变性，为谷子体细胞无性系变异筛选，提供了理论依据，建立实用高效的谷子体细胞育种技术体系，实现谷子育种技术现代化，具有重要意义，以优质品种“金谷米”的幼穗愈伤组织为材料，筛选体细胞无性系变异，获得 88-26、88-30、88-32 三个新品系，与亲本相比增产 2.6%～14.4%，抗倒伏、抗病性有明显提高，首次建立了谷子体细胞育种技术体系：谷子幼穗愈伤组织的诱导→愈伤组织的根、芽分化→再生苗的移栽与管理→体细胞再生植株→再生株系鉴定。

谷子愈伤组织的辐射敏感性初试结果表明$^{60}Co-\gamma$处理，在500～15 000拉德范围内，剂量愈高愈敏感，9 000拉德以后均失去分化能力；谷子愈伤组织耐盐性初试结果，NaCl 0.1%分化率为12%，NaCl 0.3%分化率为10%。似有浓度愈高抑制分化力愈大之趋势。

首次应用细胞工程技术育成谷子新品系。首次建立了谷子体细胞无性系变异筛选程序。首次研究明确了谷子体细胞无性系筛选过程的系列最佳条件，有待在育种实践中进一步完善。

3. 主持“谷子原生质体融合育种技术研究”（河北省自然科学基金资助项目，1992—1995）

1990年6月通过省科委组织的专家鉴定，达到同类研究的国际先进水平。1991年获河北省科技进步奖二等奖，1992年获国家科学技术进步奖三等奖。

谷子原生质体培养和植株再生体系是课题研究的基础工作，在此基础上就可以开展谷子的体细胞杂交，导入外源遗传物质等遗传操作，创造新品种，意义重大深远。

谷子愈伤组织的分类调控和谷子原生质体的启动分裂、持续分裂及胚状体的优化培养，是谷子原生质体培养和植株再生体系的关键技术，有五大创新点。提出了谷子愈伤组织分类标准。

（1）松脆型：松散、脆嫩、鲜黄，可直接用于制备原生质体，其再生愈伤组织可直接分化成苗是原生质体培养的最佳材料，但这一类型仅占0.89%。

（2）松软型：松散、软嫩、淡黄色、生长旺盛，可直接用于制备原生质体，但不能直接分化成苗，占20.35%。

（3）致密型：块状、质硬、黄色，可直接分化成苗，但不能直接用于制备原生质体，占78.76%，为利用谷子愈伤组织提供了依据。

建立了谷子愈伤组织调控程序，通过变换培养基可以调控谷子愈伤组织状态，使大多数品种均可用于原生质体培养，建立的N_1、N_2、N_3培养基系列能使松软型愈伤组织致密化，可供分化成苗之用，从而改变了原生质体培养研究只进行基因型选择的被动局面。

明确了谷子原生质体启动分裂和持续分裂的主导因素，选用即将进入旺盛分裂，继续培养 10 天左右的松软型或松脆型愈伤组织，制备活力强的原生质体，培养于 KM8P 双层培养基，在分裂盛期（10 天左右）和小细胞团形成盛期（20 天左右）各补加 KM8P 培养液一次，对启动谷子原生质体分裂和持续分裂具有明显效果。

找出了胚状体优化培养条件，胚状体密度过大，再生苗细弱不易成活，应及时将胚状体转移稀植，进行优化培养，显著提高了胚状体的成苗率（95%以上）和移栽成活率（90%以上）。

发现了谷子原生质体再生植株及其后代的自然变异现象，有重大应用价值。

与孙大业院士协作研究中，证明胞外 CaM（钙调蛋白、钙调素）对原生质体第一次分裂及植板都有促进作用。CaM 在原生质体培养上具有重要的实践意义。

1991 年 3 月，中国作物学会粟类作物专业委员会、河北省谷子研究所在石家庄市举办了“全国谷子生物技术应用讲习班”，参加者有 8 个省（市、区）32 个科研单位的谷子科研人员 45 人，历时 10 天，采用专家导向，实践入门，推广成果，协作攻关方法，收到良好效果。

4. 主持“基因枪在谷子外源基因转化中的应用研究”（1991—1992）

1991 年 8 月利用基因枪（JQ－700）将带有 *GUS*（报告基因）和 *NPT*－Ⅱ（抗 *Kama* 基因）的 PBI_{121} 质粒导入谷子花粉，并立即给母本（谷子雄性不育株）授粉、套袋，9 月 25 日获得成熟种子 200 粒。

1992 年 1 月将种子接种于 50 毫克/升 Kama 培养基上，进行抗性筛选，未转化的谷子幼苗白化、死亡。从生长正常的谷子幼苗中选取 10 株，通过 *GUS* 酶活性检测。其中有 4 株幼苗的叶片部分输导组织显示蓝色反应，证明 *GUS* 基因在谷苗中得到表达。

基因枪具有设备简单、操作方便、转化速度快的特点，以花粉为受体转化基因简便、实用、高效，适用于谷子转基因育种。

谷子苗色有绿、黄、红之分，给红苗品种花粉打枪后可以给绿苗、黄苗品种授粉，F_1 代出现的红苗可以检测之，给绿苗花粉打枪后给黄苗品种授粉，F_1 代出现绿苗株可以检测之，利用苗色的显性遗传规律，更适用于育种工作。1996 年被评为河北省科技成果。

5. 主持“矮 88 千亩样板田”（1993）

1993 年在周村组织“矮 88 千亩样板田”，目的之一是示范矮 88 品种的优越性，在大样板上统一思想、统一认识，总结栽培管理经验，选留优质种子，为翌年扩大种植做好安排。副省长亲临示范田视察，接待省内外观摩人员 2 000余人，对矮 88 具有的“株型紧凑、植株矮壮、叶片上举、谷穗直立，抗倒抗病，青枝绿叶，适宜密植”的特点颇感兴趣，北京科教电影制片厂专门拍摄了《高产谷子》影片，收获前邀请国内著名专家亲临现场考察鉴定，36 亩中心示范田平均亩产 447. 04 千克，其中 3. 6 亩亩产达 578. 5 千克，选留种子 30 万千克，满足了各地的需求。

目的之二是探索以矮秆紧凑型谷子取代高秆大穗型谷子的可行性，即谷子品种类型更新的可行性，以寻求谷子亩产稳定在 500 千克左右的新技术。众所周知，玉米小麦已实现了品种类型更新，高产稳产深受欢迎。矮 88 36 亩中心样板田亩产达到 447 千克，突破了谷子生产长期徘徊在亩产 300 千克左右的界限，可见谷子品种类型更新大有可为。应加强矮秆紧凑型谷子新品种、杂交种的选育，为确保谷子生产史上这一重大变革的成功做贡献。

1994 年通过审定，矮 88 定名“冀张谷 6 号”。

三、论文著作

1. 赵连元 . 李东辉谷子论文集 [M]. 石家庄：河北科技出版社，1993.

2. 赵连元，王乃玲，董生禄，岳生光 . ^{32}P 测定谷子抽穗期叶生理功能的研究 [J]. 原子能科学技术，1961（08）.

3. 赵连元，王乃玲，董生禄，岳生光 . ^{32}P 在谷子不同生育时期的吸收分配规律的研究 [J]. 原子能科学技术，1963（04）.

4. 赵连元 . 粟的辐射敏感性 [J]. 华北农学报，1964（02）.

5. 赵连元. 粟的磷素吸收和分配［J］. 华北农学报，1965（03）.
6. 赵连元，刘占荣，丁景旭. 用匀将互补法测试谷子杂种优势的研究［J］. 生物化学与生物物理进展，1982（01）.
7. 赵连元. 谷子叶片对磷素的吸收与分配［J］. 河北农学报，1984（03）.
8. 赵连元，纪芸，段胜军，严丽兰. 高效谷子原生质体培养体系的建立［J］. 华北农学报，1991（S1）.
9. 赵连元，纪芸，段胜军，严丽兰. 谷子体细胞无性系变异筛选初报［J］. 粟类作物，1991（01）.
10. 赵连元，纪芸，段胜军，严丽兰. 谷子品种间原生质体融合技术研究［J］. 粟类作物，1991（03）.
11. 赵连元，纪芸，段胜军，严丽兰. 谷子种子愈伤组织的诱导［J］. 粟类作物.
12. 赵连元，纪芸，段胜军，严丽兰，王润奇. 谷子原生质体植株再生研究［J］. 华北农学报，1990（03）.
13. 赵连元，纪芸，段胜军，严丽兰. 谷子原生质体融合技术［J］. 河北农业科学，1992（01）.
14. 赵连元，段胜军，刁现民，《谷子体细胞变异系——矮 88》，中国生物工程学会成立大会论文摘要，1993 年 6 月。
15. 赵连元. 发展谷子生产的意见［J］. 河北农村工作，1995，增刊.
16. 李东辉，崔文生，赵连元. 春粟增粒的氮素营养及氮素高效期［J］. 华北农学报，1963（04）.
17. 李东辉，张树森，崔文生，郑彦苏，赵连元. 试论决定谷子产量高低的主导因素及其栽培生理基础［J］. 中国农业科学，1963（09）.
18. 周金树，王润奇，赵连元. 谷子花粉粒形态扫描电镜观察［J］. 华北农学报，1989（04）.
19. 赵连元，刁现民，段胜军. Plants regeneration from protoplast and their genetic variation in foxtail millet［J］. 华北农学报，1993（S2）.
20. 赵宝华，孙大业，赵连元. 外源钙调素对珍珠粟原生质体持续分裂的影响［J］. 科学通报，1994（14）.

21. 刁现民，段胜军，赵连元，陈振玲．金色狗尾草的组织培养和植株再生［J］．植物生理学通讯，1997（02）.

22. 段胜军，刁现民，赵连元．谷子穗分化的扫描电镜观察［J］．西北植物学报，1998（03）.

23. 董云洲，段胜军，赵连元，杨秀海，贾士荣．用基因枪转化花粉获得转基因谷子和玉米［J］．中国农业科学，1999（02）.

24. 刁现民，陈振玲，段胜军，刘玉乐，赵连元，孙敬三．影响谷子愈伤组织基因枪转化的因素［J］．华北农学报，1999（03）

25. 李琳，程汝宏，王根平，董立，师志刚，张婷，赵连元，高翔．谷子不育系与杂种优势利用研究进展［J］．农业生物技术学报，2018，26（10）.

赵连元工作照（左1）

李蔺梅

李荫梅，男，1936 年 4 月 3 日出生，河北省鹿泉县（今石家庄市鹿泉区）人，河北省农林科学院谷子研究所谷子育种研究室主任，研究员，主要从事谷子资源创新、鉴定与遗传育种研究，享受国务院政府特殊津贴，曾兼任中国作物学会粟类作物专业委员会副主任委员。

一、学习工作简历

1953 年 7 月至 1956 年 7 月在保定农业学校作物栽培专业学习，获初级农学家称号；1956 年 8 月分配到河北省农业机械化学校任数学助理教师；1957 年 7 月调入河北省农业科学研究所担任技术助理员，从事陆稻育种研究；1958 年 10 月至 1962 年 12 月在石家庄地区农科所工作；1963 年 1 月至 1969 年 1 月调入河北省粮食作物研究所（1970 年改称河北省农业局农业科学研究所，1971 年改称河北省农作物研究所，1974 年划归河北省农林科学院领导，1984 年更名为河北省农林科学院粮油作物研究所）从事谷子育种工作，为农艺师。1986 年 1 月任河北省农林科学院谷子研究所资源研究室主任；1989 年 7 月至 1996 年 4 月兼谷子育种室主任。

二、主要业绩

（一）组织“三北”谷子新品种区域适应性鉴定试验

1976 年，河南张履鹏发起，李荫梅参加，共同主持“‘三北’谷子新品种区域适应性鉴定试验”。李荫梅负责华北区片及总结，西北片由山西谷子研究所负责，东北片由黑龙江作物研究所负责。1987 年河北省农林科学院谷子研究所主持的“‘三北’谷子新品种区域适应性鉴定试验”获农业部科技进步奖三等奖。

（二）资源研究

“七五”期间，中国农业科学院主持国家科技攻关项目“中国粮食作物种质资源繁种和农艺性状鉴定”，河北省农林科学院谷子研究所李荫梅参加了“谷子种质资源繁种和农艺性状鉴定”，该项目 2003 年获国家科学技术进步奖一等奖。

中国农业科学院作物品种资源研究所主持的“农作物种质资源抗旱（涝）性鉴定试验”，河北省农林科学院谷子研究所为主要参加单位，完成了谷子抗旱鉴定 1 000多份，该项目 1993 年获国家科学技术进步奖三等奖，李荫梅为第二完成人。

山西省农业科学院主持的“中国谷子品种资源目录的整理与编写”，李荫梅为主要参加人，获农业部技术改进奖一等奖。

“七五”期间组织研究室开展了“用过氧化物酶同工酶进行谷子亲本遗传分类及抗线虫病鉴定技术”，该项技术 1991 年获得河北省科技进步奖三等奖，李荫梅为第二完成人。

（三）主持国家攻关“谷子新品种选育技术研究”课题

1991—1995 年，李荫梅主持国家攻关“谷子新品种选育技术研究”课题，由 3 个专题、26 个子专题组成，有 10 个省区和中国科学院水土保持研究所等共 18 个研究所参加，科研人员 132 人，两年获省级以上成果

7项，审定品种5个，出现亩产超千斤品种（系）8个，《农业科技攻关动态》1996年6期以《“七五”谷子育种攻关获突破性进展》为题做了报道。冀谷11号获三部委联合发的表扬信。

（四）新品种选育研究

1963年以来，李荫梅主持育成新品种冀谷5号，主研育成冀谷2号、冀谷9号、冀谷11号、冀谷14号、冀特1号、冀特2号等系列谷子新品种。

（五）开展了谷子数量遗传学研究

李荫梅勤于钻研，20世纪70年代开始，他自学生物统计、模糊数学等，将模糊数学、灰色数学的概念引入谷子育种实践中，通过通径分析、聚类分析等手段，开展了谷子数量遗传学研究，发表了《应用模糊数学综合评判夏谷区试品种的优劣》《夏谷数量性状遗传距离及在育种上的应用》等论文。

（六）作为筹备组成员，为河北省农林科学院谷子研究所成立做出贡献

1981—1986年筹建河北省农林科学院谷子研究所，李荫梅作为5人筹备组成员（贾如江、吴静宣、李东辉、李荫梅、赵连元）主笔起草了可行性研究报告，为河北省农林科学院谷子研究所成立做出了突出贡献。

三、获奖成果、论著

（一）获奖成果

1. 主要粮食作物种质资源抗旱（涝）性鉴定及其利用的研究，国家科学技术进步奖三等奖，第二完成人，1993年。

2. 中国农作物种质资源收集保存评价与利用，国家科学技术进步奖

一等奖，2003 年。

3. 河北谷子品种志，河北省科技进步奖三等奖，第一完成人，1987 年。

4. 用过氧化物酶同工酶进行谷子亲本遗传分类及抗线虫病鉴定技术，河北省科技进步奖三等奖，第二完成人，1991 年。

5. 全国谷子区试及结果应用，农牧渔业部二等奖，第一完成人，1987 年。

6. 夏谷新品种冀谷 11 号的选育与应用，河北省科技进步奖三等奖，第三完成人，1989 年。

7. 优质夏谷新品种冀特 2 号，河北省科技进步奖三等奖，第二完成人，1991 年。

8. 三高、一优、多抗夏谷新品种冀谷 14 号的选育与应用，河北省科技进步奖三等奖，第三完成人，1997 年。

9. 食品加工专用型夏谷新品种冀特 1 号（优质 1 号）的选育，河北省科技进步奖四等奖，第二完成人，1991 年。

（二）主要论著

1. 著作

（1）主编《谷子育种学》，中国农业出版社出版，1997 年。

（2）主编《河北谷子品种志》，河北省农林科学院谷子研究所编纂，1986 年。

（3）参编《作物品质育种》，撰写谷子品质育种，农业出版社出版，1991 年。

（4）参编《中国谷子品种志》，农业出版社出版，1985 年。

（5）参编《中国谷子种质资源目录》上中下三册，中国农业出版社出版，1991 年。

（6）刘后利主编《作物育种研究与进展》，与刁现民合写中国谷子遗传育种研究与进展。

2. 主要论文

（1）李荫梅．谷子主要性状遗传力遗传相关及选择指数的研究［J］．

遗传学报，1975（03）.
（2）李荫梅．关于我国夏谷育种技术路线的商榷［J］．河北农业科学，1995（03）.
（3）李荫梅．苗期反复干旱法鉴定谷子抗旱性的可靠性与实用性［J］．河北农业科学，1992（04）.
（4）李荫梅．谷子（粟）品种资源抗旱性鉴定研究［J］．华北农学报，1991（03）.
（5）李荫梅．应用模糊数学综合评判夏谷区试品种的优劣［J］．北京农业科学，1990（02）.
（6）李荫梅，凌莉．夏谷品质与主要农艺性状的相关性分析［J］．华北农学报，1989（S1）.
（7）李荫梅，雍海晖，凌莉．夏谷数量性状遗传距离及在育种上的应用［J］．河北农业大学学报，1989（04）.
（8）李荫梅．夏谷优种子谷一号［J］．河北农业科技，1984（03）.
（9）李荫梅．夏谷产量相关的主要农艺性状通径分析［J］．河北农学报，1982，7（04）.
（10）李荫梅，《用过氧化物同工酶定位谷子起源中心》，1990 年三届粟类作物学术论文报告会的报告。
（11）李荫梅．谷子不同生育阶段抗旱性的关系［J］．粟类作物，1990（01）.

四、主要社会兼职

曾任中国作物学会粟类作物专业委员会副主任委员；主编《粟类作物》专刊；河北省品种审定委员会常委兼杂粮（谷子、高粱、水稻、甘薯、豆类）小组副组长、组长；第二届全国品种审定委员会常委兼谷子高粱委员会副组长；2017 年获河北省高层次人才特殊一线人才。

李荫梅工作照

杨永琛和李荫梅（右）

崔文生

崔文生（1934—2006），男，中共党员，辽宁省辽阳县人。1957 年 8 月毕业于山西农业大学农学系，研究员。1998 年 1 月从张家口地区坝下农科所退休。

一、个人简历

1957 年 8 月被分配到天津稻作试验站任技术员。1958 年 2 月调到张家口专属农林局技术科科员。1959 年 5 月调到张家口地区坝下农科所，连续进行谷子研究工作 40 年，历任课题主持人、研究室主任、河北省作物学会理事、国家谷子杂种优势利用研究项目“七五”“八五”攻关专家组成员。

二、主要研究经历与贡献

1966 年前，开展“谷子高产栽培生理研究”并应用。1966 年后，开展“谷子杂种优势利用研究”，目的是选育出高产、优质、抗逆、抗旱、适应性强的优良谷子杂交种，以提高谷子产量，满足生产需要。

（一）1960—1966 年

1960—1966 年，进行“谷子高产栽培生理研究”并应用。

（二）1967—1977 年

1966 年受杂交玉米、杂交高粱产量大幅度增产的启发，开始酝酿寻找并创造了谷子不育材料，为选育谷子不育系做准备。1967 年主持“谷子杂优研究”课题。在一无资料、二无材料情况下，开始南繁北育带领课题组艰苦奋斗 10 多年，1974 年率先选育出我国第一个谷子高度雄性不育系“蒜系 28”。并转育成 4 个黄系号高度雄性不育系，进而选育成功一批谷子两系杂交种：“蒜系 28×张农 10 号”和“黄系 4×1007”，在试验示范、推广中表现突出。通过省级鉴定，首先实现了我国杂交谷子“从无到有”的第一个重大突破，受国内外关注。

（三）1978—1993 年

1978 年创造了谷子人工去雄新技术，提高杂交率 50 倍，也适合糜黍杂交应用，已被国内一些研究单位采用。为了尽快向生产提供优质的高产品种，1981 年首创谷子综合动态基因库育种法。此法育种时间短，出现优异类型多，已育成一批优良综合种，大面积用于生产，增产显著。1987—1989 年，在“材 5×测 35-1”组合的 F_5 代中，转育成光敏型雄性不育系“292”，为谷子杂交育种开辟了新途径，为攀登新高峰，选育新不育系，打下了物质基础，创造了南方繁殖不育系、北方制种的可能。1989 年至 1994 年 12 月，用“292×坝谷 237”转育成功谷子光（温）敏雄性不育系“821”，为配制谷子光（温）敏性两系杂交种提供了物质基础，提高了研究水平，丰富了学术理论，更易选出适合不同地区的不育系和杂交种，解决了不育系繁种产量低的问题，实现了我国谷子杂交“从有到优”的第二次重大突破。1991—1993 年连续进行“谷子光敏型核不育性转换机理研究”（国家和河北省自然科学基金资助），确定了光敏不育材料育性转换反应的敏感期和导致育性转换的临界光周期，为进一步研究和生产应用提供了理论依据。

（四）1994—2000 年

1994 年，到了退休年龄，崔文生延迟退休 6 年。1994—1997 年，为了选育出光（温）敏两系杂交种，他仍一如既往继续工作。1998—2000 年，崔文生被返聘两年多，进行了第 22 次南繁北育。选育新光（温）敏不育系 16 个，配制的新杂交组合增产 20%～37%。2000 年选育出谷子光（温）敏两系杂交种——张杂谷 1 号。

崔文生 34 年的“谷子杂优”生涯，22 年的南繁北育，带领课题组，圆满完成科研任务，经历千辛万苦，终于又一次攀登了新高峰，育成谷子光（温）敏两系杂交种，用于生产，把研究成果交给农民，推广面积不断扩大，实现了我国杂交谷子“从优到强”的第三次重大突破，且练就出一支特别能战斗的科研团队。2006 年 8 月 14 日崔文生因病离世，享年 72 岁，他把一生的心血、智慧献给“谷子杂优”研究事业。他为国为民，爱岗敬业，不惧艰险，敢为人先，开拓创新，勇攀高峰，培养人才，淡泊名利的大家风范，给人们留下宝贵的财富。

三、主持或参加的主要研究课题

1. “谷子杂种优势利用研究”（本所课题），1967—1972 年，主持人：崔文生，执行人：马洪锡、张德勇。

2. “谷子雄性不育系选育研究”（全国协作攻关项目），1973—1980 年，农业部、中国农业科学院资助。主持人：崔文生，执行人：张德勇、曹金、杜贵。

3. “谷子杂种优势利用研究”（全国协作攻关项目），1981—1985 年，农业部资助。主持人：崔文生，执行人：张德勇、曹金、杜贵、赵治海、程永刚、孔玉珍。

4. “谷子杂种优势利用研究”（国家“七五”科技攻关项目），1986—1990 年，主持人：崔文生，执行人：张德勇、曹金、杜贵、赵治海、孔玉珍、苏裕源。

5. “谷子杂种优势利用研究”（国家“八五”科技攻关项目），

1991—1995 年，农业部资助。主持人：崔文生，执行人：孔玉珍、赵治海、杜贵。

6. “谷子光敏核不育性转换机理和应用研究”（国家自然科学基金资助项目），1991—1993 年，主持人：崔文生，执行人：赵治海、孔玉珍、杜贵、苏裕源。

7. “谷子光敏核不育性转换机理和应用研究”（河北省自然科学基金资助项目），1993—1995 年，申请人：崔文生，主持人：赵治海、崔文生，执行人：杜贵、孔玉珍、杨少青、许寅生等。

8. “谷子新品种选育研究”（河北省农林科学院课题），主持人：崔文生，执行人：孔玉珍、杜贵、赵治海。

9. “谷子综合种”“冀张谷 2 号”“坝谷 257”大面积示范研究（河北省农林科学院课题），主持人：崔文生，执行人：孔玉珍、杜贵、赵治海。

10. “谷子光（温）敏不育系繁殖及制种技术研究”（张家口市课题），主持人：崔文生，执行人：赵治海、孔玉珍、杜贵。

11. “春谷低矮秆紧凑型新品系选育与利用研究”（专项合同），1994—1998 年，主持人：崔文生，执行人：杜贵、赵治海、孔玉珍。

四、主要研究成果

（一）首创谷子高度雄性不育系——蒜系 28

1966 年从赤城县农家品种红苗“蒜皮白”中选得雄性半不育株，经多代精心选育，于 1977 年正式育成高度雄性不育系“蒜系 28”，不育率 100%，不育度 95%，属于受一对隐性基因控制的核雄性不育系，不育性稳定，配合力强，为配制两系杂交种提供了最初的基础物质，属国际领先水平，具有重要政治意义及学术价值。1978 年获河北省科技成果奖四等奖。

主持人：崔文生，执行人：马洪锡、张德勇等。

（二）转育成功黄系 4 等 4 个黄苗高度雄性不育系

根据谷子幼苗苗色的显隐性规律，不育系苗色越浅其恢复系越多，选出杂交种成功率越高。将“蒜系 28”的不育性转育成黄苗不育系意义重大，用以配成的“黄系 4×1007”等一批杂交种用于生产。

主持人：崔文生，执行人：马洪锡、张德勇。

（三）首创“谷子杂交两系法”

两系法是只用不育系和恢复系，省去保持系。谷子杂交两系法要求：不育系的不育率为 100%，不育度为 95%，苗期苗色必须是隐性遗传核不育基因控制，自己有 5%的结实率，为繁殖种子，优良品系做恢复系，已配成“蒜系 28×张农 10 号”“黄系 4×1007”等一批性状优良、产量超亲的杂交种，通过一系列育种程序，完成繁制种技术及栽培措施后进行大面积示范推广。此法简单易行，行之有效，为国内外首创。1978 年获河北省科学大会奖和河北省委省政府奖旗。

主持人：崔文生，执行人：马洪锡、张德勇。

（四）育成“蒜系 28×张农 10 号”

1973 年配制组合，在各级试验过程增产 20%~40%、最高增产 61.4%的基础上，1981 年赤城县、宣化县扩大面积多点示范增产 30%，并建立繁制种及栽培技术体系。1981 年赤城县云州乡 992 亩平均亩产 250.2 千克，增产 43.78%。1982 年 5 342亩平均亩产 297.3 千克，增产 67.4%。1983 年赤城县 10 003亩平均亩产 241.9 千克，增产 52.1%，同年 8 月 23—25 日，河北省、张家口地区专家在赤城县云州等地及宣化县贾家营现场观摩及考察，给以很高评价。1984 年 21 508.8亩平均亩产 212.9 千克，增产 33.42%。1985 年分区面积 5 万亩，平均亩产 251 千克，总产 1.255 万千克，增产 30%，亩增粮草各 75.3 千克，共增粮草各 3 765吨，共增社会效益 225.9 万元，其中 20 亩平均亩产 500 千克，最高 572.83 千克，此杂交种被《人民日报》《光明日报》《河北日报》《张家口日报》、中央和河北广播电台报道。1982 年获河北省科委四等成果奖和张家口市二等成果奖。

主持人：崔文生，执行人：曹金、王天宇、刘满、赵治海、孙志鹏、张德勇。

（五）“黄系 4×1007”

1982—1985 年共示范 24 232 亩，平均亩产 243.1 千克，最高亩产 508~527 千克，增产幅度为 33.14%~62%。1982 年获河北省科委成果奖。

主持人：崔文生，执行人：曹金、王天宇、刘满、赵治海、孙志鹏、张德勇。

（六）谷子雄性不育系转育及杂交种示范推广

为扩大两系法应用范围，转育成适合张掖地区的谷子高度雄性不育系，并选出增产 25%以上两系杂交种，用于生产。1992 年种植面积达 4 万亩，平均亩产 306 千克，比对照种增产 29%，亩增 88.7 千克，共增粮草各 3 548 吨，增加效益 373 万元。1992 年 12 月，获河北省科技进步奖二等奖。

主持人：崔文生，合作单位：张掖地区农科所。

（七）首创“谷子综合动态基因库”育种法

1981 年，开始利用一对隐性不育基因的众多组合创建“谷子综合动态基因库”。库内在人工控制下采取开放式自由混合授粉获得广泛的基因，累加重组且每年不断增加新的优良材料。可从中不断选育综合材料，此法变异类型多，优异性状丰富，稳定快，育种年限短，曾育成冀张谷 2 号、冀张谷 3 号、冀张谷 4 号、坝谷 136、坝谷 257 等一批优良综合种，增产显著。属国内外首创，已被黑龙江、山东、山西、河北等地谷子所采用。1991 年获张家口市一等成果奖、河北省科技进步奖三等奖。

创造人：崔文生，主持人：孔玉珍，执行人：杜贵、王天宇、赵治海。

（八）国内外首创谷子光敏型雄性不育系“292”

1987 年在自配“材 5×测 35-1”组合 F_5 代中选出一株不育种，连续转育。1989 年正式育成，292 在南方短日照常温下表现雄性可育，自交结实率 100%，在北方较长日照下表现雄性不育，故可在南方繁种、北方制种，既保证不育系纯度，又增加制种产量。1989 年省科委组织专家鉴定，一致认为 292 给谷子杂优利用研究开辟了新途径，再创新突破，给遗传学、植物生理学提供了新内容，具有较高学术价值。属国内外首创水平，1990 年为河北省十大成果之一，1995 年获河北省科技成果奖（89-428）。

主持人：崔文生，执行人：孔玉珍、赵治海、杜贵、苏裕源。

（九）国内外首创谷子光(温)敏型雄性不育系“821”

1989 年以 292 不育系为母本，冀张谷 1 号（坝谷 237）为父本，多次转育而成不育率 100%，不育度 100%，自交结实 50% 左右的谷子光（温）敏型雄性不育系“821”，可在南方繁种，在北方表现不育与恢复系制种，既可保证不育系纯度，又可省去保持系。

821 的育成为谷子杂优利用引入经济方便的捷径，提高了谷子杂优研究水平，丰富了学术理论，更易育成适应不同地区的新不育系和杂交种，填补了谷子研究领域的空白，是我国谷子杂优研究的又一重大突破。1994 年 12 月通过河北省级鉴定（冀科鉴字 333 号），属国内外首创。1995 年获河北省科技进步奖二等奖。1996 年获张家口市科技进步奖一等奖。

主持人：崔文生，执行人：赵治海、杜贵、孔玉珍。

（十）谷子光敏核不育性转换机理和应用研究

1991—1993 年国家自然科学基金资助项目。该成果初步确定光敏不育材料育性转换反应的敏感期为生长锥伸长至幼穗雄蕊分化期。导致育性转换的光周期为 13 小时日照时间。为进一步研究及生产应用提供了理论依据。

项目负责人：崔文生，执行人：赵治海、孔玉珍、杜贵、苏裕源。

（十一）谷子光敏核不育性转换机理和应用研究

1993—1995 年河北省自然科学基金资助项目。1978 年获河北省科技成果奖。1998 年获张家口市科技成果奖。

项目负责人：杜贵、孔玉珍、杨广春、许寅生等。

（十二） 首创谷子光（温）敏两系杂交种“张杂谷 1 号”

张杂谷 1 号是由 A1（821 系）×冀张谷 1 号杂交选育而成，2000 年正式育成通过河北省级鉴定，2004 年通过国审，属国际领先水平。

参加人：赵治海、杜贵、朱学海、张文英、徐寅生、崔文生（崔文生刚离岗自愿排在后边）、张利增。

（十三） 育成谷子光（温）敏两系杂交种“张杂谷 3 号”

由 A2×1484-5 杂交育成，2005 年通过国家品种鉴定。

参加人：赵治海、杜贵、朱学海、张文英、徐寅生、崔文生、张利增。

（十四） 育成谷子光（温）敏两系杂交种“张杂谷 5 号”

2005 年育成，2006 年获山区创业三等奖。

参加人：赵治海、崔文生、张进京、杨才、张德勇、奚玉银、杜贵。

（十五） 冀张谷 2 号

1983 年从“动态基因库”选材，经选育而成。1989 年宣化县双庙乡 800 亩平均亩产 400 千克，增产 60%，双庙队百亩示范田平均亩产 515 千克，创历史最高。

主持人：孔玉珍、崔文生，执行人：杜贵、赵治海。

（十六） 冀张谷 2 号推广

1985 年以来在低山丘陵区示范推广，内蒙古、张家口、承德、大同共累计推广 290.7 万亩，经济效益 4 949.4万元，1996 年获成果奖三等。

完成人：孔玉珍、张世泉、崔文生、杨少青、张浚川。

（十七） 冀张谷 1 号

1962 年用 $^{60}\text{Co}-\gamma$ 处理新农 3 号干种子，经培育为张 3-19，时隔 20

年开始调查补充资料，完成一系列育种程序，定为坝谷237。在宣化县赵川杨家山庞家堡镇一带大面积推广，近6年累积33.5万亩，比当地种亩增产77.4千克，总收益1.27亿元。1992年6月通过河北省级鉴定，定名冀张谷1号。获张家口市成果一等奖，河北省农林科学院成果三等奖。

主持人：孔玉珍，完成人：赵连元、孔玉珍、崔文生、杜贵、赵治海。

（十八）谷子水流去雄杂交法

以水流为基础，结合甩、掸去雄，此法比常规去雄法能提高效率50倍以上，适应于谷、黍、糜等杂交去雄作业，已被山西、黑龙江等科研单位采用，属国内首创。1985年获河北省科技进步奖四等奖。

主持人：崔文生，执行人：孔玉珍、杜贵、赵治海。

（十九）育成春谷矮秆系列新品种

1994—1998年，选育成坝矮1号、坝矮2号、坝矮3号，获河北省科技进步奖。

主持人：崔文生，完成人：杜贵、徐寅生、赵治海、王锋、武永祯、王锦枝、张文英、米连明、白有生、崔文生。

五、荣誉奖励

1. 1978年被选参加首届全国科学大会。
2. 1978年被评为张家口市劳模。
3. 1978年获河北省科学大会奖并晋升一级工资。
4. 1981年被评为河北省劳模。
5. 1982年被评为“谷子专家”并提高退休费，被评为张家口市劳模。
6. 1985年9月被晋升一级工资（劳动人事局）。
7. 1985年3月授予三等功。
8. 1988年被评为张家口市拔尖人才、张家口市先进工作者。
9. 1991年被评为张家口市优秀知识分子。

10. 1991 年被评为“优秀专家”。

11. 1992 年 12 月被评为宣化县第十一届人民代表大会代表。

12. 1992 年起享受国务院政府特殊津贴。

13. 1994 年 6 月被评为模范共产党员。

14. 1994 年 12 月被授予“人民公仆”称号。

15. 1995 年晋升为研究员。

16. 1995 年 5 月被推荐参加河北省人民代表大会。

17. 1996 年 3 月被授予三等功。

六、论著

1. 崔文生. 谷子去雄新技术［J］. 农业科技通讯，1978（04）：12.

2. 崔文生，马洪锡，张德勇. 谷子雄性不育系“蒜系 28”的选育与利用［J］. 中国农业科学，1979（01）：43-46.

3. 《谷子高度雄性不育系——蒜系 28 选育与利用》，《Sorghum and Millets》1982 年转载。

4. 崔文生，马洪锡，张德勇. 谷子两系杂交法在生产上的应用［J］. 中国农业科学，1979（01）.

5. 崔文生等，《对现有谷子雄性不育材料的分析利用是创造核质当作雄性不育性的途径与方法》，1981 年全国谷子杂优研讨会论文。

6. 崔文生等，《谷子雄性不育系选育的实践与认识》，1983 年全国谷子杂优研讨会论文。

7. 崔文生，张德勇，曹金. 谷子两系法在生产上的应用［J］. 农业科技通讯，1983（11）：7-8.

8. 崔文生，杜贵. 张家口地区谷子雄性不育材料的分析及利用研究［J］. 华北农学报，1984（01）：4-9.

9. 崔文生，杜贵，孔玉珍，《谷子两系杂交种选育与利用》，1986 年中国作物学会粟类作物专业委员会学术报告优秀论文。

10. 崔文生，赵治海，孔玉珍等，《谷子三系配套的实践与认识》，1986 年中国作物学会粟类作物专业委员会学术报告优秀论文。

11. 崔文生，杜贵，孔玉珍．谷子两系杂交种选育与利用［C］//中国作物学会粟类专业委员会．粟论文集，1987.

12. 崔文生，等．谷子雄性不育系“蒜系 28”的选育与利用［C］//河北省农林科学院，建院 30 周年论文汇编，1988.

13. 崔文生，孔玉珍，赵治海，等．谷子光敏型隐性核不育法“292”选育物［M］//谷子新品种选育技术，西安：天则出版社，1990.

14. 孔玉珍，崔文生，赵治海，杜贵，苏浴源．谷子综合种选育及其利用研究［J］. 华北农学报，1991（S1）.

15. 孔玉珍，崔文生，赵治海，等．谷子综合种的选育及利用研究［C］//谷子新品种选育技术，西安：天则出版社，1990.

16. 崔文生，孔玉珍，杜贵，赵治海．谷子光敏型显性核不育材料“光 A1”选育研究初报［J］. 华北农学报，1991（S1）：47-52.

17. 崔文生，孔玉珍，赵治海，杜贵，苏浴源．谷子光敏型隐性核不育法“292”选育初报［J］. 华北农学报，1991（S1）.

18. 崔文生，孔玉珍，王天宇．谷子综合种的选育与利用研究初报［J］. 河北农业科学，1989（04）.

19. 崔文生等，《谷子显性核不育材料通过转育及恢复力表现》，1993 年全国谷子协作会论文。

20. 赵治海，崔文生．光敏核不育谷子光周期反应的初步研究［C］//中国园艺学会．第一届全国青年作物栽培作物生理学术会文集，1993：4.

21. 赵治海，崔文生．不同地区来源谷子杂交后代中的光敏雄性不育［J］. 中国农学通报，1994（05）：24-25，46.

22. 杜贵，崔文生，赵治海．低矮秆紧凑型春谷新品种选育初报［J］. 河北农业科学，1994（01）.

23. 崔文生，赵治海．谷子光（温）敏雄性核不育系“821”选育与利用［C］//谷子育种学．北京：中国农业出版社，1997.

24. 赵治海，崔文生，杜贵，杨少青．谷子光（温）敏不育系 821 选育及其不育性与光、温关系的研究［J］. 中国农业科学，1996（05）.

25. 赵治海，崔文生，杜贵．光敏核不育谷子光周期反应的初步研究

[J]. 华北农学报，1994（S1）.

26. 张树森，张志鹏，崔文生．谷子品种资源抗黑穗病鉴定［J］. 作物品种资源，1991（03）.

27. 李东辉，崔文生，赵连元．春粟增粒的氮素营养及氮素高效期［J］. 华北农学报，1963（04）.

七、崔文生先进事迹

1. 《人民日报》1983 年 9 月 10 日，塞上旱地传来喜讯——两系法杂交谷获大幅度增产。

2. 《张家口日报》1983 年 10 月 24 日，一个探索者的脚印——记农艺师崔文生研究谷子杂交种事迹。

3. 《中国农民报》1988 年 9 月 13 日，赤城、宣化、蔚县大面积示范杂交谷子万亩谷田平均增产 30%以上。

4. 《农业科技动态》1989 年 9 月 10 日，谷子杂优利用研究有新突破，选育出光敏不育材料。

5. 《河北日报》1989 年 10 月 1 日，我省发现光敏雄性核不育源“292”。

6. 《光明日报》1989 年 10 月 29 日，崔文生等选育出谷子光敏型雄性不育材料。

7. 《河北日报》1990 年 1 月 6 日，十年攻关水平领先——崔文生首创“谷子综合动态基因库”育种法。

8. 《赤城文艺》1991 年 5 月，“情系大地”报道了崔文生的先进事迹。

9. 《张家口报》1991 年 10 月 14 日，《研究人员的好榜样》报道了崔文生的先进事迹。《学习崔文生攀登科技高峰》报道崔文生先进事迹。

10. 《河北日报》1991 年 12 月 10 日，1991 年河北省科学进步奖——“谷子综合动态基因库”育种法。

11. 《古塞风流》一书中，1993 年 6 月，以“黄土淘金系”为题报道了崔文生的先进事迹。

12. 《我是公仆》1994 年 2 月 26 日，记省劳动模范——谷子育种专家崔文生。

13. 《张家口日报》1994 年 6 月 30 日，模范共产党员事迹简介。

14. 《河北科技报》1994 年 12 月 31 日，谷子杂种优势研究获重大突破——我省首次育成谷子光（温）敏型雄性不育系。

15. 《河北日报》1995 年 1 月 27 日，“为了大地的丰收”报道了崔文生的先进事迹。

16. 《张家口日报》1995 年 2 月 14 日，坝下农科所科研成果丰硕——育出谷子光（温）敏型雄性不育系，创国际领先水平。

17. 《河北农民报》1995 年 3 月 3 日，解决谷子混杂有办法。

18. 中央电视台以《年华无悔》为题为崔文生做了全面报道。

崔文生（左）工作照

崔文生工作照

甘耀进

甘耀进（1934—2020），男，中共党员，广西贵港人，河北省农林科学院谷子研究所副研究员，主要从事谷子病虫害研究。

一、学习工作简历

（一）学习经历

1934 年 7 月 13 日出生于广西壮族自治区贵港市；1942—1952 年就读于广西宾阳县芦圩镇小学和宾阳中学；1953—1956 年就读于热河省承德农业学校农学专业；1956 年 11 月至 1957 年 4 月到河北省农业科学研究所植物保护研究室进修病虫害预测预报技术；1957 年 11—12 月参加农业部全国第一期农作物病虫害预测预报培训班学习；1984 年 10 月至 1985 年 2 月参加河北省农林科学院英语培训班。

（二）工作经历

1956 年 6 月至 1986 年 10 月，在承德农业试验站（后更名为承德地区农业科学研究所、承德市农林科学院）任植保组组长和植保研究室主任。1986 年 10 月至 1994 年 7 月，在河北省农林科学院谷子研究所任植保研究室主任。1994 年 7 月退休。1994 年 7 月至 2012 年 7 月，在河北省农林科学院谷子研究所任植保研究室研究顾问。

二、主要工作业绩

（一）河北省农林科学院承德地区农业科学研究所期间

1956 年参加工作后主要从事旱粮作物病虫害测报工作，发布病虫情报，提出防治措施，指导病虫害防治 20 余年。1979 年参加河北省农作物病虫害预测预报资料汇编工作。20 世纪 70 年代主持春小麦黄矮病防治研究。“治蚜虫防治春小麦黄矮病研究”项目 1979 年获河北省科技成果奖四等奖。参加农业部“小麦黄矮病流行规律测报技术研究”项目，1985 年获农牧渔业部科技进步奖一等奖。“六五”期间，参加农业部组织的玉米丝黑穗抗性鉴定工作，1985 年获农业部技术改进奖一等奖。

20 世纪 80 年代主持谷子病虫害防治研究工作，明确了河北省北方春谷区主要病害种类，并对主要病害防治技术进行研究，“谷子病害防治研究”1983 年获承德地区科技成果奖三等奖。同时，针对白发病和粒黑穗病开展系统研究。1982 年在《植物保护》发表《谷子白发病试验调查中的几个问题》，开发了谷子白发病阿普隆拌种防治技术，为白发病控制提供了有效途径，相关研究获承德地区科技成果奖三等奖。1985 年在《植物保护》发表《谷子粒黑穗病防治的几个问题》，研发出阿双合剂“一拌多防”技术，解决了生产上谷子白发病和黑穗病混合发生的防控问题，获承德地区科技成果奖一等奖。1981—1986 年主持谷子品种资源抗白发病和黑穗病鉴定工作，1989 年获承德地区科技成果奖三等奖。

（二）河北省农林科学院谷子研究所工作期间

20 世纪 80—90 年代主持“粟芒蝇发生规律及防治技术研究”项目，经过 20 多年深入系统的研究，阐明了粟芒蝇的生物学、生态学特性，研发出粟芒蝇人工饲养技术和品种抗虫性鉴定技术，为抗虫育种奠定了基础。发明了粟芒蝇腐鱼诱测技术，明确了防治指标，研发出“低容量行间施药新技术”，为有效控制粟芒蝇提供了技术支撑。相关研究在各类学术刊物发表，1988 年获河北省科技进步奖三等奖。主编的中英文《粟芒蝇》专著 2007 年由科学出版社出版。

在病害研究方面，1985—1989 年参加谷子品种资源抗粟线虫病鉴定及多抗抗源筛选工作，1989 年获河北省科技进步奖四等奖。参加谷锈病相关研究工作，在谷锈病抗病资源筛选和品种抗性鉴定及谷锈菌优势小种监测、流行规律调查和防治技术研究方面做了大量工作。

（三）退休后工作业绩

1994 年退休后，甘耀进同志仍坚持工作，被河北省农林科学院谷子研究所植保室聘为研究顾问，继续从事谷子病虫害研究及技术推广工作。参加谷子锈菌优势小种监测及谷子抗性品种基因研究工作。1999 年获河北省科技进步奖一等奖，2000 年获国家科学技术进步奖二等奖。“谷锈菌生理分化及在谷子抗锈育种的应用研究”项目，2001 年获河北省省长特别奖。作为国家谷子产业技术体系病虫防控岗位主要团队成员，指导完成了全国谷子病虫发生种类和发生规律的调查工作，赴全国各产区指导病虫防控。期间指导年轻科技骨干发表论文 20 余篇，制定河北省地方标准 1 项。指导编写的《谷子病虫草害防治原色生态图谱》在生产和研究领域广泛应用。

2005—2012 年，作为主要研究人员参加黄淮海地区夏玉米新发生重大害虫二点委夜蛾发生规律及防控技术研究项目。在二点委夜蛾生物学、生态学特性和发生规律、防治技术研究方面做出了突出贡献。指导完成论文 20 余篇，获得发明专利 5 项，制定地方标准 2 项。2018 年，参加撰写的《二点委夜蛾》由科学出版社出版。参与研究的“玉米重大新害虫二点委夜蛾暴发机制及治理技术研究与应用”2015 年获得农业部中华农业科技奖一等奖。

同时，针对耕作制度改变造成的病虫危害问题，开展系统研究。指导编写的《小麦病虫草害防治彩色图谱》《玉米病虫草害防治原色生态图谱》在生产上得到广泛应用。在粟芒蝇系统研究经验基础上，又对广泛为害小麦、玉米、谷子、高粱等粮食作物的黑麦秆蝇进行研究，奠定了河北省农林科学院谷子研究所在植食性蝇类害虫方面的研究基础。

在数十年农业科学研究过程中，甘耀进同志主持和指导完成了一系列谷子、玉米、小麦病虫研究成果。发表学术论文40余篇；主编著作5部，参编3部；参加选育高抗锈病品种1个；获得专利5项；制定地方标准3项；获科技成果10项。为我国粮食作物病虫害研究和防治做出了突出贡献。

三、主要成果和论著

（一）获奖成果

1. 治蚜虫防治春小麦黄矮病研究，河北省科技成果奖四等奖，1979年，第一完成人。

2. 玉米品种资源对玉米丝黑穗病抗性鉴定，农业部技术改进奖一等奖，1985年，第十七完成人。

3. 谷子病害防治研究，承德地区科技成果奖三等奖，1983年，第一完成人。

4. 小麦黄矮病流行规律测报技术研究，农牧渔业部科技进步奖一等奖，1985年，参加人。

5. 阿双合剂防治谷子白发病和黑穗病，承德地区科技成果奖一等奖，1985年，第一完成人。

6. 粟芒蝇发生规律及防治研究，河北省科技进步奖三等奖，1988年，第一完成人。

7. 谷子品种资源抗白发病和黑穗病鉴定，承德地区科技成果奖三等奖，1989年，第一完成人。

8. 谷子锈菌优势小种监测及谷子品种抗性基因研究，河北省科技进步奖一等奖，1999年，第三完成人。

9. 谷子锈菌优势小种监测及谷子品种抗性基因研究，国家科学技术进步奖二等奖，2001年，第三完成人。

10. 谷锈菌生理分化及在谷子抗锈育种的应用，河北省省长特别奖，

2002年，第三完成人。

（二）品种

冀创1，GPD谷子（2018）130046，主要完成人。

（三）论文

1. 甘耀进．毒砂防治高粱蚜效果好［J］．昆虫知识，1977（3）．

2. 甘耀进．治蚜虫防治春小麦黄矮病的初步研究［J］．植物保护，1980（2）．

3. 李济宸，甘耀进，杨大俐．谷子白发病试验调查中的几个问题［J］．植物保护，1982（6）．

4. 高梓林，甘耀进，刘茂成，孙占贤，刘贺昌．粟芒蝇在河北省的分布及危害情况考察初报［J］．河北师范大学学报（自然科学），1983，15（2）：114-120.

5. 甘耀进，杨大俐，李济宸．谷子粒黑穗病防治的几个问题［J］．植物保护，1985（4）：41.

6. 甘耀进，周汉章，高立起．粟芒蝇为害谷子的症状类型［J］．植物保护，1989，15（5）：39.

7. 周汉章，甘耀进，高立起．粟芒蝇的为害及其防治［J］．河北农业科技，1989：7-15.

8. 黄大卫，甘耀进．赘须金小蜂属一新种［J］．动物学集刊，1990（7）：285-287.

9. 甘耀进，周汉章，金达生，杨奇华．粟品种抗粟芒蝇鉴定接种技术研究［J］．华北农学报，1991，6（增刊）：127-130.

10. 金达生，甘耀进，高立起，等．粟品种资源对粟芒蝇抗性鉴定研究［J］．作物品种资源，1992（1）；23-24.

11. Gan Yaojin，Zhou hanzhang，Gao liqi. A study on bioligical characteristics of milletshoot-fly. Proceedings X IX International Congress of Entomology，Beijing，China，1992：401.

12. 甘耀进，周汉章，高立起．几种诱剂对粟芒蝇成虫的趋性反应及诱蝇效果［J］. 病虫测报，1992（12）增刊：56-57.

13. 甘耀进，崔光先，董志平，周汉章. 抗旱型种衣剂在谷子上应用效果研究初报［J］. 河北农业科学，1993，1.

14. 甘耀进. 耕作制度改变后亚洲玉米螟为害夏谷的产量损失调查［J］. 河北农业科学，1993，2.

15. 董志平，甘耀进. 河北省谷子害虫种类调查及防治对策［J］. 河北农业科学，2002，2.

16. 董志平，甘耀进，董立，马继芳. 粟不同生长阶段对粟芒蝇为害的反应与栽培防治的关系［J］. 华北农学报，2004（19）：122-124.

17. 马继芳，董立，郑直，甘耀进，董志平. 谷子品种抗纹枯病鉴定及抗源创新［J］. 河北农业科学，2005，6.

18. 董志平，甘耀进，董立，马继芳. 粟芒蝇研究进展［M］. 成卓敏. 农业生物灾害预防与控制研究. 北京：中国农业科技出版社，2005：416-420.

19. 董志平，甘耀进，董立，马继芳，姜京宇，许佑辉，柴同海，李智慧，张志英，安立云. 二点委夜蛾在河北为害夏玉米的调查研究简报［J］. 河北农业科技，2007（9）：19.

20. 董志平，姜京宇，董立，马继芳，甘耀进，许佑辉，李智慧，高立起，郝延堂，柴同海，邵立侠. 新耕作制度下河北省小麦玉米病虫草害发生动态及防控对策［C］//粮食安全与植保科技创新——中国植物保护学会2009年学术年会. 北京：中国农业科学技术出版社，2009：862-866.

21. 马继芳，董立，甘耀进，董志平. 二点委夜蛾发生为害及人工饲养初报［C］//公共植保与绿色防控——中国植物保护学会2010年学术年会. 北京：中国农业科学技术出版社，2010：834.

22. 马继芳，王玉强，李立涛，刘磊，甘耀进，董志平. 二点委夜蛾过冷却点及越冬虫态分析［J］. 河北农业科学，2011（9）：1-3.

23. 王玉强，李立涛，刘磊，甘耀进，董志平，马继芳. 二点委夜蛾的交配行为与产卵量［J］. 河北农业科学，2011（9）：4-6.

24. 马继芳，李立涛，王玉强，董立，甘耀进，董志平. 二点委夜蛾

(*Athelis lepigone*) 形态特征的初步观察 [J]. 应用昆虫学报，2011 (6)：1869-1873.

25. 马继芳，王玉强，李立涛，甘耀进，董志平. 二点委夜蛾生活习性研究简报 [C] //植保科技创新与病虫防控专业化——中国植物保护学会 2011 年学术年会. 北京：中国农业科学技术出版社，2011：761.

26. 马继芳，王玉强，李立涛，姜京宇，甘耀进，董志平. 二点委夜蛾冬前田间调查及越冬虫态研究简报 [J]. 中国植保导刊，2012 (1)：28-30.

27. 李立涛，马继芳，董立，刘磊，甘耀进，盛世蒙，盛承发，董志平. 二点委夜蛾性诱剂诱芯的田间诱捕效果研究 [J]. 中国植保导刊，2012 (4)：18-22.

28. 李立涛，王玉强，甘耀进，董志平，马继芳. 二点委夜蛾卵巢发育分级及在预测预报中的应用 [J]. 应用昆虫学报，2012 (4)：890-894.

29. 李立涛，王新玉，杨利华，刘磊，马继芳，董立，甘耀进，董志平. 二点委夜蛾夜间活动规律及对不同杀虫灯管的趋性反应 [J]. 中国植保导刊，2012 (5)：21-22.

30. 马继芳，李立涛，王新玉，甘耀进，董志平. 二点委夜蛾幼虫的形态特征、生活习性及危害损失研究 [J]. 中国植保导刊，2012 (5)：16-19.

31. 马继芳，董立，王新玉，李立涛，甘耀进，董志平. 二点委夜蛾发生规律及防治技术 [J]. 中国植保导刊，2012 (5)：26-28.

32. 马继芳，王玉强，李立涛，刘磊，甘耀进，董志平. 二点委夜蛾防治药剂的室内筛选和毒力测定 [J]. 中国植保导刊，2012 (5)：23-25.

33. 马继芳，李立涛，甘耀进，董志平. 二点委夜蛾年生活史及天敌种类调查 [J]. 中国植保导刊，2012 (12)：37-40.

34. 李立涛，马继芳，张安邦，董立，刘磊，甘耀进，董志平. 不同食物对二点委夜蛾生长发育和繁殖的影响 [J]. 中国植保导刊，2013，33 (8)：42-45.

35. 马继芳，李立涛，甘耀进，董志平. 我国二点委夜蛾地理分布及适宜生境调查初报 [C] //创新驱动与现代植保——中国植物保护学会

2013 年学术年会．北京：中国农业科学技术出版社，2013：439.

36. 董立，马继芳，李立涛，全建章，白辉，郑直，甘耀进，董志平．二点委夜蛾越冬存活及冬后发育进度影响因素研究［J］. 中国植保导刊，2014，34（1）：34-38.

37. 马继芳，李立涛，甘耀进，董立，董志平．湿度对二点委夜蛾生长发育和繁殖的影响［J］. 中国植保导刊，2014，34（7）：46-50.

（四）著作

1. 甘耀进．杂粮作物害虫 植物病虫草鼠害防治大全［M］. 合肥：安徽科学技术出版社，1996.

2. 甘耀进．谷子抗虫育种．谷子育种学［M］. 北京：中国农业出版社，1997.

3. 甘耀进，董志平，董立，马继芳，高立起，邓耀华，周汉章．粟芒蝇［M］. 北京：科学出版社，2007.

4. 董志平，姜京宇，甘耀进，董立，王建锋．小麦病虫草害防治彩色图谱［M］. 北京：中国农业出版社，2007.

5. 董志平，姜京宇，董金皋，甘耀进，董立，马继芳，许佑辉，杨利华．玉米病虫草害防治原色生态图谱［M］. 北京：中国农业出版社，2011.

6. 董立，马继芳，董志平，甘耀进，李志勇，宋银芳．谷子病虫草害防治原色生态图谱［M］. 北京：中国农业出版社，2013.

7. 甘耀进，马继芳．粟芒蝇；甘耀进，李立涛．粟穗螟［M］. 中国农业科学院植物保护研究所，中国植物保护学会．中国农作物病虫害(第三版，上册). 北京：中国农业出版社，2015.

8. 董志平，姜京宇，王振营，马继芳，李秀芹，王玉强，甘耀进，等．二点委夜蛾［M］. 北京：科学出版社，2018.

（五）地方标准

1.《无公害谷子（粟）主要病虫害防治技术规程》（DB13/T 840—2007）

2.《二点委夜蛾预测预报技术规范》（DB13/T 1546—2012）

3.《二点委夜蛾防治技术规程》（DB13/T 1547—2012）

（六）发明专利

1. 一种二点委夜蛾幼虫的人工饲料制备及其简化饲养方法，ZL2012100833694。

2. 一种高效二点委夜蛾性诱剂，ZL2012101271548。

3. 一种包含丁基羟基茴香醚增效剂的昆虫性诱剂，ZL2012101271552。

4. 一种利用茚虫威防治二点委夜蛾的新用途，ZL2012100843408。

5. 农业有害蝇类诱捕器，ZL201621191733.9。

四、主要社会兼职与荣誉

（一）社会兼职

1986—1994 年，任河北省农林科学院谷子研究所学术委员会委员。

1988—1994 年，任中国作物学会粟类作物专业委员会秘书长，《粟类作物》主编。

（二）荣誉

1984 年获评河北省承德地直机关优秀共产党员。

1986 年获评河北省承德地直机关优秀共产党员。

1994 年获评中国作物学会先进工作者。

甘耀进接受采访

甘耀进在田间工作

崔光先

崔光先（1937— ），男，中共党员，河北省清苑县（现保定市清苑区）人，河北省农林科学院谷子研究所副研究员，主要从事谷子病害研究工作。

一、学习工作简历

（一）学习经历

1937 年 10 月出生于河北省保定市清苑区温仁镇。1947 年 9 月至 1953 年 7 月清苑县温仁村小学学习。1953 年 9 月至 1956 年 8 月清苑县中学学习。1956 年 9 月至 1958 年 8 月河北保定农业学校学习。1958 年 9 月至 1962 年 8 月就读于河北省保定农业专科学校大学部植物保护专业。1968 年 12 月至 1970 年 5 月河北宣化省直干校学习。

（二）工作经历

1962—1968 年，河北省农林科学院植物保护研究所。1968—1986 年，河北省农林科学院粮油作物研究所。1986—1997 年，河北省农林科学院谷子研究所，任植保研究室主任。

二、主要工作业绩

主要从事谷子病害研究工作，以第一或第二完成人身份荣获国家级、省级科学技术成果7项，其中国家级1项、省级6项。分别在《中国农业科学》《植物病理学报》《华北农学报》等刊物和学术会议上发表论文20余篇，参编著作1部。

（一）谷子病毒病研究

20世纪70年代主持完成谷子品种资源抗病毒病鉴定工作。鉴定筛选出的抗源和抗病丰产品种在河北、河南、山东等地育种和生产上广泛应用，对控制该病的危害起到了重要作用。经中国科学院资深院士、植物病毒病著名专家、中国农业大学教授裘维蕃先生等专家鉴定，填补了国内空白，居国内领先水平，1984年获河北省科技成果奖三等奖。

（二）谷子抗线虫病鉴定及多抗抗源筛选

20世纪80年代主持完成谷子（粟）品种资源抗线虫病鉴定及多抗抗源筛选项目。筛选出多个国内外新发现的抗线虫病、兼抗锈病、粟芒蝇的多抗优质资源，被育种单位应用后，选育出多个抗病新品系，为粟抗线虫病、多抗优质育种奠定了材料基础。首次提出了粟线虫病抗病性分级标准，研发的田间人工接种、盆栽人工接种和同工酶测定相结合的鉴定方法，有效缩短了鉴定周期，提高鉴定准确性。鉴定出的“海里站”等不同类型的抗源为抗病品种提供了材料基础，具有显著的经济、社会效益。此项研究经我国著名线虫病专家、中国农业科学院植物保护研究所陈品三研究员等专家鉴定，居国内先进水平，1989年获河北省科技成果奖四等奖，并被《中国科技成果大全》和《中国实用科技成果大辞典》收录。

（三）粟锈病研究

20世纪80年代主持完成国家攻关项目“谷子品种资源抗锈病鉴定”和河北省课题“粟锈病抗源筛选及用氨基酸、糖进行抗锈病鉴定技术”。

从 3 380份粟种质资源中经多次鉴定筛选出抗锈性强、抗性稳定的抗源 11 个，兼抗抗源 3 个，为抗锈和兼抗性育种提供了重要的材料基础。从 580 个粟新品种（系）中筛选出抗锈性理想、农艺性状好的新品种（系）6 个，为我国黄淮海夏谷锈病高发区控制锈病危害提供了品种基础。首次明确了粟叶片内氨基酸、糖的含量与品种抗锈性的关系，即苏氨酸、甘氨酸、异亮氨酸和赖氨酸的含量与品种的反应型呈负相关，达显著或极显著水平，品种的抗锈性越强，反应型数值越小，四种氨基酸含量越高，叶片内可溶性糖的含量与反应型和抗病指数之间呈极显著正相关，即可溶性糖含量越低越抗锈，由此说明粟锈病是属于一种高糖病害。以氨基酸、糖的含量作为鉴定品种抗锈性重要参考指标，为快速科学筛选抗锈材料提供了新方法，为从生理生化角度选育抗锈新品种提供了依据。初步证实了粟品种抗锈性遗传力强，对正确选配亲本、培育抗病品种有指导意义。经我国著名锈病专家、河北农业大学王焕如教授和谷子遗传育种专家、黑龙江省农业科学院李景春研究员等专家鉴定，“粟锈病抗源筛选及用氨基酸、糖进行抗锈病鉴定技术”居国内领先水平，1993 年获河北省科技进步奖三等奖，并经中国科技出版社评审，于 1996 年 4 月作为“八五”期间优秀科技成果编入《中国“八五”科学技术成果选》一书。

20 世纪 90 年代主持完成河北省科委下达的“夏谷锈病流行规律及防治技术研究”项目。经五年研究，澄清了夏谷区锈病流行规律：越冬夏孢子是次年发病的初侵染源。谷子品种间发病程度有明显差异，豫谷 2 号、安 2384、青丰谷抗病且丰产性状较好。夏谷锈病有暴发流行的特点，夏谷锈病流行与 7—9 月降水量密切相关。明确了关键防治技术：压低初侵染源，选用抗病、丰产品种，在发病关键期进行化学防治。此项研究成果为我国夏谷锈病的防控提供了有效的技术支撑，在夏谷区大面积推广后，取得显著的经济和社会效益。经全国著名锈病专家、沈阳农业大学刘维教授、河北农业大学朱之堉教授等专家鉴定达国内领先水平，1995 年获河北省科技进步奖三等奖。

20 世纪 80 年代和 90 年代以第二主持人身份完成“谷子锈菌优势小种监测及谷子品种抗性基因研究”。首次将我国谷子主产区北方 10 省谷锈菌区分为 7 群 32 个生理小种，并明确了各小种的地区分布。首次初步划分了谷锈菌的流行区系即华北夏谷流行区和东北春谷流行区。用谷锈菌优势小种和强毒性小种鉴定出的 12 个抗锈资源被育种单位应用并选育出 10 个谷子抗锈新品种和 107 个抗锈新品系。利用不同地区的优势小种鉴定出 25 个抗锈新品种，先后在河南、山东、河北、辽宁等地大面积推广，获显著经济效益。研究明确了谷子抗锈资源“黄粘谷”的抗锈性受一对显性基因控制，并开发出连锁分子标记，推导出 9 个候选抗锈基因，用于指导抗锈品种培育。“谷子锈菌优势小种监测及谷子品种抗性基因研究”由中国工程院院士、我国著名锈病专家、中国农业大学曾士迈教授等专家鉴定达国内领先水平。研究成果 1999 年获河北省科技进步奖一等奖，2000 年获国家科学技术进步奖二等奖，2001 年获河北省省长特别奖。

1991—1993 年参加由中国农业科学院作物品种资源研究所主持的国家攻关项目“八种粮食作物种质资源抗病虫特性鉴定与评价研究”，对粟资源抗锈鉴定做出了贡献，该项目 1993 年获农业部科技进步奖二等奖。

三、主要成果和论著

（一）获奖成果

1. 谷子（粟）品种资源抗病毒病鉴定，获河北省科技成果奖三等奖，1984 年，第二完成人。

2. 谷子（粟）品种资源抗线虫病鉴定及多抗抗源筛选，获河北省科技成果奖四等奖，1989 年，第一完成人。

3. 粟锈病抗源筛选及用氨基酸、糖进行抗锈病鉴定技术，获河北省科技进步奖三等奖，1993 年，第一完成人。

4. 夏谷锈病流行规律及防治技术，1995 年获河北省科技进步奖三等奖，第二完成人。

5. 谷子锈菌优势小种监测及谷子品种抗性基因研究，获河北省科技进步奖一等奖，1999 年，第二完成人。

6. 谷子锈菌优势小种监测及谷子品种抗性基因研究，获国家科学技术进步奖二等奖，2000 年，第二完成人。

7. 谷子锈菌生理分化及在谷子抗锈育种中的应用，获得河北省省长特别奖，2001 年，第二完成人。

8. 八种粮食作物种质资源抗病、虫特性鉴定与评价，获农业部科技进步奖二等奖，二级成果证书，1993 年。

（二）论文

1. 石键，崔光先，郑洪庆．河北棉区棉蚜对内吸磷抗药性的调查［J］．昆虫知识，1965（6）：329-330.

2. 崔光先．谷子品种对丛矮病抗病性的初步研究［J］．河北农学报，1982（3）：81-82.

3. 崔光先．谷子品种资源抗病毒病鉴定结果［J］．中国农业科学，1986（4）：95-96.

4. 崔光先，郑桂春，董志平．粟线虫病抗源筛选研究［J］．华北农学报（增刊），1989：145-151.

5. 郑桂春，崔光先，董志平，蔡文娟，高立起，李学成．谷子锈菌夏孢子越冬侵染研究初报［J］．植物病理学报，1990，20：246.

6. 崔光先，郑桂春，董志平．粟品种对病虫多抗性的初步研究［C］//华北区植物病理学会第五届年会论文（摘要）集，1990.

7. 崔光先，郑桂春，董志平．夏谷锈病及其防治［J］．河北农业科技，1991：19.

8. 崔光先，郑桂春，董志平．河北省谷子锈病危害情况考察报告［J］．粟类作物，1991（4）：29-31.

9. 崔光先，郑桂春，董志平．我国北方粟新品种对锈病抗性的研究［J］．华北农学报，1992，7（2）：117-118.

10. 梁克恭，刘维，王雅儒，冯凌云，崔光先，宋燕春，武小菲，郑桂春，董志平．粟品种资源抗粟锈病鉴定研究［J］．沈阳农业大学学报，1992，23（1）：13-18.

11. 董志平，崔光先，周人纲，王占武，李晓芝．粟品种抗锈性与氨基酸、糖含量的关系［J］．粟类作物，1992（1）：1-5.

12. 梁克恭，武小菲，崔光先．粟锈病菌寄主范围研究［J］．植物病理学报，1992，22：292.

13. 崔光先，郑桂春，董志平，周人纲，王占武．粟锈病抗源筛选的研究［C］//中国海峡两岸植物病理学术研讨会论文（摘要）集，1992.

14. 董志平，赵兰波，崔光先，赤国彤，谢剑锋．河北省夏谷区粟锈菌生理分化及粟抗锈性研究初报［J］．河北省科学院学报，1994（3）：464-468.

15. 刘红书，崔光先，杨炳祥，张丽平，邵立侠．夏谷锈病流行规律及防治研究［J］．植保技术与推广，1994（4）：8-9.

16. 董志平，崔光先，赵兰波，谢剑锋．谷锈菌生理分化及谷子抗锈性研究初报［J］．河北农业大学学报，1995，18（4）：45-48.

17. 董志平，赵兰波，崔光先，赤国彤，谢剑锋．粟锈菌生理分化及粟抗锈性研究［C］//农业科学技术研究进展与展望．北京：中国科技出版社，1995：280-284.

18. 刘红书，崔光先，邵立侠，张红芹．夏谷锈病流行规律研究初报［J］．河北农业大学学报，1997，20（4）：30-34.

19. 甘耀进，崔光先，董志平，周汉章．抗旱型种衣剂在谷子上应用效果研究初报［J］．河北农业科学，1993（1）：31-32.

20. 崔光先．注意防治夏谷锈病［N］．河北科技报，1989-6-17（2）.

21. 崔光先，董志平．警惕谷子锈病流行［N］．河北科技报，1990-8-18（2）.

（三）著作

崔光先．抗病育种［M］．李荫梅．谷子育种学．北京：中国农业出版社，1997.

四、主要社会兼职与荣誉

（一）主要社会兼职

1986年，中国作物学会粟类作物专业委员会会员。

1987 年，河北省农作物学会会员。

1987 年，河北省植物保护学会会员。

1993 年，中国植物病理学会会员。

1993 年，中国植物保护学会会员。

1993 年，中国作物学会会员。

（二）荣誉

2019 年 9 月荣获中共中央国务院中央军委颁发的庆祝中华人民共和国成立 70 周年纪念章。

崔光先

孔玉珍

孔玉珍（1934—　），女，河北省张家口市宣化区人，1934 年 10 月出生，1957 年毕业于山西农学院农学系（本科），高级农艺师，1994 年 10 月在张家口地区坝下农科所退休。

一、个人简历

1957 年 8 月分配到张家口专署农林局技术科。1959 年 5 月调到张家口地区坝下农科所。1994 年 10 月退休，连续进行研究工作 35 年。前后从事谷子育种 15 年（其中谷子杂种优势利用研究 11 年），曾任过执行人，主持人，研究室副主任，研究室负责人。1959 年 5—8 月参加由农业部组织的“全国玉米杂交育种”训练班（在山东省农业科学院开展培训），回所后直接投入玉米杂交育种工作，培育自交系、配制杂交种工作。1962—1963 年调入农业物理室，执行谷子、玉米辐射育种。1964—1965 年调入新成立鉴定室，执行全国品种区域试验、风土适应性鉴定及全国谷子品种生态型试验。1983 年冬到 1994 年 10 月进入谷子杂优室。

二、主要研究经历与贡献

（一）1962—1963 年

与赵连元等作为主持人在农业物理室，通过定标器测定^{32}P示踪结合田间磷肥试验，总结出：磷被谷子吸收后，首先集中到顶端、心叶及幼嫩部分，经过转运后达到穗部；谷子发育后期所吸收的磷是前期吸收磷的再分配，再利用。

（二）1964—1965 年

在鉴定室（李蕴主持）完成谷子原始材料评选工作。执行全国谷子品种区域联合试验、风土适应性鉴定，向生产提供红 2、棒子光、辽东黄、雁系三磨里、业 584 等 9 个增产 10%～30%的优良谷子品种并分别提出其适宜种植范围，通过张家口电台及《农业技术资料》推广普及。1964—1965 年通过全国谷子品种生态型试验，提出张家口谷子引种规律及张家口地区适宜引种范围。从高纬度地区引种多表现：发育期提前、生育日数减少，植株降低，生产力下降、病害多，早衰，一般不适合张家口地区引种，引晚熟种较好些。南种北引，表现：植株生长缓慢，生育日数延长、植株高度增加，生产力增加，故南种北引以早熟种为宜。如纬度相近，从低海拔向高海拔地区引种多表现增产，反之减产。张家口地区适宜引种范围，南至北纬 36°～37°，北至北纬 44°范围内引种为宜。在海拔高度方面以不超出 600 米为宜。具体从承德、北京、河北中南部、山西北部引较早熟种类型，从内蒙古、辽宁锦州等地区引晚熟种为宜。

（三）1984 年 1 月到 1994 年 10 月

参与并主持了“谷子综合动态基因库”育种研究。1981 年崔文生开始利用一对隐性不育基因的众多优良杂交组合材料，建立“谷子综合动态基因库”，在人工控制下，库内进行多父多母开放式自由混合授粉，达到广泛的基因累加、重组，从中可选出多类型、优异性状材料，经培育过程选出优良综合种。1986 年起，每年增加不定数量的杂交组合及优良的品种等，以增加基因数量，改良库的组成，提高库的质量水平。此法育种时间短，投资少，效率高，可源源不断提供材料，综合种可连续种植，退化慢。育成一批优良综合种如冀张谷 2 号、冀张谷 3 号、冀张谷 4 号、坝谷 136、坝谷 257 等进入生产示范，增产显著。此法属国内外首创，有实用价值，已被黑龙江、山西、山东、河北省谷子所采用。1991 年获河北省科技进步奖三等奖、张家口市一等奖。（创造人：崔文生，主持人：孔玉珍，执行人：崔文生、杜贵、王天宇、赵治海）

期间，作为主要研究人员，首创谷子光敏型雄性不育源“292”，1987—1989 年在自配材 5-测 35-1 组合 F_5 代中选出不育株连续转育而成。292 在南方短日照常温下，表现育性可育，自交结实率 100%，可以繁殖种子。在北方长日照下表现雄性不育，用以配制杂交种，既保持了不育系纯度，又可增加制种产量。1989 年河北省科委组织专家鉴定，认为 292 不育源为杂交谷子利用研究开辟了新途径，再创新突破。给遗传学、植物学、生物学提供了新内容，具有较高学术价值，属于国内外首创。作为主要研究人员，首创谷子光（温）敏型雄性不育系“821”。1989 年以 292 不育源为母本，冀张谷 1 号（坝谷 237）为父本，多次转育而成，不育率 100%，自交结实 50%左右。在南方表现可育以繁种，北方表现不育与恢复系制种，又可保证不育系纯度，遗传了 292 不育源育性转换的特点。821 的育成为谷子杂优利用提供了经济、方便的捷径，更易选出适合不同地区的新不育系和杂交种，填补了谷子育种研究空白，是我国谷子杂优研究的又一重大突破。

三、主持或参加的主要研究课题

1. 参加了“谷子综合动态基因库”育种与提高研究（1981 年）。1984 年至 1994 年 10 月担任主持人。

2. 参加了通过定标器测定^{32}磷示踪结合田间磷肥试验（1962—1963 年）。主持人：赵连元、孔玉珍等。

3. 执行全国谷子品种区域联合试验（1964—1965）。主持人：李蕴。

四、主要研究成果

1. 作为主要研究人员，首创谷子光敏型雄性不育源“292”。1990 年评为河北省十大成果之一，1995 年获河北省科技成果奖（89—428）。

2. 作为主要研究人员，首创谷子光（温）敏型雄性不育系“821”。1984 年 12 月通过河北省级鉴定（冀科鉴定 333 号），属国内外首创；1985 年获河北省科技进步奖二等奖；1994 年获张家口市科技一等奖。

五、主要论著

1. 崔文生，孔玉珍，王天宇．谷子综合种的选育与利用研究初报［J］．河北农业情报，1989（4）：27.

2. 孔玉珍，崔文生，赵治海，杜贵，苏裕源．谷子综合种选育及其利用研究［J］．华北农学报，1991，6（增刊）：41-46.

3. 孔玉珍，崔文生，赵治海，杜贵，苏裕源，王天宇．谷子综合种选育及其利用研究［M］．李东辉．谷子新品种选育技术．西安：天则出版社，1990.

4. 孔玉珍，崔文生，赵治海，杜贵，王天宇，《谷子综合种选育及其利用研究》，中国作物学会粟类作物专业委员会优秀论文，1990 年。

5. 崔文生，杜贵，孔玉珍．谷子两系杂交种选育与利用［C］//中国作物学会粟类作物专业委员会编辑部，粟论文集，1987.

6. 孔玉珍．谷子两系杂交种选育与利用［C］//中国作物学会粟类作物专业委员会，粟论文集，1987.

7. 崔文生，杜贵，孔玉珍．谷子两系杂交种选育与利用［J］．河北省谷子科研论文集，1986（3）.

8. 崔文生，杜贵，孔玉珍，《谷子两系杂交种选育利用》，中国作物学会粟类作物专业委员会优秀论文，1986 年。

9. 崔文生，赵治海，孔玉珍，杜贵，王天宇，《谷子三系配套的实践与认识》，中国作物学会粟类作物专业委员会优秀论文，1986 年。

10. 崔文生，孔玉珍，赵治海，杜贵，苏裕源．谷子光敏型隐性核不育源“292”选育初报［M］. 李东辉．谷子新品种选育技术．西安：天则出版社，1990.

11. 崔文生，孔玉珍，赵治海，杜贵，苏裕源．谷子光敏型隐性核不育源“292”选育初报［J］. 华北农业报，1991，6（增刊）：177-178.

12. 崔文生，孔玉珍，杜贵，赵治海，苏裕源．谷子光敏型显性核不育材料“光 A1”选育研究初报［M］. 李东辉．谷子新品种选育技术．西安：天则出版社，1990.

13. 崔文生，孔玉珍，杜贵，赵治海．谷子光敏型显性核不育材料“光 A1”选育研究初报［J］. 华北农学报，1991，6（增刊）.

14. 崔文生，孔玉珍，杜贵．谷子去雄新技术（张家口市坝下农科新杂优室）［J］. 农业科学通讯，1978（4）：12；遗传与育种，1978（2）：25.

王润奇

王润奇，男，1936 年 9 月出生，河北辛集人，中共党员，河北省农林科学院谷子研究所副研究员，主要从事谷子遗传、小米品质研究。

一、学习工作简历

1959—1963 年南开大学生物系植物遗传专业学习，大学本科学历。1963—1988 年在山西农业大学（原为山西农学院，1979 年更名为山西农业大学）从事教学和谷子科研工作，1988 年 6 月调入河北省农林科学院谷子研究所从事谷子遗传与品质研究工作。

二、主要业绩

1963 年王润奇分配到山西农学院任教，从事教学和谷子科研工作。20 世纪 70 年代初期，学校基本恢复了秩序，王润奇除担负学校正常教学工作外，着手从事谷子品种资源和原始材料的收集、整理、繁育和区试工作。70 年代中期开始进行谷子遗传方面的研究。研究谷子染色体的制备方法，谷子有丝分裂的规律及谷子染色体与遗传的关系。80 年代王润奇除负责谷子育种科研和教学外，又承担了山西农业大学研究生的显微技术课。

同时参加李东辉先生主持的农业部项目，开始进行谷子食味品质研究。

（一）小米食味品质研究

通过研究小米淀粉组成和性质并借鉴其他粮食淀粉的研究结果，确定了影响小米食味品质的主要因素是小米淀粉中直链淀粉含量、胶稠度和糊化温度。借鉴其他粮食淀粉中直链淀粉含量的测定方法，根据小米淀粉的特点经反复研究，确定小米淀粉中直链淀粉含量采用“电流滴定法”测定，采用小米淀粉米胶液体伸展的长度来测定胶稠度，用小米粒的碱消指数来测定淀粉的糊化温度。利用小米淀粉测定方法，结合人们的品尝，评定了一批食味品质优秀的小米品种。并采用该方法对山西著名的沁州黄小米进行了单株选育和分析，从优中选优，该方法对后来“沁州黄”品种的推广和发展起了很大的作用。根据本项研究结果制定的食味品质标准，曾给黑龙江、吉林、辽宁、山东、山西、河南、内蒙古等多地的谷子品种进行食味品质测定。这项工作对优质小米品种的育种和推广起了一定作用。

1988 年调入河北省农林科学院谷子研究所后，进一步开展了谷子食味品质研究，完善了食味品质的标准，在河北省标准局立项制定了“优质食用品质及其检测”标准，该成果由河北省标准局组织鉴定，专家认为该项研究在谷子上属国内外首创。

（二）谷子三体系列、其他非整倍体与染色体基因定位研究

1991 年，王润奇得到河北省农林科学院与河北省自然科学基金会共同资助，开始谷子染色体基因定位研究，此后，三体无性系研究获得国家自然科学基金资助。他查阅国内外有关资料，确定进行经典染色体基因定位的关键是获得谷子三体系列，而三体是由四倍体与二倍体杂交所获得三倍体的后代中得到。

1. 谷子三体系列建立

他收集了十几个品种的四倍体，豫谷 1 号四倍体是从组织培养所得再生植株中获得。将四倍体分别与二倍体杂交，其中只有豫谷 1 号四倍体与二倍体杂交得到了多株杂种后代。通过观察植株根尖的染色体数获得了五

株三倍体。在三倍体的后代中产生了形态各异的（三体）植株。对这些材料分别编号，取根尖进行染色体数目检查，发现其中有三体、四体和一系列其他非整倍体。对染色体数为 19 的植株进行高分辨染色体分代处理，从而获得清晰的染色体照片。对各种三体染色体的形态和长短进行比较和研究，并结合植株形态特征，最后确定了谷子的 9 种三体，即三体 1、三体 2、……三体 9。其中三体 1 至三体 7 植株形态各异，而三体 8、三体 9 植株形态与二倍体无异。前者三体植株可用形态加以鉴定，后者则需细胞学鉴定。同时发现多种其他非整倍体。谷子三体系列的建立为农艺性状基因定位和其他遗传规律的研究创造了条件。

该项研究利用谷子初级三体幼穗作外植体，以 MS 为基本培养基，并附加 6-BA、NAA、KT 和 IAA，得到了谷子初级三体系列的再生植株，各种三体再生植株可以通过外部形态和根尖染色体进行鉴定，表明谷子初级三体系列的再生植株染色体数目稳定，为再生植株的应用提供依据。

1993 年由河北省科委组织鉴定，专家认为，谷子初级三体系列研究主题准确、技术难度大，所获数据齐全。将谷子高分辨显带技术用于三体的细胞学鉴定。经过艰苦努力育出了一整套谷子三体。这项工作为世界首创，在谷子研究上居国际领先水平。

2. 谷子四体的细胞学和形态学研究

四体是生物的一种非整倍体，它和三体一样是重要的遗传材料。王润奇在研究三体的过程中发现了 3 种四体：四体 4、四体 8、四体 9。谷子四体在子代中传递率高。四体的染色体数为 $2n+2=20$，它的两个额外染色体与其同源的两个染色体形成四价体的稳定结构。在植株形态上四体 8 和四体 9 与二倍体差异较大。而四体的子代中可以产生部分的三体和二倍体。由于三体 8、三体 9 与二倍体形态上无任何差异，鉴定繁杂，所以我们常以四体 8、四体 9 替代三体来利用。

3. 谷子 RFLP 图谱和 DNA 文库研究

1992—1996 年，王润奇课题组与英国剑桥实验室合作，建立了谷子 RFLP 图谱和 DNA 文库。由课题组的王志民进行这项工作，该项目由洛克菲勒基金和本课题组资助。1994 年王润奇应剑桥实验室邀请，到该实验室鉴定谷子三体系列，并参加了利用三体系列将分子图谱与传统的遗传图谱对接，即确定谷子 RFLP 图谱的 9 条连锁群，把分布在分子图谱上的 9 条连锁群上的 21 个探针定位在染色体上。

4. 谷子显性矮秆基因的染色体定位

以谷子三体系列为母体，安矮 3 号矮秆红苗品种为父本，分别进行杂交，通过观察植株形态，选出红苗三体植株，并结合细胞学方法鉴定染色体，准确地鉴定出 F_1 杂种三体。统计 F_2 代植株高度的分离情况，经遗传统计分析将安矮 3 号显性矮秆基因定位在 3 号染色体上，并建立了该矮秆基因的标记基因系。

5. 谷子胚乳糯性（WX）基因的染色体定位

以豫谷 1 号三体（1-7）和四体 8、四体 9 为母本，选用带有标志性状（红苗）的红秫谷、红软谷、青粘谷、法谷-56 糯性品种为父本配制组合进行杂交。根据三体的形态特征和亲本的标志性状，准确确定 F_1 代。对 F_2 代群体的胚乳糯性与非糯性的分离情况进行统计分析，并作 χ^2 的检测。

杂种 F_1 代胚乳全部为非糯性，F_2 代杂种分离出糯性与非糯性两种类型，分析结果表明控制谷子胚乳糯性与非糯性的一对基因定位于 4 号染色体上。

6. 利用三体分析法对谷子几种农艺性状的染色体基因定位

以三体（1-7）及四体 8 和四体 9 为母本，以待定的白米糯性品种和青米品种为父本进行杂交，正确地鉴定出 F_1 代杂种植株，调查 F_2 代群体中待定性状的分离情况，根据基因互作和基因分离的原理，把待定基因定位在相应的染色体上。本项研究确定白米基因是显性单基因，白米基因定在 4 号染色体上。青米性状由两对基因控制，其中一对是抑制基因。青米基因定位在 6 号染色体上。

7. 谷子雄性不育系 1066A（黄苗）不育基因和黄苗基因的染色体定位

以雄性不育系 1066A（黄苗）为母本，与三体（1-7）及四体 8 和四体 9 作父本杂交。通过配制大量杂交组合和反复授粉，获得了三体 1-9 的 F_1 代杂种，各杂种三体的形态与三体基本相似，略有差异，苗色呈绿色且可育，F_2 代植株苗色和育性都产生分离，结果是三体 3、三体 5、三体 7、三体 8、三体 9 的 F_2 代分离的可育株与不育株之比为 3∶1，三体 6 的分离比为 14∶1。杂种 F_2 代分离出的绿苗与黄苗之比，只有三体 7 为 12∶1。由此确定谷子雄性不育系 1066A 为隐性单基因，位于 6 号染色体。黄苗基因也是隐性单基因，位于第 7 号染色体。

三、获奖成果与主要论著

（一）获奖成果

1. 谷子初级三体系列的建立，农业部科技进步奖三等奖，第二完成人，1995 年。

2. 谷子非整倍体的建立及其在遗传分析中的应用，河北省自然科学三等奖，第二完成人，2005 年。

3. 优质食用粟品质及其检测方法，河北省科技进步奖三等奖，第一完成人，1993 年。

4. 谷子 RFLP 连锁图谱的构建及应用，农业部科技进步奖二等奖，第二完成人，1999 年。

5. 略论核型和谷子核型的初步分析，山西省科技协会委员会三等奖，第一完成人，1984 年。

6. 小米食味品质分析方法的研究，山西农业大学论文二等奖，第一完成人，1986 年。

（二）主要论著

1. 参编全国高等农业院校教材《作物育种学各论》，撰写第九章：粟（谷子）育种，中国农业出版社出版，1992 年。

2. 参编《谷子育种学》，撰写第十一章：染色体工程在谷子育种中的应用，中国农业出版社出版，1997 年。

3. 主编山西农业大学教材《植物显微技术》，1984 年。

4. 河北省初中学教材《生物》引用了谷子初级三体，人民教育出版社。

5. 王润奇，高俊华，王志兴，王志民．谷子三体系列的建立［J］．植物学报，1994，36：690-695.

6. 王润奇，高俊华，梁学礼．Identification of primary trisomics and other aneuploids foxtail millet［J］．Plant Breeding，1999，118：59-62.

7. 王润奇，高俊华，王志兴，王志民．谷子染色体高分辨显带的研究［J］．粟类作物，1993（3）.

8. 高俊华，毛丽萍，王润奇．谷子四体的细胞学和形态学研究［J］．作物学报，2000，26（6）.

9. 王润奇，高俊华，毛丽萍，杜瑞恒，刁现民，孙敬三．谷子雄性不育系（1066A）不育基因和黄苗基因的染色体定位［J］．植物学报，2002，44（10）.

10. 王润奇，高俊华，关中波，毛丽萍．谷子几种农艺性状基因染色体定位及连锁关系的初步研究［J］．作物学报，2007，33（1）.

11. 毛丽萍，高俊华，王润奇．谷子初级三体无性系的建立［J］．植物生理学通讯，1999，35（2）.

12. 毛丽萍，高俊华，王润奇．谷子胚乳糯性（WX）基因的染色体定位［J］．华北农学报，2000，15（4）.

13. 王润奇，高俊华，毛丽萍．谷子粳糯、矮秆、青米基因的染色体定位［J］．云南大学学报（自然科学版），1999（增刊）.

14. 王志民，K. M. Devos，刘春吉，王润奇，M. D. Gale. Construction of RFLP-based maps of foxtail millet. Setaria italica（L.）P. Beauv.［J］. Theoretical and Applled Genetics，1998，96：31-36.

15. 王志民，刘春吉，王润奇．用 GFM31 探针进行谷子品种的指纹分析［J］．遗传学报，1996，23（3）.

16. 王志民，王润奇，刘春吉，王明理，M. D. Gale. 谷子 RFLP 研究及基因组 DNA 文库的建成［J］．中国农业科学，1993，26（4）：86-87.

17. 周金树，王润奇，赵连元．粟类作物颖果淀粉粒扫描电镜的研究［J］．华北农学报，1989.

18. 周金树，王润奇，李东辉．龙爪稷胚轴离体培养与植株分化［J］．华北农学报，1994（5）.

19. 王润奇，《黍子染色体组型与 Giemsa c-带的研究》，中国黍稷论文选，1988 年。

20. Wang Runqi and Gao Junhua，《Autotriploid foxtail millet and their progeny》，中国北方半干旱地区持续农业国际会议，论文摘要汇编，1995 年。

21. 王润奇．谷子有丝分裂染色体标本制作方法的研究［J］．延安农业科技，1981（1）：21-24.

22. 王润奇，刘艳俊，田丽霞．略论核型和谷子核型的初步分析［J］．山西农业大学学报，1982，2（1）.

23. 田明，王润奇．谷子各类型及其近缘种的染色体组型［J］．山西农业大学学报，1989（2）.

24. 万淑贞，王润奇．多变小冠花的核型分析［J］．中国草地学报，1984（2）.

田瑞珍

田瑞珍（1939—2015），女，1939 年 3 月 7 日出生，中共党员，河北行唐人，河北省农林科学院谷子研究所党总支委员，谷子育种研究室副主任，副研究员，主要从事谷子育种研究。

一、学习工作简历

1956 年 8 月至 1959 年 8 月在河北省保定农校学习。1959 年 8 月至 1963 年 2 月在河北省农林科学院第一杂粮所工作；1963 年 3 月至 1985 年 12 月在河北省农林科学院粮油作物研究所从事谷子育种研究；1986 年 1 月至 1999 年 3 月在河北农林科学院谷子研究所从事谷子育种工作。

二、主要业绩

（一）主持国家“七五”“八五”攻关项目“谷子专用型品种选育及亲本材料创新”专题

“七五”“八五”期间，田瑞珍主持国家攻关“谷子专用型品种选育及亲本材料创新”专题，在 4 个省 7 个科研单位 30 多名科研人员的共同努力下超额完成任务，主持育成高蛋白、高维生素品种冀特 1 号、鸟饲专用品种冀特 4 号、糯质冀特 5 号等品种，填补了我国谷子专用育种研究的空白，冀特 1 号被制成小米酥卷等多种食品；穗用型鸟饲品种产量水平比对照增产显著，穗长达到 25～27.4 厘米，出口商品合格率提高 27.1%～38.4%，粒用型品种增产 10.5%，千粒重提高 0.2～0.4 克，为出口创汇提高了市场竞争能力，鸟饲红谷和长穗谷已分别出口 1 180吨和 1 203 吨。

（二）主研育成的冀谷 2 号成为河北省区试对照种

1972 年以“朝鲜谷”为材料，采用系统育种方法育成新品种冀谷 2 号，通过河北省品种审定委员会审定，该品种株高中等，夏播生育期 87 天，抗逆力和抗涝能力都较强，谷码大，较松散，灌浆后期阴雨天谷穗散水快不捂子，高产、稳产，1975—1983 年成为河北省谷子区试对照种达 9 年之久，并推广到山东、河南、山西、天津等地，为我国的夏谷生产做出了重要贡献。

（三）主研育成系列品种

主研育成冀特 2 号、冀农 273、冀谷 5 号、冀谷 9 号、冀谷 11、冀谷 14、谷丰 1 号等品种。

（四）提出了夏谷株高的遗传规律

1976—1980 年田瑞珍对 49 个单交组合调查，株高在杂交一代的表现是，超高亲的组合有 31 个，同高亲的组合有 3 个，介于两亲之间而倾向高亲的组合 8 个，共计 42 个，占总数的 85.7%。倾矮组合总计 7 个，占 14.3%。说明夏谷杂种一代高秆和矮秆这一对性状，高秆是显性。F_1 株高与父本株高的相关系数 $r=0.5587$，与母本的相关系数 $r=0.4014$，说明父本对杂交一代的株高影响大于母本。F_1 与 F_2 株高的相关系数 $r=0.6512$，因此可依据 F_1 的株高，估计 F_2 平均株高的可能范围。夏谷株高的遗传力较高，早代就可以进行严格的选择。

（五）栽培技术研究

提出了提高谷子蛋白质含量的栽培技术。研究表明，穗子上部籽粒蛋白质含量最高，中部次之，基部最低。经试验去掉基部，年年坚持选用中上部籽粒播种，可提高蛋白质含量 3%~5%。乳熟期后，茎叶中可溶碳水化合物和氮不断地向籽粒转运，在籽粒蛋白质积累期间，各类蛋白的含量也发生变化。随着成熟，赖氨酸的含量逐渐下降。因此，为了提高小米的蛋白质含量，可在不影响产量的情况下提早收获。同一品种播种越早，生育期越长，蛋白质含量越高。

提出了谷子穗长增长栽培措施。田瑞珍在培育鸟饲长穗谷的同时开展了栽培措施对提高谷穗长度影响的研究，从而提高出口谷穗的创汇率。她以鸟饲品种冀特 4 号为材料试验了栽培方法提高谷穗长度的措施，结果表明合理密植可提高谷穗长度，以留 4 万株为宜；以增加穗长为目的的拔节期追肥效果均好于孕穗期追肥；苗期喷多效唑可提升谷穗长度。

三、获奖成果、论著

（一）获奖成果

1. 食品加工专用型夏谷新品种冀特 1 号的选育，河北省科技进步奖四等奖，1992 年，第一完成人。

2. 夏谷新品种冀谷 11 号的选育与应用，河北省科技进步奖三等奖，1989 年，第四完成人。

3. 夏谷新品种冀特 2 号选育，河北省科技进步奖三等奖，1991 年，第三完成人。

4. 夏谷新品种冀特 4 号选育，河北省农林科学院三等奖，1996 年，第一完成人。

5. 夏谷新品种冀特 5 号粘谷选育，河北省农林科学院三等奖，1999 年，第二完成人。

6. 三高、一优、多抗夏谷新品种冀谷 14 号的选育与应用，河北省科技进步奖三等奖，1997 年，第五完成人。

7. 分蘖型谷子新品种谷丰 1 号的选育，河北省技术发明奖三等奖，2001 年，第六完成人。

（二）主要论著

1. 参编《谷子育种学》，中国农业出版社出版，1997 年。

2. 田瑞珍．夏谷（F_1、F_2）株高遗传的研究［J］. 河北农学报，1982，7（2）：5-9.

3. 田瑞珍．夏谷几个主要性状遗传规律的研究［C］//河北省谷子科研论文集，1986（3）：31-43.

4. 田瑞珍．“冀谷 11”的选育与应用［J］. 农作物研究资料，1988（2）：41-43.

5. 田瑞珍．提高夏谷蛋白质含量研究初报［J］. 粟类作物，1989，7（10）：68-71.

6. 田瑞珍．高营养专用品种冀特 1 号谷的选育［M］//李东辉．谷子新品种选育技术．西安：天则出版社，1990（10）：25-30.

7. 田瑞珍．夏谷高产创汇兼用型新品种“高 39”［J］. 粟类作物，1991（3）：36-37.

8. 田瑞珍．生育条件对谷子蛋白质含量影响的研究［C］//北方七省二市遗传学会论文汇编，1991（10）：21.

9. 田瑞珍．高营养夏谷新品种“优质一号”的选育研究［J］. 河北农业大学学报，1991，14（4）：115-117.

10. 田瑞珍，杜瑞恒．多效唑对夏谷降秆增产效果的探讨［J］. 河北农业科学，1991（3）：22-24.

11. 田瑞珍．提高出口鸟饲谷穗长的研究［J］. 河北农作物研究，1994（2）：15-18.

12. 田瑞珍．不同环境对出口鸟饲谷穗长度影响的研究［J］. 河北农业大学学报，1994，17（增刊）：160-163.

13. 田瑞珍．夏谷新品种“冀特 4 号”鸟饲谷的选育研究［J］. 河北农业技术学院学报，1995，9（3）：55-58.

14. 田瑞珍．夏谷新品种“冀特 5 号粘谷”的选育［J］. 河北农业技术学院学报，1996，10（4）：34-36.

15. 田瑞珍．提高出口鸟饲谷穗长度的研究［J］. 粟类作物，1996

(2，3)：51-54.

16. 籍贵苏，田瑞珍. 夏谷亲本创新材料的类型和特点 [J]. 作物品种资源，1997 (4)：9-11.

17. 田瑞珍，全建章. 夏谷叶面积与穗粒重相关关系的研究 [J]. 河北农业科学，1998，2 (3)：21-23.

四、主要社会兼职

中国作物学会粟类作物专业委员会委员。

田瑞珍在高 39 鉴定现场

朱秀华

朱秀华，女，1933 年出生，四川省内江市资中县人，沧州市农林科学院谷子研究室主任，副研究员，主要从事谷子资源创新与遗传育种研究。1979 年获得“河北省劳动模范”荣誉称号，1984 年获得“河北省女状元”荣誉称号。

一、学习工作简历

1955 年毕业于黑龙江农业专科学校农学专业。1955—1959 年在霸县农业试验站工作。1959 年 3 月沧县农业试验站同霸县农业试验站合并，建立河北省沧县农业试验站（现沧州市农林科学院前身），同年 4 月随单位合并到沧县农业试验站，并着手从事谷子研究，是该单位的第一任谷子课题主持人。

二、主要业绩

（一）品种筛选

沧州地处黑龙港地区，自然灾害频发，特别是新中国成立初期的 50 年代到 70 年代，十年九涝，年降水量在 750~980 毫米，主要集中在谷子生长期的 6—9 月，占全年降水量的 80%左右。沿海各县土壤旱薄盐碱，大多没有水浇条件，主要靠天吃饭，土地贫瘠，耕作管理粗放，农业生产水平很低。生产上应用的谷子品种都是农家种，抗倒差、产量低且不稳定，朱秀华就把自己的工作重点放在农家种的搜集、整理、研究、利用上，经过多年的调查评价和试种筛选，选出了适宜沧州地区生产种植的优良农家种：高抗粟瘟病、白发病、对光周期反应较迟钝的春谷品种大金线谷，抗病毒病、高抗白发病、抗旱的春谷品种小矮根，抗旱、对光周期反应迟钝、较抗倒的春播品种泥里拽，从河南郑州引进的蛋白质含量高的抗旱品种郑州黄谷，适于春播、耐瘠薄、抗倒性一般、适宜中等以下地力种植的谷子品种朝天秆，抗倒伏能力强、适宜中上等地力种植的春谷品种泥丘黄谷，适宜夏播种植的单皮黄，适宜中等地力种植的春夏播品种齐头白，适宜瘠薄地种植的红粘谷、红皮粘谷以及抗倒性较差、易倒伏的小黑谷、小紫根等，这些品种（除了郑州黄谷）作为沧州地区多年生产上种植的农家种，入选了1986年由河北省农林科学院谷子研究所汇编的《河北谷子品种志》，该书获得河北省科技进步奖三等奖。

（二）新品种选育

1. 育成高抗倒伏新品种冀谷6号

朱秀华在进行农家种鉴选的同时，针对生产上急需抗倒、高产稳产谷子品种的问题，开始了谷子杂交育种的工作。1973年由河南新乡地区农科所引进日本60日×新农724杂种2代材料，经4年6代集团选育出冀谷6号，由于成熟时不倒伏、不枯秸，故取名青到老。1980—1981年参加河北省夏谷区试，产量居第一位。1982年通过河北省审定委员会审定，定名为冀谷6号。该品种根系发达、茎秆坚硬、抗倒伏、耐肥水，成熟时不早衰，适宜在水肥和管理条件较好的中、上等土地上种植，夏播生育期80~85天，适宜夏播，抗逆性强、适应范围广，在华北平原夏谷区均可种植，一般亩产150~250千克，最高亩产566千克，年最大种植面积200多万亩。青到老的育成，解决了生产上农家种的倒伏问题，极大提高了谷子生产的产量，使沧州地区种植结构由一年一季谷子种植改为一年两季，实现了小麦—谷子一年两季种植，增加了单位面积的产量。1983年获得农牧渔业部一等奖。

2. 育成高抗谷锈病新品种冀谷12号

进入20世纪80年代以后，河北省旱情逐年加剧，冀中南是黄淮海平原的干旱中心，地下水位急速下降。尽管谷子具有耐旱耐瘠的特点，适宜在此地区种植，但生产上还是急需抗旱、抗倒、抗病、高产的谷子品种。1983 年国家开始实施主要农作物育种攻关，当时作为河北省四大作物之一的谷子也列入其中，朱秀华带领的沧州地区农科所谷子课题积极参加由李东辉主持的联合攻关项目，根据生产需求和育种目标，经过近十年的努力，育成高抗谷锈病、抗倒伏、抗旱、高产谷子新品种冀谷 12 号。冀谷 12 号是 1982 年用高粱谷 223 与青到老杂交后代，再与豫谷 1 号杂交，经过五世代选择培育而成，1990—1991 年参加河北省夏谷区域试验，产量名列第一，比对照豫谷 1 号增产 15.4%，1992 年通过河北省品种审定委员会预审，1994 年 3 月通过河北省品种审定委员会审定，定名为冀谷 12 号，并连续几年作为河北省夏谷区域试验的对照种。该品种集 3 个亲本的优点于一体，表现根系发达、茎秆粗壮、抗倒伏、高抗谷锈病、抗旱，穗大金黄色，叶片功能起长，成熟时叶片由绿色转为深绿色，粮草兼优，丰产、稳产，故取名“青丰谷”。青丰谷的育成，解决了当时谷子生产急需抗谷锈病品种的问题。20 世纪 80 年代初期至 90 年代初期，生产上主栽品种是豫谷 1 号，由于多年生产上种植品种单一，豫谷 1 号不抗谷锈病，造成 1990—1992 年华北夏谷区谷锈病大流行，豫谷 1 号减产严重，减产在 30%~60%，严重地块甚至绝收，青丰谷的育成与应用，拯救了谷子生产。1991 年在沧州示范 30 多万亩，因青丰谷抗谷锈病获得丰收，对孟村百户进行调查，豫谷 1 号种植 122 亩，因谷锈病严重，平均亩产 124 千克，青丰谷种植 161.4 亩，平均亩产 266.3 千克，比豫谷 1 号增产 110%。1991—1995 年在河北省累计推广 242 万亩，为河北省谷子生产做出重大贡献，1993 年获得河北省科技进步奖三等奖。

（三）种质创新

在谷子育种过程中，朱秀华在生产上发现高粱的耐涝性和抗倒性均比谷子强，萌生了用谷子和高粱杂交，提高谷子耐涝性和抗倒性的想法。虽然谷子和高粱同属禾本科，但谷子是狗尾草属，高粱是高粱属，亲缘较远，属于远缘杂交，难度非常大，从 20 世纪 60 年代中期开始探索，选择当时生产上的主栽农家品种为母本，耐涝性和抗倒性强的高粱为父本，配制杂交组合，接连几年均告失败。朱秀华不气馁，在失败中总结教训，她发现谷子和高粱杂交时需要的外界条件比谷子品种之间杂交更为严格，最佳温度 20~23℃，相对湿度在 90%以上，尤以阴雨天为好，并初步认为温度高、湿度低是影响谷子属间杂交成功的因素。1972 年，杂交前对泥里拽谷子开花习性进行连续 3 昼夜观察，查明它开花盛期第一次高峰是当地时间早晨 5—7 时，第二次高峰是夜间 24 时至翌日 2 时，每朵小花开放时间 80 多分钟，阴雨天小花开放可延长到 3 小时。而且开花时间比一般品种长，角度大。采用人工去雄，单花授粉的杂交技术，在泥里拽抽穗盛期早晨 5—7 时，小花刚开口即用镊子把花药拔掉，用毛笔把晋杂 5 号的花粉在母本小花上抹一下，使每朵小花都有花粉，最后又用镊子把父本花药放在柱头上，多次授粉，然后套袋，父本选择最新鲜的花药采粉。1973 年，用双庆谷和离石黄高粱杂交，进行重复试验。1972—1973 两年试验结果，一般结实率在 40%左右，出苗率不到 10%。杂交一代小苗出土后长势较弱，当幼苗长到 4~5 片叶时，长势逐渐强壮，表现根系发达，气生根多，茎秆粗壮，但抽穗后长势减弱，病害重。泥里拽×晋杂 5 号组合未完全成熟即病死，双庆谷×离石黄组合出苗 3 株，收获时，选择一株畸形穗进行加代繁种。到 F_3 代，叶鞘色、株高、穗型、刚毛、生育期、花药色、粒色、米色等性状均严重分离。幼苗出土后显得格外茁壮，与一般谷子差别明显，表现植株基本不分蘖，茎秆挺立，叶片上举，穗梗短，叶片包着穗，近似高粱抽穗。从穗型看，凡似高粱穗型的，结实性低、粒小。至 F_4 代，在 223 个穗系中，又分离出一种秆高 50~60 厘米，叶色浓绿，叶片上举，小花着生在一级枝梗上，有的小花还结两粒种子的新类型株系，最大特点是对光极不敏感。之后，经过多年的选择，选育出具有高粱特点的稳定材料近 200 份，1992 年在中国农业科学院作物品种资源研究所召开了由河北省农林科学院兰巨生副院长主持的鉴定会，与会专家给出的鉴定意见是：创制了谷子高粱远缘杂交新材料，研究水平是国际先进。朱秀华开创了谷子和高粱远缘杂交成功的先河，为后续研究奠定了很好的基础。

三、获奖成果、论著

（一）获奖成果

1. 冀谷 6 号选育，农牧渔业部一等奖，1983 年，第一完成人。
2. 冀谷 12 号选育，河北省科技进步奖三等奖，1993 年，第一完成人。
3. 《河北谷子品种志》，河北省科技进步奖三等奖，1987 年，参加人。

（二）主要论著

1. 参编《河北谷子品种志》，1986 年。
2. 田伯红，朱秀华，张立新．谷子高粱杂交后代在谷子育种上的应用［J］．华北农学报，1995，10（4）：39-43.
3. 朱秀华，李枫．夏谷青到老的选育与应用［J］．河北农学报，1981（03）.

四、主要社会兼职

中国作物学会粟类作物专业委员会委员。

朱秀华在田间

朱秀华（右）在进行谷子性状鉴定

张云庆

张云庆（1934—2016），男，汉族，河北省深州市辰时镇人，副研究员。主要从事谷子遗传育种研究。

张云庆先生 1934 年 6 月 13 日生于河北省深州市辰时乡辰时村，2016 年 3 月 14 日在衡水去世。

1957 年 8 月保定农业学校毕业，同年参加河北省农林科学院旱作农业研究所（原名河北省衡水农业试验站）科研工作。1957 年 8 月至 1995 年主持谷子科研工作。

1978 年省审品种冀谷 1 号在华北地区推广 100 多万亩，获 1978 年省委、省革委科技成果奖；1984 年“谷子品种资源抗病毒病鉴定”获省科技成果奖三等奖；1986 年主研完成“全国谷子区试及其结果应用”获农牧渔业部科技进步奖三等奖。

1986 年作为主编之一编著出版《河北谷子品种志》。至 1995 年先后培育出衡研 1 号、衡研 2 号、衡研 3 号、衡研 4 号、衡研 5 号谷子品种。

张云庆先生多年从事谷子育种工作，对河北省谷子生产做出重要贡献。

解喜明

解喜明（1932—2013），男，汉族，1932 年 12 月出生，河北省定州市人，河北省农林科学院谷子研究所食品加工研究室主任、研究员。早期主要从事谷子栽培与育种研究，1986 年之后主要从事谷子食品加工研究。

一、学习工作简历

1952 年 9 月至 1955 年 8 月在河北省保定高级农业学校农学专业学习。1955 年 9 月至 1959 年 7 月在河北农业大学农学专业学习，大学本科学历。1959 年 8—9 月在河北农业大学栽培教研室工作；1959 年 9 月至 1960 年 4 月就职位于保定的河北省农林科学院，并到中国农业科学院学习“同位素在农业上应用”；1960 年 5 月至 1963 年 10 月在位于保定的河北省农林科学院原子能利用研究所工作；1963 年 10 月至 1964 年 4 月在位于石家庄的河北省粮食作物研究所栽培生理室工作；1964 年 5 月至 1968 年底在河北省粮食作物研究所谷黍研究室任技术员；1968 年底到 1971 年底在平山、大曹庄、曲周参加“五七干校”并插队；1972 年 1 月至 1986 年 3 月在河北省农林科学院农业作物研究所（后改粮油作物研究所）谷稻组（后改为谷子室）工作，职务为农艺师；1981 年 8 月到保定河北农大学习，参加“河北省数量遗传学习班”；1986 年 3 月至 1993 年 2 月在河北省农林科学院谷子研究所从事谷子产品加工研究。

二、主要业绩

（一）栽培研究

1960—1962 年，参加河北省电离辐射、超声波处理农作物种子引变育种和刺激增产效应联合试验。主持与唐山地区农科所合作玉米试验，对当时促进我国农业应用辐射等新技术起到积极推动作用。

1966—1976 年，研究夏播沟谷栽培技术，参加并主抓基点沟播谷子试验，指导各地沟播谷生产示范。1978 年获河北省科技大会奖（集体奖状），并推广达 70 万亩之多。参加机引谷子沟播机研制，工作成果编入河北省农林科学院建院 30 周年《主要技术成果汇编》中。

（二）资源调查和农业区划

1978 年 9 月到 1980 年 3 月参加河北省栾城县农业自然资源调查和农业区划，1984 年和 1985 年分别获河北省科委和中国科学院技术成果奖二等奖。

（三）谷子育种研究

1980—1984 年，参与谷子新品种选育和谷子品种抗病毒调查。主持交代材料产比鉴定、提出让辐 8084 品系（后定名“冀谷 9 号”）破格提前参加全省区试验，提供谷子品种抗病毒调查数据。冀谷 9 号和“谷子品种资源抗病毒鉴定”分别获得 1984 年和 1985 年河北省科技进步奖四等奖、三等奖。

（四）谷子加工研究

1984 年 12 月至 1985 年底，参加谷子产品深加工技术调研和课题准备立项。经研究调查改进小米酥技术，改善配方工艺，创办培训班，支持了当时谷子专业学会成立的活动经费。手工制作小米酥工艺技术推广到山西、陕西、内蒙古、黑龙江等六省（区）的 15 个单位。获得河北省农林科学院“谷子产品加工技术和综合利用课题”立项。

1986—1991 年，主持“十五”农业部重点科研项目“谷子产品加工技术研究”，研制出小米酥卷、小米营养粉、小米方便粥等产品，小米酥卷由保定食品总厂生产上百吨，获得较好的经济和社会效益，小米酥卷研制及其地方标准起草编制，1989 年分别获得河北省农林科学院和省标准计量局科技进步三等奖。小米营养粉研制和小米方便粥研制，1990 年 10 月通过部级鉴定，国内首创，技术领先水平。主研的“米豆冰激凌研制”1991 年获河北省科委技术进步奖三等奖。

（五）谷子遥感技术测产方法研究

1991—1993 年，参与“谷子遥感技术测产方法研究”课题，被聘为技术顾问，上报测产指标与实际生产接近。

三、获奖成果、论著

（一）获奖成果

1. 小米酥卷研制，河北省农林科学院科技进步奖三等奖，第一完成人，1989 年。

2. 小米酥卷地方标准，河北省标准计量局科技进步奖三等奖，第一完成人，1989 年。

3. 米豆冰激凌，河北省科技进步奖三等奖，第二完成人，1991 年。

4. 小米营养粉研制和小米方便粥研制，1990 年 10 月通过部级鉴定“国内首创，技术领先水平”，第一完成人。

（二）主要论著

1.《中国作物栽培学》谷子部分的有关章节，农业出版社出版，1985 年。

2.《栾城县农业自然资源调查和农业区划报告》汇编，栾城县农作物生产与布局问题部分，1980 年。

3. 解喜明，张剑波．小米营养素分析与深加工［J］. 食品科学，1990（4）：18-21.

4. 解喜明．小米深加工的基本技术及其利用［J］. 粮油食品科技报，1992（5）：13-14.

5. 解喜明．我省小米深加工研究利用现状［J］. 河北农业科学，1989（4）：17-19.

6. 解喜明．谷子加工食品——小米酥［J］. 农业科技通讯，1986：33-34.

7. 解喜明．科研新产品——小米酥卷［J］. 农业科技通讯，1988：31.

四、主要社会兼职

中国作物学会粟类作物专业委员会会员。

刘存英

刘存英（1934—1955），女，中共党员，1934年9月出生，河北省高阳县人，河北省保定地区农业科学研究所（现保定市农业科学院）谷子研究室主任，高级农艺师。主要从事谷子育种栽培研究工作。中国作物学会粟类作物专业委员会委员。

一、学习工作简历

1957—1960年在河南农学院农学专业学习。1960—1963年先后到河南省郑州市农科所、开封地区农业局工作，1963年到河北省保定地区农业科学研究所谷子研究室工作，1973年任谷子研究室副主任、农艺师，1985—1994年任谷子研究室主任、高级农艺师。

二、主要业绩

（一）主持、参加课题研究项目

1. 1985—1990年主持河北省科委科技计划项目"谷子新品种选育"课题，该课题培育出谷子新品种冀谷10号获河北省科技成果奖四等奖，河北省发展研究三等奖。

2. 1986—1990 主持“夏谷粮草兼优新品种选用”子课题。该课题培育出的冀谷 13 号获得了保定地区科技进步奖一等奖。

3. 1986—1990 年承担由山西省农业科学院谷子研究所主持的“春播谷光温生态适应性鉴定试验项目”子课题，并承担多项谷子光温反应试验。收集了保定地区春谷光温敏反应相关数据，完成了交办的本生态区春播谷光温生态适应性鉴定相关内容。

4. 参加谷子品种区域试验项目。从 1975 年开始从事河北省谷子区试工作，由于工作严谨，数据采集准确，结果参考价值较大，因此其主持的“河北省谷子品种区域试验及其结果应用（协作）”项目获得了河北省农业厅三等奖。

5. 作为协作单位之一主持“夏谷一优三改配套增产技术研究”项目。其中的“夏谷一优三改配套增产技术的推广应用（协作）”获得了河北省科技进步奖三等奖。

6. 1974—1975 年参与编制《杨村谷高密度沟播增产技术经验的调查报告》项目研究工作。收集了该项研究的相关数据，完成了该项研究的相关技术指标。

7. 协作参与“中国谷子品种资源目录的整理与编写”工作。1980 年“中国谷子品种资源目录的整理与编写”项目获农业部技术改进奖一等奖。

8. 参与编审《河北谷子品种志》。《河北谷子品种志》1987 年获河北省科技进步奖三等奖。

（二）品种资源研究与利用

面对保定地区谷子生产上应用的农家品种，抗倒差、产量低且不稳定，刘存英同志就把自己的工作重点放在农家种资源的搜集、整理、研究、利用上。1963 年对从全国各地引进的 65 份材料进行田间种植，观察评估农艺性状，发现二号竹叶青和杨村谷两个农家品种表现突出。二号竹叶青秆粗，株高适中，活秆成熟，主要经济性状也优于其他地方品种，无论是在保定地区的唐县、满城县等西部山区还是在保定地区的定兴县、容城县、安国县等平原地区均有较好的适应性，比当时主推的白把子品种平均增产20%左右，较好地解决了当时保定地区谷子主推品种由于秆细、植株偏高易倒伏问题。杨村谷是一个矮秆早熟糯性谷子品种，由于该品种生长势强，植株较矮，秆硬有韧性，抗倒伏能力强，采用沟播高密度的种植方法一般地力亩产300~350千克，在肥水条件充足时，亩产可达400~500千克，解决了当前糯性谷子品种植株偏高、抗倒伏能力差、产量不稳定等问题，同时其高产潜力也提高了种植经济效益的预期。

（三）品种选育

1. 系统选育

选育出铁变16和铁秆早。为进一步改善小米品质，增强小米粥的口感，刘存英及其研究团队最早于1963年就开始了谷子系统选育工作，在当时已有的铁头碰等35个不同类型的谷子品系中进行观察鉴定，共筛选出861个不同类型的变异单株，1964年对这些变异单株进行进一步观察鉴定，从铁头碰的20多个变异单株中，选择系谱号为第“16”系单株，生长势强，株高中等，秆硬抗倒，中后期6到7级风袭击后倒伏，但恢复较快，纺锤形穗，白谷黄米，定名铁变16。经过后期分析该品种大穗，出米率较高，小米粳型，蒸煮口味佳，是当时保定地区优质谷子推广种植推荐品种之一。

针对当时谷子生产上存在的现有谷子品种生育期偏长、株高偏高易造成晚熟、倒伏而影响产量等问题。刘存英同志带领的研究团队于1973年从日本60日中发现早熟、矮秆的变异株，后经系统选育、异地抗逆性鉴定育成新品种，命名为铁秆早。该品种获得了河北省发展研究三等奖。

2. 杂交选育

1970年刘存英带领的研究团队就开始了谷子杂交选育工作，从现有300份原始材料中先后筛选出22个抗病性好、早熟、小米口感好的材料作为亲本，利用温汤杀雄法进行有性杂交，经过后代连续选择到品系稳定，历经20余年先后培育出群育一号、冀谷10号、冀谷13号等优良谷子品种，解决了保定谷子主产区谷子品种单一、品种老化、稳产性差的问题。

三、获奖成果、论著

（一）获奖成果

1. 河北省谷子区域试验及其结果应用（协作），河北省农业厅三等奖，1986年。

2. 夏谷一优三改配套增产技术的推广应用（协作），河北省科技进步奖三等奖，第三完成人，1981年。

3. 夏谷新品种冀谷10号，河北省科技成果奖四等奖，河北省发展研究三等奖，第二完成人，1982年。

4.《河北谷子品种志》，河北省科技进步奖三等奖，第三完成人，1987年。

5. 中国谷子品种资源目录的整理与编写，农业部技术改进奖一等奖，第二完成人，1980年。

6. 夏谷新品种“铁秆早”的选育，保定地区科技成果奖一等奖，第二完成人，1982年；河北省科技成果奖四等奖，第二完成人，1983年；河北省农林科学院授予的科技改进奖四等奖，第二完成人，1983年。

7. 夏谷新品种“铁秆早”的发展研究，河北省科委授予的发展研究三等奖，第二完成人，1982年。

8. 冀谷13号选育及应用，保定地区科技进步奖一等奖，第二完成人，1994年。

（二）论文著作

1. 刘存英，等．“杨村谷”（粟）的生物学特性及其高产经验的研究［J］. Journal of Integrative Plant Biology，1976，18（01）.

2. 连治，刘存英，张逢同，傅秀珍．夏谷新品种“铁秆早”的选育［J］. 河北农学报，1983，8（1）.

3. 参与编写了《中国谷子品种志》，1986年。

四、所获荣誉

由于工作突出、贡献较大，1982 年刘存英获河北科技奖章，并先后七次获得保定地区“先进工作者”荣誉称号。

乔仁甫

乔仁甫（1947— ），男，中共党员，河北省深州市乔屯村人，河北省农林科学院旱作农业研究所副研究员，先后从事小麦杂优和谷子育种研究。

一、学习工作简历

（一）学习经历

1947年6月26日，出生于河北省深州市乔屯村；1972年2月至1974年8月在河北农业大学农学专业学习。

（二）工作经历

1974年8月至1977年2月，在中共深县县委组织部组织组工作；1977年2月至1978年2月在深县东安庄公社工作；1978年2月至1979年2月在深县农业局从事农业技术推广工作；1979年2月至2007年6月底退休，在河北省农林科学院旱作农业研究所工作；1979年2月至1985年5月参加小麦杂优课题组研究工作；1985年6月至2007年6月，从事夏谷新品种选育工作；1997年9月全面主持旱作农业研究所的谷子育种工作。

二、主要工作业绩

（一）从事小麦杂优工作期间

选育出小麦新品种 88-71-3，第三主研人。

（二）谷子新品种选育工作期间

1. 选育成功冀谷 17，第一完成人。
2. 冀谷 15 选育与应用，第三完成人。
3. 参加选育出国审衡谷 9 号，主要参加人。

三、主要成果和论著

（一）获奖成果

1. 冀谷 17 号的选育与应用，河北省科技进步奖三等奖，2001 年，证书号：2001JB3017-01。

2. 春夏兼用型夏谷新品种冀谷 15 号选育与应用，河北省科技进步奖三等奖，1999 年。

3. 紧凑型、抗病、抗旱高产冬小麦新品种 88-71-3 的选育与应用，河北省科技进步奖二等奖，2000 年，证书号：20002023-3。

（二）品种

冀谷 15，第三完成人，1996 年通过省决审。

冀谷 17，第一完成人，1998 年通过省决审，1999 年获河北省优质产品称号，证书编号：HBNY99-13。

国审衡谷 9 号，主研人员。

（三）论文

1. 乔仁甫，周巧梅，刘志尧．夏谷衡 8735［J］．作物杂志，1996

(03).

2. 周巧梅，乔仁甫，刘志尧．夏谷新品种冀谷 15［J］．作物杂志，1996（03）．

3. 乔仁甫，曹彩云，周巧梅．夏谷新品种冀谷 17 号的选育［J］．华北农学报，1999，14（增刊）：21-23.

4. 乔仁甫，刘贵波．夏谷新品系——冀谷 17［J］．农业科技通讯，2003（05）．

5. 刘贵波，乔仁甫．夏谷新品种冀谷 17 的推广及优质小米产业化实践［J］．中国农学通报，2004（05）．

6. 乔仁甫，刘贵波，谢楠，赵海明．夏谷新品种衡谷 9 号［J］．中国种业，2006（05）．

四、所获荣誉

1991—1995 年，被评为“八五”河北省农林科学院先进个人。

乔仁甫工作照

周巧梅

周巧梅（1956—　），女，汉族，民革党员，河北博野县人。大专学历，研究员。先后从事夏谷育种与推广和中药材栽培及育种工作。

一、学习工作简历

（一）学习经历

1956 年 1 月出生于河北省博野县。1978 年 9 月至 1981 年 7 月在河北张家口农专农学专业学习。1994 年 8 月参加河北省农林科学院主办的生物技术研修班。1995 年 12 月至 1996 年 2 月参加旱作农业研究所举办的微机应用培训班。1990 年 8 月至 1992 年 10 月参加苏州大学、河北省职改办、河北省广播电台联合举办的英语函授班，学习 2 年。

（二）工作经历

1981 年毕业于张家口农专农学专业。1981—1984 年在河北省农林科学院旱作农业研究所土壤化验室工作，1985—2003 年在河北省农林科学院旱作农业研究所主要从事夏谷育种及种子推广工作。2004—2012 年在河北省农林科学院药用植物研究中心从事中药材栽培及育种研究工作。

二、主要工作业绩

参加工作30多年来，主持完成多项省级和地厅级科技项目。在从事夏谷育种和种子推广期间主要业绩如下：

1. 主持选育的夏谷新品种冀谷15，在河北省推广面积487.6万亩。1997年、1998年在河北省夏谷区种植面积连续两年名列第一位，成为夏谷集中产区的主栽品种。同时，在河南、山东、辽宁、江苏等省迅速推广。

2. 主研培育完成的冀谷17夏谷新品种，1999年获得河北省优质谷子新品种证书，2000年河北省推广种植面积274.4万亩。

选育的冀谷15、冀谷17品种，集高产、优质、抗病于一体，弥补了生产上推广品种稳产性差的缺陷，解决了高产不抗病、抗旱不抗倒、高产不优质的谷子育种难题。

3. 发表的《夏谷穗松紧度与抗锈性关系研究》论文，明确了夏谷穗松紧度与抗锈性呈显著正相关。利用这种性状遗传特点指导抗锈育种，解决了抗锈育种的关键技术。

三、主要成果和论著

（一）主要成果

取得8项省级成果奖励。其中：

1. 主持完成了夏谷新品种冀谷15的选育推广工作，1999年获得河北省科技进步奖三等奖。

2. 共同主持的“冀谷17新品种的选育及应用”，集抗病、抗倒、抗旱、高产、优质为一体，该成果获河北省科技进步奖三等奖。

3. 丹参病毒病原鉴定与脱病毒技术研究，2006年获河北省科技进步奖三等奖。

4. 马铃薯病毒和类病毒复合RT-PCR检测技术及应用，2007年获河北省科技进步奖三等奖。

5. 丹参、板蓝根、北沙参种质评价及规范化栽培技术研究，2007 年获河北省科技进步奖三等奖。

6. 丹参组培脱病毒技术研究及其应用，2009 年获河北省山区创业奖二等奖。

7. 中药材连翘生产关键技术及质量控制研究，2010 年获河北省科技进步奖三等奖。

（二）获得专利

获得国家发明专利 3 项。

1. 采用低温处理脱除菊花类病毒的方法，2008 年获得国家发明专利，专利号：ZL 200610048344. 5。

2. 微细胞团块再生法脱除病毒的方法，2008 年获得国家发明专利，专利号：ZL 200610048342. 6 。

3. 利用河北香菊制备菊王茶的方法，2009 年获得国家发明专利，专利号：ZL 20061004834. 0。

（三）发表论文

发表学术论文 40 余篇。

1. 周巧梅，等．“CH 型”显性雄性核不育谷子在杂交育种上的应用——阶梯式聚合杂交［J］. 粟类作物，1995，1（2）：8-10.

2. 周巧梅，等．夏谷穗松紧度与抗锈性关系研究［J］. 粟类作物，1996，2（3）：59-60.

3. 周巧梅，等．夏谷抗锈性指示性状研究［M］. 马步洲．河北旱作与节水农业之研究．北京：中国农业科技出版社，1996：143-145.

4. 周巧梅，等．谷子在旱作持续农业中的地位和前景［M］. 马步洲．河北旱作与节水农业之研究．北京：中国农业科技出版社，1996：308-310.

5. 周巧梅，乔仁甫，刘志尧．夏谷新品种冀谷 15［J］. 作物杂志，1996（3）：33.

6. 乔仁甫，周巧梅，刘志尧．夏谷衡 8735 [J]. 作物杂志，1996（3）：13.

7. 周巧梅．谷子线虫病的药剂防治 [J]. 河北农业科技，1987（4）：6.

8. 乔仁甫，曹彩云，周巧梅．夏谷新品种冀谷 17 号的选育 [J]. 华北农学报，1999（14）：21-23.

9. 周巧梅，等．石家庄市农业资源投入利用现状的调研分析 [J]. 华北农学报，2007，7（专辑）：148-150.

四、主要社会兼职与荣誉

（一）社会兼职

1998 年 1 月至 2003 年 1 月，被聘为衡水市第二届政协委员。

（二）荣誉

1994、1995 年被河北省作物品审会评为先进工作者。

1996 年被评为河北省农林科学院（1991—1995 年）“八五”先进个人。

1995、1996、1999、2002 年被评为河北省农林科学院旱作农业研究所先进工作者。

1999、2000、2001、2002 年被评为衡水市民革先进党员。

2000 年被河北省政协、省委统战部授予在“两个文明建设”中做出突出贡献的先进个人。

2002 年被中共衡水市委、市人民政府授予在“两个文明建设”中做出突出贡献的先进个人。

2010 年农村科技服务受到灵寿县政府表彰并发个人荣誉证书。

2010 年度被评为河北省农林科学院先进个人。

高俊华

高俊华，女，汉族，1941 年 10 月 13 日出生，河北文安人，河北省农林科学院谷子研究所副研究员，主要从事谷子营养品质分析、谷子非整倍体的建立、谷子基因染色体定位等研究。

一、学习工作简历

1962—1966 年，在河北北京师范学院（即河北师范学院前身，1996 年与其他三校合并为河北师范大学）化学专业学习，大学本科学历。1966 年参加工作。1968 年 10 月至 1970 年 1 月，担任天津市南郊区（今津南区）小站学校教师；1970 年 1 月至 1972 年 6 月，担任山西太谷 171 处学校教师；1972 年 6 月至 1988 年 6 月，任山西农业大学教师；1988 年 6 月至 2001 年 6 月，在河北省农林科学院谷子研究所工作。

二、主要业绩

1975—1983 年，从事谷子新品种营养品质分析研究；1984—1988 年，从事“沁州黄”提纯复壮及食味品质分析研究；1986—1990 年，参加“七五”国家育种攻关项目，从事谷子育种应用基础研究，开展小米食味品质、营养品质指标及其测定方法研究，主研制定河北省地方标准《优质食用粟品质及其检测方法》1992 年获河北省标准局二等奖。1991—1995 年，主要从事谷子非整倍体的建立、谷子染色体基因定位研究。

三、获奖成果、论著

（一）获奖成果

1. 谷子非整倍体的建立及其在遗传分析中的应用，河北省自然科学奖三等奖，第一完人，2005 年。

2. 优质食用粟品质及其检测方法，河北省科技进步奖三等奖，第二完人，1993 年。

3. 谷子初级三体系列的建立，农业部科技进步奖三等奖，第二完人，1995 年。

4. 谷子 RFLP 连锁图谱的构建及应用，农业部科技进步奖二等奖，第六完人，1999 年。

（二）主要论文

1. 高俊华，毛丽萍，王润奇．谷子四体的细胞学和形态学研究［J］.作物学报，2000，26（6）.

2. 王润奇，高俊华，王志兴，王志民．谷子三体系列的建立［J］.植物学报，1994，36：690-695.

3. 王润奇，高俊华，梁学礼．Identification of primary trisomics and other aneuploids foxtail millet［J］. Plant Breeding，1999，118：59-62.

4. 王润奇，高俊华，王志兴，王志民．谷子染色体高分辨显带的研究［J］. 粟类作物，1993.

5. 王润奇，高俊华，毛丽萍，杜瑞恒，刁现民，孙敬三．谷子雄性不育系（1066A）不育基因和黄苗基因的染色体定位［J］. 植物学报，2002，44（10）.

6. 王润奇，高俊华，关中波，毛丽萍．谷子几种农艺性状基因染色体定位及连锁关系的初步研究［J］. 作物学报．2007，33（1）.

7. 毛丽萍，高俊华，王润奇．谷子初级三体无性系的建立［J］．植物生理学通讯，1999，35（2）．

8. 毛丽萍，高俊华，王润奇．谷子胚乳糯性（WX）基因的染色体定位［J］．华北农学报，2000，15（4）．

9. 王润奇，高俊华，毛丽萍．谷子梗糯、矮秆、青米基因的染色体定位［J］．云南大学学报（自然科学版），1999（增刊）．

四、主要社会兼职

中国作物学会粟类作物专业委员会会员，中国化学会山西分会会员。

高俊华（左 2）在观察谷子长势

李凤翔

李凤翔，女，汉族，1953年8月26日出生，中共党员，河北沽源人，河北省农林科学院谷子研究所食品加工研究室副主任，副研究员，主要从事谷子产后加工研究。

一、学习工作简历

1972年9月至1974年8月，任河北省沽源县莲花滩乡王保学校民办教师；1974年9月至1977年8月，在河北师范大学生物系生理生化专业学习，大学本科学历；1977年10月至1984年7月，任张家口农专教师；1984年7月至1987年7月，在承德地区环保局工作；1987年7月之后调入河北省农林科学院谷子研究所，从事谷子产后加工研究。

二、主要业绩

1987—1988年，参加农业部“农产品加工及综合利用”课题；1988—1989年，主持河北省科委“米豆冰激凌”研究；1991—1993年，主持河北省科委“米豆新产品研制”课题；1991—1995年，主持农业部委托课题“谷子加工及综合利用”子课题。主持研发出米豆冰激凌、米豆营养乳，参加研发小米方便粥、小米营养粉、小米酥卷等产品，主持、参与制定了《米豆冰激凌企业标准》《小米营养粉企业标准》《小米方便粥企业标准》等。

三、获奖成果、论著

（一）获奖成果

1. 米豆冰激凌，河北省科技进步奖三等奖，第一完成人，1991 年。

2. 米豆营养乳，河北省山区创业三等奖，第一完成人，1998 年。

3. 米豆冰激凌企业标准，河北省标准局科技进步奖三等奖，第一完成人。

4. 小米营养粉研制和小米方便粥研制，1990 年 10 月通过部级鉴定“国内首创，技术领先水平”，主研人。

5. 小米酥卷研制，河北省农林科学院科技进步奖三等奖，第五完成人，1989 年。

6. 小米酥卷地方标准，河北省标准计量局科技进步奖三等奖，第五完成人，1989 年。

（二）专利

米豆冰激凌的制造方法，李凤翔，解喜明，张剑波，授权号：90102744. 8，1994 年。

（三）论文

第一作者发表论文 20 余篇。

1. 崔庚寅，白文忠，李凤翔，郭旭耀，张继环，高志国，李青．刺激物温度对味阈的影响［J］. 河北师范大学学报，1998，3：424.

2. 李凤翔，等．米豆饮料的研究与开发［J］. 食品科学，1998，9：68.

3. 李凤翔，张俭波．小米方便粥的研制［J］. 食品科学，1993，10.

4. 李凤翔，张俭波，张梅申．小米酥卷［J］. 粮油食品科技，1992，6.

5. 李凤翔，张俭波，张梅申．小米方便粥生产工艺要点［J］. 食品工业科技，1991，3.
6. 李凤翔．米豆冰激凌［J］．粮油食品科技，1991，4.
7. 李凤翔．粗粮细作的科学组配［J］．河北粮油科技，1989，4.
8. 李凤翔．小米营养粉生产技术［J］．河北粮油科技，1992，1.
9. 毛丽萍，李凤翔．米糠乳酸饮料的制作［J］．食品科技，1998，1：36.

四、主要社会兼职

中国作物学会粟类作物专业委员会会员。

李香月

李香月，女，汉族，1941 年 7 月 12 日出生，1967 年 12 月参加工作，河北高邑人，河北省农林科学院谷子研究所副研究员，主要从事谷子区域适应性鉴定和遗传育种工作。

一、学习工作简历

1965 年 3 月至 1967 年 12 月，保定农业专科学校农作物专业学习；1968 年 8 月至 1970 年 3 月，在 63 军部队农场锻炼；1970 年 3 月至 1971 年 3 月，在河北省阜城县农业局工作；1971 年 3 月至 1979 年 4 月，在河北省无极县任教；1979 年 4 月至 1987 年 1 月，在河北省农林科学院粮油作物研究所从事谷子研究；1987 年 1 月至 2001 年 7 月，在河北省农林科学院谷子研究所从事谷子区域适应性鉴定和遗传育种工作。

二、主要工作业绩

1979—1980 年，从事“谷子品种资源收集、整理、归并与繁种入库”工作；1981—1986 年，参加全国“谷子种质抗谷瘟病鉴定及病菌生理小种研究”项目和谷子新品种选育工作，期间育成优质谷子新品系“金谷米”，1986 年荣获中国作物学会粟类作物专业委员会全国第二届优质食用粟评选“一级优质米”；1986—2000 年，参加国家“七五”“八五”“九五”谷子攻关项目，并主持河北省谷子新品种区域试验。

主持育成的优质夏谷新品种冀特 2 号（金谷米），1990 年通过河北省审定；主研第二名育成的谷子新品种冀谷 14，1996 年通过河北省审定；主研第三名育成高蛋白加工专用型谷子新品种冀特 1 号，1990 年通过河北省审定。此外，参加育成了冀谷 11、谷丰 1 号、谷丰 2 号等谷子新品种。

三、主要获奖成果、论著

（一）获奖成果

1. 优质夏谷新品种冀特 2 号，河北省科技进步奖三等奖，第一完成人，1991 年。

2. 三高、一优、多抗夏谷新品种冀谷 14 号的选育与应用，河北省科技进步奖三等奖，第二完成人，1997 年。

3. 谷子新品种豫谷 2 号引种推广，河北省科技进步奖四等奖，第三完成人，1993 年。

4. 食品加工专用型夏谷新品种冀特 1 号（优质 1 号）的选育，河北省科技进步奖四等奖，第三完成人，1991 年。

5. 谷子种质抗谷瘟病鉴定及病菌生理小种研究，农牧渔业部科技进步奖三等奖，第十一完成人。

（二）主要论文

1. 李香月．“冀特 2 号”金谷米食味优质机理初报［J］．河北农业大学学报，1993，4.

2. 李香月．优质夏谷新品种冀特 2 号［J］．种子，1991，2.

（三）其他荣誉

1992 年被评为河北省直三八红旗手。

四、主要社会兼职

中国作物学会粟类作物专业委员会会员。

张正彦

张正彦，女，汉族，1935 年 12 月 3 日出生，河北阜平人，中共党员。河北省农林科学院谷子研究所办公室副主任，副研究员，主要从事谷子辐射育种研究。

一、学习工作简历

1958 年 9 月至 1962 年 11 月，河北农业大学农学系毕业，大学本科学历；1963 年 1 月，到河北省农林科学院粮食作物研究所从事谷子新品种选育研究，1987 年 1 月至 1995 年，在河北省农林科学院谷子研究所从事管理工作。

二、主要业绩

1965 年主持谷子品种资源整理归并试验，对 9 个地区的 2 124 份原始材料进行整理归并；1974 年主持谷子不同苗色类型对光周期反应试验；主持育成谷子新品种冀谷 9 号，1988 年通过河北省审定。

三、获奖成果、论著

（一）获奖成果

1. 冀谷 9 号选育，河北省科技进步奖四等奖，第一完成人，1985 年。
2. 冀谷 5 号新品种选育，河北省科技成果奖四等奖，第三完成人，1979 年。

3. 谷子病毒病鉴定，河北省科技成果奖三等奖，第四完成人，1985 年。

4. 全国谷子区试及结果应用，农牧渔业部科技进步奖二等奖，第六完成人，1987 年。

（二）主要论文

1. 张正彦．夏谷新品种冀谷 9 号［J］．河北农业科技，1985，5.
2. 张正彦．浅谈科学运用夏谷优种［J］．农家乐，1985，18.
3. 张正彦．谷莠的来历及其防治方法［J］．农家乐，1985，19.
4. 张正彦．谷子的优势［J］．农家乐，1986，19.
5. 张正彦．谷子不同苗色类型对光周期反应的试验研究［J］．农家乐，1980.

四、主要社会兼职

中国作物学会粟类作物专业委员会会员，中国科协自然科学专业委员会会员，中国农学会会员。

陈洪斌

陈洪斌，男，汉族，1940 年出生，祖籍山东省平度市。河北省农林科学院谷子研究所副研究员，主要从事科研管理与种子技术研究工作。

一、学习工作简历

1964 年毕业于吉林农业大学土化系，毕业后到吉林省农业厅粮作处工作，任技术员。1965 年，调至吉林省白城地区农业研究所，从事科研管理工作，任科长，兼任向日葵产品加工研究室主任，参加了农业部向日葵研究中心筹建工作，并于 1984 年赴南斯拉夫联邦向日葵科研中心考察学习。

1987 年，调入河北省农林科学院谷子研究所，任科研管理办公室主任，主要负责本所日常科研管理工作，并协助李东辉先生组织协调了由 8 个省（区）科研单位参加的“七五”国家攻关项目“谷子新品种选育”（含 4 个专题）工作。

1993 年，承担联合国开发计划署的援华项目“加强谷子原种繁殖和生产能力”（项目编号 UNDP CPR/91/133），任项目主任。随后成立种子技术研究室，任室主任，建成了种子加工车间。项目执行过程中，先后派出王天宇、程汝宏、凌莉等 9 位科研人员赴欧、美、印学习考察，并三次派出专家组前往美、法、日、印四国科研机构和大学考察访问。同时，也邀请了美、法、日三国种子加工、种子管理、谷子育种和种质创新专家前来进行学术交流讲座。

二、主要业绩

1. 系统研究谷子种子技术。分析了谷子种子从种到收的加工、整理贮藏、检验等过程中的活力变化，揭示了环境因素对谷子种子活力的影响关系，建立了较完善的保持和提高谷子活力的技术体系，建成了全院第一间种子加工车间，在河北省首先应用了种子包衣技术，推进了种子精选加工、防病虫一体化和机械化的进程，起到了良好的示范带头作用。

2. 通过联合国粮农组织项目培养了一批科研人才，为科研工作创建了一支强有力的后备军，从根本上确保了全所科研血液的输送，为日后科研水平的跃升奠定了坚实的基础。项目派出的学习人员开阔了眼界，拓宽了科研思路，提高了原种繁殖、种子加工、检验技术和创新能力，为后续科技创新工作奠定了基础。

3. 引进了含抗除草剂基因的种质资源，推动了谷子育种技术进步。培育出的抗除草剂新品种，在北方大部分地区推广，解决了谷子生产中的草害难题，受到农民的普遍欢迎，产生了显著的社会影响和经济效益。

三、获奖成果及论著

（一）获奖成果

1. 抗除草剂谷子新种质的创制与综合利用研究，1999 年获得河北省科技进步奖一等奖，第三完成人。

2. 环境因素对谷子种子活力的影响关系及提高活力的技术体系，2001 年获河北省科技进步奖三等奖，第一完成人。

3. 谷子种子生产技术规程，1995 年获河北省科技进步奖三等奖，第二完成人。

（二）论文著作

1. 智慧，刁现民，李顺国，段胜军，陈洪斌．包衣技术对谷种贮藏期水分和活力的影响［J］．河北农业科学，2005（01）．

2. 智慧，陈洪斌，凌莉．加速老化法测定谷子种子活力的研究［J］．中国农业科学，1999（03）．

3. 智慧，陈洪斌，凌莉．PEG 对谷子种子活力和田间产量影响的研究［J］．种子，1998（06）．

4. 智慧，陈洪斌，凌莉．PEG 处理对提高谷子种子活力方法的研究［J］．种子，1998（03）．

5. 智慧，陈洪斌，杨金柱，温奎，凌莉．发芽生理法测定谷子种子活力的研究［J］．种子，1995（03）．

6. 智慧，陈洪斌．电导法测定谷子种子活力的研究［J］．种子，1993（06）．

7. 凌莉，陈洪斌，王天宇，赵新忠．《谷子种子生产技术规程》标准通过审定［J］．河北农业科学，1993（03）．

8. 陈洪斌，王天宇，王志民，梁树功．赴法、美考察谷子报告［J］．河北农业科学，1992（02）．

9. 陈洪斌．谷子新品种选育进展突出［J］．河北农业科技，1991（04）．

10. 李东辉，陈洪斌，杨永琛．我国谷子育种获得一批新成果［J］．农业科技通讯，1989（12）．

四、社会兼职

兼任白城地区农业系统专业技术职称领导小组成员，白城地区科技进步奖励专业评审农业组成员，白城地区农学会常务理事，白城地区标准化协会理事，吉林省科学与管理协会成员，吉林省农业技术委员会科研管理专业组成员。

陈洪斌在田间

高立起

高立起（1954—　），男，蒙古族，河北省丰宁满族自治县人，中共党员，河北省承德市农林科学院（原承德地区农业科学研究所）推广研究员。主要从事谷子病虫害及玉米、蔬菜、中药材等病虫害研究与推广工作，发表论文 20 余篇，主编著作 1 部，参编 8 部，获科技奖励 11 项。

一、学习工作简历

（一）学习经历

1976 年 12 月至 1978 年 11 月就读于承德农校农学专业，中专毕业。

2001 年 7 月至 2003 年 7 月在河北经贸大学农业经济管理专业进修，获大专学历。

（二）工作经历

1978 年 11 月至 2014 年 1 月，在承德市（地区）农业科学研究所植保研究室工作；1986 年 12 月，任植保研究室主任；1992 年 6 月，任科研管理科副科长；2014 年 1 月退休。

二、主要工作业绩

（一）谷子病虫害研究

1978—1986 年，在承德市（地区）农业科学研究所植保室作为主要参加人员从事粟芒蝇发生规律及防治技术研究，通过粟芒蝇人工饲养和田间试验调查，明确了粟芒蝇在河北省春夏谷区的发生危害规律、年生活史，提出了科学有效的防治技术，在生产上推广应用后解决了粟芒蝇防治难的问题。作为主要研究人员参与的“粟芒蝇发生规律及防治技术研究”1988 年获河北省科技进步奖三等奖。

1986—1995 年参加“七五”“八五”国家科技攻关项目“谷子品种资源抗病虫鉴定评价研究”工作。主要负责承德地区谷子对粟芒蝇、谷锈病、白发病、粒黑穗病等病虫害抗性鉴定工作，十年来共鉴定谷子品种资源 10 000 余份，为种质资源保存利用和谷子抗病虫育种工作提供了可靠数据。

20 世纪 90 年代，作为主要参加人员开展谷锈病研究，对春谷区谷锈病的侵染规律和田间发生规律进行研究，并开展抗病资源和品种筛选鉴定工作。作为主要研究人员参与的“谷子锈菌优势小种监测及谷子品种抗锈基因研究”1999 年获河北省科技进步奖一等奖，2000 年获国家科学技术进步奖二等奖，“谷锈菌生理分化及在谷子抗锈育种中的应用”2002 年获河北省省长特别奖。

2008—2014 年参与国家谷子糜子产业技术体系谷子病虫防控岗位部分工作，开展春谷区谷子主要病虫害发生情况调查及主要害虫防治技术研究，并赴各地指导病虫防治。开发了谷子苗期拌种防治粟负泥虫、粟凹胫跳甲、粟鳞斑叶甲等苗期害虫的“一拌多防”技术。协助河北省农林科学院谷子研究所对来自全国谷子育种单位 3 000 余份品种和品系的谷子白发病、黑穗病抗性进行鉴定，为我国谷子抗病育种工作提供了数据支撑。参与编写的《粟芒蝇》《谷子病虫草害防治原色生态图谱》分别在 2007 年、2013 年由科学出版社和中国农业出版社出版。

（二）玉米病虫防治研究

1990—2005 年，从事玉米丝黑穗病、玉米纹枯病、玉米粗缩病等病害调查研究工作。筛选到防治玉米丝黑穗病有效药剂“速宝利”，对玉米丝黑穗病防治效果达 90% 以上；对玉米纹枯病进行田间发生情况调查及产量损失研究，摸清该病的发生规律，为玉米纹枯病的防治提供了参考；

摸清了玉米粗缩病传毒媒介昆虫灰飞虱的传毒规律和植株发病规律，研究出对玉米灰飞虱的防治关键技术和粗缩病的防治技术在承德地区应用。“玉米粗缩病发生规律及防治技术”1999 年获承德市科技进步奖二等奖。

在冷凉山区玉米高产栽培技术方面，作为主要完成人针对冷凉山区气候特点对玉米覆膜种植增产效应进行了系统研究，提出了品种、施肥、植保等配套栽培技术措施，为冷凉地区地膜玉米推广提供了理论依据。“冷凉山区玉米地膜覆盖旱作栽培生态指标及高产高效配套技术”1995 年获河北省农村科技三等奖。

（三）植保技术推广与应用

2005—2013 年针对承德地区农业生产区位优势和种植业的特点，提出了无公害绿色农产品的生产技术要求，主张大力推广生物农药，以保护和维护农业生态环境。主持开展了“生物农药引进与推广应用研究”工作。引进筛选新生物农药品种，广泛布点试验、开展示范推广。编写出版了《生物农药集锦》和相关的农民培训教材，通过分层次技术培训，引导农资经营者、种植业大户转变用药思维，正确使用生物农药。该项研究对推动承德市绿色有机农产品生产，降低农药残留污染起到了支撑作用。相关研究 2012 年获承德市科技进步奖一等奖。

20 世纪 80 年代后期，面对种植业结构调整过程中出现的问题，发挥专业特长，经常采用多种形式进行技术咨询服务和科普宣传，并深入农村，进果园、钻大棚做调查研究，向农民讲解和宣传农业实用技术，对粮菜果等作物出现的病虫草害实地查看，做出技术诊断，解决疑难杂症。20 多年来高立起同志义务为农民提供技术咨询、田间技术指导 100 余场次，通过《承德日报》刊发科普知识 20 余篇。受到广大农民的欢迎，为承德地区种植产业的发展提供了技术支撑。

三、主要成果和论著

（一）获奖成果

1. 粟芒蝇发生规律及防治研究，河北省科技进步奖三等奖，1988 年，第二完成人。

2. 粟品种资源抗白发病、粒黑穗病鉴定，承德地区科技进步奖三等奖，1988 年，第三完成人。

3. 谷子种质抗谷瘟病鉴定及病菌生理小种研究，农业部科技进步奖三等奖，1989 年，二级证书，参加人员。

4. 八种粮食作物种质资源抗病虫特性鉴定与评价，农业部科技进步奖二等奖，1993 年，二级证书，参加人员。

5. 冷凉山区玉米地膜覆盖旱作栽培生态指标及高产高效配套技术，河北省农村科技三等奖，1995 年，第二完成人。

6. 中国农作物种质资源收集保存评价与利用，国家科学技术进步奖一等奖，2003 年，二级证书，参加人员。

7. 谷子锈菌优势小种检测及谷子品种抗性基因研究，河北省科技进步奖一等奖，1999 年，第四完成人。

8. 谷子锈菌优势小种检测及谷子品种抗性基因研究，国家科学技术进步奖二等奖，2001 年，第四完成人。

9. 谷锈菌生理分化及在谷子抗锈育种的应用，河北省省长特别奖，2002 年，第四完成人。

10. 生物农药引进与推广应用研究，承德市科技进步奖一等奖，2012 年，第一完成人。

11. 冀北地区中药材主要病虫害发生及绿色防控配套技术研究与应用，承德市科技进步奖一等奖，2016 年，第七完成人。

（二）论文

1. 甘耀进，周汉章，高立起．粟芒蝇危害谷子的症状类型［J］. 植物保护，1989，15（5）：39.

2. 金达生，甘耀进，高立起．粟品种资源对粟芒蝇抗性鉴定研究［J］. 作物品种资源，1992（1）；23-24.

3. 高立起，石爱丽，栾素荣．绿色优质谷子栽培技术［J］. 现代农业科技，2011（18）：87.

4. 董志平，李青松，高立起，董立，马继芳，赵鑫，梁秋华，张治泉．谷子纹枯病发生规律及影响因素［J］．华北农学报，2003（18）：103-107.

5. 郑桂春，崔光先，董志平，蔡淑娟，高立起，李学成．谷子锈菌夏孢子越冬侵染研究初报［J］．植物病理学报，1990，20（4）：246.

6. 甘耀进，高立起．粟芒蝇的初步研究［C］//中国黍稷论文选．北京：农业出版社，1990：346-349.

7. 董志平，姜京宇，高立起．纹枯病正威胁河北省粮食生产　加快纹枯病研究迫在眉睫［J］．河北农业科学，2001，5（1）：17-21.

8. 高立起，梁秋华，丁贵江．玉米穗位高度与纹枯病发生关系研究初报［J］．北京农业科学，2000，18（3）：12-14.

9. 高立起，王占廷，梁秋华，李青松，董志平，玉米纹枯病对种子产量及质量性状的影响［J］．作物杂志，2004（4）：17-19.

10. 高立起，石爱丽，董立，王书卿，梁士民，赵立新．玉米丝黑穗病对玉米产量损失程度研究［J］．农学学报，2014，4（5）：12-15.

11. 高立起，孙阁．生物农药在承德农业中的应用前景［J］．农业环境与发展，2008（3）：32-33.

12. 高立起，石爱丽，张玲，邢占民，张勤，许利平．生物农药终端市场调查及前景分析［J］．农学学报，2013（2）：31-34.

13. 高立起．2001年承德市水稻穗颈瘟发病原因及对策［J］．作物杂志，2002（4）：41-42.

14. 孙阁，高立起．做好科技咨询保障农业增产［J］．现代农业科技，2007（22）：226.

15. 高立起，盖颜欣，杨青林，王艳枝，董学，季志强．创造良好的水源环境实现农业可持续发展［J］．农业环境与发展，2010（3）：23-26.

16. 勤奋耕耘奉献植保事业——记承德植保专家高立起研究员［J］．农业科技通讯，2010（12）：1.

（三）论著

1. 高立起，孙阁．生物农药集锦［M］．北京：中国农业出版社，2009.

2. 甘耀进，董志平，董立，马继芳，高立起，邓耀华，周汉章．粟芒蝇［M］．北京：科学出版社，2007.

3. 董立，马继芳，董志平（编委）．谷子病虫草害防治原色生态图谱［M］．北京：中国农业出版社，2013.

4. 栾素荣（编委）．谷子种植技术问答［M］．北京：化学工业出版社，2013.

5. 董志平，姜京宇，董金皋（编委）．玉米病虫草害防治原色生态图谱［M］．北京：中国农业出版社，2011.

6. 高成，郭书普（编委）．农业病虫草害大全［M］．北京：北京科技出版社，1993.

7. 李济宸（编委）．冷凉地区农作物病虫害防治问答［M］．北京：中国农业科技出版社，1993.

8. 曹广才，吴东兵等（编委）．中国玉米新品种图鉴［M］．北京：中国农业科技出版社，1999.

9. 董学（编委）．向日葵种植技术问答［M］．北京：化学工业出版社，2012.

高立起工作照（右 2）

高立起在田间（左 2）

四、主要社会兼职与荣誉

（一）社会兼职

1. 1986 年，中国作物学会粟类作物专业委员会会员。

2. 1987 年，河北省植物病理学会会员。

3. 1990—2014 年，任承德市农业科技项目鉴定、科技成果评审专家。

4. 2009—2014 年，任承德市植保技术推广协会副理事长。

5. 2014 年，河北省科技成果奖评审专家。

6. 2014 年，承德市老年科技工作者协会专家，中药材种植分会副会长。

7. 2020 年，河北省农田建设项目评审专家。

（二）荣誉

1. 1992 年“七五”期间为承德地区科技进步做出显著成绩，获承德地委、承德地区行署发证表彰。

2. 1996 年获河北省科学技术委员会“八五”期间科技统计先进个人。

3. 1997 年获承德市政府农业“26 推”先进个人。

4. 1993 年获承德市记功一次；1995 年获嘉奖一次；2012 年记三等功一次。

李　世

李世（1954—　），男，中共党员，河北省隆尧县人，就职于原河北旅游职业学院，教授。主要从事农学相关知识教学和谷糜品种选育和技术推广研究。

一、学习工作简历

（一）学习经历

1978 年 3 月至 1982 年 2 月在河北农业大学农学系学习。

（二）工作经历

1972 年 3 月至 1978 年 3 月在原籍河北隆尧务农，担任村农业技术员和公社农业半脱产技术员。

1982 年 2 月至 1999 年 5 月在承德农业学校任教。

1999 年 6 月至 2006 年 5 月在承德职业学院任教。

2006 年 6 月至 2015 年 10 月在河北旅游职业学院任教。先后担任作物栽培教研组组长，农学科秘书、主任，农学系主任和生物工程系主任等职。

2016—2021 年，为承德市老科协特聘专家，负责承德市老科协的农业科研、技术推广及科普示范基地建设工作。

二、主要工作业绩

1985—1994 年，带领团队针对生产中主推品种豫谷 1 号适口性好、产量较高，但易感谷锈病、产量不稳等问题，与承德地区抗病高产主推品种承谷 8 号杂交，选育出抗病、丰产、适口性均优的稳定新品系——承校 87-1。1995—1996 年参加河北省中晚熟谷子新品种区域试验，连续 2 年平均产量居各参试品种第一位，1997 年通过了河北省品种审定委员会的审定。承校 87-1 相关研究 1997 年获承德市科技进步奖二等奖。

1998—2000 年，承校 87-1 谷子新品种参加了全国谷子西北区中熟品种区域试验，三年总平均亩产 321 千克，较对照品种承谷 8 号平均增产 8.12%，平均亩产居早、中、晚熟三个组的首位。2002 年 4 月通过了第三届全国农作物品种审定委员会审定，定名为承谷 10 号，并由农业部第 191 号公告公布、推广。2003 年 3 月，承谷 10 号在全国第五届优质食用粟评选中被评为二级优质米。2004 年承谷 10 号谷子新品种获承德市科技进步奖三等奖。

1991 年开始，带领团队参加了国家“八五”攻关项目子课题“中国黍稷（糜）资源的搜集整理及研究利用”工作。经过五年的努力，共计搜集整理上交入库黍稷（糜）资源材料 294 份（糯的 194 份，非糯的 100 份），成为“八五”期间全国所有参加黍稷（糜）资源搜集单位中搜集整理资源材料最多的单位。所有资源材料收编入 1994 年由中国农业科技出版社出版的《中国黍稷（糜）品种资源目录（续编二）》中。此项种质资源的筛选和利用成果 1998 年获山西省科技进步奖三等奖。

“九五”期间，在原有黍稷（糜）资源搜集整理及研究利用的基础上，继续开展了河北省糜黍资源的研究利用及糜黍新品种的选育工作。1998 年承担河北省科技厅的“冀北糜黍品种资源收集整理及研究利用”项目，对新中国成立以来河北省糜黍的生产情况、生态分布特点等进行了调查研究，先后在相关专业刊物上发表研究论文 3 篇。并分离筛选出了一批抗病高产资源。该课题 2000 年通过河北省科技厅验收和专家鉴定，

2001 年获承德市科技进步奖一等奖，2002 年获河北省山区创业奖三等奖，2004 年获得承德市科学技术市长特别奖。开创了承德民族职业技术学院（原承德农业学校）科研和承德小杂粮研究的科技奖励先河与纪录。

结合中国黍稷（糜）资源的搜集整理及研究利用课题的推进，开展了黍子新品种的选育工作。通过系统选育，从黍子资源圃滦平黄黍子（编号承黍 95，国家统一编号 6130）材料中选择花序色及粒色等均发生变异的植株，经株行鉴定为一性状稳定的白粒变异体。1998—2000 年参加国家糜子糯性组的新品种区域试验和多点生产试验，表现突出。于 2002 年通过了国家农作物品种审定委员会的审定，定名为“冀黍 1 号”。成为新中国成立后河北省当时唯一审定的、且是国家审定的黍子（含糜子）新品种。2007 年“冀黍 1 号新品种的选育及应用”成果获承德市科技进步奖二等奖。

另外，结合谷糜资源筛选及品种选育工作，相继开展了谷子和糜子（黍子）新品种的生长发育规律和配套高产栽培技术研究，发表了相关研究论文 6 篇。

在 30 余年的教学和科研工作中，李世教授先后获得河北省科技进步奖、省山区创业奖和承德市科学技术市长特别奖等自然科学成果奖励 20 余项，多项达国际领先水平或国内领先水平，育成品种 4 个，发表论文 20 余篇，为承德地区谷糜科研和产业发展做出突出贡献。

三、主要成果和论著

（一）获奖成果

1. 冀北糜黍品种资源搜集整理及研究利用，2001 年获承德市科技进步奖一等奖，2003 年获河北省山区创业奖三等奖，2004 年获承德市科学技术市长特别奖，均为第一完成人。

2. 国审高产抗病广适应性新品种冀黍 1 号的选育及应用，获承德市科技进步奖二等奖，2007 年，第二完成人。

3. 中国黍稷优异种质资源筛选利用，获山西省科技进步奖三等奖，

1999 年，第七完成人。

4. 承校 87-1 谷子新品种选育和推广，获承德市科技进步奖二等奖，1997 年，第一完成人。

5. 国审高产优质抗病新品种承谷 10 号的选育及应用，获承德市科技进步奖三等奖，2004 年，第二完成人。

（二）品种

育成农作物新品种 4 个，其中谷糜品种 2 个，冀黍 1 号 2002 年通过了全国农作物品种审定委员会的审定，承校 87-1 谷子新品种 1997 年通过了河北省农作物品种审定委员会审定，2002 年通过了全国农作物品种审定委员会审定，定名承谷 10 号。

（三）论文

1. 李世，苏淑欣，左庆华，陈玉民，乔子英，李瑞生．河北省糜黍生产概况［J］. 粟类作物，1997（1）：16.

2. 李世，苏淑欣，刘秀杰，张继先．黍子叶片生育规律观察［J］. 粟类作物，1997（1）：47-48.

3. 李世，苏淑欣，唐慧莉，霍建伟，李树峰．黍子茎生长发育观察［J］. 粟类作物，1997（1）：49-50.

4. 李世，苏淑欣，方佳欣．温度对黍子发芽的影响［J］. 粟类作物，1997（1）：55-56.

5. 李世，苏淑欣，孙奎苍，霍建伟．播期对黍子生长发育的影响［J］. 粟类作物，1997（1）：57-58.

6. 李世，苏淑欣，王金成，何淑兰．黍子化学除草试验初报［J］. 粟类作物，1997（1）：59-61.

7. 李世，苏淑欣，方佳欣．黍子发芽温度的探讨［C］//植物生理学与跨世纪农业研究，1999：276-281.

8. 苏淑欣，李世．承校 87-1 谷子新品种的选育［J］. 河北农业科技，1999（4）：13.

9. 李世，苏淑欣，陈万翔．承德糜黍品种资源类型及分布［J］. 承德民族职业技术学院学报，2000（2）：55-56.

10. 李世，苏淑欣，陈玉民，左庆华. 河北省糜黍品种资源类型及分布特点研究［J］. 河北农业科学，2000（1）：30-35.

11. 苏淑欣，李世. 承谷10号谷子新品种选育报告［J］. 承德民族职业技术学院学报，2004（2）：84-85.

12. 苏淑欣，李世. 冀黍1号黍子新品种选育报告［J］. 承德民族职业技术学院学报，2004（3）：84-85.

（四）著作

1. 王星玉，魏仰浩，李世，等. 中国黍稷（糜）品种资源目录（续编二）［M］. 北京：中国农业科技出版社，1994.

2. 柴岩，李世，等. 糜子［M］. 北京：中国农业出版社，1999.

四、主要社会兼职和荣誉

（一）主要社会兼职

1983年之后，先后加入河北省农业生态学会、河北省农业系统工程学会、河北省农学会、河北省植物生理学会、河北省耕作学会，为会员。

1995年，加入承德市专家协会；2003年，当选为承德市专家协会常务理事、教育分会副会长；2009年，承德市专家协会理事。

1996年加入中国农学会，1999年被聘为中国农学会基层会员小组负责人。

1999年，被承德市委组织部、市科协聘为承德市科技献策服务团成员、承德农校专家组组长。

1999年、2003年，被河北省科委连续聘为河北省科技成果鉴定评审专家。

2000年，被聘为河北省品种审定委员会承德市评审小组成员。

2002年，被省山区开发办公室聘为河北省山区中药材开发示范工程首席专家。

2006 年，被聘为承德市生态农业协会顾问。

2007 年，当选承德市植保协会第一届理事会副理事长。

2009 年，当选承德市植保协会第二届理事会副理事长和承德创业者联谊会副会长。

2020 年，被河北省农业厅聘为河北省农业科技推广专家。

2012 年，被河北省农业厅聘为河北省中药材专家顾问组专家。

2016 年，被聘为承德市老科协特聘专家。

调查谷糜新品种生长情况

（二）主要荣誉

1990 年，中共承德地委、地区行署授予优秀知识分子。

1993 年，国家教委、人事部联合授予全国优秀教师。

1994 年，中共承德市委授予优秀共产党员；市委、市政府联合授予市专业技术拔尖人才；河北省农业厅授予全省农业（农机）中专学校优秀教师。

1996 年起享受国务政府特殊津贴。

1999、2003、2007 年又连续三届（共连续四届）被承德市委、市政府联合授予承德市专业技术拔尖人才，并被授予终身专业技术拔尖人才。

1999 年，由河北省团省委、人事厅、教育厅等七厅委联合表彰授予河北省改革开放二十年百名优秀大学毕业生，并记三等功。

2000 年，承德市人民政府授予承德市劳动模范。

2001 年和 2002 年承德市人民政府分别记三等功和二等功各一次。

2003 年，承德市人民政府授予承德市“绿色增收计划”先进个人。

2003 年，河北省政府颁发省政府专家津贴。

2004 年，获承德市市长特别奖。

2009 年，获全国农业职业教育教学名师。

此外，还先后 30 多次被评为学校、学院及承德市的优秀教师、师德标兵、优秀共产党员、三育人标兵等。

郭进贤

郭进贤（1935—　），男，辽宁朝阳人，中共党员，副研究员，主要从事谷子育种及栽培技术研究工作。

承德农校毕业，历任承德市农业科学研究所科研办公室主任（1975—1979）、副所长（1979—1983）、所党总支书记、所长（1983—1996）。曾兼任承德地区农学会副理事长（1983）、河北省农学会理事（1984）、承德地区种子协会理事（1988）。主持了承谷 3 号、承谷 4 号、承谷 6 号、承谷 7 号、夏谷 304 品种选育工作，作为主要研究人员参与了承农 2 号、冀谷 8 号品种选育。其中，承谷 3 号、承谷 4 号在 1987 年承德地区科学大会上荣获科技成果奖。1983 年，承谷 7 号获承德地区行署二等奖（排名第一），1982 年，冀谷 8 号获河北省科学技术委员会四等奖（排名第二）。参与协作攻关项目 3 个，分别获部级一等奖、省级三等奖、省农业厅农业技术推广甲级成果奖。

陈　镔

陈镔（1929—　），男，山东烟台人，承德市农业科学研究所副研究员。主要从事谷子种子资源调查、搜集、整理、遗传育种研究工作。

1954—1964年，搜集保存了河北地区谷子品种940份，整理归纳为86类、598个品种。在“中国谷子品种资源目录的整理与编写”项目中，主持承德部分编写，1980年获农业部技术改进奖一等奖；参加编写的谷子品种志，1985年获农牧渔业部技术进步奖三等奖；参与了承谷3号、承谷4号、承谷6号、承谷7号、冀谷8号及夏谷304等谷子品种选育；其中，冀谷8号1982年获河北省科学技术委员会四等奖。参与“全国谷子品种区域试验及其综合应用”项目，1986年获农牧渔业部科技进步奖三等奖。选育出营子黄、鹿角白、小白谷、鸭子嘴、金巴斗等9个优良品种，推广97.1万亩。选育的承农2号谷子品种在河北地区推广297.1万亩，在山西推广89.94万亩。相关研究在国家、省、市级刊物上发表论文10篇。

张景蓉

张景蓉（1934—　），女，河北承德人，承德市农业科学研究所副研究员，从事谷子遗传育种研究。

参与“中国谷子品种资源目录的整理与编写”项目（承德部分），1980 年获农业部技术改进奖一等奖。参与了承谷 3 号、承谷 4 号、承谷 5 号、承谷 6 号、承谷 7 号、冀谷 8 号等谷子品种选育。其中，承谷 3 号、承谷 4 号在 1987 年承德地区科学大会上荣获科技成果奖，冀谷 8 号 1982 年获河北省科学技术委员会四等奖（排名第三），承谷 7 号 1983 年获承德地区行署二等奖（排名第二）。参与“冀谷 8 号推广应用”，1983 年获河北省农业厅农业技术推广甲级成果奖。参与“全国谷子品种区域试验及其综合应用”项目，1986 年获农牧渔业部科技进步奖三等奖。1982 年 2 月，谷子课题组被评为先进集体，代表谷子组出席河北省劳模会，获河北省政府嘉奖令。独著承德地区农业技术服务丛书《谷子》。

张景贞

张景贞（1935—　），女，河南内乡人，承德市农业科学研究所副研究员，从事谷子遗传育种、推广研究。

参与“中国谷子品种资源目录的整理与编写”项目（承德部分），获1980年农业部技术改进奖一等奖。参与编写《中国谷子品种志》（承德部分），1985年获农牧渔部技术进步奖三等奖。主持选育的冀谷8号1982年获河北省科学技术委员会四等奖（排名第一）。参与了承谷3号、承谷4号、承谷5号、承谷6号、承谷7号等谷子品种选育；其中，承谷3号、承谷4号在1987年承德地区科学大会上荣获科技成果奖，承谷7号1983年获承德地区行署二等奖（排名第三）。参与“冀谷8号推广应用”，1983年获河北省农业厅农业技术推广甲级成果奖。参与“全国谷子品种区域试验及其综合应用”项目，1986年获农牧渔业部科技进步奖三等奖。

山西省

杜竹铭

杜竹铭（1908—1992），男，山东省青岛市即墨区人，教授。谷子育种专家，专长为细胞遗传学和谷物学，也擅长著作翻译工作，懂日语、英语、俄语，其中日语最为熟练。

一、学习工作简历

（一）学习经历

1908年8月出生于山东省青岛市即墨区。

1915年2月至1923年5月就读于私塾。

1923年6月至1926年7月就读于山东省立农业专门学校。

1926年8月至1927年4月就读于山东省立实验学院。

1927年5月至1929年5月就读于北平大学艺术学院剧艺系。

1931年11月至1935年7月在日本东京农业大学攻读农学学士和日本东京帝国大学农学部遗传育种专业攻读硕士学位，导师为世界著名遗传学家木原均。卢沟桥事变后回国。

（二）工作经历

1929年至1931年10月担任《青岛晨报》编辑。

1935 年至 1937 年 5 月就职于国立西北农学院，担任副教授兼农场技师。

1938 年至 1940 年 5 月就职于国立云南大学，担任副教授。

1938 年至 1940 年 5 月就职于复旦大学农学院，担任教授兼技术专员科长。

1940 年至 1943 年 3 月就职于甘肃河西屯垦管理局，担任局长。

1943 年 4 月至 1945 年 7 月，就职于铭贤农工学院，担任教授、农艺系主任。

1945 年 8 月至 1951 年 10 月，就职于成都太谷铭贤学院，担任教授。

1951 年 11 月至退休，就职于山西农学院，担任教授、农艺系主任。

二、主要工作业绩

（一）革命建设期间

杜竹铭先生在细胞遗传学和作物育种学方面颇有建树，业务知识广博，教学经验丰富，对科学上的新成就比较敏感，并善于接受，在遗传育种方面的科学研究工作中具有比较丰富的理论知识和熟练的操作技能。田间观察力强，一般能及时而正确地提出研究课题，合理地组织室内外试验，科学地进行试验结果分析和总结。

在其教学经历中，曾主讲过细胞遗传学、作物栽培学、摩尔根遗传学、达尔文主义、米丘林遗传学、谷子选种学、日文等课程。一般都能联系实际阐明课程的基本原理，并能提出自己的看法。特别是讲授谷子栽培学和谷子选种学，由于了解生产情况，也能恰当地结合生产情况，因此，讲授内容丰富、全面，给学生阐述的科学和技术成就，也比较深刻、具体，教学效果很好。

擅长文学，能阅读古书，对日文专业书籍既能顺利阅读，又能笔译成流畅的中文、英文，俄文也有一定基础。能将自己的科学研究成就写成英文、俄文摘要。主要著作有《细胞遗传学》《遗传变异学》《谷子遗传育种学》《作物育种学》《现代系统遗传变异学》《固氮生物是一项重要的农业自然资源》《氨生物遗传和育种学》等；翻译有日本木原均主编的《遗传变异学》《细胞遗传学（第一卷）》等著作。

在细胞遗传学和作物育种学方面颇有建树，科学研究工作以谷子育种为主，过去也曾搞部分向日葵育种工作，并结合选育品种工作开展谷子秕籽的形成原因、防治措施、人工引变和无性杂交理论等问题的研究，20世纪50年代选育出“儿童号”一年两熟向日葵品种和春、夏谷“晋农早1号”及“晋农早2号”谷子新品种；20世纪50年代末提出“冬月种谷法”并发表了相应的试验报告，在业界引发了高度关注。

（二）改革开放以来

在谷子雄性不育系育种两系配套制种的理论和实践研究方面开展了大量工作，曾担任北方各省市区52个单位“谷子雄性不育系杂优利用协作攻关组”总顾问；中国科学院科学基金会—国家自然科学基金会“谷子杂优利用两系三系配套制种增产”研究组组长。先后发表学术论文40余篇，如《谷子的高产技术》《谷子不同生育期田间管理的生物学基础》等，并都先后公开发表于《农业学报》《中国农业科学》《山西农业科学》等期刊。

三、主要成果和论著

（一）获奖成果

1981年，所撰写论文《固氮生物是一项重要的农业自然资源》被山西省科学技术协会学术工作委员会评定为1979年度优秀学术论文。

（二）品种

20世纪50年代选育出儿童号向日葵品种和晋农早1号、晋农早2号谷子新品种。

（三）论文

1. 杜竹铭．谷子不同生育时期田间管理的生物学基础［J］．农业科学通讯，1959（15）.

2. 杜竹铭．“冬月种谷法”实验报告［J］. 山西农学院学报，1960.

3. 杜竹铭．从当前遗传学上争论的主要问题谈孟德尔——摩尔根学派的重要内容［J］. 山西农业科学，1962（03）.

4. 杜竹铭．谷子雄性不育系育种两系配套制种的理论和实践的研究［J］. 山西农业大学学报（自然科学版），1981（05）.

5. 杜竹铭．略论核型和谷子核型初步分析［J］. 山西农业大学学报，1982，2（1）：9－21.

6. 王润奇，杜竹铭，田明，等．沁州黄小米优质机理的初步研究［J］. 山西农业科学，1986（9）：57.

7. 杜竹铭．怎样种好管好谷子——抓“三界”、过“五关”，夺取谷子稳产高产［J］. 农业科技通讯，1973（04）.

8. 白建荣，杜竹铭，周国玉．谷子不育系及杂交再生植株性状的表现［J］. 华北农学报，1992（07）.

（四）著作

1. 杜竹铭．细胞遗传学［M］. 杨凌：西北农学院，1940.

2. 木原均．细胞遗传学［M］. 杜竹铭译．北京：科学出版社，1959.

3. 杜竹铭．遗传变异学［M］. 太谷：山西农业大学，1980.

四、主要社会兼职与荣誉

（一）社会兼职

曾兼任中央农业部和中国农业科学院北方抗旱经验总结团团员，中国农学会、中国作物学会、中国遗传学会理事，山西省遗传学会理事长、山西省老年健康研究会理事长，山西省农业委员会科学技术顾问和山西省生物研究所的特约研究员兼业务副所长。

（二）荣誉

1930 年，加入中国共产党。

古世禄

古世禄（1936—2011），男，山西省万荣县人，1960年毕业于山西农学院（现山西农业大学）。山西省农业科学院作物遗传研究所原书记、副所长，研究员，1998年12月31日退休。

一、基本情况

（一）学习经历

古世禄，1936年6月12日出生于山西省万荣县（原万泉县）城关镇（原解店镇）北解村。他是农民的儿子，从小随父田间劳作，深知农民艰辛，养成了艰苦奋斗、实事求是的品格。1951年入万泉中学，初中毕业后入运城农业学校。他刻苦读书，成绩年年名列前茅。1956年经严格选拔他被保送进入山西农学院学习。课余时间他经常在图书馆度过。由于他的专业知识基础较好，毕业前夕，于1960年4月被选送到中国科学院北京植物生理研究室（后并入中国科学院植物研究所）进修。

（二）工作经历

1961年8月调入晋东南地区农业科学研究所（后为山西省农业科学院长治杂粮研究所，即山西省农业科学院谷子研究所），筹建了谷子栽培生理实验室，在国内较早地开展谷子生理的研究工作。1971 年加入中国共产党。1979 年被调回山西省农业科学院作物系任谷子研究室主任，承担主编《中国谷子栽培学》著作任务。尔后主持省和国家“七五”“八五”和“九五”期间谷子科技攻关项目，开展谷子栽培、育种应用基础研究。1987 年晋升副研究员，1993 年晋升研究员。1985 年中国作物学会谷子专业委员会（后改为粟类作物专业委员会）成立时被选为委员。1995 年当选为山西省作物学会副理事长。1998 年退休后他仍情系谷子，不仅主持“谷子对粒黑穗病的抗性与过氧化物酶同工酶关系的研究”课题，而且深入长治、高平、闻喜、稷山、侯马、平陆、芮城等地考察，研究谷子的起源与山西种植历史。

二、主要业绩

他揭示了谷子器官建成和产量形成的基本规律，以及体内干物质积累与分配高产高效生理实质。评价谷子的营养品质，为谷子产后深加工提供了依据。进行谷子蛋白质、脂肪含量遗传研究，确立杂交组配原则，为谷子优质育种提供了理论依据。研究谷子旱地高产、防秕增粒、喷硼和谷豆分带种植技术，取得了显著的社会经济效益，为我国谷子科研与生产做出了重要贡献。

1. 揭示谷子生长发育规律

古世禄十分重视建立学术思路。根据农业生产需要，并结合学科发展，自 1962 年起逐渐形成了谷子研究的设想框架，建立起自己的学术思想。几十年来万变不离其宗，按照学术思路不断地开展研究和积累知识。1996 年他与同仁编著了《谷子研究新进展》一书，科学而系统地介绍谷子生理、遗传及其高产栽培技术知识。他很重视科学思维的培养，养成良好的分析方法和实事求是的学风。他于 1965 年发表了《种谷子的哲学》一文。

2. 从应用技术入手，探索应用基础的问题，揭示谷子产量形成规律

（1）谷子生长发育中器官建成规律。他分析了谷子各个器官建成的顺序及其相互关系，明确了在不同生育阶段的生长中心。幼苗阶段以根系建成为中心；拔节抽穗阶段，幼穗分化与营养器官平行生长。拔节与幼穗分化始期的关系可分为分离型、衔接型和重叠型三种类型。花粉母细胞减数分裂与抽穗进程密切相关，谷穗抽出 2/5 时花粉母细胞形成，抽出 3/5 时进入减数分裂的盛期。同一小穗花减数分裂基本同步，不同穗位的小穗花减数分裂以中上部→中部→中下部→上部→下部为序。花药长度达到 0. 17 毫米左右减数分裂开始，长度 0. 5 毫米时减数分裂完成。抽穗成熟阶段，以籽粒建成为中心，经过受精、膨大、充实、脱水，达到成熟。按照不同阶段谷子生长发育中心及器官建成顺序，分别制订田间管理的主攻方向。

（2）产量形成基本规律研究。他从库源理论出发，观察产量容积与产量内容的形成。在前人的产量结构研究基础上，分析不同类型的品种和不同产量水平下各因素的主次关系，证明成粒数对谷子产量起主导作用。产量内容主要是由抽穗前蓄积和抽穗后同化产物两部分构成。其中抽穗前 8 天至抽穗期和抽穗后 20~34 天为产量形成的两个关键时期。

（3）谷子结实规律研究。一是穗不同部位分枝和分枝不同部位上籽粒结实的顺序性及结实率的高低。二是谷子灌浆过程中具有灌浆速度缓慢增长期、灌浆高峰期和灌浆速度下降期的阶段性，以及不同穗位上籽粒灌浆速度的差异性。通过粒重在不同时空分布频率，证实谷子体内对光合产物在粒间分配存在着一种自动调节能力，从而早开花的优势籽粒得到充分的营养积累，使其粒重相对稳定；而后开花的劣势籽粒因光合产物不足而形成秕谷。

（4）体内干物质积累与分配规律研究。他分析了不同栽培模式下谷子体内干物质积累总量及不同器官干物质积累的曲线，研究了不同时期体内物质分配中心，进而从光合生理、代谢生理等方面观察测定了群体叶面积、光合速率、光合势、净同化率的变化规律，体内物质转化和根系活性等，得出结论：谷子的光合能力强，需光量大，日变化明显，净同化率在抽穗和灌浆盛期呈现双峰曲线，体内可溶性糖含量呈类似抛物线的凸型曲线，抽穗期为曲线高峰，灌浆阶段保持较高水平。

（5）评价中国谷子优良品质。随着城乡居民生活水平逐渐提高，在营养、安全和花色食物结构调整中，对谷子食用和加工的品质要求越来越迫切。他从“七五”开始主持和承担国家攻关项目中“谷子育种应用基础研究”和“谷子育种材料与方法创新”研究任务，带领课题组分析了山西省209个谷子品种籽粒蛋白质、脂肪和赖氨酸含量的分布，品种差异，地区差异及其相互关系。引入营养学评价方法，从氨基酸组成评价了编入《中国谷子品种志》的416个品种的蛋白质质量。证明中国谷子的氨基酸总量和必需氨基酸含量在世界谷子中是最高的。山西省农业科学院农产品综合利用研究所开发出市场前景良好的“五仁小米营养糊”等产品。

（6）进一步研究了谷子蛋白质、脂肪的遗传规律。通过做大量的杂交组合，分析谷子蛋白质和脂肪的遗传背景、遗传能力、遗传效应及其与农艺性状的遗传相关，提出选配杂交组合的四条原则，为优质育种提供理论依据。选育出珍珠黄优质米的换代品种晋谷34，经全国与省农作物品种审定委员会审定，被评为全国一级优质米。还创新7465、7452、7421等一批高蛋白、高脂肪的育种材料和品系，评选出大青谷、玻璃透、狗屎谷、代州黄等营养价值高的农家品种，提供给育种单位应用。如甘肃省张掖地区农科所引入后，有的直接应用于生产，有的应用于杂种优势利用研究，并选育出4个蛋白质含量高达15.0%～16.8%的强优势组合，增产显著。

通过应用基础研究，他先后发表共计120多万字的论著和译著，深受同行的关注。其中论据被《中国谷子栽培学》和《谷子栽培生理》等引用。他付出了艰辛的劳动和大量心血，也获得了极大的乐趣和幸福。他是“七五”“八五”期间全国谷子攻关专家组成员，山西省农作物品种审定委员会委员，河北、浙江等省自然科学基金会的评审专家，也是《作物学报》《中国农业科学》等学术期刊的审稿人。

研究并总结谷子生产实用技术经验。他高度重视调查研究，早在20世纪50年代后期就深入晋中介休、祁县和榆次等地进行调查研究。至20世纪60年代中期，他不仅开展雁北地区的大同、天镇、阳高、朔县和忻州地区的定襄、忻县等地、县谷子生产经验调查，而且在农村长期蹲点。当时晋东南地区的5个谷子高产村中，他在长治县的小宋、屯留县的贾庄、沁县的段柳和壶关县的晋庄等4个村蹲过点，较系统地总结他们的增产经验。1965 年主持总结《山西省谷子增产技术经验》和参与起草《1965 年全国谷子丰产科学技术》一书。在积累的丰富经验基础上开展了田间试验，对谷子器官发育、壮苗、水分、营养、光合和抗性等生理性状开展研究，提出了旱地谷子增产技术规程。在沁县段柳乡 6 个村大面积示范，分别在平川旱地、旱坪地以及旱薄地均表现增产显著。

为提高谷子结实率，他试验并提出简便易行的喷硼技术。试验表明喷硼能提高叶片光合能力，减轻“午睡”现象，增强根系活性，促进体内物质转化与运输，加快开花受精和籽粒灌浆进程。1981—1982 年连续在太原市大面积示范，喷硼平均增产一成。为在山西省推广，他跑遍了 6 个地市的 20 多个县，调查土壤有效硼含量。据当时山西省农业厅统计，该项技术年应用面积达数万公顷。

他针对生产因秕谷而阻碍产量提高的突出问题，提出“防秕增粒”课题并列入山西省重点项目。在研究所和寿阳、榆社、太谷的 8 个基点上，设计品种、播期、密度、施肥和化学调节等处理，连续 3 年进行 40 多项联合试验，研究成功以“四适一定”为核心的谷子防秕增粒高产栽培技术，深受广大基层干部和农民的欢迎。如寿阳县宗艾村张全成说：“谷子防秕增粒技术确实是一项好技术，我们欢迎。”自 1988 年至 1990 年在山西省累计推广 10 多万公顷，在冀、鲁、陕、吉等省推广 6 万余公顷。

他带领科技人员赴晋东豫西旱农试验区，通过对农田小气候和谷子体内生理变化的系统研究，从生态学、生理学的视角证实谷豆分带种植能兼顾用地养地，符合可持续发展的要求，土地当量比可达 1. 05~1. 24。谷豆分带种高产高效技术体系，以“双选双配置”和“三适两增”为主要特征。1993—1997 年山西省推广应用 14. 7 万公顷。

他热衷于科学技术普及。早自 1957 年起他在下乡劳动之余，为农民夜校讲课。1958 年即为《山西农民报》和《山西科技》杂志撰稿，发表科普文章。几十年来，他为省、地、县、乡各级培训班和夜校讲课数百场。跑遍谷子主产区，在田间地头指导农民科学种谷。仅寿阳基点，培训农民 6 万多人次，发放资料 4 000余份，培养农民技术员 450 余名。他是深受各县政府和农民群众欢迎的谷子专家，1984 年和 1992 年分别被原平县和寿阳县聘为农业顾问。

坚持以人为本，提高整体研究水平。古世禄的座右铭是：从事科学研究首先要学会做人。做人要做忠诚老实、实事求是、埋头苦干的人。

他说："做人就要像田间的谷穗，沉甸甸地弯在下面，不要学狗尾草穗轻飘飘地浮在上边。"他身先垂范，并叮嘱年轻人戒浮躁。在山西省农业科学院作物遗传研究所任职期间，他主管思想和科研管理工作，着眼于调动职工积极性，以人为本，采取一系列措施，努力提高科研人员的素质和整体研究水平。注重在科学研究一线吸收合格者入党，关心和爱护人才，激发旺盛的创新热情；创导"团结、奉献、求实、创新"职业精神，树立爱岗敬业和实事求是良好作风。制定职工行为规范，以德治所，构建良好的科研道德氛围。评选青年优秀论文。一手抓申请课题，一手抓成果鉴定，多出大成果。在作物生长关键季节组织人员田间检查，总结新的科技成果经验。"八五"期间经山西省科委综合评估，作物遗传研究所科研实力名列全省 200 多个研究所第二位，科学研究水平居榜首，进入农业部"全国百强研究所"行列。

三、承担项目

先后承担了国家"七五""八五"谷子攻关专题、子专题及省攻关的重点项目 10 余项。根据自己的科研思路，通过勤奋研究，揭示了谷子生长发育过程中器官建成规律、生长中心转移规律、干物质积累与分配规律、体内过氧化物酶同工酶变化规律、产量形成规律、结实规律、需水规律、需肥规律以及营养品质（蛋白质、脂肪含量）和抗旱性、抗黑穗病性的遗传等规律。并深入研究了其内在的机理及高产高效的遗传生理基础，建立了自己的理论体系，为谷子育种和栽培发展，提供了理论依据。与此同时，为谷子生产提供了谷子喷硼、旱地栽培、防秕增粒、分带种植、节水栽培、优质栽培等多项高产、高效的实用栽培技术。

四、主要成果

共取得了科研成果 10 余项，其中，获奖 9 项：

1. 主持完成的“谷子结实规律及防秕增粒技术”，1994 年获山西省科技进步奖二等奖。

2. 主持完成的《谷子研究新进展》，1999 年获山西省科技著作二等奖。

3. 参与完成的“晋东豫西旱农类型区农林牧综合发展优化模式”，获农业部科技进步奖二等奖。

4. 参与完成“以粮为主大面积高产示范开发”（简称“六六六”工程），1994 年获山西省科技星火特等奖。

5. 主持完成的“谷豆分带种植高产高效技术及机理研究”，1998 年获山西省科技进步奖三等奖。

6. 主持完成的“谷子蛋白质、脂肪含量遗传规律的研究”，1994 年获山西省科技理论三等奖。

7. 主持完成的“谷子喷施硼肥示范推广”，1984 年获太原市科技成果奖四等奖。

8. 参与完成“粮食高产技术承包”，1990 年获山西省技术承包奖二等奖。

9. 参与完成“山西省晋中冬麦区小麦品种考察及区划建议”，1997 年获山西省优秀建议奖。

这些成果，在科学理论和生产实践中取得了显著效果。据统计，谷子旱地高产技术在全省推广面积曾达 150 万亩，防秕增粒与分带种植在省内外推广 380 万亩，增加社会经济效益 3.05 亿元。为全省谷子生产做出了积极贡献。

五、主要论文

先后在《作物学报》《中国农业科学》等国家级学报及省级刊物发表学术论文 150 余篇，其中 30 多篇获各级优秀论文奖励。

1. 古世禄．谷子抽穗期干物质积累与运转及不同叶位叶片对产量的作用［J］．山西农业科学，1981（7）：10-11.

2. 古世禄．谷子（粟）结实规律研究［J］．山西农业科学，1982

(6)：2-5.
3. 古世禄．春谷（粟）不同阶段生长中心的研究［J］．山西农业科学，1983（1）：15-17.
4. 古世禄．谷子产量形成的基本规律［J］．山西农业科学，1984（11-12）：68-69.
5. 古世禄，马建萍，独俊娥．谷子（粟）防秕增粒栽培技术研究［J］．山西农业科学，1987（11）：3-6.
6. 古世禄，马建萍，独俊娥．库源比对谷子（粟）结实的影响［J］．中国农业科学，1988，21（3）：27-33.
7. 古世禄，刘厦．中国谷子蛋白质氨基酸组成的研究［J］．华北农学报，1989，4（1）：8-16.
8. 古世禄，马建萍，独俊娥．光照条件及无机营养对谷子（粟）结实的影响［J］．华北农学报，1989，4（4）：17-22.
9. 古世禄，马建萍，独俊娥．土壤水分对谷子（粟）结实的影响及其生理效应［J］．华北农学报，1990，5（3）：56-62.
10. 古世禄，刘厦，刘子坚．春谷子粒脂肪含量的遗传效应［J］．山西农业科学，1991（2）：5-9.
11. 古世禄，刘厦，刘子坚．春谷杂种蛋白质含量的遗传分析［J］．华北农学报，1992，7（2）：1-8.
12. 古世禄，邢茂生．谷子花粉母细胞减数分裂与植株抽穗进程关系的研究［J］．山西农业科学，1993，21（4）：8-11.
13. 古世禄．谷子（粟）产量形成时期的研究［J］．山西农业科学，1995，23（1）：7-12.
14. 古世禄，郭志利．谷豆分带种植对谷子生理过程的影响［J］．生态农业研究，1996，4（4）：26-30.
15. 古世禄，马建萍，刘子坚．谷子（粟）杂种 F_2 抗旱性的遗传分析［J］．山西农业科学，1996，24（3）：27-31.
16. 古世禄，郭志利．分带种植对谷豆高产高效的影响［J］．中国农业科学，1998，31（5）：26-30.
17. 古世禄，马建萍，郭志利，等．提高谷子（粟）水分利用效率的研究［J］. 生态农业研究，1999，7（4）：30-33.

18. 古世禄，马建萍，刘子坚，等. 谷子（粟）的水分利用及节水技术研究［J］. 干旱地区农业研究，2001，19（1）：40-47.

19. 古世禄，独俊娥，古兆明，等. 中国北部高原地区谷子（粟）品种高产稳产性评价［J］. 中国农业科学，2001，34（4）：454-457.

20. 古世禄，马建萍，独俊娥，等. 利用 POX 同工酶测定谷子（粟）品种对黑穗病的抗性［J］. 华北农学报，2001，11（1）：44-49.

21. 马建萍，古世禄，独俊娥，等. 谷子（粟）生育过程中 POX 同工酶的分析［J］. 作物学报，2002，28（3）：406-410.

22. 古世禄，马建萍. 谷子（粟）干物质积累分配规律及对产量的影响［J］. 华北农学报，2002，17（2）：30-35.

23. 古世禄，古兆明，马建萍，等. 山西古代谷子（粟）生产与品种选育［J］. 山西农业科学，2002，30（2）：34-39.

24. 古世禄，古兆明，马建萍，等. 山西古代谷子（粟）栽培技术［J］. 山西农业科学，2002，30（4）：25-31.

25. 古世禄，马建萍，古兆明，等. 山西古代对谷子（粟）生育生态的认识与实践［J］. 山西农业科学，2003，31（3）：17-22.

六、主要著作

出版各类著作 10 部。

1. 1966 年参与编写出版《一九六五年全国谷子丰产科学技术总结》，农业出版社。

2. 1987 年主编出版大型学术著作《中国谷子栽培学》，农业出版社。

3. 1990 年主编出版《谷子新品种选育技术》，天则出版社。

4. 1991 年参与编写出版大型工具书《中国农业大百科全书·农作物卷》，农业出版社。

5. 1991 年撰写出版 8 集系列科教片《谷子栽培技术》，山西广播电视大学和中央广播电视大学联合录制，中国教育电视台播出（1992 年 8 月）。

6. 1997 年参与编写出版“当代科技重要著作·农业领域”的《谷子育种学》，中国农业出版社。

7. 1997 年撰写出版学术专著《谷子研究新进展》，中国农业科技出版社。

8. 1997 年参与编写研究专著《北方旱区多作高效种植》，气象出版社。

9. 2007 年参与编写当代农业学术专著《黄土高原径流农业》，中国农业科学技术出版社。

10. 2007 年撰写出版学术专著《山西谷子起源与发展研究》，中国农业科学技术出版社。

七、社会兼职及荣誉

古世禄在田间

古世禄，曾兼任山西省作物学会副理事长，山西省农作物品种评审委员会委员、评审专家，中国作物学会粟类作物专业委员会委员、作物栽培专业委员会委员。全国知名的谷子专家、学科带头人，山西省谷子栽培生理研究的开拓者。国家“七五”“八五”谷子攻关专家组成员，《作物学报》和《中国农业科学》等学术刊物的审稿人，河北、浙江等省自然科学基金委的评审专家。

古世禄工作照

陈　瑛

陈瑛（1933—　），女，河南省息县人，1933年5月24日出生。1960年山西农学院（现山西农业大学）农学专业毕业，中共党员，研究员，1988年退休于山西省农业科学院经济作物研究所，后原单位回聘至2015年。

一、个人简历

（一）学习经历

陈瑛，1933年5月24日出生在河南省息县关店乡吴村铺村的一个普通农民家庭。因父早逝，家境困难，母亲无力供孩子们上学，所以在1949年新中国成立后，她才参加了“妇女识字班”。1951年她凭着炽热的渴望和刻苦好学考入潢川初中，踏上了求学之路。1953年她在潢川高中寒窗苦读，以比他人多十倍百倍的付出终于毕业，并于1956年考入山西农学院（现山西农业大学）农学系，圆了自己的大学梦。

（二）工作经历

1960年山西农学院毕业后被分配在山西省农业科学院经济作物系从事花生育种工作。

1962年她服从工作需要开始从事谷子育种研究。从征集农家品种入手，做品种对比试验，在大田中选择变异株，针对当时病虫害严重和产量低问题，确定了谷子的耐旱、高产、抗病育种目标。1963—1987 年，采取优中选优的系选途径，她主持育成抗旱品种晋谷 10 号、抗谷瘟病的晋谷 6 号和早熟兼抗病的晋谷 11 号等谷子新品种，经山西省农作物品种审定委员会审定并应用于大田生产。接着她应用杂交、辐射等多种育种途径选育新品种，并获得了山西省科委对旱地谷子新品种选育攻关课题资助。1988 年按政策规定办理了退休手续。

自 1989 年续聘后，她不顾资金和工作条件等多种困难，经不懈的努力，先后主持育成适于不同生态区域种植的春、夏谷新品种 8 个：其中晋谷 18 号、晋谷 20 号、晋谷 21 号、晋谷 24 号、晋谷 26 号和吕谷 2 号经山西省农作物品种审定委员会审定，晋谷 21 号、吕谷 2 号和晋谷 20 号还经国家农作物品种审定委员会审定。青珍珠黑小米获中国第二届农业博览会金奖、山西省首届农业博览会优秀奖和广交会“山西土特产品最受欢迎产品奖”，直接投放市场。她心系谷子事业，一直工作到 2015 年才基本休息下来，此后还一直关心谷子产业的发展。

二、主要工作业绩

（一）优质谷子品种选育取得突破

陈瑛一直从事谷子新品种选育工作，根据生产需求，她主持选育出耐旱、抗病、早熟、优质等多种类型的品种 10 多个，其中最具影响力的是晋谷 21 号优质品种。晋谷 21 号的育成，是谷子育种史上具有重大影响力的标志性成果，该品种以其优良的品质推动了谷子产业的发展。1994—1997 年，晋谷 21 号获山西省科技进步奖一等奖、国家科学技术进步奖三等奖、山西省科技进步（推广）奖二等奖，并连续五届在中国农业博览会夺冠，“汾州香”小米行销海内外，成为国内小米市场的名牌。

主持育成晋谷 21 号等 11 个优质、高产、抗旱、抗病和广适性谷子新品种，先后在山西、陕西、甘肃、内蒙古等 10 多个省、自治区推广面积累计超过 330 万公顷，成为西北黄土丘陵干旱地区主栽品种。晋谷 21 号以其品质优得到市场的广泛认可，转化为“汾州香”等优质米品牌开发，为我国优质谷子生产发展做出了重要贡献。

（二）谷子育种方法研究上取得进步

谷子由于花器很小，人工去雄杂交比较困难而且成功率较低。1988—1992 年，陈瑛借鉴水稻杀雄技术经验，利用化学杀雄和太阳能杀雄技术研究谷子有性杂交技术，使谷子杂交效率提高了许多倍。原来 1 人 1 天做 1 个组合并且还很难成功，应用新的去雄方法后，1 人 1 天可做 30 个组合且成功率大大提高。

（三）不辞辛苦、不顾年迈，致力于谷子产业发展

退休不离岗，再做新贡献。21 世纪初，陈瑛年逾七旬，退休 16 年了，作为一名中国共产党党员，她还继续为祖国为人民奉献着自己的光和热。2003 年，她将育成的早熟优质谷子余三新品种的品种权一次性转让给山西省偏关县，在山西省高寒区作春谷早熟优质小米开发，以“塞上小金米”品牌成功投放市场，在农业科技改革路上迈出了新的一步，她带领的课题组被评为“成果转化先进课题组”。

她撰写的论文和生产指导性文章共 30 余篇。为《富民要术》《山西省农作物实用技术》《几种农作物栽培技术》等书籍撰稿，在吕梁、晋中等地参与培训农民技术员千余人。

她视谷子如生命，一心扑在新品种选育及优质品种晋谷 21 号的推广上。退休后仍坚持深入生产一线，了解生产中存在的问题，解决晋谷 21 号的病害、繁种等问题。她带着小米到处做宣传、搞品尝、参加展评，直到 1992 年，晋谷 21 号及其小米“汾州香”被选送至北京举办的首届中国农业博览会展示，晋谷 21 号的推广才有了转机。在参展的 36 个谷子品种中，晋谷 21 号一举夺冠。山西省将汾州香米送给党的十四大，请与会者品尝，得到大家一致好评，同时山西省级主管部门山西省科委专门为晋谷 21 号召开新闻发布会。在各级党和政府的支持下，晋谷 21 号才得以在短时间内大面积推广。“功夫不负有心人”，正是由于她坚持不懈的努力，使晋谷 21 号终于崭露头角，21 世纪初晋谷 21 号优质谷种及其“汾州香”优质米连年获奖，香飘海内外。晋谷 21 号推广 30 年，仍然是谷子产业开

发中的主干品种之一，为谷子产业的发展发挥了重要作用。

（四）主持或参加主要研究课题

1963—1978 年，参加山西省协作攻关项目“山西谷子新品种选育”。

1979—1987 年，主持山西省协作攻关项目“西山黄土丘陵旱地谷子新品种选育”。

1988—1992 年，主持山西省协作攻关项目（二级合同）“优质、丰产、中早熟西山旱地谷子新品种”；“山西省中熟区高产、优质、多抗谷子新品种选育”；“谷子杂种优势利用研究”。

1997—1999 年，主持山西省农业科学院老年基金项目“晋谷 21 号原种优质品质的稳定性及增产技术措施研究”。

1998—2000 年，主持山西省农业科学院攻关项目“谷子三系杂交种选育与利用”。

2001—2005 年，主持山西省协作攻关项目“谷子协生性雄性不育系及杂种优势利用研究”。

2004—2007 年，主持谷子品质育种技术研究“优质、高产谷子杂交种选育”。

2005—2008 年，主持山西省重大科技攻关项目“彩色特种优质谷子新品种选育”。

2005 年 1—12 月，主持山西省农村技术承包项目“晋谷 21 号优质种性保持及无公害丰产栽培技术”。

2006—2010 年，主持国家科技支撑计划谷子专题“中晚熟型谷子不育材料创新及杂种优势利用研究”。

2007—2009 年，主持国家科技部成果转化项目“优质谷子新品种晋谷 40 号的中试与示范”。

三、主要研究成果

（一）山西省审定、认定成果 10 个

1. 晋谷 6 号、晋谷 10 号、晋谷 11 号，1987 年山西省农作物品种审

定委员会第六次会议审定，本人排名并列第一。

2. 晋谷 18 号，1990 年山西省农作物品种审定委员会第十六次会议审定，本人排名第一。

3. 晋谷 20 号、晋谷 21 号，1991 年山西省农作物品种审定委员会第十七次会议审定，本人排名第一。

4. 晋谷 24 号，1994 年山西省农作物品种审定委员会第二十次会议审定，本人排名第一。

5. 晋谷 26 号，1996 年山西省农作物品种审定委员会第二十二次会议审定，本人排名第一。

6. 晋谷 40 号，2006 年山西省农作物品种审定委员会四届九次会议审定，本人排名第八（主持工作，自愿排最后）。

7. 晋谷 49 号，2010 年山西省农作物品种审定委员会五届七次会议认定，本人排名第一。

8. 晋谷 57 号，2013 年山西省农作物品种审定委员会六届一次会议认定，本人排名第十（主持工作，自愿排最后）。

（二）国家审定、认定成果 4 个

1. 1990 年，吕谷 2 号，国家农作物品种审定委员会审定，本人排名第一。

2. 1995 年，晋谷 20 号、晋谷 21 号，国家农作物品种审定委员会审定，本人排名第一。

3. 2013 年，晋汾 02，国家农作物品种审定委员会认定。

（三）获奖成果

1. 晋谷 6 号、晋谷 10 号、晋谷 11 号 3 个品种，1979 年获山西省科技成果奖三等奖，本人排名并列第一。

2. 晋谷 10 号——旱地春谷新品种的推广，1989 年获山西省科技进步奖三等奖，本人排名第二。

3. 晋谷 21 号，1994 年获山西省科技进步奖一等奖，本人排名第一。

4. 优质谷晋谷 21 号的选育及应用，1996 年获国家科学技术进步奖三

等奖，本人排名第一。

5. 优质谷新品种晋谷 21 号的推广，1997 年获山西省推广奖二等奖，本人排名第三。

6. 晋谷 21 号无公害优质丰产栽培技术，2006 年获山西省农村技术承包奖一等奖，本人排名第一。

7. 晋谷 21 号优质种性保持及无公害丰产栽培技术，2006 年获吕梁市农村技术承包奖一等奖，本人排名第一。

四、论文著作

1. 陈瑛．吕梁西山谷子生产存在问题及解决途径［J］．吕梁农业科技，1977（10）．

2. 陈瑛．谷子化学杀雄试验研究报告［J］．山西农业科学实验谷子专刊，1979（1）．

3. 陈瑛，卫天业，赵海云．浅谈谷子品质育种［J］．山西种子通讯，1980（2）：4．

4. 陈瑛，《谷子的系统选育》，1981 年 8 月在全国谷子会议“北方谷子科研协会”宣读，获优秀学术论文。

5. 陈瑛．春谷新品种晋谷十号的选育及体会［J］．经济作物科技，1986（1）：35-38（获优秀学术论文）．

6. 陈瑛，刘合福．利用化学杀雄简化谷子有性杂交去雄技术［J］．科技情报，1986（9）：28-31．

7. 陈瑛，《钴 60γ 射线辐射育成春谷新品种“吕谷 2 号”》，1986 年 12 月在山西省原子能学会学术讨论会宣读，获优秀学术论文。

8. 陈瑛，《耐旱谷子新品种晋谷 20 号的选育及推广》，《全国粟类作物》，1991 年获优秀学术论文。

9. 陈瑛，卫天业，景小兰，张向贤．谷子化学杀雄及杂种多代利用的探讨［J］．山西农业科学，1992（8）：10-11（获优秀学术论文）．

10. 陈瑛，卫天业，景小兰，张向贤．晋谷 21 号的选育及推广前景［J］．山西农业科学，1992（12）：7-8（获优秀学术论文）．

11. 陈瑛，刘润堂，温琪汾，景小兰．北方地区谷子新品种丰产性和稳产性的研究［J］．国外农学·杂粮作物，1993（3）：19-21（获优秀学术论文）．

12. 张武魁，陈瑛，郭志强，张超美，史根生．汾州香小米富华夏［M］//富民要术．北京：人民出版社，1999．

13. 史根生，陈瑛，史关燕，杨成元，侯国亮．晋谷21号白发病发生情况及预防措施的研究［J］．杂粮作物，2006，26（3）：239-240．

14. 史宏，史关燕，杨成元，史根生，侯国亮，张翠萍，陈瑛．小米营养保健及食疗价值的探讨［J］．杂粮作物，2007，27（5）：376-378．

15. 史宏，史根生，史关燕，陈瑛．叶面肥喷施对谷子增产效果的研究［J］．陕西农业科学，2007（5）：19-20．

16. 史宏，陈瑛，史关燕，杨成元，史根生，侯国亮，麻慧芳．谷子太阳能杀雄技术的研究［J］．杂粮作物，2008，28（6）：360-362．

17. 史根生，史关燕，杨成元，麻慧芳，陈瑛．谷子杂交种主要农艺性状的灰色关联度分析及综合评价［J］．农学学报，2016，6（5）：1-5．

五、主要荣誉

陈瑛工作照

1993年起享受国务院政府特殊津贴。

1993年，山西省总工会“五一”劳动竞赛获一等功。

1994年，山西省总工会优秀女科技工作者。

1995年和2001年，山西省劳动模范。

1995年，山西省第三批精神文明建设先进典型——“赵雪芳”式的模范知识分子。

2001年，山西省第二批科技功臣。

2004 年，吕梁市科技功臣。

2006 年，我为山西立新功突出贡献奖。

陈瑛在晋谷 21 号田间

作为专家积极参与农业推广工作

王殿瀛

王殿瀛（1931—2010），男，中共党员，辽宁省辽阳县人。曾任山西省农业科学院谷子研究所副所长、研究员、学术委员会主任，1991年退休。

一、基本情况

（一）学习工作经历

王殿瀛，1931年6月出生于辽宁省辽阳县。1950年10月积极响应国家号召参军，后分配至东北兵工局技术处、中央二机部三局任技术员。1955年光荣加入中国共产党。1956年9月考入山西农学院农学专业学习，1960年8月毕业后留校任教，在农学系植物生理教研室工作。1961年10月调入山西省晋东南地区农科所工作（现山西省农业科学院谷子研究所），主要从事谷子遗传育种和谷子基础理论研究。历任谷子组组长、谷子育种室主任、副所长、学术委员会主任等职务。王殿瀛同志从事谷子科研事业30多年，曾主持多项国家科技攻关项目、山西省协作攻关项目、山西省自然科学基金项目等。在谷子新品种选育及应用基础研究方面成就显著。

（二）社会兼职

曾任中国作物学会粟类作物专业委员会副主任委员，山西省作物学会理事，山西省种子协会理事委员；“七五”“八五”国家科技攻关谷子专家工作组成员；山西省农业科学院第三届学术委员会委员；第五届山西省人民代表大会代表；1978 年作为山西省农业系统的优秀代表参加第一届全国科学技术代表大会并光荣受奖。1993 年起享受国务院政府特殊津贴。

二、工作业绩

（一）在新品种选育方面

选育和推广谷子新品种 6 个。选育和推广的晋谷 1 号（长农 1 号）、晋谷 2 号（长农 10 号）1978 年获全国科学大会奖。晋谷 1 号累计推广面积 484.6 万亩，增加社会经济效益 4 361万元；晋谷 2 号累计种植面积 1 239.2万亩，增加社会经济效益 1.115 亿元；晋谷 3 号（长农 12 号）1979 年获山西省科技成果奖三等奖，累计种植面积 165.51 万亩，增加社会经济效益 1 489万元；晋谷 13 号（长农 17 号）1989 年获山西省科技成果奖四等奖，累计种植面积 37.28 万亩，增加社会经济效益 335.5 万元；晋谷 14 号（长农 18 号）1987 年获山西省科技进步奖二等奖、晋东南地区一等奖，该品种成为山西省第一个在品质上与“沁州黄”相媲美的优质品种，在当年的全国赛米会上被评为优质米，深受各地群众欢迎，种植面积迅速突破百万亩，累计种植面积 667.37 万亩，增加社会经济效益 1.168 亿元；晋谷 15 号（长农 20 号）为山西省南部夏播品种，累计种植面积 17.65 万亩，增加社会经济效益 185.3 万元。选育和推广的 6 个谷子品种累计种植面积 2 611.61万亩，创造社会经济效益 2.92 亿元，为山西省谷子产业发展做出了重要贡献。

（二）在应用基础研究方面

王殿瀛同志在长期的谷子新品种选育和推广实践中，深深感到谷子在应用基础研究方面比较薄弱，在新品种选育和推广方面缺乏理论指导。从20世纪80年代开展了谷子生理、生态等方面的应用基础研究。

1. 1988年主持完成了“谷子品种光反应特性研究”，获山西省科技进步奖理论二等奖

揭示了谷子品种适应范围窄小的根本原因。筛选出一批对光温不敏感的种质资源，填补了谷子品种生育特性研究的空白，为选育适应范围广的新品种提供了依据和条件。

2. 1993年主持完成了“山西省谷子生态区划”，获山西省科学技术进步奖软科学二等奖

成为山西省第一个依靠试验数据支撑的谷子生态区划，既有实践数据又有理论指导，更科学地进行谷子生态区划。该区划所确定的方法、指标为全国谷子生态区划所采用，《山西谷子栽培技术》一书引用了该区划，该区划为指导山西省谷子生产及品种布局、区域试验网络安排提供了科学依据。

3. 主持完成了“七五”国家科技攻关项目“全国谷子生态联合试验及中国谷子主产区谷子生态区划”，1992年获农业部科技进步奖三等奖

组织全国26个单位参加了该项目。经试验研究，查明了谷子品种适应范围窄的根本原因是谷子品种对光温反应敏感，为选育适应性广的品种提供了理论依据；筛选出可供跨省大区种植推广的品种豫谷2号等10个品种，分别在河北、山西、河南、山东、内蒙古、甘肃、黑龙江等谷子主产区推广种植。其中内谷2号在黑龙江北部高寒地区试种成功，为推移谷子北限提供了特早熟品种。经过全国谷子品种联合试验，制定出了“中国谷子主产区谷子生态区划”，将我国谷子主产区分为5个生态区和11个生态亚区。为全国谷子主产区各省份安排部署品种试验和推广新品种提供了科学的理论依据。“七五”“八五”国家谷子专家组按照本区划安排部署了国家谷子科技攻关研究工作，对建立国家区试网点及指导谷子生产具有重要的使用价值。《光明日报》《科技日报》《中国科学报》等对该研究成果进行了报道，所制定的全国谷子分类生态区划被山西农业大学课本教材选用。至今该区划仍然是谷子生产中的重要理论依据，有着划时代意义。

三、主要成果

王殿瀛同志一生从事谷子科研工作，选育和推广谷子品种 6 个；获各级成果奖 13 项，其中全国科学大会奖 2 项，山西省科技进步奖二等奖 3 项、三等奖 5 项，农业部科技进步奖三等奖 2 项。在《中国农业科学》《华北农学报》等学术刊物发表论文 17 篇；合著《谷子育种学》《谷子育种及良种繁育》《谷子新品种选育技术》《中国农业科技四十年》等 7 部。

四、主要论著

（一）著作

1.《谷子新品种选育技术》，王殿瀛为第一副主编，撰写 285 千字，天则出版社 1990 年 10 月出版。

2.《谷子育种学》王殿瀛、郭桂兰参编，撰写 563 千字，1997 年中国农业出版社出版。

3.《谷子育种和良种繁育》，1974 年农业出版社出版。

4.《全国谷子生态联合试验暨中国谷子主产区谷子生态区划》单行本，王殿瀛、郭桂兰、王节之、王玉文著。

（二）论文

1. 王玉文，王殿瀛，李会霞，王高鸿，田岗，史琴香．光敏雄性不育谷子“683”的育性及其性状观察 [J]. 山西农业科学，1998（04）：31-33.

2. 郭桂兰，王殿瀛，王玉文，王节之，赵太存，史琴香．谷子品种感温性研究 [J]. 华北农学报，1994（02）：9-13.

3. 王殿瀛，郭桂兰，王节之，王玉文，赵太存，史琴香．中国谷子主产区谷子生态区划 [J]. 华北农学报，1992（04）：123-128.

4. 王殿瀛，郭桂兰，王玉文，王节之，郭先治．山西省谷子生态区划［J］. 华北农学报，1991（03）：26-32.

5. 赵淑玲，李洪，王殿瀛，郭桂兰，王玉文. 生态环境对谷子蛋白质、脂肪和淀粉含量的影响［J］. 华北农学报，1990（04）：48-53.

6. 王殿瀛，王节之，王玉文，郭桂兰. 谷子品种光反应特性研究［J］. 山西农业科学，1987（03）：15-17.

7. 王殿瀛，陈玉香. 优质小米品种晋谷14号［J］. 种子通讯，1986（Z1）：39-42.

8. 王殿瀛，王节之，郭桂兰. 谷子资源光反应鉴定结果初报［J］. 作物品种资源，1986（01）：23-26.

9. 何少斌，王殿瀛，郭桂兰. 谷子产量与气象条件的关系［J］. 山西农业科学，1985（05）：5-7，9.

10. 陈玉香，王殿瀛. 晋谷13号［J］. 山西农业科学，1983（08）：50.

11. 王殿瀛，陈玉香. 谷子品种南北异地种植主要性状变化及其应用［J］. 中国农业科学，1980（04）：33-38.

12. 张国正，王殿瀛. 陈永贵玉米高产稳收经验［J］. 山西农业科学，1963（02）：30-33.

王殿瀛在田间

王殿瀛工作照

许怀高

许怀高（1932—　），男，副教授，广东省潮州人，曾任山西省农业科学院谷子研究所副所长。1992 年退休于广州市农干学院。

一、基本情况

许怀高，1932 年 9 月出生，广东省潮州市意溪橡埔村人、中共党员、副教授。侧重谷子营养生理、高产稳产、耐旱机理、良种选育研究等方面工作，发表论文十余篇，以编委秘书身份参加编写《中国谷子栽培学》撰写编辑超过 38 万字。长期奋战在农业科研第一线，潜心于谷子栽培、育种及农业生态经济的研究，特别是在谷子栽培方面，曾以研究团队骨干身份参加山西省壶关谷子旱作技术研究，有较深造诣，为谷子栽培研究做出了突出贡献。是我国知名的谷子专家之一，已入编《中国专家大词典》。

二、学习及工作经历

1946 年以第二名考入省立金山中学学习，1950 年由省立金山中学考入潮汕农干校；1952 年毕业分配至中央农业部土壤队工作；1954 年组织选调，以第二名考入北京农业大学学习；1958 年大学毕业后，分配至山西农学院及晋东南农专任教；1962 年后，长期在山西省农业科学院谷子研究所（曾称长治杂粮研究所、长治作物研究所、晋东南地区农业科学研究所）从事谷子的研究；1984 年 2 月，由栽培研究室主任升任谷子研究所副所长；1985 年 10 月，调广州市农干学院任教，兼农经系副主任；1987 年起，评聘为副教授。

三、工作业绩

（一）主要开展的研究

在谷子栽培技术研究方面，主要开展了谷子氮磷营养规律、谷子氮素种肥、谷子追氮期与提高谷子单株生产力、旱地千斤谷子生理生态及栽培技术、山旱谷子增产稳收技术、春谷抗倒伏技术、晋庄谷子高产技术研究等，丰富了谷子栽培理论。在品种选育方面，参加选育了晋谷 1 号、晋谷 2 号和晋谷 13 号谷子品种的选育。在农业经济研究方面，开展了广州城郊型农业生态经济、郊县商品农业经济、广州农业发展等方面的研究，提出新的思路和建议。

（二）主要贡献

在谷子栽培技术及旱作技术研究方面取得了突出成绩，特别是晋庄谷子高产技术研究，1978 年获得省级三等奖，1985 年中国农业电影制片厂拍摄了《旱地谷子夺高产》科教片并发行。

该技术的主要内容：①秋耕壮垡、养地蓄墒；②三墒整地保全苗：耙耢保墒、早犁踏墒、镇压提墒；③适时播种利用自然降水；④选用耐旱良种和合理利用光能；⑤科学管理夺丰收：壮籽防虫、施种肥、播后三砘、早间苗、适期有墒追化肥。

1982—1984 年，该项技术合计推广面积 720 万亩，创造经济效益 3 000万元；1973—1984 年，累计推广面积约 1 200万亩，创造经济效益 1.5 亿元；1982—1983 年推广受奖地区有晋东南、吕梁、晋中，受奖县有壶关、屯留、沁县、武乡、寿阳、介休、平定、兴县、离石、五台等。

四、荣誉奖励

1. 论文《旱地千斤谷子生理生态及栽培技术》经山西省科学技术协会学术工作委员会评定为1981—1982年度优秀学术论文三等奖。

2. 论文《谷子追氮肥时期的研究》《提高谷子单株生产力技术》经山西省科学技术协会学术工作委员会评定为1984年度优秀学术论文三等奖。

3. 论文《晋庄谷子高产技术研究》获山西省科技成果奖三等奖。

4. 《广州农业发展的探讨》获中国特色社会主义文库优秀论文。

5. 《广州城郊型农业生态经济的调查》获广州市政府1993年调研成果二等奖。

6. 《广州城郊型农业生态经济的研究》获中国生态经济学会优秀论文一等奖。

7. 《广州郊县商品农业经济的探讨》获湖北省社会科学院优秀论文一等奖、四川省社会科学院优秀论文一等奖。

8. 参加选育的谷子品种晋谷1号、晋谷2号，1978年获全国科学大会奖。

9. 参加选育的晋谷13号（长农17号），1982年获山西省科技成果奖四等奖。

10. 《贯彻农业法，保农扶农》，获广州市政府司法二等奖。

五、论文、著作

1. 许怀高. 广州农业发展的探讨［J］. 农业经济问题，1995（12）：46-47.

2. 许怀高，薛德榕. 广州郊县商品农业经济的探讨［J］. 农业区划，1993（02）：52-57.

3. 许怀高，薛德榕. 广州城郊型农业生态经济的研究［J］. 生态经济，1993（02）：7-13.

4. 张喜文，宋殿珍，杨林堂，许怀高．旱地谷子叶龄促控栽培法技术指标［J］. 农业科技通讯，1986（04）：17.

5. 许怀高，张喜文，宋殿珍，杨林堂，王山荣．不同氮素化肥及施用方法对谷子的产量效应［C］//北部高原七省（市、区）谷子科研学术讨论会，1985（08）.

6. 许怀高．谷子追施氮肥时期的研究［J］. 土壤肥料，1984（02）：25-26.

7. 许怀高，张喜文，石跃进，宋殿珍，杨林堂．提高谷子单株生产力的技术［J］. 山西农业科学，1984（04）：21-22.

8. 许怀高，张喜文．旱地千斤谷子生理生态及栽培技术［J］. 山西农业科学，1982（05）：9-11.

9. B. W. X. 波奈亚，M. 查理士，拉特那斯瓦米，许怀高．谷子中二氧化硅与抗旱性的关系［J］. 山西农业科学，1980（Z1）：62.

10. 许怀高．种好谷子 争取全苗［J］. 山西农业科学，1980（04）：30.

11. 许怀高，刘保则．高产春谷的抗倒经验［J］. 农业科技通讯，1979（05）：13-14.

12. 许怀高．谷子施用氮素种肥的效果［J］. 土壤通报，1966（02）：51-52.

13. 许怀高．晋庄大队五百亩谷子获得连年高产［J］. 中国农业科学，1965（06）：30-32.

14. 许怀高，黄鸿娇．谷子吸收氮、磷养分状况的研究［J］. 土壤通报，1964（04）：8-10.

15. 山西省农业科学院．中国谷子栽培学［M］. 北京：农业出版社，1987（撰写第十章谷田耕作与整地技术、第十一章谷田施肥技术）.

16. 许怀高．谷子栽培技术［M］. 太原：山西人民出版社，1984.

17. 山西省农业科学院．谷子栽培技术［M］. 北京：农业出版社，1977（撰写栽培部分）.

18. 山西省晋东南地区科技局等．谷子［M］. 北京：农业出版社，

1976（撰写栽培部分）.

19. 佚名 . 谷子栽培［M］. 太原：山西人民出版社，1975.

20. 佚名 . 作物学概论［M］. 杭州：浙江人民出版社（撰写作物的形态与构造部分，担任科学顾问）.

21. 1985 年，中国农业电影制片厂拍摄了科教片《旱地谷子创高产》并发行。

许怀高工作照

王星玉

王星玉（1942—　），男，山西省太原市人，中共党员，二级研究员，1942 年 4 月 10 日出生。主要从事黍稷种质资源研究，2008 年在山西省农业科学院农作物品种资源研究所退休。

一、学习工作经历

1967 年 7 月 1 日山西农学院农学系农学专业毕业，大学本科学历。因“文化大革命”留校待分配一年，1968 年 8 月被分配到天津 4820 部队农场锻炼，1970 年 1 月又被分配到山西省五寨县白草庄公社锻炼，期间在极其简陋的条件下土法试验制作和生产出 920（赤霉素），在全县农业生产上大面积推广应用，受到了五寨县委和忻州地委的表彰。1974 年 8 月调到五寨县中学任高中毕业班班主任兼语文和农业基础课教师，期间结合教学和当地农业生产的需求在学校生产基地开展春小麦高产栽培等科学试验，首创晋西北春小麦亩产 484 千克的高产纪录，编著出版了《五寨县农业科技资料》一书，1977 年 8 月五寨县委授予他“有重大贡献科教工作者”称号，并获破格提升一级工资的奖励。1979 年 1 月由山西省委组织部上调山西省农业科学院作物科学研究所开始中国谷子品种资源的收集、整理和编目的研究工作。1981 年 4 月山西省农业科学院成立作物品种资源研究室（1984 年扩建为研究所），由院人事处调到该室又开始了山西省农作物的收集、整理和编目、编志的研究工作，同时，又兼搞山西省黍稷种质资源的收集、整理、编目、繁种和创新的研究工作。1982 年 8 月由山西省作物学会派出参加中国农业科学院和中国作物学会在沈阳召开的全国“三小”作物（小杂粮、小杂豆、小油料）学术研讨会，在大会上作了《黍稷的起源演化及山西黍稷种质资源研究》的学术报告，受到了会议主持单位和与会代表的重视，一致推举山西省农业科学院作物品种资源研究室筹建全国黍稷科研协作组。1983 年 4 月受中国农业科学院的委托，全国第一次黍稷科研工作会议在太原召开。从此，全国有组织、有系统的黍稷科研活动开始，也为黍稷种质资源研究正式列入国家攻关项目拉开了序幕。山西省农业科学院农作物品种资源研究所历经 8 个五年计划，至今持续不断的主持中国黍稷种质资源的各项国家攻关项目。

历任山西省农业科学院农作物品种资源研究所资源利用研究室主任、主管科研副所长。技术职称也由最初的技术员、实习研究员逐步晋升到助理研究员、副研究员、研究员、二级研究员。获省部级以上成果奖 11 项，在省级和国家级出版社出版主编、著、主要撰写和翻译的学术著作 18 部，参编出版的著作 14 部，在全国 18 种专业学术期刊发表学术论文 150 余篇，培育黍稷、谷子新品种 8 个。

二、主要研究经历和业绩

从 1974 年 8 月至 1978 年在五寨县中学任教期间就开始了春小麦种质资源、新品种引进、培育新品种和高产栽培的试验，以及春油菜新品种引进和腐殖酸肥料的试验研究，编著出版的《五寨县农业科技资料》一书得到了五寨县委和县政府的重视，其研究内容在全县大面积推广，取得了明显的经济效益。同时也得到山西省农业科学院的认可和关注。

1979 年 1 月调入山西省农业科学院作物科学研究所后，从事谷子研究和《中国谷子品种资源目录》的汇编工作。1980 年 4 月又从事山西省农作物品种资源的收集、整理和研究工作，汇编《山西省农作物品种资源目录》和主编（之一）、汇编、编审《山西省农作物品种志》的工作，同步主持山西省黍稷种质资源的研究工作。1982 年受中国农业科学院委托，组建全国黍稷研究协作组，主持全国黍稷种质资源的研究工作，历经“七五”“八五”“九五”“十五”“十一五”均持续主持全国黍稷种质资源的各项国家攻关项目，2002 年到法定退休年龄后，又经山西省政府 2 次批准，延迟到 2008 年退休，“十一五”期间又同步主持国家科技支撑计划项目“糜子优质品种筛选及产业化示范”，“十二五”和“十三五”期间参与中国黍稷种质资源的各项国家攻关项目和野生近缘植物的收集考察等项科研工作。

从 1980 年开始主持山西黍稷种质资源研究，1982—2018 年主持山西和中国黍稷种质资源研究，共计 39 个年头中，我国黍稷研究从新中国成立以后只有内蒙古、黑龙江、宁夏等省（区）分散的几个黍稷育种单位和极少量的科研人员外，发展到如今的我国北方黍稷主产区 16 个黍稷育种单位，参与黍稷种质资源研究单位也从无到有，至今有 41 个单位，遍布全国 24 个省（区），形成了一支比较庞大的黍稷科研队伍。特别是为“十二五”至“十三五”期间黍稷研究又列入国家谷子糜子产业技术体系栽培岗位、生理岗位创造了良好的条件。使黍稷研究的广度和深度不断加大，研究力量不断增强，有更多的硕士、博士等高层次人才也加入黍稷研究的队伍中来，为黍稷研究的深入发展奠定了坚实的基础。到 2018 年 12 月止，我国黍稷种质资源入国家长期库的贮存量已达 10 085份，入中期库种质资源的贮存量也达 8 246份，居世界第一位，抢救和保护了大批濒临灭绝的黍稷种质资源。并完成 7 000余份种质的耐盐性鉴定、抗病性鉴定和品质鉴定，筛选出 700 余份不同性状优异和特异的种质资源，提供给育种单位利用后在全国创新培育出 82 个高产、优质、高抗的黍稷新品种，在生产上大面积推广利用，使全国黍稷新品种的更新率达到 80%以上，取得了明显的经济和社会效益，为黍稷主产区和贫困山区农民的脱贫致富发挥了重要作用。同时与食品企业相结合，结合优质黍稷米质的特点，不断研发出以黍稷为主要原料的北方“娘家粽”和稷米饮料、参芪营养保健黄酒等推向市场，其中与山西双合成食品企业共同研制的北方特色“娘家粽”蝉联 10 届中国食品协会金奖，享誉我国大江南北。与代县贵喜黄酒厂共同研制的参芪营养保健黄酒，不仅在国内市场畅销，也走出了国门，进入了东南亚、日本和韩国等国家的市场，延伸了产业链，增加了附加值。此外，在黍稷的起源和“稷”的名实考证上也做了大量的考古研究和考察工作，撰写了《山西是黍稷的起源和遗传多样性中心》和《黍稷的名实考证》等论文，在《植物遗传资源学报》发表后，在国内同行界引起了较大反响。还制定并出版了《黍稷种质资源描述规范和数据标准》《黍稷种质资源繁种入库及繁殖更新技术》等技术标准规范材料。建立了国家黍稷种质数据库和图像数据库共享利用平台。为黍稷种质资源在生产、育种和加工利用上提供了更加有利、方便、快捷的条件。期间公开出版了20部著作，参编出版了14部著作，发表了150余篇论文。这些成就均引起了国际黍稷界同行的重视，在2012年陕西西安召开的第一次国际黍稷研究学术会议上，个人和单位均获得了“黍稷研究杰出贡献奖”殊荣，2014年由中国农业科学院副院长刘旭院士主持鉴定的“中国黍稷种质资源收集保护、创新与共享利用”成果，通过国际相关文献查新，本人及团队相关的研究文献和成果涵盖率竟达80%以上。

在人才培养方面，课题组始终以老、中、青相结合的合理结构、相互取长补短，从试验地、实验室到基点的生产示范以及野外的考察收集等研究工作，都分工明确、配合默契、协调发展，至今课题组在已经培养出研究员3人、副研究员1人、助理研究员1人的基础上，又培养和引进硕士研究生2人、博士研究生1人，为今后开展黍稷分子、细胞水平的深入研究奠定了基础。

三、主持或参加的主要研究课题

1979年1月至1981年4月参加农业部“中国谷子品种资源收集、整理与研究”课题。1981年5月至1982年5月参加山西省农业厅“农作物品种资源征集、整理与研究”课题。1980年1月主持山西省“黍稷种质资源研究”课题，1982年组建全国黍稷科研协作组，1983年正式主持“全国黍稷种质资源研究”项目。主持的国家攻关课题主要有16项如下。

1. 中国农业科学院文件（83）农业科学院（品）字第152号（1983年），委托山西省农业科学院农作物品种资源研究所王星玉主持“中国黍稷品种资源研究”课题。

2. “七五”国家重点科技攻关项目合同书（1986 年），编号：75-01-02-03，名称：中国黍稷种质资源收集、整理，主持人：王星玉。

3. “八五”国家重点科技攻关计划合同书（1991 年），编号：85-01-02-03，名称：中国黍稷种质资源繁种、编目和特性鉴定，主持人：王星玉。

4. “九五”国家重点科技攻关计划合同书，编号：96-014-01-03，名称：粟类作物优良种质评价与利用研究，主持人：王星玉。

5. 国家科技攻关计划任务书（2001 年），编号：2001BA511A05-20，名称：杂粮种质资源创新与利用研究，主持人：王星玉。

6. 国家基础性工作任务书（2002 年），编号：2001J01CZ-09，名称：中国黍稷种质资源收集、保存与整理，主持人：王星玉。

7. 国家基础性工作任务书（2003 年），编号：2002JCXZ-09，名称：中国黍稷种质资源收集、保存与整理。主持人：王星玉。

8. 农业部保种课题任务书（2002 年），编号：NB02-1-8，名称：黍稷种质资源保种研究，主持人：王星玉。

9. 农业部保种课题任务书（2003 年），编号：NB03-1-11，名称：黍稷种质资源保种及其利用，主持人：王星玉。

10. 农作物种质资源保护项目合同书（2004 年），编号：NB04-22-10，名称：中国黍稷种质资源保种研究，主持人：王星玉。

11. 农作物种质资源保护项目合同书（2005 年），编号：NB05-070401-22-10，名称：中国黍稷种质资源繁殖更新与利用，主持人：王星玉。

12. 农作物种质资源保护项目合同书（2006 年），编号：NB06-070401（22-27）-11，名称：中国黍稷种质资源收集、繁种更新与利用，主持人：王星玉。

13. 国家科技基础平台重点项目课题任务书（2004 年），编号：2004DKA30380-33，名称：黍稷种质资源标准制定及共享试点，主持人：王星玉。

14. 国家科技基础条件重点课题任务书（2005 年），编号：2005DKA21001-

30，名称：黍稷种质资源标准制定及共享试点，主持人：王星玉。

15. 国家科技基础条件平台建设项目（2006 年），编号：DKA21001-30，名称：黍稷种质资源标准制定及共享试点，主持人：王星玉。

16. “十一五”国家科技支撑计划课题任务书（2006—2010 年），编号：2006BAD02007，名称：糜子优质品种筛选及产业化示范，主持人：牛西午、王星玉；2008 年退休后至 2018 年不间断地参加中国黍稷种质资源的各项研究课题。

四、主要研究成果

（一）主要获奖成果

1. 1980 年“中国谷子品种资源目录的整理编写”获农业部技术改进奖一等奖（第三名）。

2. 1981 年《山西省农作物品种资源目录》获山西省科技成果奖二等奖（第三名）。

3. 1989 年《山西省农作物品种志》获山西省科技进步奖三等奖（第二名）。

4. 1993 年“中国黍稷品种资源编目繁种和特性鉴定评价”获农业部科技进步奖三等奖（第一名）。

5. 1994 年晋黍 2 号获山西省科技进步奖三等奖（第一名）。

6. 1995 年“中国黍稷品种资源收集、整理和利用研究”获山西省科技进步奖二等奖（第一名）。

7. 1998 年“中国黍稷优异种质资源筛选利用”获山西省科技进步奖三等奖（第一名）。

8. 2003 年“中国农作物种质资源收集保存评价与利用”获国家科学技术进步奖一等奖（山西省排名第二，本人在山西排名第一）。

9. 2004 年“中国黍稷种质资源的研究与利用”获山西省科技进步奖二等奖（第一名）。

10. 2009 年“中国农作物种质资源本底多样性和计算指标体系及应

用”获国家科学技术进步奖二等奖（主要参加人）。

11. 2016 年“中国黍稷种质资源收集、保护、创新及标准化、规范化平台建议”获山西省科技进步奖三等奖（第二名）。

（二）主要鉴定成果

1. 1981 年“山西省农作物品种资源补充征集与整理”，山西省科学技术委员会组织鉴定，评价达国内领先水平（第四名）。

2. 1982 年“中国黍稷品种资源目录”，山西省科学技术委员会组织鉴定，评价达国内领先水平（第一名）。

3. 1988 年“山西省黍稷品种资源研究”，山西省科学技术委员会组织鉴定，评价达国内先进水平（第一名）。

4. 1999 年“特早熟、优质高产黍稷新品种——晋黍 7 号”，山西省科学技术委员会鉴定，评价达国内先进水平（第二名）。

五、主要论著

（一）著作

公开出版的主要著作 20 部，分别是：

1. 1986 年《山西省农作物品种志》，庾正平、王星玉主编，王星玉编审，山西科学教育出版社。

2. 1986 年《山西省黍稷品种资源研究》，王星玉著，农村读物出版社。

3. 1986 年《中国黍稷品种资源目录》，王星玉、魏仰浩主编，王星玉汇编，农村读物出版社。

4. 1990 年《中国黍稷品种志》，王星玉、魏仰浩主编，王星玉编审，中国农业出版社。

5. 1990 年《苏联黍与良种繁育论文选》，王星玉、郭学鉴编译，中国农业科技出版社。

6. 1990 年《中国黍稷论文选》，魏仰浩、王星玉、柴岩主编，中国农业出版社。

7. 1991 年《中国黍稷品种资源特性鉴定集》，王星玉主编，中国农业出版社。

8. 1992 年《植物优异种质资源及其开拓利用》，王星玉撰写“黍稷”部分，中国科学技术出版社。

9. 1994 年《中国黍稷品种资源目录（续编二）》，王星玉主编，中国农业科技出版社。

10. 1995 年《中国黍稷优异种质筛选利用》，王星玉主编，中国农业科技出版社。

11. 1996 年《中国黍稷》，王星玉主编，中国农业出版社。

12. 1998 年《中国稀有作物种质资源目录》，王星玉撰写“薏苡”部分，中国农业出版社。

13. 1999 年《高粱、谷子、黍稷优异资源》，王雅儒、吕凤金、王星玉主编，中国农业出版社。

14. 2006 年《黍稷种质资源描述规范和数据标准》，王星玉、王纶编著，中国农业出版社。

15. 2006 年《高品质小杂粮作物品种及其栽培》，王星玉撰写“黍稷”部分，中国农业出版社。

16. 2006 年《中国农作物及其野生近缘植物》，王星玉撰写“黍稷”部分，中国农业出版社。

17. 2007 年《黄土高原径流农业》，王星玉、王纶撰写“黍稷”部分，中国农业科学技术出版社。

18. 2007 年《中国杂粮研究》，王星玉、王纶撰写“黍稷”部分，中国农业科学技术出版社。

19. 2018 年《GPIT 生物技术的研究与应用》，王纶、王星玉编著，中国农业科学技术出版社。

20. 2018 年《中国黍稷种质资源研究》，王纶、王星玉著，中国农业科学技术出版社。

编著内部编印著作 9 部：

1. 1977 年《五寨县农业科技资料》，王星玉编著，五寨县科学技术委员会。

2. 1980 年《中国谷子品种资源目录》，杨万彬、温琪汾、王星玉汇编，山西省农业科学院。

3. 1982 年《山西省农作物品种资源目录》，王星玉、陶雍如汇编，山西省农业科学院作物品种资源研究室。

4. 1985 年《山西省农作物实用科技》，焦培贵、王星玉主编，王星玉汇编，山西省作物学会。

5. 1987 年《中国黍稷品种资源目录（续编一）》，王星玉主编，山西省农业科学院农作物品种资源研究所。

6. 1996 年《中国黍稷品种资源目录（续编三）》，王星玉、温琪汾主编，山西省农业科学院农作物品种资源研究所。

7. 2002 年《第二届国际可持续农业会议论文集·黍稷》，王星玉、王纶，中国科学院植物研究所。

8. 2004 年《中国黍稷品种资源目录（续编四）》，王星玉、王纶主编，山西省农业科学院农作物品种资源研究所。

9. 2010 年，山西省农业生物技术推广项目《GPIT 那氏齐齐发诱导剂实用手册》，王树红、王星玉编写，山西省农村财政研究会。

（二）论文

在全国 18 种专业杂志发表学术论文 150 余篇，仅近年来发表在《植物遗传资源学报》和《农业考古》的学术论文主要有 11 篇。

1. 王纶，王星玉，王海岗，陈凌，王君杰，曹晓宁，刘思辰，康国帅．山西重要黍稷种质资源品质性状的初步鉴定与评价［J］. 植物遗传资源学报，2017，18（01）：61–69.

2. 王纶，王星玉，温琪汾，王海岗，康国帅．山西省黍稷种质资源抗倒性鉴定及相关形态特征研究［J］. 植物遗传资源学报，2016，17（01）：27–31.

3. 王纶，王星玉，乔治军，温琪汾，康国帅．中国黍稷种质资源收集、保护、创新与共享利用［J］. 植物遗传资源学报，2015，16（02）：422–427.

4. 王星玉，王纶．我国丰富多彩的黍稷品种资源［J］．植物遗传资源学报，2011，12（04）：3.

5. 王纶，王星玉，温琪汾，师颖．山西是原始农业的起源中心［J］．农业考古，2010（04）：21-25.

6. 王星玉，王纶，温琪汾．黍稷的名实考证及规范［J］．植物遗传资源学报，2010，11（02）：132-138.

7. 王星玉，王纶，温琪汾，师颖．山西是黍稷的起源和遗传多样性中心［J］．植物遗传资源学报，2009，10（03）：465-470，474.

8. 王纶，王星玉，温琪汾，赵卫红，刘金玉．中国黍稷种质资源抗黑穗病鉴定评价［J］．植物遗传资源学报，2008，9（04）：497-501.

9. 王纶，王星玉，温琪汾，武变娥，曹利萍．中国黍稷种质资源耐盐性鉴定［J］．植物遗传资源学报，2007（04）：426-429.

10. 王纶，王星玉，温琪汾，曹利萍．中国黍稷种质资源蛋白质和脂肪含量的鉴定分析［J］．植物遗传资源学报，2007（02）：165-169.

11. 王纶，王星玉，温琪汾，武变娥．中国黍稷种质资源研究与利用［J］．植物遗传资源学报，2005（04）：474-477.

六、主要荣誉、社会兼职

（一）主要荣誉

多次获得中国农学会、中国作物学会、中国农业科学院、山西省农学会、山西省作物学会，山西省科协、山西省农、林、水、气系统、山西省农业科学院的表彰奖励。2006 年获中国农学会遗传资源分会国家农作物种质资源突出贡献奖，2007 年被山西省委组织部评为省委直接联系的高级专家，2008 年获中国知名专家丛书编委会“十佳”终生成就奖，2012 年获第一次国际黍稷学术会议世界黍稷研究杰出贡献奖。

（二）参加的重要学术活动

从 1982 年至 2012 年参加重要的学术活动 15 次，分别是：

1. 1982 年 8 月参加由中国作物学会和中国农业科学院联合召开的全国“三小”作物学术研讨会，会议推举并委托王星玉主持筹建全国黍稷种质资源科研协作组。

2. 1984 年 8 月参加由农业部和中国农业科学院联合召开的全国作物品种资源工作会议，由何康部长授予山西省农作物种质资源收集、整理和保存研究先进单位锦旗，当选中国农学会遗传资源分会常务理事。

3. 1986 年 4 月在河北石家庄参加中国作物学会谷子专业委员会成立大会。

4. 1988 年 4 月在北京参加中国作物学会换届和学术研讨会，当选理事，并荣获“先进工作者”称号和奖励。

5. 1992 年 8 月在北京参加中国作物学会学术研讨会，荣获“先进工作者”称号和奖励。

6. 1992 年 9 月由山西省科委选派赴俄罗斯瓦维洛夫研究所考察和学术交流。

7. 1995 年在上海参加中国作物栽培研究会换届会议，当选理事。

8. 1999 年受朝鲜农业科学院邀请，赴朝考察和学术交流。

9. 2000 年受朝鲜农业科学院邀请，赴朝考察和学术交流。

10. 2001 年受朝鲜农业科学院邀请，赴朝考察和学术交流。

11. 2004 年 8 月在太原参加中国农学会杂粮分会成立和学术研讨会，当选常务理事。

12. 2006 年 9 月在北京参加中国农学会遗传资源分会召开的学术研讨会，获国家农作物种质资源研究突出贡献奖。

13. 2007 年 7 月参加由山西省委组织部召开的山西省委联系的高级专家会议，被正式评为山西省委联系的高级专家。

14. 2008 年 6 月在北京参加中国知名专家终身成就荟萃出版发行会，获“十佳”终身成就奖。

15. 2012 年 12 月在西安参加第一次国际黍稷学术研讨会，与单位都荣获国际黍稷研究杰出贡献奖。

（三）社会兼职

历任中国作物学会理事，中国作物学会粟类作物专业委员会副主任委员，中国作物栽培研究会理事，中国农学会遗传资源分会常务理事、中国农学会杂粮分会常务理事、山西省作物学会副理事长、秘书长，山西省种子协会理事，山西省微量元素学会理事，山西省农村财政研究会理事，山西省科普创作协会理事；《植物遗传资源学报》编委；农业部杂粮品种审定委员会委员等职。

1983 年主持召开全国第一次黍稷（糜）种质资源科研工作会议（2 排右 2）

1984 年主持召开全国第二次黍稷种质资源工作会议（1 排左 1）

1990 年在粟类作物第三次学术会议作报告

1991 年主持“八五”攻关全国黍稷种质资源学术会议

1999 年出访朝鲜（中）

1999 年出席中国植物遗传资源
保存与利用战略研讨会
（1 排右 2）

2001 年接待朝鲜农业科学院
副院长一行（1 排左 3）

2002 年出席全国种质资源
繁种入库学术研讨会
（1 排左 3）

2003 年主持召开中国黍稷种质
资源研究与利用成果鉴定会

2004 年出席中国高粱、谷子、
黍稷作物种质资源（一类）
名录审定会（右 1）

2005 年带领课题组在田间
调查研究（右 1）

2005 年参加中国农业科学院在
太原召开的黍稷田间示范验收会

2006 年获国家作物种质资源
突出贡献奖（左 5）

2007 年主持召开国家“十一五”
科技支撑计划糜子项目启动会

陈玉香

陈玉香（1938—1996），女，山西省灵石县人，1961年山西农学院（现山西农业大学）农学专业毕业，大学本科，研究员，中共党员。生前为山西省农业科学院谷子研究所谷子育种课题主持人，从事谷子育种研究34个春秋，一心扑在事业上，为山西省乃至全国的谷子育种与推广做出了突出的贡献。1996年2月9日，因心脏病复发，医治无效去世，享年58岁。

一、个人简历

（一）学习经历

陈玉香出生于山西省灵石县城关镇沙峪村一个农民家庭，自幼参加农村劳动，切身体验了农民生活的清苦和劳作的艰辛，尝尽了一个普通的农家孩子在那个衣食短缺年代生活的苦头。正是对农村、农民生活的耳濡目染，让她具备了悲天悯人的情怀和谦卑惜福之心，也是这样的生活经历使得她对农民、对农业有了深切的依恋和不舍之情，自始至终充满了对农业科研工作的执着。1957年考入山西农学院农学专业学习。

（二）工作经历

1961年8月山西农学院农学专业毕业后，她被分配到山西省农业科学院谷子研究所的前身，并被安排到育种课题组工作。

在20世纪60年代初，谷子的产量还不高，一亩能打上300斤还得遇上好年景，生产上推广的还是潞安母鸡嘴、屯留高秆红、屯留高秆母鸡嘴、高平秃头白等农家品种，这些品种是从生产实践中筛选出来的好的农家种，但大多数都已退化。在谷子育种研究的初期，她首先对农家种进行了广泛的收集整理鉴定，在此基础了开始了系统选育、杂交育种等研究。长农 1 号就是从农家种沁源高秆白母鸡嘴中连续混选而成，1973 年经山西省农作物品种审定委员会审定，定名为晋谷 1 号。该品种的主要特点是高产、稳产不早衰，与当时大面积种植的农家种相比，产量得到显著提高。1973 年在晋东南推广面积 69.6 万亩，占当时谷田面积的 35.4%，1974 年以后在甘肃、陕西、河南、河北等地也有种植，年推广面积最高突破 100 万亩，是新中国成立后谷子品种第一次更新换代的主干品种，为谷子产量的大面积提高发挥了重要作用。

随后又以长农 1 号为母本、高秆红为父本杂交，经多代选育而成，培育出长农 10 号，1973 年经山西省农作物品种审定委员会审定，定名为晋谷 2 号。该品种丰产稳产性好，适应范围广，对光反应迟钝，抗旱性强。其产量较长农 1 号增产 10%以上。1978 年在晋东南地区播种面积 75 万亩，占当时谷田播种面积的 43.5%，在全省推广面积超过 100 万亩，在陕西、甘肃、河北、辽宁等省也有种植，成为当时谷子生产上的主干品种。1978 年晋谷 1 号、晋谷 2 号荣获全国科学大会奖。

陈玉香同志一心扑在谷子育种事业上，对谷子怀有无限的眷恋之情，把培育优良谷子品种作为科研工作者的光荣使命和一生的追求。为了工作她把一岁半的大女儿送回了娘家，一直到女儿 14 岁才接回来，也是为了工作，她把小儿子送回了婆家，在她的心里谷子的分量甚至超过了孩子。为了新品种的推广应用，也为了培育优良品种，她带领课题组的人员越过山岭，走遍乡村，把新品种带到各个谷子主产区。1972 年 9 月 13 日，农业部在山西长治壶关县组织召开了现场会，晋谷 1 号、晋谷 2 号及其旱作高产技术得到同行的充分肯定，成为全国谷子生产上的一面旗帜。

20 世纪 80 年代后，随着谷子生产的发展和人民生活水平的提高，谷子育种方向也随着发生了变化，把优质列为重要育种目标，选育高产优质谷子新品种，经过南繁北育，以长农 1 号为母本，光敏反应迟钝的海南谷为父本杂交选育出优质高产品种长农 18 号，经山西省农作物品种审定委员会审定，定名为晋谷 14 号。晋谷 14 号米色金黄、口味醇香、适口性好，1984 年在山西省科委召开的全省谷子科研攻关协作会上对全省 11 个品种小米进行品尝，晋谷 14 号适口性与色泽都居第一。1985 年 3 月山西省品种审定会议上再次对不同地点种植的晋谷 14 号和沁州黄进行口味品尝比较，结果晋谷 14 号打破了沁州黄只能在原产地种植才好吃的局限性。1982—1984 年山西省晋东南种子部门主持的晋谷 14 号生产示范，平均亩产 268. 2 千克，比对照晋谷 2 号平均增产 21. 9%。该品种年推广面积超过百万亩，1987 年晋谷 14 号获山西省科技进步奖二等奖。在晋谷 14 号大面积推广过程中，由于该品种株高较高，在个别年份后期风雨较大时出现倒伏现象，针对这个问题，陈玉香同志带领育种课题组采取系统选育的方法，从晋谷 14 号中又系选出新品种长农 24 号，经省审定后定名为晋谷 16 号，该品种的株高较原品种明显降低，抗倒性增强，并保留了原品种的丰产性与品质，在生产上得到大面积推广，年推广面积超过百万亩，成为西北春播晚熟区的主干品种，同时也成为国家谷子品种区域试验西北中晚熟区的对照品种。1994 年晋谷 16 号荣获山西省科技进步奖二等奖。

陈玉香同志一生从事谷子育种研究，培育出晋谷 1 号、晋谷 2 号、晋谷 14 号、晋谷 16 号等具有影响力的品种，同时还培育出晋谷 13 号、晋谷 15 号、晋谷 22 号、晋谷 27 号等中熟、抗旱性强的优良品种，所育品种为谷子生产做出了突出的贡献。

二、主要工作业绩

（一）主要贡献

一生从事谷子育种工作。先后选育出晋谷 1 号、晋谷 2 号、晋谷 3 号、晋谷 13 号、晋谷 14 号、晋谷 15 号、晋谷 16 号、晋谷 22 号、晋谷 27 号等 9 个优质高产谷子品种，占到当时全省谷子审定品种数的 1/3。其中晋谷 1 号、晋谷 2 号在 20 世纪 60—70 年代推广面积均超过 100 万亩，为山西省历史上率先突破百万亩的谷子新品种，1978 年获全国科学大会奖。晋谷 14 号、晋谷 16 号以高产、优质赢得省内外农民的欢迎，成为省内主要推广品种之一，在 20 世纪 80—90 年代年推广面积均超过百万亩，先后获得山西省科技进步奖二等奖。晋谷 16 号还因其品质上乘、米色金黄、口味醇香，1993 年获得山西省首届农业博览会银质奖。这些新品种的育成与推广，为谷子生产发展做出了突出的贡献。

（二）主持或参加的研究课题

1. 1960—1965 年，春谷新品种选育（1960—1965）、春谷粟“五喜五怕”的原因及增产措施研究（1961—1964），参加人之一。

开展了谷子新品种选育、异地调种试验、农家种整理、全国谷子良种区域联合试验、我国主要粟产区品种生态型和品种适应性联合试验、谷子“五喜五怕”特性研究等工作。

2. 1966—1970 年，春谷新品种选育，主持人。

开展了谷子新品种选育、谷子农家种分区鉴定区域联合试验、晋东南区谷子良种分区鉴定联合试验、新品种推广、华北东北内蒙古第四协作区春谷品种区试等工作。

3. 1971—1975 年，春谷品种选育，主持人。

开展了谷子新品种选育、春谷分区鉴定、北部高原六省谷子品种区域联合试验、晋东南地区谷子品种区域联合试验等工作。

4. 1976—1978 年，春谷新品种选育，主持人。

开展了谷子新品种选育、春谷分区鉴定、北部高原六省谷子品种区域联合试验、晋东南地区谷子品种区域联合试验等工作。

5. 1979—1985 年，春谷新品种选育（1981—1985）、农作物优良品种培育和育种新方法研究（1979—1985），主持人。

主要开展了谷子新品种选育、山西省谷子区域试验、北部高原七省谷子品种区域联合试验、谷子品种谷瘟病抗病性鉴定等工作。

6. 1986—1990 年，春谷新品种选育（1985—1990）、国家重点科技项目“谷子高产多抗优质春夏谷新品种选育（1986—1990）”、“七五”国家科技攻关项目“高产、优质、多抗谷子新品种选育（1989—1990）”，参加单位主持人。

主要开展了谷子新品种选育、新品种示范推广、山西省谷子区域试验、北部高原七省谷子品种区域联合试验等工作。

7. 1990—1995 年，“八五”国家科技攻关项目“主要粮食作物新品种选育技术研究（1991—1995）”中子专题“高产稳产谷子新品种选育”，主持人；国家重点农业新技术推广项目“谷子新品种及配套增产技术示范推广”，参加单位主持人；“八五”山西省农业科学院后劲工程项目“高产、优质、多抗谷子新品种选育（1991—1995）”，主持人。

主要开展了谷子新品种选育、新品种示范推广、山西省谷子区域试验、北部高原七省谷子品种区域联合试验等工作。

三、主要研究成果

（一）选育谷子品种 8 个

1. 晋谷 1 号，1987 年通过山西省农作物品种审定委员会审定。

2. 晋谷 2 号，1987 年通过山西省农作物品种审定委员会审定。

3. 晋谷 3 号，1987 年通过山西省农作物品种审定委员会审定。

4. 晋谷 13 号，1987 年通过山西省农作物品种审定委员会审定。

5. 晋谷 14 号，1987 年通过山西省农作物品种审定委员会审定，1990 年通过全国农作物品种审定委员会审定。

6. 晋谷 15 号，1987 年通过山西省农作物品种审定委员会审定。

7. 晋谷 16 号，1989 年通过山西省农作物品种审定委员会审定。

8. 晋谷 22 号，1987 年通过山西省农作物品种审定委员会审定，1994 年通过全国农作物品种审定委员会审定。

9. 晋谷 27 号，1997 年通过山西省农作物品种审定委员会审定，1998 年通过全国农作物品种审定委员会审定。

（二）获奖成果

1. 晋谷 1 号、晋谷 2 号，1978 年获全国科学大会奖。

2. 晋谷 3 号，1979 年获山西省革命委员会集体奖。

3. 中国谷子品种资源目录的整理与编写，1980 年获农业部技术改进奖一等奖，主要参加人。

4. 山西省农作物品种资源目录，1981 年获山西省科技成果奖二等奖。

5. 晋谷 2 号优种推广，1982 年获山西省科技成果推广三等奖。

6. 晋谷 13 号（长农 17 号），1982 年获山西省科技成果奖四等奖。

7. 晋谷 13 号（长农 17 号）谷子推广，1983 年获山西省晋东南行署科技成果推广二等奖。

8. 长农 18 号（晋谷 14 号）谷子新品种选育，1985 年获山西省晋东南行署科技成果奖一等奖。

9. 旱地谷子综合高产技术推广，1985 年获山西省晋东南行署三等奖。

10. 全国谷子品种区域试验及其结果的应用，1986 年获农牧渔业部科技进步奖三等奖，主要参加人。

11. 晋谷 14 号（长农 18 号）谷子新品种，1987 年获山西省科技进步奖二等奖，排名第一。

12. “六六六”工程沁县南里点，1989 年获山西省农业科学院集体二等奖，1994 年获山西省科委星火特等奖，排名第二。

13. 旱地谷子低产变高产配套技术开发研究，1991 年获长治市科技进步奖一等奖，1993 年获山西省科技进步奖二等奖，排名第二。

14. 晋谷 16 号，1993 年获山西省首届农业博览会银质奖。

四、论文、论著

1. 王殿瀛，陈玉香．谷子品种南北异地种植主要性状变化及其应用[J]．中国农业科学，1980（4）.

2. 陈玉香，等．春谷若干性状遗传参数的初探［C］//遗传学会论文集，1982（获 1983—1984 年山西省作物学会二等优秀论文）.

3. 陈玉香，等．1984 年山西省谷子品种晚熟区区试丰产性适应性分析［C］//北部高原七省市（区）谷子学术论文集，1985（1985—1986 年获山西省科协三等优秀论文）.

4. 陈玉香，等．山西省谷子生态型及其谷子品种区划商讨［C］//北部高原七省市（区）谷子学术论文集，1985.

5.《长农 18 号穗型与产量关系初探》，1987 年全国谷子成果展览会交流论文。

6. 陈玉香，等. 晋谷 14 号穗型与产量关系初探［J］. 谷黍科技通讯，1989（5）.

7. 陈玉香，等. 从晋谷 16 号的育成浅谈谷子性状指标的选择及其开发利用［C］//全国粟类专刊论文集，1990.

8. 陈玉香，等. 晋谷 16 号的选育及利用［J］. 粟类作物，1991（2）.

9.《科学种田手册》，1970 年。

10.《谷子育种和良种繁育》，农业出版社，1974 年。

11.《农村科学实验丛书》，科学出版社，1976 年。

12.《中国谷子品种资源目录》，山西省农业科学院，1979 年，撰写“晋东南农家种整理编目”部分。

13.《山西省农作物品种资源目录》，山西科学教育出版社，1985 年。

14.《中国谷子品种志》，农业出版社，1985 年，编著“晋东南品种”部分。

15.《山西省农作物品种志》，山西科学教育出版社，1985 年，编著“晋东南品种”部分。

五、主要荣誉

1. 1983 年，山西省管优秀专家。

2. 1986 年，山西省农业科学院“六五”先进工作者。

3. 1986 年，山西省劳动模范。

4. 1986 年，长治市“两先两优”优秀共产党员。

5. 1988 年，国家人事部颁发“国家突出贡献中青年专家”。

6. 1988 年，长治市优秀共产党员。

7. 1989 年，全国三八红旗手。

8. 1989 年，山西省劳动模范。

9. 1989 年，长治市劳动模范。

10. 1990 年，长治市劳动模范。

11. 1990 年，长治市侨联先进工作者。
12. 1991 年，国务院政府特殊津贴专家。
13. 1991 年，山西省优秀专家。
14. 1991 年，长治市劳动模范。
15. 1991 年，长治市三八红旗手。
16. 1991 年，长治市劳动竞赛委员会长治市科技兴农二等功。
17. 1991 年，山西省农业科学院“七五”先进工作者。
18. 1991 年，山西省农业科学院优秀共产党员。
19. 1992 年，全国巾帼建功标兵。
20. 1992 年，山西省劳动模范。
21. 1993 年，山西省优秀共产党员。
22. 1993 年，长治市优秀共产党员标兵。
23. 1993 年，长治市三八红旗手。
24. 1993 年，长治市“创先争优”优秀共产党员。
25. 1993 年，长治市巾帼建功标兵。
26. 1993 年，长治市劳动模范。
27. 1994 年，山西省政府、侨联“八五”爱国奉献先进个人。
28. 1994 年，长治市三八红旗手。
29. 1994 年，长治市巾帼建功标兵。
30. 1995 年，山西省劳动模范。
31. 1995 年，长治市劳动模范。

陈玉香向专家们介绍品种培育情况

32. 1995 年，长治市妇儿协调委关心支持妇儿事业先进个人。
33. 1995 年，长治市十大女杰。
34. 1995 年，长治市三八红旗手。

郭桂兰

郭桂兰（1937— ），女，汉族，中共党员，副研究员，河南省许昌市鄢陵县人，1937 年 4 月出生。1995 年在山西省农业科学院谷子研究所退休。

一、个人简历

（一） 学习经历

1943 年河南省许昌市鄢陵县小学学习，1950 年至 1953 年 6 月鄢陵县初中学习，1953 年考入河南省许昌市第二高中乙班，1956 年 9 月考入山西省农学院农学系。

（二） 工作经历

1960 年 8 月毕业后留校，在山西农学院农学系作物育种教研组工作，1961 年 10 月调入山西省晋东南地区农业科学研究所工作（1979 年更名为山西省农业科学院谷子研究所，所在地山西省长治市），1961—1979 年在山西省农业科学院谷子研究所从事玉米育种研究，1980—1995 年在谷子杂种优势利用课题组工作，从事谷子基础理论研究，1987 年被聘任为副研究员。1995 年光荣退休。

二、主要工作业绩

1961—1979 年，在山西省原晋东南地区农业科学研究所玉米课题研究组从事玉米育种工作，1961 年进行玉米金皇后提纯复壮研究，提出以提高玉米单株产量为核心，总体提高玉米亩产为目标的试验方案，在较短的时间内使晋东南地区的玉米产量有较大提高；参加玉米单交种研究和选育工作 20 年，先后参与选育出了多个玉米品种，育成并审定的玉米品种有晋单 1 号、晋单 4 号、文革 1 号、长单 7 号、长单 12 号等一系列玉米单交种新品种，是山西省最早参与玉米单交种推广、选育的主要科技人员；玉米单交种的大面积推广使山西省晋东南地区玉米单产大幅度提高，总产上了一个新台阶，课题组多年多次组织了地市、省级乃至全国的玉米观摩参观会议，所育品种在山西省范围内大面积推广应用，为当地玉米产量的提高做出了重要贡献。在近 20 年的玉米育种工作中为课题组选育了大量的玉米自交系及育成品种，给山西省农业科学院谷子研究所玉米育种和研究做了大量的基础研究工作，并为新品种的选育提供了丰富的物质基础。20 世纪 70 年代玉米课题组组织推广玉米新品种中单 2 号，在较短的时间内在晋东南地区大面积推广示范，玉米产量有了很大提高，平均亩产达到 400 千克以上，成为全国第一个“跨黄河”的示范区，中单 2 号获山西省推广集体一等奖；参与研究的一系列玉米品种，在晋东南地区常年有大面积种植，其中长单 7 号玉米品种获 1978 年全国科学大会奖；郭桂兰先后获得省、院级多次奖励，先后独立或合作发表论文多篇，1980 年 9 月在《山西农业科学》发表的论文《玉米单交种与其亲本自交系产量关系的研究》获山西省优秀论文一等奖。

1980 年开始从事谷子科研基础理论工作及谷子杂种优势利用研究，先后主持、参加了山西省谷子生态区划、全国谷子生态区划等研究项目，为谷子杂种优势研究做了大量的基础研究工作，年复一年进行田间试验，作为项目的第二主持人，为课题的发展和延续做出了重要贡献。特别是协助主持和参加的“七五”国家科技攻关项目“全国谷子生态联合试验及中国谷子主产区谷子生态区划”，联合全国 26 个单位（院所）协作研究，共同制定研究方案和科研计划，进行全国多点联合试验，协调各个研究所的科研力量，汇总试验数据，共同完成了全国性的联合试验，并起草试验报告和相应的论文，为“七五”国家科技攻关项目的顺利完成做出了重要贡献；课题组所制定的全国谷子分类生态区划被山西农业大学教材选用，并作为全国谷子育种及栽培推广的重要理论依据和区域划分。中国谷子生态区划的制定首次实现了依靠科学数据进行，明确了谷子各个生态区划，经过全国谷子品种联合试验，制定出了“中国谷子主产区生态区划”，将我国谷子主产区分为5个生态区和11个生态亚区，筛选出可供跨省大区种植推广的品种豫谷2号等10个品种，分别在河北、山西、河南、山东、内蒙古、甘肃、黑龙江等谷子主产区推广种植。为以后的全国谷子主产区各省份安排部署品种试验和推广新品种提供了科学依据。该区划至今仍然是我国谷子生产中的重要理论依据，有着划时代的意义。

以上基础理论研究获农业部科技进步奖三等奖以及山西省农业科技进步奖二等奖，发表的论文获优秀论文奖。

在完成课题组工作的同时，她还以科研服务生产为导向，科研服务农民为目的，经常进行“三下乡”工作，其中1990年在潞城县政府的特约下，进行谷子高产样板田创建活动，推广谷子优良品种“晋谷21号”，使当年谷子大面积（3 000亩）平均亩产达到400千克，受到各级政府的一致好评，当年秋季在潞城县召开全国谷子高产现场会，为长治地区创造了一个大面积谷子高产典型，在省市电视台和电台进行报道和宣传，使晋东南地区的谷子无论从产量还是品质上都上升到一个新台阶。

从事科研工作以来，先后获得各项各级奖励8项，先后发表论文12篇，其中山西省优秀论文一等奖1篇，参与编写《谷子育种学》等著作，所著文字100万余字。从事科研工作35年，不论是做玉米育种工作，还是从事谷子基础理论工作；不论是下乡技术指导，还是搞全国联合试验，她始终坚持工作在农业科学第一线，兢兢业业，任劳任怨，忘我工作。作为一名科研老兵，她在碧水蓝天之间，书写着绿色的诗篇。

三、论文、论著

1. 郭桂兰，王殿瀛，王玉文，王节之，赵太存，史琴香．谷子品种感温性研究［J］．华北农学报，1994（02）：9-13.

2. 王殿瀛，郭桂兰，王节之，王玉文，赵太存，史琴香．中国谷子主产区谷子生态区划［J］．华北农学报，1992（04）：123-128.

3. 王殿瀛，郭桂兰，王玉文，王节之，郭先治．山西省谷子生态区划［J］．华北农学报，1991（03）：26-32.

4. 赵淑玲，李洪，王殿瀛，郭桂兰，王玉文．生态环境对谷子蛋白质、脂肪和淀粉含量的影响［J］．华北农学报，1990（04）：48-53.

5. 王殿瀛，王节之，王玉文，郭桂兰．谷子品种光反应特性研究［J］．山西农业科学，1987（03）：15-17.

6. 王殿瀛，王节之，郭桂兰．谷子资源光反应鉴定结果初报［J］．作物品种资源，1986（01）：23-26.

7. 何少斌，王殿瀛，郭桂兰．谷子产量与气象条件的关系［J］．山西农业科学，1985（05）：5-7+9.

8. 郭桂兰．玉米单交种与其亲本自交系产量关系的研究［J］．山西农业科学，1980（09）：14-15.

9. 郭桂兰、王节之、王玉文撰写《我国谷子主产区谷子品种光温生态类型研究》。

10.《谷子育种学》，王殿瀛、郭桂兰参编，撰写 563 千字，1997 年中国农业出版社出版。

11.《全国谷子生态联合试验暨中国谷子主产区谷子生态区划》（单行本），王殿瀛、郭桂兰、王节之、王玉文编撰。

郭桂兰（右 1）在田间

朱　玉

朱玉（1947—　），山西省左云县人，副研究员，中专学历，主要从事谷子遗传育种及推广工作，2007年在山西省农业科学院高寒区作物研究所退休。

一、学习工作简历

1965年9月至1969年4月在山西农业劳动大学大同分校学习，毕业后被分配到山西省农业科学院高寒区作物研究所工作。

1969—1973年在小麦室工作；1974—1987年在谷子育种室工作，任技术员，课题执行人；1987—2000年在谷子育种课题组任主持人，助理研究员；2000年至2007年10月，副研究员，任谷子组课题主持人。

二、工作业绩

（一）选育品种

选育谷子品种12个，其中主持选育谷子品种8个，分别为：

1. 晋谷23号，1994年3月通过山西省农作物品种审定委员会审定，2000年11月通过全国农作物品种审定委员会审定（编号：国审杂

20000001)，排名第一。

2. 晋谷 25 号，1996 年 4 月通过山西省农作物品种审定委员会审定，1999 年通过全国农作物品种审定委员会审定（编号：国审杂 990001），排名第一。

3. 大同 27 号，2004 年通过山西省农作物品种审定委员会审定，2003 年 3 月通过国家谷子品种鉴定委员会鉴定（编号：国鉴 2003004），排名第一。

4. 大同 29 号，2005 年 3 月通过全国谷子品种鉴定委员会鉴定（编号：国鉴谷 2005008），排名第一。

5. 晋谷 39 号，2006 年 3 月通过山西省农作物品种审定委员会四届九次会议认定，排名第一。

6. 大同 32 号，2009 年 3 月 7 日通过全国谷子品种鉴定委员会鉴定（鉴定编号：国品鉴谷 2009001），2012 年 3 月通过山西省农作物品种审定委员会五届十二次会议审定（编号：晋审谷（认）2012001），排名第一。

7. 晋谷 31 号，2000 年 3 月通过山西省农作物品种审定委员会审定（编号：s—325），排名第一。

8. 晋谷 33 号，2002 年 4 月通过山西省农作物品种审定委员会审定（编号：晋审谷 2002002），排名第一。

9. 参加育成大同 14 号、大同白谷 8 号、晋谷 9 号、大同 34 号 4 个品种。

（二）获奖成果

1. 晋谷 23 号，1999 年 12 月获山西省科技进步奖三等奖，排名第一。

2. 优质米工程，1995 年获山西省农村技术承包二等奖，排名第一。

3. 谷子目标性状基因育种技术体系的构建及应用，2007 年获河北省科技进步奖二等奖，参加人。

4. 大同 14 号，1998 年获大同市科技进步奖三等奖，参加人。

5. 晋谷 23 号选育与应用，2001 年获大同市科技进步奖二等奖，排名第一。

6. 晋谷 31 号选育与应用，获大同市科技进步奖二等奖，排名第一。

7. 优质、高产、多抗谷子新品种晋谷 25 号，获大同市科技进步奖一等奖，排名第一。

8. 大同 27 号谷子的选育与应用，获大同市科技进步奖三等奖，排名第一。

三、发表论文

1. 朱玉，陈有清，任月梅．谷子地膜覆盖栽培试验［J］. 山西农业科学，1998（5）.

2. 朱玉，陈有清，任月梅．晋谷 23 号的选育［J］. 内蒙古农业科技，1999（10）.

3. 朱玉，庞花莲，任月梅．晋谷 25 号的选育［J］. 甘肃农业科技，1998（1）.

4. 朱玉，陈有清．谷子新品种大同 14 的选育与示范推广［J］. 甘肃农业科技，2002（2）.

5. 朱玉，鲁西荣．谷子新品种晋谷 31 的选育［J］. 甘肃农业科技，2003（1）.

6. 任月梅，朱玉．谷子新品种晋谷 37 号的选育［J］. 内蒙古农业科技，2004（8）.

7. 张绥，张天娥，朱玉，任月梅．高产、优质、抗病谷子新品种大同 32 号的选育及配套栽培技术［J］. 杂粮作物，2009（6）.

8. 邢宝龙，朱玉．晋北地区谷子生产关键技术研究［J］. 黑龙江农业科学，2011（3）.

9. 邢宝龙，冯高，朱玉．晋北早熟区谷子旱地高产栽培技术研究［J］. 农业科技通讯，2011（3）.

10. 邢宝龙，朱玉，高均平．谷子高产栽培技术［J］. 内蒙古农业科技，2011（4）.

四、主要荣誉

1991 年获雁北地区“先进个人”称号，1999 年获大同市“劳动模范”称号。

朱玉（右）和杜宗天

赵海云

赵海云（1952—　），女，山西省平遥县人，1952年10月出生，研究员，中共党员。1975年12月毕业于山西农学院（1979年更名为山西农业大学）农学专业，主要从事谷子品质育种，2012年在山西省农业科学院经济作物研究所退休。

一、学习工作简历

（一）学习简历

赵海云，1952年10月出生于山西省平遥县，1971—1975年在山西农学院农学专业学习，毕业后一直在山西省农业科学院经济作物研究所工作。

（二）工作经历

1975—1980年，从事谷子品种资源研究及谷子辐射育种，执行人。

1981—1990年，承担全国谷子区域联合试验及《山西省谷子品种志》编写以及山西省科委优质谷子新品种选育，第二主持人。

1991—2016年，主持国家、省、院各类优质谷子新品种选育，主持人。2011年1月至2016年12月，担任山西省谷子体系岗位专家。

二、工作业绩

（一）主持、参加的主要研究项目

1. 1973—1979 年，山西省农业科学院科研项目“谷子辐射育种”，执行人。

2. 1979—1982 年，中国谷子品种资源整理编目，执行人。

3. 1983—1985 年，山西省科研项目“山西省谷子品种志”，执行人。

4. 1982—2010 年，全国谷子区域试验及联合鉴定试验，执行人。

5. 1988—1989 年，山西省农业科学院项目“谷子无融合生殖研究”，主持人。

6. 1988—1990 年，山西省科委科技攻关项目“选育质优、丰产、耐旱、中早熟的山旱地谷子新品种”，第二主持人。

7. 1996—1998 年，国家科技攻关项目“春谷育种方法研究”，主持人。

8. 1996—1998 年，山西省农业科学院攻关项目“谷子优质高产不同生态稳定性研究”，主持人。

9. 1991—2005 年，山西省科技攻关项目“优质、高产、多抗谷子新品种选育”，主持人。

10. 2001—2003 年，山西省科委推广项目“晋谷 29 号优质高产配套技术推广”，主持人。

11. 2003—2004 年，山西省财政支农项目“晋谷 29 号产业化开发”，主持人。

12. 2006—2010 年，国家科技支撑项目“特色谷子新品种选育”，主持人。

13. 1991—2010 年，山西省农业科学院育种工程项目“谷子新品种选育”，主持人。

14. 2007—2008 年，山西省财政支农项目“富硒系列谷子新品种推广与产品加工”，主持人。

15. 2012—2014 年，山西省财政支农项目“晋谷 54 号产业化开发”，主持人。

16. 2011—2016 年，山西省谷子产业技术体系，岗位专家。

（二）主要贡献

主持参加选育谷子新品种 13 个，其中晋谷 21 号、晋谷 29 号的育成分别成为优质谷育种及小米深加工史上的里程碑；晋谷 54 号小米“富硒香”从“十一五”期间成为中央领导特供小米。为优质谷子品种选育做出了突出贡献。

1. “全国谷子区域联合试验结果及其应用”获 1986 年农牧渔业部科技进步奖三等奖；《山西省谷子品种志》获山西省科技进步奖三等奖。

2. 作为第二主持人育成谷子新品种 5 个：吕谷 2 号、晋谷 18 号、晋谷 20 号、晋谷 24 号、晋谷 26 号。其中经国家审定品种是吕谷 2 号、晋谷 20 号。

3. 主持育成谷子新品种 8 个：分别是晋谷 21 号（与陈瑛共同主持）、晋谷 29、晋谷 44 号、晋谷 54 号，汾选 3 号、汾选 4 号、汾选 6 号、汾 8 号。其中通过国家审定的品种 5 个：晋谷 21 号、晋谷 29 号、汾选 3 号、汾选 4 号、汾选 8 号（糯谷）。

获得全国优质米的品种 4 个：晋谷 21 号、晋谷 29 号、晋谷 54 号、汾选 3 号。其中，晋谷 21 号小米汾州香连获五届农业博览会金奖，晋谷 54 号于 2010 年一次性 50 万元转让给富硒香农业有限公司。

4. 获奖成果：“晋谷 21 号”和“优质谷晋谷 21 号选育及其利用”，分别于 1994 年获山西省科技进步奖一等奖和 1996 年国家科学技术进步奖三等奖。赵海云均排名第二。

三、论文、著作

1. 赵海云．分类型定目标发掘谷子种质资源［J］．粟类作物，1991.

2. 赵海云．谷子双胚苗的发现及其分类研究［J］．中国农学通报，1993，9（6）.

3. 赵海云．优质谷子晋谷 21 号选育及其推广［J］. 粟类作物，1994（4）（获山西省科学技术协会优秀奖）.

4. 赵海云，张爱玲．晋谷 21 号大面积优质丰产栽培技术［J］. 国外农学·杂粮作物，1996（01）：25-26.

5. 赵海云．太空辐射处理谷子品种表现型性状的影响［J］. 国外农学·杂粮作物，1998，18（4）.

6. 赵海云．Nutritive of high－quality Fenzhouxiang Millet［J］. Asian Food Product Development，1998（4）（获山西省农业科学院“九五”优秀论文入选奖）.

7. 赵海云，等．谷子优质高产特性生态稳定性研究［J］. 华北农学报，2000（12）（获山西科学技术协会优秀奖）.

8. 赵海云，陈继富，王宏丽，杨成元，王静华．不同生态环境对优质谷品质的影响［J］. 中国生态农业学报，2002（03）：69-71.

9. 赵海云，陈继富，王宏丽，王静华．优质谷子产业化与新品种选育的持续发展［J］. 陕西农业科学，2002（05）：39-40，48.

10. 赵海云，等．汾州香小米与外界环境因素的影响［J］. 杂粮作物，2002（10）（获山西省科学技术协会优秀奖）.

11. 赵海云，陈继富，刘金香，郭斌．晋谷 21 号米质与外界因素关系的研究［J］. 杂粮作物，2003（05）：276-278.

12. 赵海云，等．优质谷子新品种选育及其产业化开发［J］. 中国杂粮研究，2004（8）.

13. 赵海云，陈继富，王宏丽，王静华，杨成元，张杰．优质富硒谷新品种晋谷 29 号选育及其小米深加工［J］. 作物研究，2007（03）：394-395（获山西省科学技术协会优秀奖）.

14. 赵海云，等．山西省谷子生产及其产业化开发［J］. 中国杂粮研究，2007（9）.

15. 赵海云，等．中国春播糯谷汾选 8 号新品种选育与产品加工［J］. 中国种业，2010（9）.

16. 陈瑛，卫天冀，赵海云．浅谈谷子品质育种［J］. 种子通讯，1986（02）：4.

17. 王宏丽，陈继富，赵海云，王静华，张耀威，陈宏超．早熟优质谷汾选 3 号新品种选育与栽培技术要点［J］. 作物杂志，2009（02）：98，122.

18. 张超美，赵海云．高蛋白晋谷 44 号选育及其应用［J］. 中国种业，2011（3）.

19. 刘金香，王宏丽，王静华，陈宏超，赵海云．高蛋白谷子新品种晋谷 44 号应用前景及其栽培技术［J］. 中国农业信息，2012（12）：31-33.

20. 王宏丽，赵海云，陈继富，王静华，陈宏超，郭晓燕，张耀威，刘金香．富硒特色优质谷子新品种晋谷 54 号栽培技术［J］. 中国种业，2012（05）：63-64.

21.《中国小杂粮》，2002 年中国农业科学技术出版社出版，赵海云为副主编之一。

22.《中国谷子品种资源目录》，山西部分参编人之一。

四、社会兼职及荣誉

曾任山西省食品学会理事，全国谷子品种鉴定委员会委员，中国杂粮学会理事。1994 年任汾阳市政协常委，连续任职十年。1995 年荣获“吕梁地区职业道德模范”称号，荣立“二等功”。2011—2016 年任山西省谷子产业体系岗位专家。

赵海云在田间

刘子坚

刘子坚（1940— ），男，汉族，山西省平定县人，中共党员。1964 年 8 月山西农学院农学专业毕业后分配到山西省农业科学院工作，1971 年 1 月调入山西省农业科学院作物遗传研究所，先后任技术员、助理研究员、副研究员、研究员、谷子研究室主任、所党总支委员。2000 年 11 月退休，2016 年任所离退休党支部书记。

工作期间，主要从事谷子研究工作。先后主持参与了“七五”国家科技攻关子专题“谷子营养品质遗传规律研究”、“八五”国家科技攻关子专题“谷子育种亲本材料创新研究”、“九五”国家科技攻关项目“春谷育种材料与方法研究”以及山西省农业科学院育种项目等研究工作。参加的“高产优质谷子新品种晋谷 36 号选育及应用”获得山西省科技进步奖一等奖（第十）；参加编写的《谷子研究新进展》获得山西省科技著作二等奖；参加的“谷子蛋白质、脂肪含量遗传规律的研究”获得山西省科技进步理论三等奖。先后育成通过审、认、鉴定谷子新品种 7 个：晋谷 8 号、77-322（认定）、晋谷 17 号、4072（认定）、晋谷 34 号（第三）、晋遗 85-2（国审）、晋谷 36 号（第三）。参加编写出版了《谷子研究新进展》和《谷子新品种选育技术》。

王节之

王节之（1956—　），女，山西省运城市人，1956 年 12 月生，大学本科学历，学士学位。1982 年 1 月毕业于山西农业大学农业专业。在山西省农业科学院谷子研究所工作，育种室主任，二级研究员，2016 年退休。

一、基本情况

30 多年来，一直奋斗在科研工作第一线，主要从事作物育种栽培和谷子应用理论及示范推广研究。先后主持和承担了国家和省级重大科研项目 15 项。获得了省、部级科技进步奖 7 项，审（认）定新品种 13 个。发表省级以上刊物的学术论文 30 余篇。工作期间，曾获得山西省农林水气劳动竞赛委员会五一劳动奖章和先进个人、获得山西省农业科学院模范工作者和山西省农业科学院科技创新模范。1997—2002 年兼任长治市政协常委，2002—2016 年兼任长治市人大常委会委员。

二、主要研究经历与贡献

1. 1982 年 1 月至 1995 年 12 月，参加了“谷子品种光反应特性”和“全国谷子生态联合试验暨中国谷子主产区谷子生态区划”研究。

谷子是短日照作物，对光反应敏感，育种家辛苦多年选育的品种往往由于对光反应敏感适应范围狭窄，难于大面积推广。针对这一问题，进行了不同光照处理试验，通过研究，筛选出了对光敏感的对照品种“东方亮”和对光不敏感的对照品种“五石山”，为筛选光反应不敏感资源，选育适应性广的品种奠定了基础。

根据我国谷子生产形势的变化，特别是春谷面积大量减少、分布相对分散、品种通用性差，夏谷面积大量增加，分布相对集中、品种通用性强的特点，谷子分布的版图已大为改观。基于以上情况，组织了全国谷子生态联合试验，根据大量基础研究资料，重新制定了我国谷子主产区的生态区划，即：春谷特早熟区、春谷早熟区、春谷中熟区、春谷晚熟区、夏谷区 5 个大区，并进一步又划分 11 个亚区。该区划符合我国谷子主产区的情况，为我国主产区确定科研布局、制定育种目标、进行品种区划，建立国家区试网点，以及指导谷子生产都有重要实用价值。

2. 1995 年 12 月至 2016 年 12 月，主持谷子品种的选育和栽培及示范推广研究。

针对谷子生产中存在的优质品种产量偏低、抗倒、抗病性差，而产量较高的品种商品性差、没有市场竞争力的问题，开展了优质高产抗倒抗病新品种选育。主持育成谷子品种 9 个，其中，长生 07、长生 08、长生 10 号、长生 11 号 4 个品种通过国家谷子品种鉴定委员会鉴定；长生 04、长生 06、长生 18、长生 11、长生 13 5 个品种通过了山西省农作物品种审定委员会认定。这些品种普遍抗病抗倒性强，丰产稳产性好，品质优良，深受农民欢迎，在生产上大面积推广应用，取得了巨大的社会经济效益，为我国谷子产业的发展做出了积极的贡献。国鉴品种长生 07，米色金黄，商品性和适口性俱佳，丰产稳产，深受农民与企业家的青睐，在山西、陕西等省大面积推广种植，累积面积达 1 000多万亩，成为中晚熟春谷区的主干品种。谷子新品种长生 13，株叶形结构好，抗倒抗病性强、高产稳产、品质优良，一经鉴定，就被中原华大农业科技有限公司抢先购买了生产经营权，获转让费 20 万元。

在谷子生产中，间苗是一项极其繁重的劳动，严重地制约着谷子的大面积种植。长期以来，科技人员采用育种、物理、机械等方法不断探索种谷不用间苗的技术，但均未能在生产应用上取得突破。鉴于前人的研究经验和谷子出苗的特点，研究谷子化控间苗技术，应用化学控制方法，既保证了谷子的正常顶土出苗，又使出苗后多余的苗自然死亡，科学而微妙地实现了谷子的免间苗，攻克了“间苗”这一谷子栽培史上的技术难关，该项技术不仅省工节支、操作简便，而且定苗早、利于培育壮苗、提高产量，效益显著。为谷子的大面积机械化种植奠定了基础。

面对当前谷子生产中，从播种间苗到中耕除草、收获等仍依赖传统的人工操作，劳动繁重，费时费工，严重影响谷子大面积种植的问题，开展了谷子轻简化栽培技术研究与应用，通过筛选混配出控制苗期病虫害的谷子专用种衣剂和谷田化学除草剂，完善谷子化控间苗技术，采用宽窄行种植模式，引进改制了适宜丘陵区谷子生产的中耕机、收割机，集成了农艺农机相结合的谷子生产全程轻简化栽培技术，比传统谷子栽培技术每亩省工6~8个，大大提高了生产效率，降低了成本，促进了谷子的大面积推广和产业化开发。

三、主要研究成果

（一）获奖成果

获奖7项，主持鉴定品种9个，鉴定成果1项，制定地方标准2个。

1. 1988年“谷子品种光反应特性研究”获得山西省科技进步奖二等奖，排名第二。

2. 1992年“全国谷子生态联合试验及中国谷子主产区谷子生态区划”获得农业部科技进步奖三等奖，排名第八。

3. 1993年“山西省谷子生态区域规划”获得山西省科技进步奖二等奖，排名第四。

4. 2002年3月参加选育的“晋麦63号”，获山西省科技进步奖一等奖，排名第六。

5. 2004年主持研究的“谷子化控间苗技术”，获得山西省科技进步奖二等奖，排名第一。

6. 2006年“抗旱优质高产小麦新品种长6878”获山西省科技进步奖

一等奖，排名第五。

7. 2013 年“优质高效谷子新品种长生 07 的选育及应用”获得山西省科技进步奖三等奖，排名第一。

8. “谷子轻简化栽培技术研究与应用”于 2016 年 1 月通过山西省科技厅组织的专家成果鉴定，专家一致认为：该项技术达国际先进水平，排名第一。

（二）选育品种

1. 长生 07，2009 年 8 月通过全国谷子品种鉴定委员会鉴定，排名第一。

2. 长生 08，2011 年 8 月通过全国谷子品种鉴定委员会鉴定，排名第一。

3. 长生 10，2013 年 8 月通过全国谷子品种鉴定委员会鉴定，排名第一。

4. 长生 11，2015 年 6 月通过全国谷子品种鉴定委员会鉴定，排名第一；2015 年 9 月通过山西省农作物品种审定委员会认定，排名第一。

5. 长生 04，2006 年 3 月通过山西省农作物品种审定委员会认定，排名第一。

6. 长生 18，2007 年 3 月通过山西省农作物品种审定委员会认定，排名第一。

7. 长生 06，2009 年 4 月通过山西省农作物品种审定委员会认定，排名第一。

8. 长生 13，2015 年 12 月通过山西省农作物品种审定委员会认定，排名第一。

（三）地方标准

1. 2012 年 12 月，起草并发布了山西省地方标准《谷子化控间苗栽培技术规程》，排名第一。

2. 2015 年 12 月，起草并发布了山西省地方标准《春播中晚熟区谷子宽窄行种植技术规程》，排名第三。

四、论文、著作

1. 王根全，王节之，郝晓芬，王晓宇，秦玉忠．西北春谷区谷子新品种长生10号的丰产性及稳产性分析［J］．安徽农业科学，2016，44（14）：20-24.

2. 王根全，王节之，郝晓芬，王晓宇，张艾英，秦玉忠．谷子宽窄行种植效果研究［J］．陕西农业科学，2015，61（12）：8-10，21.

3. 王节之，谷子轻简化栽培技术研究与应用［Z］．山西省农业科学院谷子研究所，2015-12-19.

4. 王根全，王节之，郝晓芬，王晓宇，秦玉忠．谷子轻简化栽培技术研究［J］．山西农业科学，2015，43（11）：1438-1441.

5. 郝晓芬，王节之，王根全，王晓宇，秦玉忠．谷子新品种长生10号的选育及栽培技术［J］．作物杂志，2014（03）：150-151，154.

6. 郝晓芬，王节之，王根全，王晓宇，秦玉忠．谷子轻简化栽培技术简介［J］．中国种业，2014（02）：71-72.

7. 王晓宇，刁现民，王节之，王春芳，王根全，郝晓芬，梁增浩，王雪梅，赵芳芳．谷子SSR分子图谱构建及主要农艺性状QTL定位［J］．植物遗传资源学报，2013，14（05）：871-878.

8. 郝晓芬，王节之，王根全，王晓宇，王潞英，秦玉忠．谷子新品种长生08的选育及高产栽培［J］．山西农业科学，2013，41（04）：317-320.

9. 王节之，王根全，郝晓芬，王晓宇．适应机械中耕的谷子宽窄行种植模式研究［J］．山西农业科学，2012，40（05）：462-465，474.

10. 郝晓芬，王志民，王根全，王贵荣，王晓宇，王潞英，王节之．SSR方法标记谷子光敏雄性不育基因［J］．华北农学报，2011，26（05）：112-116.

11. 郝晓芬，王节之，王根全，王晓宇，王潞英．谷子新品种长生07的丰产性、稳产性及适应性分析［J］．河北农业科学，2011，15（05）：1-3.

12. 王根全，王节之，郝晓芬，王晓宇，王路英．谷子黑穗病综合防治技术研究［J］. 河北农业科学，2010，14（11）：48-49，53.

13. 王节之，郝晓芬，王根全，王晓宇，王潞英．化控间苗谷种栽培技术研究［J］. 河北农业科学，2010，14（11）：15-18.

14. 王根全，王节之，郝晓芬，王晓宇，王潞英．谷子新品种长生07优质高产栽培技术研究［J］. 河北农业科学，2010，14（11）：28-29，32.

15. 郝晓芬，王节之，王根全，王晓宇，王潞英．大力推广科技成果促进山西谷子产业化发展［J］. 河北农业科学，2010，14（11）：153-154，166.

16. 王节之，郝晓芬，王根全，王晓宇，王潞英．光敏雄性不育系（GM）谷子主要性状遗传规律研究［J］. 山西农业科学，2010，38（06）：3-4，17.

17. 王根全，王节之，郝晓芬，王晓宇，王潞英．谷子新品种长生07号选育及配套栽培技术［J］. 陕西农业科学，2010，56（03）：214-215.

18. 郝晓芬，王节之，王根全，王潞英，王晓宇．利用AFLP技术对谷子光敏雄性不育基因进行分子标记［J］. 山西农业科学，2009，37（11）：3-5，10.

19. 王节之，王根全，郝晓芬，王路英，孙美荣．除草剂莠去津对谷子及谷田杂草的影响［J］. 山西农业科学，2008（09）：57-59.

20. 郝晓芬，王根全，王潞英，王节之．优质高产谷子新品种长生04的选育与栽培技术要点［J］. 山东农业科学，2007（06）：114-115.

21. 郝晓芬，王根全，王潞英，王节之，孙美荣．化控间苗谷种的栽培技术［J］. 山西农业科学，2006（04）：45-48.

22. 王节之，郝晓芬，王根全，王潞英，孙美荣．谷子种质资源分子标记的多态性研究［J］. 生物技术，2006（01）：10-14.

23. 郝晓芬，王节之，王潞英，王根全．SSR标记分析谷子遗传多样性［J］. 山西农业科学，2005（04）：29-31.

24. 王节之，郝晓芬，郑向阳，王路英，孙毅，王景雪．谷子花粉介导法转几丁质酶基因的研究［J］. 生物技术，2004（05）：5-6.

25. 王节之，孙美荣，郑向阳，郝晓芬，王潞英．环境条件对谷子化控间苗技术的影响［J］．干旱地区农业研究，2003（04）：31-34.

26. 王节之．化控间苗谷种［N］．山西科技报，2002-05-14（002）.

27. 王节之，郝晓芬，郑向阳，王潞英，孙美荣，孙毅，王景雪．大粒晋谷 21 号种质创新的研究［J］．中国种业，2001（06）：22.

28. 王节之，谷子化控间苗技术研究［Z］．山西省农业科学院谷子研究所，2001-08-01.

29. 王节之，郑向阳，郝晓芬，王潞英，孙美荣．不同播期对晋谷 21 号产量及米质的影响［J］．山西农业科学，2001（03）：26-28.

30. 孙美荣，王节之，郝晓芬，郑向阳，王潞英．谷子免间苗技术的研究［C］//中国作物学会．作物科学研究理论与实践——2000 作物科学学术研讨会文集，2001：5.

31. 王节之，孙毅，郝晓芬，郑向阳，王潞英．卡拉霉素（Km）对谷子外植体的影响［C］//中国作物学会．作物科学研究理论与实践——2000 作物科学学术研讨会文集，2001：3.

32. 王节之，孙毅，郝晓芬，郑向阳，王潞英．抗生素对谷子外植体的影响［J］．生物技术，2000（02）：6-9.

33. 王节之，郝晓芬，郑向阳，王潞英，孙美荣．谷子潮霉素抗性浓度的筛选与研究［J］．华北农学报，1999（04）：60-62.

34. 王节之，张海风，郑向阳，王潞英，靳鲲鹏．晋谷 21 号幼穗组培研究［J］．山西农业科学，1998（01）：30-32.

35. 王玉文，王节之，赵太存．谷子生育期及其构成与产量的关系［J］．山西农业科学，1995（02）：31-33.

36. 郭桂兰，王殿瀛，王玉文，王节之，赵太存，史琴香．谷子品种感温性研究［J］．华北农学报，1994（02）：9-13.

37. 王殿瀛，郭桂兰，王节之，王玉文，赵太存，史琴香．中国谷子主产区谷子生态区划［J］．华北农学报，1992（04）：123-128.

38. 王殿瀛，郭桂兰，王玉文，王节之，郭先治．山西省谷子生态区划［J］．华北农学报，1991（03）：26-32.

39. 王殿瀛，王节之，王玉文，郭桂兰．谷子品种光反应特性研究

[J]. 山西农业科学，1987（03）：15-17.

40. 王殿瀛，王节之，郭桂兰．谷子资源光反应鉴定结果初报［J］. 作物品种资源，1986（01）：23-26.

王节之在田间

温琪汾

温琪汾（1956— ），女，山西省和顺县人，1956年4月12日出生。1978年12月山西农学院农学系农学专业毕业，中共党员，三级研究员，2016年4月在山西省农业科学院农作物品种资源研究所退休。

一、个人简历

1979年1月分配到山西省农业科学院作物遗传研究所工作，开始中国谷子品种资源的研究工作，1979年12月山西省农业科学院成立作物品种资源研究室（1984年扩建为农作物品种资源研究所），她调入该室工作，从事谷子种质资源的收集整理、鉴定评价、编目编志和主持山西省谷子种质资源的收集保护和创新利用研究。

曾任山西省农业科学院农作物品种资源研究所种质利用研究室主任、所精神文明办主任、所工会主席，三级研究员。1991年、2005—2007年度、2009年被山西省农业科学院评为优秀共产党员。2014年10月被山西省农业科学院精神文明建设委员会评为文明职工。2008年11月被山西省农业科学院党委定为联系的高级专家。

社会兼职：2007年、2010年、2015年当选中国作物学会粟类作物专业委员会（第五届、第六届、第七届）委员。2004年当选中国农学会杂粮分会理事。2010年当选山西省现代农业产业技术体系杂粮岗位专家。

获省部级以上成果奖励14项；在省级和国家级出版社出版著作7部；主持培育谷子新品种4个，参加选育谷子新品种和黍稷新品种7个；在国家级学报和省级专业期刊上发表论文40多篇。

二、主要研究经历与贡献

（一）1979年1月至1985年

作为谷子课题主要研究人员参加了谷子种质资源的研究和《中国谷子品种资源目录》的整理汇编工作。1981年后又参加山西省农作物品种资源补充征集、鉴定评价、编目编志等多项研究工作。对山西收集、整理和研究的1 039份谷子资源经农艺性状鉴定后，全部编入《山西省农作物补充征集目录》。同时参加了《山西省农作物品种志》和《中国谷子品种志》谷子部分内容的研究和整理编写工作。

（二）1986—1990年

作为参加单位承担任务主持人参加了“七五”国家重点科技攻关项目“谷子种质资源繁种和农艺性状鉴定”子专题编号75-01-02-01（4）课题的研究内容。对山西早期编目保存的1 880余份谷子资源进行了农艺性状鉴定，繁种入国家长期库保存。完成了山西补充征集到的2 312份谷子资源的农艺性状鉴定以及相关特征特性鉴定，经整理归并后完成了续编《中国谷子遗传资源目录》（山西部分内容的编写）。并繁种入国家长期库保存，同时提供特性鉴定用种12 000余份次。通过该项目研究，抢救了一批濒临灭绝的古老地方种和农家种，发现和收集到一批稀有珍贵的谷子种质，为谷子种质资源的妥善保存、充分利用奠定了物质基础。

（三）1991—1995年

作为参加单位承担任务主持人参加了两项“八五”国家科技攻关项目：“谷子资源繁种、编目、鉴定和遗传评价”子专题编号85-01-02-03（3）；“玉米、豆类、高粱和谷子的抗病虫性鉴定”中“谷子种质资源抗黑穗病鉴定”工作。五年来，完成了山西540份谷子资源的农艺性状鉴定以及相关特征特性鉴定和整理编目。完成了540份续编《中国谷子及其他粟类作物遗传资源目录》（山西部分内容的编写）。同步繁种入国家长期库保存，提供特性鉴定用种1 620份次。完成了2 000份谷子种质资源抗黑穗病鉴定研究。该项目完成，抢救了资源，造福于后代。不仅收编了本省（区）、市保存的地方品种，又增加了一些新育成的谷子品种、优良品系及特殊的遗传材料。同时通过谷子抗黑穗病鉴定筛选出抗病品种不仅为谷子抗病育种和谷子生产所利用，而且为谷子深入研究打下了基础，同时增强了农业科研的资源储备。

（四）1996—2000年

作为参加单位承担任务主持人参加了“九五”国家科技攻关项目子专题编号96-014-01-03（7）“玉米、豆类、高粱和谷子的抗病虫性鉴定”，承担了“谷子种质资源抗黑穗病鉴定”工作。该项研究通过对全国保存的2 000份谷子资源进行谷子抗黑穗病初筛鉴定以及抗性材料的复鉴鉴定研究，共计鉴定出45份抗病和高抗谷子黑穗病种质材料。这批抗病材料已作为谷子抗病育种的珍贵亲本材料利用，同时在鉴定研究的同时，还发现了一批抗病性强、农艺性状好的优异种质材料，可提供育种和生产利用 。

（五）2001—2010年

作为参加单位承担任务主持人，参加了农业部保种项目和科技部国家农作物种质资源平台项目子课题“谷子种质繁种与性状补充鉴定”（合同编号：2005DKA21001-05（3-4））研究。其中完成：

1. 对山西早期入库的1 500份谷子资源，观察记载了重要的农艺性状，核对了原编目性状，根据入库的标准，保质保量地送入国家中期库保存。

2. 对山西保存的1 100份谷子资源进行了农艺性状的补充调查，由原来的17项农艺性状鉴定项目增加至40多项。同时采集了图像数据资料，编制更新了种质目录，使谷子资源资料更加完整，内容更加丰富。

该项目任务的完成，为谷子资源的深入研究和广泛利用提供了条件，产生了良好的社会效益。

（六）2000—2002 年

主持了山西省自然科学基金项目“谷子品种资源抗黑穗病机理的研究及其利用”（课题编号：20001093）。该项目采用同工酶技术和生理生化指标测定，从生理生化变化了解谷子抗病品种抗性的内在规律，从同工酶分析方面摸清谷子抗病品种抗黑穗病的机理。并将多种酶活性和同工酶技术引入谷子抗黑穗病机理的研究。该项目的开展不仅对谷子抗病品种的快速鉴定和谷子抗病育种提供了理论依据，而且对促进我国谷子生产和谷子抗黑穗病育种都具有重要意义。

（七）2003—2005 年

主持了山西省科技攻关项目“矮秆优质多抗谷子种质的创新及品种选育”（编号：031006-1）。该项目采用谷子苗期抗旱鉴定、品质分析等鉴定技术和产量评比试验与育种创新相结合的选育方法，创新选育出优质、丰产、多抗的矮秆谷子种质和新品系。对于促进山西谷子的矮化育种、培育出更优良的矮秆品种为生产服务有重要的意义。

（八）2006—2015 年

主持了两项山西省农业科学院育种工程项目“谷子优质、高产新品种的选育”。在课题执行期间，培育出 4 个谷子新品种：晋品谷 1 号、晋品谷 2 号、晋品谷 3 号和晋品谷 4 号，全部通过了山西省品种审定委员会的审（认）定。谷子新品种的选育，对于提高粮食产量、增加农民收入、发展山西小杂粮生产有重要意义。

（九）2008—2010 年

主持了山西省科技攻关项目“谷子优异种质资源的引进、鉴定和评价”（合同编号：20080311005）。对从全国各省、市科研单位收集和引进的 1 200份优异谷子资源进行了农艺性状鉴定、苗期抗旱鉴定和谷子抗黑穗病鉴定。通过项目研究，进一步扩大和丰富了山西谷子品种类型和基因库，发掘了一大批优质、丰产、多抗等可利用的优良基因，为谷子种质资源深入研究和优异种质的开发利用，奠定了坚实的物质基础。

（十）2014—2016 年

主持了山西省科技攻关项目“优异特色谷子种质的创新与利用”（项目编号：20140311006-2）。对收集和引进的 100 份优异特色谷子种质进行鉴定评价和创新利用研究。通过项目研究，创新选育出谷子新品系、新种质，对于加快谷子新品种的选育、发展小杂粮生产、推进山西省农业产业化进程，都具有十分重要的意义。

人才培养方面：通过参加国家级、省级“六五”至“十二五”期间攻关项目的锻炼，形成了以中青年为主体，技术力量较强，结构合理的科研队伍。从资源收集考察、鉴定评价以及到生产示范和资源创新利用等方面都能相互配合、技术互补，具备了可持续发展的条件和人力物力。至今课题组已经培养出研究员 1 人、副研究员 2 人、助理研究员 3 人、博士研究生 1 人，为谷子事业的持续稳定发展和谷子的深入创新研究奠定了坚实的物质基础。

三、主持或参加的主要研究课题

1. 参加了国家重点科技攻关项目“谷子种质资源繁种和农艺性状鉴定”子课题 75-01-02-01（04）（1986 年）。承担任务主持人：庚正平、温琪汾。

2. 参加了国家科技攻关项目“玉米、豆类、高粱和谷子的抗病虫性鉴定”子课题 85-01-02-07（1991 年）。承担任务主持人：温琪汾。

3. 参加了国家科技攻关项目“谷子资源繁种编目鉴定和遗传评价”子课题 85-01-02-07（3）（1991 年）。承担任务主持人：温琪汾。

4. 参加了国家科技攻关项目“粟类优良种质评价与利用研究”子课题 96-04-01-03（1996 年）。承担任务主持人：温琪汾。

5. 参加了国家科技攻关项目“玉米、豆类、高粱和谷子的抗病虫性鉴定”子课题 96-014-01-03（7）（1996 年）。承担任务主持人：温琪汾。

6. 参加了农作物种质资源平台项目“谷子种质繁种与性状补充鉴定”子课题 2005DKA21001-05（3-4）（2007 年）。承担任务主持人：温琪汾。

7. 参加了农业部保种项目“谷子资源繁殖更新与性状补充鉴定”（合同编号：NB08-2130135（25-31）-08（6））（2008 年）。承担任务主持人：温琪汾。

8. 主持了山西省自然科学基金项目“谷子品种资源抗黑穗病机理的研究及其利用”（2000 年）。主持人：温琪汾。

9. 主持了山西省科技攻关项目“矮秆优质多抗谷子种质的创新及品种选育”（2003 年）。主持人：温琪汾。

10. 主持了山西省农业科学院育种工程项目“谷子优质高产新品种的选育”（2006—2015 年）。主持人：温琪汾。

11. 主持了山西省科技攻关项目“谷子优异种质资源的引进、鉴定和评价”（2008 年）。主持人：温琪汾。

12. 主持了山西省科技攻关项目“优异特色谷子种质的创新与利用”（2014 年）。主持人：温琪汾。

13. 参加了“十一五”国家科技支撑计划子课题“平川丘陵区新品种选育及优异种质创新”（2006 年）。子课题主持人：温琪汾。

14. 参加了科技部“973”前期项目“重要小宗作物核心种质构建与功能性状优异基因发掘研究”（2006 年）。项目参加人：温琪汾。

15. 参加了“十二五”国家谷子糜子现代农业产业技术体系（2011 年），山西糜子栽培参加人。

四、主要研究成果

获得省部级以上科技成果奖励 15 项。

1. 1980 年，“中国谷子品种资源目录的整理与编写”获农业部技术改进奖一等奖（参加人）。

2. 1989 年，《山西省农作物品种志》获山西省科技进步奖三等奖（参加人）。

3. 1994 年，“小麦、玉米、高粱、谷子品种资源抗性评价与利用”获山西省科技进步奖三等奖（第三名）。

4. 1998 年，“中国黍稷优异种质资源筛选利用”获山西省科技进步奖三等奖（第二名）。

5. 2000 年 12 月，“谷子抗旱品种的研究利用”通过了由山西省科学技术厅组织的成果鉴定（第二名）。

6. 2004 年，“中国农作物种质资源收集、保存、评价与利用”获国家科学技术进步奖一等奖（参加人）。

7. 2004 年，“中国黍稷种质资源的研究与利用”获山西省科技进步奖二等奖（第二名）。

8. 2010 年，晋品谷 1 号和晋品谷 2 号通过山西省农作物品种审定委员会组织的审（认）定（第一名）。

9. 2006 年，“黄芪优质高产模式化栽培技术”获山西省农村技术承包一等奖（第三名）。

10. 2007 年，“谷子优质高产高效栽培技术”获山西省农村技术承包二等奖（第一名）。

11. 2011 年，“谷子优质高产综合栽培技术”获山西省农村技术承包二等奖（第一名）。

12. 2015 年，晋品谷 3 号和晋品谷 4 号通过山西省农作物品种审定委员会组织的审（认）定（第一名、第二名）。

13. 2016 年 11 月，“中国黍稷种质资源收集、保护、创新与共享利用”获山西省科技进步奖三等奖（第四名）。

14. 2017 年 7 月，“山西谷子资源的收集、保存鉴定评价与创新利用”通过由山西省科学技术厅组织的成果鉴定（第一名）。

五、论文、著作

（一）论文

1. 温琪汾，刘润堂，王纶，畅建武，赵卫红，王星玉．抗、感黑穗病谷子品种几种酶活性的比较研究［J］. 植物遗传资源学报，2003（4）：318-320.

2. 温琪汾，刘润堂，王纶，王星玉，师颖．谷子种质资源抗黑穗病鉴定与过氧化物酶研究［J］. 植物遗传资源学报，2006（3）：349-351.

3. 温琪汾，王纶，赵卫红，畅建武．山西省谷子品种资源的繁种入库［J］. 山西农业科学，2002，30（4）：32-34.

4. 温琪汾．谷子品种资源抗黑穗病的鉴定研究［J］. 山西农业大学学报，1992，12（2）：107-109.

5. 温琪汾，刘润堂，乔燕祥．谷子生育过程中同工酶的变化［J］. 华北农学报，1994，9（1）：30-33.

6. 温琪汾，王星玉，王纶，刘金玉，陈耀琴．中国黍稷优异种质的筛选利用［J］. 山西农业科学，1998，26（2）：86-88.

7. 任继海，温琪汾，王星玉，王纶．山西省谷子品种类型及其分布［J］. 华北农学报，1999，14（3）：25-30.

8. 温琪汾，王星玉，王纶，赵卫红，刘金玉．山西省谷子品种资源的感光性研究［J］. 华北农学报，2002（增刊）：139-143.

9. 温琪汾，巩昌荣，周树军．谷子品种抗粒黑穗病的鉴定［J］. 山西农业科学，1988（12）：14-15.

10. 温琪汾，刘润堂，王纶，孙贵臣，畅建武，王星玉．山西省谷子品种资源的抗旱性和丰产性研究［J］. 山西农业大学学报，2004（3）：224-226.

11. 温琪汾，刘润堂，王纶，孙贵臣，王星玉，李原平．谷子品种资源的抗黑穗病鉴定研究［J］. 石河子大学学报，2004，22（增刊）：40-42.

12. 温琪汾，王星玉，王纶，刘金玉，刘润堂．寿阳小杂粮开发前景［J］．农产品加工，2004（2）：28-29.

13. 温琪汾，王纶，王星玉．山西省谷子种质资源及抗旱种质的筛选利用［J］．山西农业科学，2005，33（4）：32-33.

14. 温琪汾，王纶．优质高产谷子新品种晋品谷 1 号［J］．中国种业，2009（5）：30.

15. 温琪汾，王海岗，王纶，乔治军，曹利萍．优质丰产谷子品种晋品谷 2 号及栽培技术［J］．中国种业，2015（2）：67-68.

（二）著作

1. 1980 年，参与编著《中国谷子品种资源目录》。

2. 1990 年，参与编著农业出版社出版的《中国谷子遗传资源目录》。

3. 1995 年，参与编著中国农业出版社出版的《中国谷子及其他粟类作物遗传资源目录（1991—1995）》。

4. 1993 年，参与编著希望出版社出版的《小农艺师》。

5. 1999 年，参与编著中国农业出版社出版的《高粱 谷子 黍稷优异资源》。

6. 2000 年，参与编著中国农业出版社出版的《中国谷子及其他粟类作物遗传资源目录（1996—2000）》。

7. 2015 年，参与编著中国农业出版社出版的《中国谷子品种志》。

六、重要活动

2000 年，受朝鲜农业科学院邀请赴朝鲜考察和开展学术交流活动。

2004 年 8 月，在山西太原参加了首届中国杂粮产业化发展论坛学术交流会，当选为理事。

2007 年，在河北石家庄参加了中国作物学会粟类作物专业委员会学术交流会，当选为第五届委员会委员。

2010 年，在山西太原参加了山西省现代农业产业技术体系建设大会，当选为杂粮岗位专家。

温琪汾工作照

陈有清

陈有清（1941— ），男，山西省大同县（今大同市云州区）人，中共党员，研究员。曾任山西省农业科学院高寒区作物研究所谷子研究室、玉米研究室、科研办公室、杂粮研究室主任。

一、基本情况

1964 年毕业于山西农学院。参加工作以来一直在山西省农业科学院高寒区作物研究所从事农业科研和技术推广工作。前期主要开展了绿肥作物的筛选及栽培技术研究和盐碱地施用氧化煤肥田改土效果的研究。1973 年以后，主要进行农作物新品种选育和栽培技术研究。

二、主要业绩

（一）参与或主持选育出 5 个品种

1. 晋谷 9 号，1978 年通过山西省农作物品种审定委员会审定；1990 年 1 月通过全国农作物品种审定委员会审定（编号：04014—1984），排名第一。

2. 大同白谷 8 号，1988 年通过山西省农作物品种审定委员会认定，排名第一。

3. 大同 14 号，1992 年 5 月通过山西省农作物品种审定委员会认定，排名第三。

4. 晋谷 23 号，1994 年 3 月通过山西省农作物品种审定委员会审定，2000 年 11 月通过全国农作物品种审定委员会审定（编号：国审杂 20000001），排名第三。

4. 晋谷 25 号，1996 年 4 月通过山西省农作物品种审定委员会审定，1999 年通过全国农作物品种审定委员会审定（编号：国审杂 990001），排名第二。

（二）获奖成果

1. 晋谷 9 号，获山西省科技成果奖三等奖，排名第一。

2. 晋谷 23 号，1999 年 12 月获山西省科技进步奖三等奖。

3. “中国谷子品种资源目录的整理与编写”获农业部技术改进奖一等奖，参与编写。

4.《山西省农作物品种资源目录》获山西省科技成果奖二等奖。

5. “甄庄谷子亩产千斤栽培技术”获山西省科技成果奖四等奖。

6. “盐碱地春小麦高产栽培技术”获山西省科技进步奖二等奖。

7. “莜麦规范化栽培技术规程”获山西省科技进步奖三等奖。

8. 晋谷 4 号和晋谷 9 号的推广，分别获得山西省成果推广奖四等奖。

9. 1988—1990 年参加山西省农业科学院组织的“以粮为主大面积高产示范区开发”（“六六六”工程），1991 年获得山西省星火科技特等奖。

10. 参加山西省农业科学院组织的“山西省高产高效农业开发研究工程”（双高工程），1996 年获山西省星火科技一等奖。

11. “阳高县后营乡主要农作物优质高产技术承包”获省农村技术承包集体一等奖。

三、论文、著作

1. 陈有清 . 粟名演变考 [J]. 中国农史，2000（04）：93-95，81.

2.《种粟史话》（中国农业科技出版社），主编。该书比较系统地介绍了我国历代粟的生产状况，如区域分布、产量水平、粟在粮食生产中的地位等，比较全面地总结了种植粟的历史经验。

3.《中国谷子栽培学》（农业出版社），参编。

4.《北方旱地作物栽培技术》（气象出版社），参编。

四、主要荣誉

先后被评为大同市先进科技工作者、大同市劳动模范。

杜宗天

杜宗天（1930—2010），男，山西省应县东辛村人，山西省农业科学院高寒区作物研究所副研究员。

一、学习工作简历

（一）学习经历

1948 年 10 月至 1949 年 5 月就读于山西省宁武中学。1949 年 5 月至 1953 年 7 月就读于山西省大同一中。1953 年 9 月至 1957 年 9 月就读于山西农学院。

（二）工作经历

1957—1978 年在谷子育种室担任技术员，1979—1987 年任助理研究员，1987 年至 1990 年 10 月任副研究员。

二、工作业绩

参加工作以来，一直从事农业科研和技术推广工作。曾主持完成了谷子农家品种整理，主持育成谷子品种大同 14 号，参加育成晋谷 4 号、晋谷 5 号、晋谷 9 号、大同 8 号、晋谷 23 号、晋谷 25 号。参与“中国谷子品种资源目录的整理与编写”项目，获农业部技术改进奖一等奖，《山西省农作物品种资源目录》获山西省科技成果奖二等奖；参加完成的“全国谷子品种区域试验及其结果的应用”荣获农牧渔业部科技进步奖三等奖，“七五”国家科技攻关项目“全国谷子生态联合试验及中国谷子主产区谷子生态区划”荣获农牧渔业部科技进步奖三等奖，“甄庄谷子亩产千斤栽培技术”获山西省科技成果奖四等奖；在搞好科研工作的同时，还积极开展农业技术推广工作，获得山西省成果推广奖四等奖。

三、主要成果和论著

（一）获奖成果

1. 1979 年，晋谷 9 号获山西省科技成果奖三等奖。

2. 1979 年，“甄庄谷子亩产千斤栽培技术”获山西省科技成果奖四等奖。

3. 1980 年，“中国谷子品种资源目录的整理与编写”获农业部技术改进奖一等奖（参与人）。

4. 1981 年，《山西省农作物品种资源目录》获山西省科技成果奖二等奖（参与人）。

5. 1983 年，晋谷 9 号的推广获山西省成果推广奖四等奖。

6. 1999 年，晋谷 23 号获山西省科技进步奖三等奖。

7. 参加完成的“全国谷子品种区域试验及其结果的应用”荣获农牧渔业部科技进步奖三等奖。

8. “七五”国家科技攻关项目“全国谷子生态联合试验及中国谷子主产区谷子生态区划”荣获农牧渔业部科技进步奖三等奖。

（二）品种

1. 1973 年，晋谷 4 号通过山西省农作物品种审定委员会审定（第二位）。

2. 1973 年，晋谷 5 号通过山西省农作物品种审定委员会审定（第二位）。

3. 1988 年，大同白谷 8 号通过山西省农作物品种审定委员会认定（第二位）。

4. 1990 年 1 月，晋谷 9 号通过全国农作物品种审定委员会审定，编号：04014-1984（第二位）。

5. 1992 年 5 月，大同 14 号通过山西省农作物品种审定委员会认定（第一位）。

6. 1999 年，晋谷 25 号通过全国农作物品种审定委员会审定，编号：国审杂 990001（第三位）。

7. 2000 年 11 月，晋谷 23 号通过全国农作物品种审定委员会审定，编号：国审杂 20000001（第二位）。

（三）论文

撰写的《雁北地区谷子品种资源整理和说明》分别刊登于《中国谷子品种》和《山西农作物品种》。

四、主要社会兼职与荣誉

1988 年获得“雁北地区先进个人”称号。

卫天业

卫天业（1960—2018），男，山西省临汾人，山西省农业科学院经济作物研究所副研究员，主要从事谷子遗传育种、加工产业研究。

一、学习工作简历

（一）学习经历

1960年5月7日出生于山西省临汾市浮山县。1969年1月至1973年12月，在山西省临汾市浮山县东张公社南卫村五年制小学学习。1974年1月至1975年12月，在山西省临汾市浮山县东张公社南卫村中学学习。1976年1月至1978年7月，在山西省临汾市浮山县响水河中学学习。1978年10月至1982年8月，在山西农业大学农学系农学专业学习。

（二）工作经历

1982年8月至2018年2月，在山西省农业科学院经济作物研究所谷子课题组工作。2002年任山西省汾州香科技发展中心总经理，负责汾州香小米及杂粮产业开发、经营和管理工作，制定了一系列规章制度，加强了内部管理，在他的改革和管理下，汾州香小米的质量和销售业绩均有了很大提高。

2005 年担任经济作物研究所产后加工研究室主任，主要从事谷子育种、栽培、试验示范及产后加工等全产业链研究。

二、主要工作业绩

（一）主持和参与项目

主持、参与国家级科技成果重点推广计划、国家科技支撑计划、国家谷子糜子产业技术体系汾阳综合试验站、山西省科技攻关、星火等项目 20 余项，其中重点主持和参与的项目有：

1. 1982—1987 年，国家和山西省合作项目“谷子新品种选育”（吕谷 2 号）。

2. 1982—1985 年，参与山西省和国家协作项目“西山旱地谷子栽培技术研究”。

3. 1989—1996 年，参与山西省协作攻关项目“谷子化学杀雄技术研究及强优组合选育”。

4. 1988—1992 年，山西省协作攻关项目“优质、丰产、抗旱中早熟西山旱地谷子新品种”（第二）。

5. 1989—1998 年，参与山西省协作攻关项目“谷子无融合生殖研究”。

6. 1991—1995 年，山西省农业科学院后劲工程“谷子优质高产多抗新品种选育”（第二）。

7. 1998—2000 年，山西省科委星火项目“汾州香系列山西优质杂粮产业开发”（第二）。

8. 1996—2000 年，科技部推广项目“优质谷子新品种晋谷 21 号推广”（主持）。

9. 2000—2002 年，山西省攻关项目“汾州香小米快餐米用品种及加工工艺的研究”（主持）。

10. 2004—2005 年，山西省财政专项“汾州香小米快餐粥的开发”

（主持）。

11. 2006—2010 年，“十一五”国家科技支撑计划子专题“营养强化小米的研究”（主持）。

12. 2008—2009 年，山西省知识产权局专利推广实施资助项目“小米方便粥专利实施推广”（主持）。

13. 2007—2009 年，山西省星火项目“山西特色谷子深加工科技示范”（主持）。

14. 2003—2007 年，山西省农业科学院新产品型项目“小米果蔬复合饮料的研究”（主持）。

15. 2008—2018 年，参与农业部“国家谷子产业技术体系汾阳综合试验站”（综合岗位）。

16. 2006—2010 年，“十一五”国家科技支撑计划子专题“糜米饮料的研究”（第二）。

17. 2005—2006 年，山西省财政专项“高硒小米饮料的开发”（第二）。

18. 2007—2008 年，山西省知识产权局专利实施推广资助项目“小米饮料专利实施推广”（第二）。

19. 2011—2012 年，山西省知识产权局专利实施推广资助项目“一种方便八宝粥专利实施推广”（第二）。

20. 2005—2007 年，山西省农业科学院新产品型项目“小米糠渣膳食纤维脆片的研究”（第二）。

21. 2013—2014 年，山西省财政支农专项“糜米苦荞黄酒中试与示范”（第三）。

22. 2014—2015 年，山西省知识产权局专利实施推广资助项目“糜米饮料专利实施推广”（第二）。

（二）通过山西省鉴定成果 6 项

1. 2003 年，“汾州香小米快餐粥的研究”经山西省科学技术厅组织成果鉴定，达国家领先水平（第一位）。

2. 2003 年，“高硒小米饮料的研究”经山西省科学技术厅组织成果鉴定，达国家领先水平（第二位）。

3. 2010 年，“方便八宝粥加工工艺的研究”经山西省科学技术厅组织成果鉴定，达国际领先水平（第二位）。

4. 2010 年，“营养强化小米的研究”经山西省科学技术厅组织成果鉴定，达国家领先水平（第一位）。

5. 2010 年，“糜米苦荞黄酒工艺技术研究”经山西省科学技术厅组织成果鉴定，达国家领先水平（第三位）。

6. 2010 年，“糜米饮料的研究”经山西省科学技术厅组织成果鉴定，达国家领先水平（第三位）。

（三）获得国家发明专利 9 项

1. 冯耐红，卫天业，郑洪源，李晋花，陈丽红，田耀萍，李晓梅．一种小米饮料及其制备方法 [P]. 中国发明专利：ZL 03140882. 6，2005-11-16 授权.

2. 卫天业，石其贵，冯耐红，郑洪源，任君，李晋花．一种小米方便粥及其制备方法 [P]. 中国发明专利：ZL 03141350. 1，2007-03-14 授权.

3. 石其贵，侯东辉，卫天业，李晋花．一种人工配制人乳及其制备方法 [P]. 中国发明专利：ZL 200510080325. 6，2008-07-09 授权.

4. 冯耐红，卫天业，郑洪源，杨成元，侯东辉，李晋花．一种八宝粥及其制备方法 [P]. 中国发明专利：ZL 200510130703. 7，2009-08-26 授权.

5. 卫天业，冯耐红，侯东辉，李晋花，田跃萍，陈丽红，左宪强，杨成元．一种营养强化小米及其制备方法 [P]. 中国发明专利：ZL 200910215761. 8，2012-01-18 授权.

6. 张丽珍，冯耐红，卫天业，牛伟，侯东辉，李晋花，陈丽红，田跃萍，杨成元．糜米低醇饮料的制作方法 [P]. 中国发明专利：ZL 200810080037. 4，2012-05-30 授权.

7. 冯耐红，牛西午，卫天业，张丽珍，李晋花，侯东辉，田跃萍，陈丽红，杨成元．糜米无醇饮料的制作方法 [P]. 中国发明专利：ZL

200810080049.7，2012-07-25 授权.

8. 郑洪元，卫天业，冯耐红，何丽芬，武新艳，王文浩，刘文俊．一种小米方便粥的加工方法［P］．中国发明专利：ZL 200910079147.3，2013-04-17 授权.

9. 郑洪元，侯东辉，卫天业，冯耐红，左宪强，何丽芬．一种含有葵花籽浆的植物蛋白饮料及其制备方法［P］．中国发明专利：ZL 201210061511.5，2013-07-10 授权.

三、主要成果和论著

（一）获奖成果

1. 1988 年，担任山西省农业科学院“六六六”工程基点组组长，配合县乡村三级领导，圆满完成工程任务，获 1991 年度山西省科委特等奖。

2. 1989 年 5 月，参加的“六六六”工程岚县岚城中心点工作成绩显著，被山西省农业科学院评为 1988 年度集体三等奖。

3. 1991 年 5 月，所在的汾阳县张多中心点被山西省农业科学院评为“六六六”工程 1990 年度二等奖。

4. 1995 年 8 月，主持的“谷子新品种晋谷 21 号的技术推广”被国家科学技术委员会批准为“国家级科技成果重点推广计划”。

5. 1996 年 12 月，参与的“优质谷晋谷 21 号的选育及其应用”被国家科学技术委员会评为国家科学技术进步奖三等奖，排名第三；同年获山西省科技进步奖一等奖。

6. 1997 年 10 月，主持的“优质谷子新品种晋谷 21 号”，获山西省科技进步奖二等奖。

（二）品种

1. 吕谷 2 号（晋谷 6 号经钴 60 辐射），1990 年国家审定（GS04016-1984），排名第二。

2. 晋谷 18 号（早 1×7005-0-5-1），1990 年山西审定（晋农品审字

第 158 号)，排名第四。

3. 晋谷 20 号（晋谷 6 号×张家口材 245)，1991 年山西审定（晋农品审字第 167 号)，1994 年国家审定（GS04001-1994)，排名第三。

4. 晋谷 21 号（钴 60-γ 辐射晋汾 52 号干种子)，1991 年山西审定（晋农品审字第 168 号)，1994 年国家审定（GS04002-1994)，排名第三。

5. 晋谷 24 号（81F4-291×4072)，1994 年山西审定（晋农品审字 208 号)，排名第二。

6. 晋谷 26 号（品系 77-8 系选)，1996 山西审定（晋农品审字 242 号)，排名第三。

7. 青珍珠（三秆旗系选)，2001 年通过陕西省农作物品种审定委员会审定，排名第三。

（三）论文

1. 陈瑛，卫天业，景小兰，张象贤．谷子化学杀雄及杂种多代利用的探讨［J］．山西农业科学，1992（08)：10-11.

2. 陈瑛，卫天业，景小兰，张象贤．晋谷 21 号的选育及推广前景［J］．山西农业科学，1992（12)：7-8.

3. 任君，毛丽萍，卫天业，冯耐红，郑宏源．膳食纤维食品［J］．粮油食品科技，2001（02)：44.

4. 任君，毛丽萍，卫天业，冯耐红．南瓜大豆乳酸饮料的研制［J］．农牧产品开发，2001（05)：17.

5. 任君，毛丽萍，卫天业，冯耐红，郑宏源．桑叶汁饮料的生产工艺［J］．农牧产品开发，2001（07)：21-22.

6. 任君，卫天业，石其贵，李晋花，刘振民．芦荟乳酸保健饮料的工艺研究［J］．食品与发酵工业，2001（10)：76-77.

7. 任君，毛丽萍，卫天业，冯耐红，郑宏源．桑叶汁饮料的工艺技术研究［J］．食品工业科技，2001（06)：71-72.

8. 任君，毛丽萍，卫天业，冯耐红．苦荞的营养及食品开发［J］．粮油食品科技，2001（06)：37-38.

9. 任君，毛丽萍，卫天业，冯耐红．核桃杏仁复合乳酸饮料的研制

[J]. 食品科学，2002（03）：108-109.

10. 郑洪源，冯耐红，卫天业，李晓梅. 无油绿豆小米方便粥的研制[J]. 食品科技，2002（06）：34-37.

11. 冯耐红，卫天业，郑洪源，任君，李晓梅. 南瓜小米快餐粥的研制[J]. 粮油加工与食品机械，2002（08）：55-56.

12. 李占林，郑洪元，卫天业，冯耐红. 小米方便粥加工工艺研究[J]. 粮油加工与食品机械，2004（11）：62-64.

13. 冯耐红，卫天业，郑洪源，李晋花，侯东辉. 固体方便八宝粥的研制[J]. 食品工业科技，2006（02）：118，120.

14. 冯耐红，卫天业，郑洪源，侯东辉，李晋花. 小米南瓜复合饮料的研制[J]. 中国食品学报，2006（03）：65-69.

15. 冯耐红，卫天业，郑洪源，侯东辉，李晋花，杨成元. “汾州香”优质小米及其副产物增值利用技术研究[J]. 农产品加工，2007（11）：68-69，80.

16. 郑洪源，冯耐红，卫天业，李晓梅. 无油绿豆小米方便粥制作技术[J]. 农村新技术，2010（10）：53-54.

17. 冯耐红，牛西午，卫天业，侯东辉，李晋花，田跃萍，陈丽红，左宪强. 糜米无醇饮料的研制[J]. 农产品加工，2010（08）：74-75.

18. 卫天业，冯耐红，侯东辉，李晋花，陈丽红，田跃萍，左宪强. 营养强化小米的研发及其制备技术[J]. 农产品加工，2010（08）：68，71.

19. 张丽珍，冯耐红，卫天业，牛伟，侯东辉，李晋花，田跃萍，陈丽红，左宪强. 糜米低醇饮料的研制[J]. 食品与发酵工业，2011，37（01）：111-113.

20. 卫天业，张鹏，杨成元，卫婷，杨斌，魏效春. 长期定位施有机肥对西北半干旱区土壤酶活性等影响[J]. 西北农业学报，2015，24（1）：130-136.

21. 卫天业，冯耐红，侯东辉，李晋花，陈丽红，田跃萍，左宪强. 营养强化小米的研发及其制备技术[J]. 农产品加工，2010（8）：68，71.

22. 卫天业，冯耐红，侯东辉，李晋花，左宪强，陈丽红. 黄秋葵与黄秋葵花干燥工艺研究[J]. 现代农业科技，2015（5）：309，312.

四、主要社会兼职与荣誉

（一）社会兼职

1998 年起，任山西省农业科学院经济作物研究所学术委员会委员。

2004 年 8 月，当选为中国农学会杂粮分会首届理事会理事。

（二）荣誉

1998 年，被评为山西省农业科学院先进工作者。

2005 年，小米方便粥国家发明专利成功转让 41 万元，所在加工课题组被山西省农业科学院授予成果推广模范课题组。

卫天业在田间

林汝法

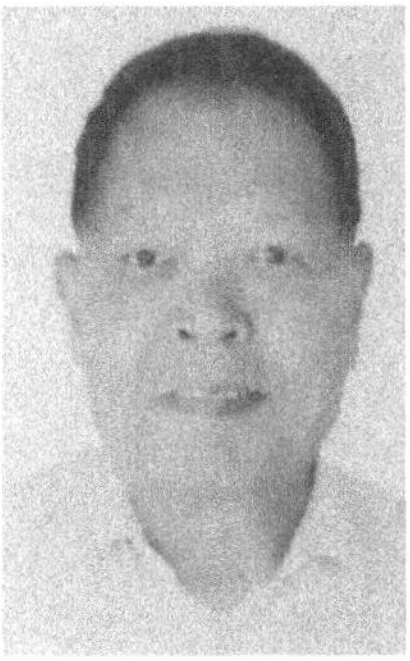

林汝法（1936— ），男，浙江省温岭市人，1936年10月1日生，研究员，1996年退休于山西省农业科学院小杂粮研究室。

一、基本情况

1948—1953年在浙江台州（黄岩）农业学校（5年制中专）学习。1953年在山西榆次专区果树站工作，1954—1958年在山西农学院农学系（本科4年）学习。1958年毕业后分配到山西省农业科学院粮作系工作，开始进行小麦研究，1961年转为研究谷子，1962年转至山西省农业科学院忻县杂粮研究所，1984年组建山西省农业科学院小杂粮室，开展荞麦等小杂粮研究，1989年调回山西省农业科学院农作物品种资源研究所。

二、主要成果

1. 晋谷7号，1978年获山西省科技进步奖三等奖。

2. 《中国谷子品种志》，1988年获中国农业科学院科技进步奖二等奖。

3. 山西省粟种质资源抗谷瘟病鉴定，1988 年获山西省农业科学院科技进步奖二等奖。

4. 谷子种质资源抗谷瘟病鉴定及病菌生理小种研究，1989 年获农业部科技进步奖三等奖。

5. 《山西省农作物品种资源目录》，1981 年获山西省科技成果奖二等奖。

三、论文、著作

1. 林汝法．不同地势谷子开花习性的初步观察［J］．山西农业科学，1962（09）：7-12.

2. 林汝法．磨里谷花及花序发育形态观察［C］//中国作物学会．1962 年会论文（摘要）集，1962.

3. 林汝法，陶雍如．粟品种类型划分初探 Ⅰ晋北南部及晋西北地区粟品种类型［J］．作物品种资源，1982（01）：35-41.

4. 林汝法．苦荞：食药兼用　杂粮奇葩［N］．粮油市场报，2011-06-16（B01）.

5. 林汝法．中国苦荞看山西［N］．粮油市场报，2011-06-09（B02）.

6. 林汝法．发挥苦荞种植优势　做大做强苦荞产业［J］．作物杂志，2008（05）：1-4.

7. 林汝法．努力培育苦荞产业［J］．农产品加工，2007（05）：67-69.

8. 林汝法．苦荞正话［C］//山西省食品科学学会．苦荞产业经济国际论坛论文集，2006：1.

9. 林汝法，陕方，边俊生，李红梅，任贵兴．苦荞产业之路的实践［C］//山西省食品科学学会．苦荞产业经济国际论坛论文集，2006：4.

10. 林汝法．小杂粮产业实践之路的探索［J］．食品工程，2006（02）：3-4，13.

11. 林汝法，周小理，任贵兴，边俊生，陕方．中国荞麦的生产与贸易、营养与食品［J］．食品科学，2005（01）：259-263.

12. 林汝法，陕方，宋金翠，孟宪军．酶法水解苦荞麸皮蛋白生产降血压肽［J］．食品科学，2004（11）：207-209.

13. 林汝法，王瑞，周运宁．苦荞提取物的毒理学安全性［J］．华北农学报，2001（01）：116-121.

14. 林汝法，周运宁，王瑞．苦荞提取物对大小鼠血糖、血脂的调节［J］．华北农学报，2001（01）：122-126.

15. 林汝法．山西省小杂粮产业化的思考［J］．山西食品工业，2000（02）：2-9.

16. 林汝法．东方谷豆食品［J］．山西食品工业，2000（01）：2-4，9.

17. 林汝法，陶雍如．发展小杂粮食品，为大市场服务［J］．山西食品工业，1995（01）：4-9，13.

18. 林汝法，陶雍如，桂如华，齐福龙，郭建成．苦荞“降脂沙”的研制初探［J］．山西食品工业，1994（03）：15-17.

19. 林汝法，徐婀娜，杨守文．山西省粟种质资源抗粟瘟病鉴定［J］．山西农业科学，1987（11）：7-8.

20. 林汝法．山西省荞麦种质资源类型及形态生态特点［J］．作物品种资源，1986（04）：15-18.

21. 林汝法．山西省大麦品种的形态生态特点［J］．大麦通讯，1986（01）：23-28.

22. 林汝法．蒙克尔大麦简介——兼答永济县开张镇杨庄村冯辉、襄垣县刘太行、稷山县赵玉龙问［J］．山西农业科学，1985（10）：37.

23. 林汝法．山西省大麦品种的形态生态特点［J］．种子通讯，1985（04）：23-28.

24. 林汝法．“蒙克尔”——啤饲兼用的大麦品种［J］．种子通讯，1984（04）：34.

25. 林汝法，魏太忠，柴岩．种好荞麦的技术措施［J］．农业科技通讯，1984（06）：8.

26. 林汝法，赵可新，黄道源．大麦生物农业模式诌议［J］. 大麦通讯，1984（01）：55-58，20.

27. 中国农业科学院作物品种资源研究所，山西省农业科学院．中国谷子品种志［M］. 北京：农业出版社，1985（编委）.

内蒙古自治区

蒋士鸿

蒋士鸿（1920—2016），男，中共党员，江苏盐城人，内蒙古赤峰市农业科学研究所研究员，主要从事谷子新品种选育研究，我国著名谷子育种家。

一、学习工作简历

（一）学习经历

1920年7月13日出生于江苏盐城。1941—1945年就读于金陵大学农学院（四川）。

（二）工作经历

1945年至1950年9月在四川省新都县三中和巴县高级农业中学任教；1950年10月至1954年10月在原热河省农业厅技术推广处工作；1954年11月至1990年11月在赤峰市农业科学研究所从事谷子新品种选育工作。1984年加入中国共产党。1990年12月在赤峰市农业科学研究所退休。

二、主要工作业绩

（一）1950—1970 年

1954 年来到赤峰郊外的热河省农业试验场（赤峰市农业科学研究所前身）。他了解到当时谷子产量非常低，辛苦一年亩产不足百斤时，决心要改变这个现象，为生产上培育高产品种。

为了摸清谷子生长规律，掌握第一手资料，他跑遍了赤峰的乡镇村庄，调查，采集。用了整整 5 年时间，搜集了赤峰地区 1 500份地方谷子品种，并对这些种子进行了详细的性状调查、整理和归类。同时对引进的外来谷子品种进行生态适应性调查。经过日复一日、年复一年地分析、研究和总结，终于找到了赤峰地区谷子引种规律，挖掘出一大批既适于赤峰种植又有较高经济价值的品种，从而打破了谷子品种混杂，产量低而不稳的局面。通过对农家品种的筛选，系统选育出昭农 1 号、昭农 2 号、昭农 4 号、昭农 6 号、昭农 8 号、昭农 10 号、昭农 15 号、昭农 19 号、昭农 30 号、昭农 40 号、昭农 41 号等 11 个品种，平均单产 300 千克左右，彻底改变了赤峰地区谷子单产不超百斤的局面。

（二）1971—1990 年

在利用优良资源的基础上，通过杂交方法选育出昭谷 1 号、昭谷 2 号、赤谷 4 号、赤谷 8 号等多个高产品种，彻底改变了人们对北方谷子低产的习惯认知，大幅度提高了春谷的产量，解决了当时赤峰山区口粮短缺的难题。为赤峰市谷子育种工作以及谷子的种植做出了突出贡献。由他培育的赤谷 8 号、昭农 21 号被评为国家一级优质米，赤谷 4 号被评为国家二级优质米，昭谷 1 号、赤谷 4 号曾成为春谷区的主推品种。

蒋士鸿先生在谷子育种工作岗位上工作 40 多年，共培育出年种植面积在 10 万亩以上的谷子新品种 13 个，其中，昭谷 1 号、赤谷 4 号年种植面积均在 100 万亩以上，仅昭谷 1 号就为国家创造经济效益和社会效益 1. 3 亿元。

蒋士鸿先生于 2016 年 4 月在赤峰逝世，享年 98 岁。他选育的谷子品种赤谷 4 号、赤谷 8 号等骨干亲本的谷子新品种，目前在赤峰谷子生产中依然发挥着重要作用。他育成的谷子新品种、搜集整理的育种材料，至今仍是谷子育种的宝贵财富。

三、主要成果和论著

（一）获奖成果

1. 昭谷 1 号，新品种选育，1977 年获辽宁省重大科技成果奖。
2. 昭谷 1 号，1980 年 10 月获得内蒙古自治区科技成果奖二等奖。
3. 昭谷 2 号，1980 年获得内蒙古自治区科技成果奖二等奖。
4. 昭谷 1 号新品种推广，1982 年 3 月荣获国家农委、国家科委科技进步奖。
5. 昭谷 1 号新品种及综合栽培技术推广，1985 年 10 月获内蒙古自治区科委科技进步奖二等奖。
6. 谷子新品种赤谷 7 号，1986 年获内蒙古自治区农业厅科技进步奖二等奖。
7. 谷子新品种赤谷 4 号，1989 年荣获内蒙古自治区科委科技进步奖三等奖。
8. 谷子高产、多抗、优质新品种赤谷 8 号选育，1990 年获得赤峰市科技进步奖一等奖。
9. 谷子新品种赤谷 8 号，1997 年 12 月获内蒙古自治区农业厅科技进步奖二等奖。

（二）品种

1. 昭谷 1 号，无编号，第一完成人。
2. 昭谷 2 号，无编号，第一完成人。
3. 赤谷 4 号，种审证字第 092 号，第一完成人。
4. 赤谷 7 号，种审证字第 0129 号，主要参加人。

5. 赤谷8号，内农种审字第0208号，主要参加人。

（三）论文

1. 蒋士鸿．昭谷1号［J］．农业科技通讯．1981（02）：8.

2. 李宝才，李书田，蒋士鸿．谷子新品种“赤谷四号”的选育及利用［J］．内蒙古农业科技．1990（04）：1-2，6.

3. 李书田，李宝才，蒋士鸿．谷子新品种“赤谷七号”［J］．内蒙古农业科技．1991（03）：16.

4. 李书田，蒋士鸿，吴宝华．谷子新品种赤谷4号、赤谷5号［J］．作物品种资源．1993（02）：45-46.

（四）著作

1. 山西省农业科学院．中国谷子栽培学［M］．北京：农业出版社，1987.

2. 中国农业科学院作物品种资源研究所，山西省农业科学院．中国谷子品种志［M］．北京：农业出版社，1985（编委）.

3.《东北地区谷子科学研究专辑》。

四、主要社会兼职与荣誉

（一）社会兼职

1986年，兼任中国作物学会粟类作物专业委员会委员、赤峰市科学技术协会特邀理事。

（二）荣誉

1. 1977年12月，获辽宁省“科技先进工作者”称号。

2. 1983年7月，获国家民委、中国科协、国家劳动人事部“全国少数民族地区先进科技工作者”。

3. 1986年，荣获“赤峰市劳动模范”称号；同年获“内蒙古自治区劳动模范”称号。

4. 1990 年 3 月，获赤峰市政协“积极参政议政献智出力”荣誉证书。曾任内蒙古自治区第六届人民代表大会代表，赤峰市首届人民代表大会代表。

5. 1992 年 12 月起享受国务院政府特殊津贴。

6. 2013 年被评为“赤峰建市三十年有影响人物”。

蒋士鸿（中）

蒋士鸿（中）在田间

魏仰浩

魏仰浩（1932— ），男，汉族，浙江省余姚市人，中共党员。内蒙古伊克昭盟农牧科学研究所研究员，主要从事谷子糜子新品种选育研究。

一、学习工作简历

（一）学习经历

1953 年秋，武汉市一中高中毕业。1957 年秋，北京农业大学农学系毕业。

（二）工作经历

1957 年秋毕业后分配到内蒙古伊克昭盟（今鄂尔多斯市）农牧处，1959 年 11 月调到刚成立的伊克昭盟农牧科学研究所。1968—1971 年因“文革”中断了四年育种工作。1971 年 10 月至 1973 年 10 月在准格尔旗纳林公社安家渠大队全家插队。1974 年底，初调准格尔旗农技站，后应本人要求，调准格尔旗纳林良种场，1979 年评为农艺师。1980 年 3 月调到伊克昭盟农牧科学研究所。1982 年任所长，1982 年 9 月评为副研究员。1984 年 4 月至 1992 年 11 月任第七届、第八届伊克昭盟政协副主席。1984

年 10 月至 1989 年 12 月工资关系转到伊克昭盟政协，但盟党委有关领导要求他主要精力仍从事糜子研究工作。1990 年 1 月工资关系转回伊克昭盟农牧科学研究所，同年 2 月聘为研究员，1993 年退休。

二、主要工作业绩

（一）1962—1964 年

魏仰浩同志 1962 年开始搜集糜子原始材料。盟外、省外的材料主要来自内蒙古巴彦淖尔盟农科所和陕西省延安地区农科所。在伊克昭盟种子管理站和各旗县基层农技站的协助下，搜集了伊克昭盟的糜子地方品种。并在 1963—1964 年花两年时间完成了伊克昭盟糜子地方品种粳性和糯性的整理评选工作。了解地方品种的主要优缺点，为以后的育种工作打下了基础。1962 年从优良地方品种的混杂群体中，选择了一批优良单株，其中，伊 62-77 株系育成了伊选大红糜，后来成为伊克昭盟中西部旱作区主栽品种。有性杂交工作始于 1963 年，其中伊 63107 通过系统选育，1976 年由内蒙古评委会命名为内糜 2 号，它是优良的早熟、耐旱、丰产、大粒品种，是我国用有性杂交法育成的第一个粳性品种，是伊克昭盟中西部旱作区主栽品种之一，也是伊克昭盟主要的备荒品种和麦茬复种良种。

（二）1971—1973 年

魏仰浩同志在准格尔旗农村插队期间，完成了伊 63107 品系的麦茬复种鉴定工作，也从地方品种中选择了牛 7306 等一批优良单株。

（三）1974—1979 年

在准格尔旗良种场工作期间，完成了牛 7306 品系的区域试验和繁殖工作。1980 年牛 7306 命名为内糜 4 号。在良种场获得的杂交品系糜 75033-1-1 和黍 10-02-2-2 通过区域试验后，于 1986 年和 1989 年先后命名为伊糜 1 号（又名伊糜 5 号）和伊黍 1 号。伊糜 1 号是高产优质品种，伊黍 1 号是优质糯性品种。

（四）1980—1993 年

1980 年调回伊克昭盟农科所直至 1993 年退休。在此期间，魏仰浩、陈树林、马德新和赵旭东负责内蒙古糜子品种资源的入库工作。在有关盟市科研单位的协助下，1986—1994 年，内蒙古自治区入库糜子品种资源 1 055，其中粳性 633 份、糯性 422 份。

20 世纪 80 年代，糜子是伊克昭盟旱作区主栽粮食作物，播种面积占粮豆面积的 40%左右，但平均亩产只有 100 余斤。因此，自治区科委下达了 1983—1985 年旱地糜子常规技术开发任务累计完成 17. 5 万亩，通过推广常规技术亩增产 87 斤的要求。主持人魏仰浩、张志超（伊克昭盟农科所）、史有成（伊克昭盟农技推广站）。主要参加人员为准格尔旗、伊金霍洛旗、东胜、杭锦旗农技站骨干和盟直有关人员（张文、仰茂林、陈树茂、王文清、孙乃度、雷永福、安树林、周凤阁、戴明、苏润、陈树林等）。经过三年的工作，完成旱地糜子 17. 58 万亩，平均亩增产 95 斤，超额完成任务。为伊克昭盟旱地糜子推广常规技术奠定了基础。

1986—1990 年承担内蒙古自然科学基金项目，进行糜子基础理论的研究。除了上述工作外还完成了上级下达的研究课题，刊发了多篇论文，出版了多部著作。通过他和同事以及同行的工作，初步改观了当时我国糜子现代科学资料十分缺乏的局面。

三、主要成果和论著

（一）获奖成果

1. 内糜 4 号的育成与推广，1982 年获内蒙古自治区科技成果奖三等奖，第一完成人。

2. 糜子基础理论研究，1992 年获内蒙古自治区科技进步奖三等奖，主要参加人。

3. GS 内糜 5 号的育成，1995 年获内蒙古自治区科技进步奖三等奖，主要参加人。

4. 中国黍稷品种资源编目、繁种和特性鉴定评价，1993 年获农业部科技进步奖三等奖，第二完成人。

5. 中国黍稷品种资源收集整理与利用的研究，1995 年获山西省科技进步奖二等奖，第二完成人。

（二）品种

1. 伊选大红糜，第一完成人。
2. 疙瘩小红糜，第一完成人。
3. 霉见愁糜，第一完成人。
4. 内糜 4 号，第一完成人。
5. 伊糜 1 号，第一完成人。
6. 伊选青黍，第一完成人。
7. 伊黍 1 号，第一完成人。
8. GS 内糜 5 号，第三完成人。

（三）论文

1. 魏仰浩．试谈糜黍在干旱农业中的地位［J］．内蒙古农业科技，1983（01）：15-16，48.

2. 魏仰浩，何石曾，武贵华．伊克昭盟旱作地区自然资源特点及旱作农业的开发途径和措施［J］．内蒙古农业科技，1988（01）：22-25.

3. 李东辉，魏仰浩．粟类作物科研新进展［J］．作物杂志，1989（03）：12-13.

4. 高俊山，魏仰浩．糜子品种资源的抗旱性研究［J］．种子，1990（02）：20-23.

5. 高俊山，魏仰浩．糜黍耐旱优良品种资源的筛选［J］．种子，1991（03）：4-7.

（四）著作

1. 魏仰浩．糜子的育种与栽培［M］．呼和浩特：内蒙古人民出版社，1980.

2. 王星玉，魏仰浩．中国黍稷（糜）品种资源目录［M］．北京：农村读物出版社，1985.

3. 王星玉，魏仰浩．中国黍稷（糜）品种志［M］．北京：农业出版社，1990.

4. 魏仰浩，王星玉，柴岩．中国黍稷论文选［M］．北京：农业出版社，1990.

四、主要社会兼职与荣誉

（一）社会兼职

1982 年，魏仰浩在田间工作

1984 年 4 月至 1992 年 11 月任第七届、第八届伊克昭盟政协副主席。

1988 年任中国作物学会粟类作物专业委员会副主任委员兼首任黍稷学组组长。

（二）荣誉

1980 年和 1986 年两次获评内蒙古自治区劳动模范。

1986 年获全国总工会五一劳动奖章。

1992 年起享受国务院政府特殊津贴。

1982 年，魏仰浩在资料室查看粒色标本

丁则环

丁则环（1927— ），女，中共党员，北京市人，赤峰市农牧科学研究所研究员。主要从事谷子新品种选育工作。

一、学习工作简历

1927年9月出生于北京，1947—1950年在北京农业大学学习，1951年毕业于北京农业大学。先后在河北省农业厅、内蒙古农业科学研究所、内蒙古农业厅工作。1951年8月支边到内蒙古自治区昭乌达盟农业科学研究所（现赤峰市农牧科学研究所）工作。

二、主要工作业绩

1966—1969年，先后选育出昭杂5号、昭杂7号、昭杂9号、赤谷3号等谷子新品种。

1970—1971年，引进谷子雄性不育材料，探索研究雄性不育的方法，为研究谷子不育系打下基础。

1986—1990年，承担国家谷子“七五”攻关课题“谷子高产、多抗、优质新品种选育”，受到“七五”攻关专家组的好评。在谷子抗白发病品种选育上做出了很大贡献。

三、主要成果和论著

（一）品种

昭杂 5 号，第一完成人。
昭杂 7 号，第一完成人。
昭杂 9 号，第一完成人。
赤谷 3 号，主要参加人。

（二）论文

1. 胡洪凯，丁则环．谷子早熟备荒新品种——“赤谷三号”［J］．内蒙古农业科技，1988（02）：16-18.

2. 丁则环．从亲子代抽穗期的相关探讨谷子早熟品种的选育［J］．内蒙古农业科技，1985（01）：20-23.

3. 丁则环．谷子穗分化进程及其与营养器官形成的关系［J］．内蒙古农业科技，1982（01）：4-11.

丁则环在家中

胡洪凯

胡洪凯（1937—　），男，安徽省绩溪县伏岭乡祝三村人，赤峰市农牧科学研究所研究员，主要从事谷子杂交遗传育种研究。

一、学习工作简历

（一）学习经历

1937 年 12 月 1 日出生于安徽省绩溪县伏岭乡祝三村。1951 年毕业于祝三村小学，1954 年毕业于绩溪县初级中学，1957 年结业于歙县中学（今属黄山市），1957 年 9 月至 1961 年 8 月在南京农学院农学系学习。

（二）工作经历

1961 年 8 月毕业后支边到内蒙古，在赤峰市农牧科学研究所工作。“文化大革命”时期受到了冲击，中断工作 7 年，在农场被强制劳动。1972 年他重新回到科学研究岗位。1988 年 3 月至 2003 年 3 月，任第七至第九届全国政协委员。1996 年 4 月至 2001 年 4 月，任第三届赤峰市政协副主席。2002 年 6 月退休。

二、主要工作业绩

（一） 1962—1966 年

胡洪凯同志在 20 世纪 60 年代提出，要积极做好以水土保持为中心的旱耕地农田基本建设，坡耕地要坚决退耕还林种草，建立和保持良好的生态平衡，发挥森林草场涵养水源、减少水土流失、丰富土壤水分的良好作用。在旱耕地上实行草田轮作，绿肥还田，种草养畜，增施有机肥，改善旱耕地土壤的理化性状，提高蓄水能力。提出在秋、冬、春保住墒情，并有计划地平整土地，修建梯田，逐步变“三跑田”为“三保田”。实行深耕、深松和少免耕相结合的耕作法，对未耕翻过的地块进行深耕，打破犁底层，提高土壤对雨水的吸收能力；对已耕翻过的种粮种草地块，实行深松或少免耕，防止风蚀，减少失墒。提出利用不同作物和不同熟期的系列品种，再结合分析头年秋墒状况，做出当年的春旱预报。对春旱做出预测预报，抗御春旱以减轻损失。

（二） 1976—1978 年

自 1976 年起从事作物雄性不育和谷子杂种优势利用研究。1978 年他在十几万株“谷林”中发现了一个雄性不育株及其系行——“78182”（即 1978 年第 182 系行）及谷子显性核不育的原始不育株。

1976 年胡洪凯利用不同生态型品种与半野生品种间杂交，在“澳大利亚谷/吐鲁番谷”的杂交后代中，于 1978 年获得一份雄性不育材料。经 7 个遗传世代研究发现，其不育株总是以杂合状态存在，它与任何品种、品系杂交，F_1 出现育性分离，而且总是分离出一半的不育株和一半的可育株。可育株自 F_2 代后的育性不再分离；不育株在特定条件下自交，后代的育性为 3（不育）：1（可育）分离。他又通过原组合的正反交试验，把其不育性转到其他谷子的细胞质中和狗尾草的异源细胞质中，也不改变以上的遗传表现，由此证明其不育性和细胞无关。

（三）1979—1984 年

党的十一届三中全会以后，胡洪凯同志在 1984 年 11 月正式宣布首次发现谷子显性核不育基因“Msch”和显性上位基因“Rf”。同时育成“赤型谷子显性核不育材料”（简称“Ch”型）。谷子显性核不育基因“Ms”的发现，有重要的理论和学术价值，由于它具有多种特殊的遗传特性，因此在常规育种（尤其是复合杂交、聚合杂交）和轮回选择以及建立基因库中都十分有用。它用作远缘杂交的工具，不但可以省去繁重的去雄和减缩远缘杂交工作量，还可避免假杂交的产生。赤型谷子显性不育材料的雌蕊发育正常，柱头外露明显，异交结实率高，更提高了它的实际应用价值。

组建谷子“基因互作型”雄性不育遗传体系。由显性单基因控制的雄性不育性是找不到完全的恢复系的。1979 年，胡洪凯又在“澳大利亚谷/吐鲁番谷”后代中找到特殊的“181-5”系，对 Ms 的不育性具有“全恢”能力，携带着能使 Ms 恢复育性的基因 Rf。显然，Ms 不再是一个由显性单基因控制的核不育材料。为解读 Ms 的遗传机制这个关键性问题，他做了多项试验，证实显性核不育基因 Ms 和育性恢复基因 Rf 都来源于同一个亲本“澳大利亚谷”，且于同一条染色体上连锁，其交换率为 2.25%。从而得出结论：Ms 的育性是受核内 2 对显性连锁基因 Ms 和 Rf 上位互作的遗传机制控制的。当 Ms 与 Rf 共存时，Rf 能抑制 Ms 的表达，表现可育；当 Ms 单独存在时，则表现不育。Rf 只对 Ms 起作用，它不能控制某一性状，仅携带 Rf 的材料，育性也是正常可育的。Ms 和 Rf 的连锁关系是在杂交后代中只出现少量不育株的遗传原因。这是在植物中的首例报道。这种由杂交而来，能找到“上位基因”的显性核不育是一种植物雄性不育的新类型——“基因互作型”雄性不育。从杂交后代中分离出的显性核不育，一般可以找到恢复系（携带上位基因的材料），其恢复源（显性上位基因）来自提供显性核不育基因的那个亲本及衍生系。有关雄性不育控制理论，前人提出三型学说、二型学说和一型学说，都是在核、质关系的层面上论及植物雄性不育现象，而“基因互作型”雄性核不育的提出，则揭露了植物雄性不育现象在基因层面上的微观奥秘，使人们对植物雄性不育现象的“多样性”有更深更广的认识。如果一个杂交组合的后代中出现不育，就应该用双亲与之回交，来测定是否有“上位基因”的存在，以确定其不育类型。

（四）1986—2002 年

1986 年，他的研究课题被纳入国家“七五”农业科技攻关计划的谷子育种项目。于 1990 年揭示了谷子显性核不育的遗传奥秘，提出并形成了独特的“基因互作型”雄性不育的杂交制种体系。胡洪凯同志在“赤峰谷子显性核不育材料”研究中，提出的雄性不育新类型及其遗传模式和研究方法，不仅适合于谷子，而且也适用于其他作物，因此，丰富了植物雄性不育研究的理论宝库，拓宽了植物雄性不育遗传学的研究领域，使育种家从单个位点的不育基因放眼到 2 对或 2 对以上基因及其多种互作形式在杂种优势中应用的可能性，这是对植物雄性不育遗传学的重要贡献。

建立谷子“基因互作型”显性核不育的杂种优势应用体系。继发现显性上位基因解决其育性恢复的难题之后，胡洪凯又发现杂合不育株和纯合不育株花药内都有部分正常可育花粉，但在北方谷子产区花药始终不开裂、不散粉，自交不结实；而在北纬 21°以南的特定条件下，则有部分花药开裂散粉，能获得 6%～10%的自交种子，其自交后代能分离出一定比例的显性纯合不育株。这种显性纯合不育株可以在上述条件下自交繁殖形成全不育群体。1989 年冬，胡洪凯育成谷子显性核不育纯合一型系，为建立谷子“基因互作型”显性核不育杂种优势应用体系创造了条件。

1. “三系法”制种

“三系法”由谷子显性核不育纯合一型系（群体内 100%的植株都为纯合不育株）、隐性纯合可育系和显性纯合上位系组成。这种“三系法”制种田间的母本是“显性核不育杂合一型系”（群体内 100%的植株都为杂合不育株），从理论上讲，繁殖 1 公顷“显性核不育纯合一型系”的亲本生产出的 F_1 杂交种子可供几十万公顷谷子生产田用种。

2. “二系法”制种

“二系法”由谷子显性核不育纯合一型系和显性纯合上位系组成。

以上应用模式中的显性核不育纯合一型系，改变了显性核不育的育性恒定1∶1分离的特点，从而在杂交制种和不育系繁殖时都无须剔除50%的可育株，克服了核不育在杂种优势利用中的主要障碍，打破了显性核不育无法在杂种优势育种中直接利用的传统观念，为作物杂种优势利用开创了一条新途径，为育种实践开辟了一个新领域。选育出强优势的优质杂交组合，比对照增产13%~54%，产量可达7 500千克/公顷。这再一次说明自花授粉作物也有很强的杂种优势。

此后，他一直致力于谷子杂种优势的实际应用研究。该项研究成果先后获得农业部和内蒙古自治区科技进步奖、国家自然科学奖（1999年）和国家发明专利。他应邀参加了第十八届国际遗传学大会等学术会议。他在显性核不育研究领域中学术造诣较深，在谷子杂种优势利用研究中做出了突出贡献，使他在全国谷子科技界有较高的声誉和影响。他以饱满的热情和高度的责任感，积极参政议政，特别是为“三农”多次提出提案和建议，均受到重视。2002年6月退休后，他仍十分关心谷子显性核不育的科学研究进展，并期待尽快在生产上应用。

三、主要成果和论著

（一）获奖成果

1. 谷子显性雄性不育基因的发现，获内蒙古自治区科技进步奖一等奖，1987年，课题主持人、第一完成人和第一获奖人。

2. 鉴定成果：谷子核显性基因互作不育系三系配套，1990年9月16日，课题主持人和第一完成人，论文撰写人。

3. 谷子细胞核显性基因互作雄性不育系的选育繁殖制种技术，获内蒙古自治区科技进步奖三等奖，1991年，课题主持人、第一完成人和第一获奖人。

4. 基因互作型显性核不育系的选育繁殖制种方法，国家发明专利，专利号：ZL 90103461.4，1990年7月11日申请。

5. 谷子基因互作型显性核不育的发现、起源、胞质转换与应用体系，获国家自然科学奖四等奖，1999年12月1日，课题主持人、第一完成人和第一获奖人。

（二）品种

1. 赤谷 3 号，第一完成人。
2. 赤杂谷 1 号，第一完成人。

（三）论文

1. 胡洪凯．不同熟期作物和品种体系在旱作农业中的意义［J］．内蒙古农业科技，1985（04）：5-6.

2. 胡洪凯，马尚耀，石艳华．谷子（*Setaria italica*）显性雄性不育基因的发现［J］．作物学报，1986（02）：73-78，147.

3. 胡洪凯，马尚耀，石艳华．谷子显性雄性核不育基因的发现与利用［J］．遗传，1985（03）：4.

4. 胡洪凯，丁则环．谷子早熟备荒新品种——“赤谷 3 号”［J］．内蒙古农业科技，1988（02）：16-18.

5. 胡洪凯，王朝斌，韩文奎，石艳华．是“基因互作”，还是“复等位”？——兼与马尚耀先生讨论［J］．遗传，1991（05）：34-36.

6. 胡洪凯，石艳华，王朝斌，赵虎臣，韩文奎．谷子核显性基因互作雄性不育系的选育与配套［J］．作物杂志，1991（02）：6-7.

7. 胡洪凯，石艳华，王朝斌，赵虎臣．“Ch 型”谷子显性核不育的遗传研究［J］．内蒙古农业科技，1992（06）：4-7.

8. 胡洪凯，石艳华，王朝斌，赵虎臣．“Ch 型”谷子显性核不育的遗传及其应用研究（*Setaria italica*）［J］．作物学报，1993（03）：208-217.

9. 胡洪凯，石艳华，王朝斌，赵虎臣．“Ch 型”谷子显性核不育的杂优利用研究［J］．内蒙古农业科技，1993（02）：1-4.

10. 袁进成，石云素，胡洪凯，赵治海，宋燕春，石艳华，黎裕，王天宇．谷子显性雄性不育基因 Ms～（ch）的 AFLP 标记［J］．作物学报，2005（10）：1295-1299.

四、主要荣誉

1. 1986 年，获人事部授予“中青年有突出贡献专家”称号，享受国务院政府特殊津贴。

2. 1986 年被内蒙古自治区政府评为劳动模范。

3. 1986 年，被美国传记协会编入《国际杰出名人词典》（第五版）题献词中，被英国传记中心收入《世界知识名人词典》。

4. 任中国人民政治协商会议第七、第八、第九届全国委员会委员。

5. 第三届赤峰市政协副主席。

自然科学奖章

胡洪凯著作

自然科学奖证书

赵 福

赵福（1936— ），男，山西省阳高县人，中共党员，内蒙古农业科学院研究员，从事谷子（粟）品种选育和丰产栽培技术措施的研究和推广工作。

一、学习工作简历

（一）学习经历

1955—1959 年在内蒙古师范大学学习，1959 年 7 月毕业于内蒙古师范大学生物系生物专业。

（二）工作经历

1959 年参加工作，任职于内蒙古农业科学研究所。于 1981 年任内蒙古农业科学院作物育种与栽培研究所所长，于 1996 年退休。

二、主要工作业绩

（一）1972—1986 年

在著名谷子专家任慧儒先生领导下，根据当地的生态条件和生产水平提出了谷子区域化育种和栽培的研究工作。

1. 育成品种玉皇杂一号。参与该品种从组合配制、产比、示范推广等系列工作，主要参加者，排名第三。该品种 1983—1985 年推广 10 多万亩，在生产上起到了较大的作用，一度成为内蒙古西部地区的主栽品种，社会效益也较显著。

2. 育成优质米谷子新品种大毛龙。1973 年该品种是从育种原始材料中经多次单株选择而成，1976 年繁育推广。该品种米质优良、适口性强，很受当地农民欢迎，经济效益较好，排名第二。

3. 育成特早熟品种内谷 2 号（获奖品种）。该品种 1974 年配制组合，经过选择、产比、适应性鉴定示范推广。该品种适合内蒙古自治区冷凉地区种植，解决当地吃小米的问题并兼为备荒救灾品种。经种子审定部门认定，定名为"内谷 2 号"。

4. "全国谷子品种区域试验及其结果的应用"项目（1983—1985）鉴定北部高原区谷子品种区试，提供毛酒二号鉴定产量和适应性。该项目由山西省主持，赵福是内蒙古试点的负责人。

5. 毛酒二号谷子新品种的示范推广。该品种系内蒙古农业科学院作物育种与栽培研究所育成，由呼和浩特市农林局主持，主要工作是丰产栽培的试验研究，使毛酒二号成为呼和浩特地区的主推品种。

（二）1991—1996 年

"七五"期间育成一个粳糯杂交谷子新品种。负责该品种的组合配制、选育、产比，并参加由内蒙古种子部门组织的区域试验，通过三年的区试，品种表现产量高，鉴定品质优良，适口性强，经内蒙古品种审定委员会审定，命名为内谷 3 号。该品种推广面积达 20 多万亩，适应性强，增产幅度超过15%，创造了可观的经济效益。

“八五”期间，继续承担了国家“八五”重点攻关课题的子专题“谷子新品种选育”（1990—1995）。该子专题由赵福主持，育成了一个新品种内谷4号。该品种顺利地完成了示范推广，并做出了很大成绩。在包头郊区培育出丰产田100亩，推广面积达到35万亩，增产明显，经济效益显著。育成的谷子新品种，经种子部门鉴定，在区试中表现产量稳定，增产幅度达10%以上，品质优良且谷草产量高。

三、主要成果和论著

（一）获奖成果

1. 内谷2号的选育，1980年获内蒙古自治区科技进步奖四等奖，排名第三。

2. 全国谷子品种区域试验及其结果的应用，1986年获农牧渔业部科技进步奖三等奖（集体奖）。

3. 毛酒二号谷子新品种的示范推广，1986年获呼和浩特市科技进步奖三等奖，排名第二。

4. 内谷3号的选育，1988年获得内蒙古自治区科技进步奖三等奖，排名第一。

5. 内谷4号的选育，1992年获内蒙古自治区科技进步奖三等奖，排第一。

（二）品种

1. 玉皇杂一号，第三完成人。
2. 大毛龙，第二完成人。
3. 内谷2号，第三完成人。
4. 毛酒二号，第二完成人。
5. 内谷3号，第一完成人。
6. 内谷4号，第一完成人。

（三）论文

1. 赵福．谷子抽穗期的遗传与早熟性选育的问题［J］．内蒙古农业科技，1977（03）：5-10.

2. 赵福，曲志强．谷子种子包衣［J］．内蒙古农业科技，1978（05）：48.

3. 辛淑芳，赵福．春谷不同类型品种追肥适期的探讨［J］．内蒙古农业科技，1981（04）：24-26.

4. 辛淑芳，赵福．粳谷×糯谷-毛酒二号［J］．内蒙古农业科技，1984（03）：15-17.

5. 辛淑芳，赵福．谷子采用地理上远距离品种杂交的初步体会［J］．内蒙古农业科技，1985（03）：14-15，49.

6. 辛淑芳，赵福．春谷幼穗发育阶段与叶龄指数关系的研究［J］．华北农学报，1986（02）：52-57.

7. 赵福，白海，闻金光．谷子新品种“内谷四号”的选育［J］．内蒙古农业科技，1991（04）：22-23.

8. 贾利敏，闻金光，赵福．NK—P 营养素对谷子生育的影响［J］．内蒙古农业科技，1993（02）：27，24.

9. 赵福，闻金光，贾利敏，白海．谷子新品种内谷五号的选育［J］．内蒙古农业科技，1994（05）：7，21.

10. 闻金光，贾利敏，白海，赵福．我区谷子科研生产的回顾与展望［J］．内蒙古农业科技，1996（05）：7-8.

11. 闻金光，白海，贾利敏，赵福．春谷杂交组合主要农艺性状配合力的比较分析［J］．内蒙古农业科技，1998（03）：8-11.

四、主要社会兼职

兼任内蒙古作物学会秘书长。

辛淑芳

辛淑芳（1931—2015），女，中共党员，北京市人，内蒙古农业科学院副研究员。主要从事谷子育种和区域试验工作。

一、学习工作简历

1931 年 5 月出生于北京，1949—1953 年在华北大学（后合并为北京农业大学）学习，1952 年 9 月加入中国共产党，1953 年 9 月毕业后支边分配到内蒙古农业科学院工作。1987 年 12 月离休。

二、主要工作业绩

（一）1966—1987 年

先后选育出内谷 2 号等谷子新品种。

（二）1953—1987 年

一直从事谷子育种工作，有较坚实的理论基础和谷子专业系统知识，工作经验丰富。主持谷子区域试验工作，选育出一批优良谷子品种，其中内谷2号获内蒙古自治区科技成果奖四等奖。在内蒙古自治区和国家级刊物上发表学术论文20余篇。是内蒙古农业科学院谷子育种专业学科带头人之一，在国内同行界有一定知名度。

辛淑芳（右）进行谷子观察

三、主要成果

育成品种

内谷2号，第一完成人。

四、所获荣誉

两次被评为内蒙古农业科学院先进工作者，一次被评为内蒙古农业科学院三八红旗手。

马尚耀

马尚耀（1953— ），男，汉族，中共党员，辽宁省北票人，汉族，赤峰市农牧科学研究所二级研究员，主要从事高粱、谷子育种研究。

一、学习工作简历

1973 年 10 月到辽宁省北票市农业研究所工作，1984 年 4 月调入赤峰市农牧业科学研究所，2015 年退休。

二、主要工作业绩

（一）1984—1987 年

参与“七五”国家科技攻关项目“谷子杂种优势利用”，主持谷子显性雄性核不育相关研究。率先发现谷子显性雄性不育基因，进行 7 个世代研究，获得了上万个数据，为谷子核不育基因的遗传机理研究及理论形成做出突出贡献，该成果具有国际领先水平。1987 年，“谷子显性雄性不育基因的发现”获内蒙古自治区科技进步奖一等奖。

（二）1994—1997 年

承担“玉米、小麦、谷子、高粱四大作物新品种选育及高产示范开发”项目，1998 年获内蒙古自治区农业厅科技进步奖二等奖。成功育成了四大作物 10 个新品种，针对品种的特性集成配套了高产栽培技术，并进行了扩大示范开发，其集成技术创新达到了新品种的育、繁、推、配套技术一体化，加快了科研成果的转化力度，研究达到了国内先进水平，累计推广 882.6 万亩，总创社会效益 7.7 亿元，为粮食增产、农业增效、农民增收做出了重大贡献。

主持自治区高粱育种攻关项目，选育出高粱新品种 3 个，即赤杂 851、赤杂 7 号、赤杂 14 号。其中，“高粱新杂交种‘赤杂 851’选育”获内蒙古自治区农业厅科技进步奖三等奖。利用遗传学的原理进行了原始创新，成功自主独家育成高粱新杂交种赤杂 851、赤杂 7 号、赤杂 14 号，属于原始创新成果。选育品种比对照增产 11%~20%，抗旱、抗病、耐贫瘠、高产，适应性强。在赤峰及周围省区累计推广面积 400 万亩，创社会效益 2.4 亿元。其中，赤杂 851 在产量和品质上较原主栽品种具有突出优势，实现了品种的更新换代，达到国内同类研究先进水平。

（三）1996—2003 年

承担“中国农作物种质资源收集保存评价与利用研究”项目。该项目 2004 年获国家科学技术进步奖一等奖。收集并整理 1960—2003 年间赤峰地区高粱地方种质资源 860 份，对其类型、特征特性、生态区域划分进行了系统而详尽的调查与整理编目，并归入国家种质资源库。为赤峰地区高粱种质创建了完整的档案，为今后高粱育种的种质资源创新利用奠定了坚实的基础。

（四）1998—2006 年

承担“优质高产青椒新杂交种选育及区域产业化综合配套技术开发”项目，2007 年获内蒙古自治区科技进步一等奖。以主要完成人参加该项目的杂交种选育及综合配套技术的开发推广，选育出的赤研 1 号、赤研 2

号、赤研4号、赤研5号4个青椒品种，进行了综合栽培技术的集成创新，达到了良种良法配套，实现了区域化、规模化、产业化开发，解决了全国类似品种的更新及栽培技术问题。其研究水平居国内领先水平。在全国14个省46个地区推广应用，累计推广103.4万亩，创社会效益6.9亿元。

（五）2002—2003年

主持国家“863”子课题项目“优质专用高粱新品种选育及繁育技术研究”，选育出了优质专用酿造型高粱新杂交种赤杂16号，2004年通过国家鉴定。2008年，“高粱新杂交种赤杂16号的选育”获赤峰市科技进步奖一等奖（第一完成人），利用作物遗传学原理成功自主独家育成的国鉴、酿造专用型高粱新杂交种赤杂16号，属原始创新成果。该品种产量高，经试验产量比对照敖杂1号增产19.06%，品质优，淀粉含量高达74%，属酿造型品种。2003—2004年在内蒙古、黑龙江、吉林、辽宁、山西、甘肃、河北等地示范，二年生产示范面积达187.6万亩，创社会效益1.2亿元。成功地解决了内蒙古及周边省区品种更新问题，研究水平达国内领先水平。

（六）2002—2006年

以主要完成人完成“谷子新品种赤谷8号选育及推广”项目，2006年获得内蒙古自治区科技进步奖三等奖。赤谷8号品质佳，是国家一级优质米品种，商品性好，多年来一直作为内蒙古区试对照品种，抗旱、抗逆性强，属粮草兼丰品种，解决了内蒙古东部及周边省区干旱地区谷子品种更新问题，集高产与优质于一体，实现了高产优质品种的跨省区推广应用。达到了国内同类研究的先进水平。赤峰及周边地区推广面积达1 800万亩，创造社会效益9亿多元。

（七）2002—2007年

参加“谷子高粱主要杂粮作物优质新品种栽培配套模式研究推广”项目，累计推广面积189万亩。2007年获得赤峰市科技进步奖三等奖。对于自主选育的系列高粱、谷子新品种，通过开展栽培技术集成创新，形成了新型技术模式，新成果累计推广面积 189 万亩，创社会效益 798 万元。

（八）2003—2004 年

主持科技部农业科技成果转化资金项目“高粱新杂交种赤杂 16 号中试示范”。在项目实施 2 年内，该品种示范推广种植面积达 187. 6 万亩，创社会效益 1. 2 亿元。2010 年获内蒙古自治区农牧业丰收奖一等奖。自主独家育成的国鉴、酿造专用型高粱新杂交种赤杂 16 号，被列为科技部农业科技成果转化资金项目。区域试验比东北地区名牌品种对照敖杂 1 号增产 19. 06%；生产试验比对照增产 12. 8%，2004 年通过国家鉴定，现已成为东北地区的主栽品种。示范推广种植面积达 187. 6 万亩，取得了显著的经济效益和社会效益。

（九）2003—2008 年

承担“食用向日葵新品种赤葵 2 号试验示范”项目。该品种在全国推广面积 160 万亩，创社会效益 1. 7 亿元。2008 年获内蒙古自治区农牧业丰收奖一等奖。

利用遗传学原理进行了原始创新，成功育成向日葵新品种赤葵 2 号，新品种比原推广品种增产 10%以上，同时解决了分枝（多头）问题，使分枝率不超过 5%，商品性好，品质佳，适应性广，已成为当地向日葵主栽品种，并且为盐碱地改良增效做出重要贡献。

（十）2009—2017 年

2009 年主持并选育出国鉴高粱新杂交种赤杂 24 号，2011 年获赤峰市科技进步奖一等奖（第一完成人），利用作物遗传学原理，成功自主独家育成了国鉴、酿造专用型高粱新杂交种赤杂 24 号属原始创新成果。该杂交种产量高，平均亩产 520. 8 千克，比敖杂 1 号平均增产 8. 7%；粗淀粉含量高达 76. 78%。2007—2010 年在内蒙古、吉林、黑龙江、辽宁、河北、山西等地进行试验示范推广，累计推广面积 56. 8 万亩，创社会效益 1 658. 1万元。

2010 年主持并选育出高粱新杂交种赤杂 28。2013 年，“高粱新杂交种赤杂 28 的选育”，获赤峰市科技进步奖三等奖。2016 年，“高淀粉酿造型高粱新杂交种赤杂 28 技术集成与示范”获内蒙古农牧业丰收奖一等奖（第一完成人），利用作物遗传学原理，成功自主独家育成了酿造专用型高粱新杂交种赤杂 28 属原始创新成果。品种比当地主栽品种敖杂 1 号增产 13.56%，并且兼备淀粉含量高、抗旱、抗病、抗倒伏、适应性广等优点。在北方 5 个省 9 个地区中试示范 77 万亩。成功解决了北方高粱品种的更新问题。

2011 年主持并选育出国鉴、自治区审定高粱新杂交种赤杂 29。2016 年，“国鉴高粱新杂交种赤杂 29 的选育”，获赤峰市科技进步奖二等奖（第一完成人），利用作物遗传学原理，成功自主独家育成了国鉴、自治区审定酿造专用型高粱新杂交种赤杂 29，属原始创新成果。赤杂 29 自 2009 年先后在内蒙古的赤峰市、兴安盟、通辽市，吉林省白城市，黑龙江省龙江县，辽宁省建平县，山西省曲沃县等地进行试验示范推广，推广面积逐年扩大，到 2014 年底累计推广面积 221.77 万亩。

2012 年主持并选育出自治区审定高粱新杂交种赤杂 101。2017 年，“优质高粱新杂交种赤杂 101 的选育”，获赤峰市科技进步奖一等奖（品种选育主要完成人）。赤杂 101 粗淀粉含量达到 80.52%、属于优质高粱杂交种，既可以作为食用高粱，又可以作为酿造高粱，到 2016 年底累计推广面积 202.32 万亩。

三、主要成果和论著

（一）获奖成果

1. 谷子显性雄性不育基因的发现，获内蒙古自治区科技进步奖一等奖，1987 年，第二名。

2. 玉米、小麦、谷子、高粱四大作物新品种繁育与高产示范开发，获内蒙古自治区科技进步奖二等奖，1998 年，第十二名。

3. 中国农作物种质资源收集保存评价与利用，获国家科学技术进步奖一等奖，2004 年，集体奖。

4. 谷子新品种赤谷 8 号选育，获内蒙古自治区科技进步奖三等奖，2006 年，第二名。

5. 谷子高粱主要杂粮作物优质新品种栽培配套模式研究推广，获赤峰市科技进步奖三等奖，2008 年，第一名。

（二）品种

谷子新品种赤谷 8 号，内蒙古自治区农作物品种审定委员会，内农种审字第 0208 号，1994 年，第二名。

（三）论文

1. 胡洪凯，马尚耀，石艳华．谷子（*Setaria italica*）显性雄性不育基因的发现［J］. 作物学报，1986（2）：73-78.

2. 马尚耀，董歧福，成慧娟，李一中．谷子雄性不育复等位基因的发现初报［J］. 遗传，1990（1）：9-11.

3. 马尚耀，董歧福，成慧娟，李一中．谷子（*S. italica*）雄性不育基因 Msch 的三系配套［J］. 辽宁大学学报，1990（2）：50-55.

4. 马尚耀，成慧娟，董歧福，郝明杰．谷子显性核不育基因的研究与进展［J］. 内蒙古农业科技，1990（2）：9-11.

5. 马尚耀，董歧福，成慧娟．就《谷子雄性不育复等位基因的发现初报》一文与刘秉华先生再商榷［J］. 遗传，1991（4）：37-38.

6. 马尚耀，成慧娟，郝明杰．谷子（*S. italica*）雄性不育脂酶同工酶分析［J］. 内蒙古农业科技，1990（6）：12-13.

7. 马尚耀．是“基因互作吗”？——兼与胡洪凯先生讨论［J］. 遗传，1991（5）：36-38.

8. 马尚耀，成慧娟，郝明杰．谷子雄性不育基因 M_ sch 的遗传研究［J］. 华北农学报，1992（3）：9-14.

9. 马尚耀，赵虎臣．谷子核型显性雄性不育基因 Ms-ch 的应用研究——Ms-ch 自交结实率与日照因子［J］. 内蒙古农业科技，1987（3）：17-20.

10. 马尚耀，成慧娟，李书田．谷子主要农艺性状的配合力分析[J]. 内蒙古农业科技，1989（6）：4-8.

（四）著作

《内蒙古特色作物》，中国农业科学技术出版社 2010 年出版（144-210 页），副主编，第三位。

四、主要社会兼职与荣誉

（一）社会兼职

2004 年被聘为国家高粱品种鉴定委员会委员。

2003 年、2007 年被聘为内蒙古自治区农作物品种审定委员会委员。

（二）荣誉

2009 年被授予赤峰市“劳动模范”称号。

2012 年获赤峰市科学技术特别贡献奖。

马尚耀工作照

姚占廷

姚占廷（1952— ），男，中共党员，内蒙古自治区赤峰市喀喇沁旗牛营子镇人，赤峰市农牧科学研究所二级研究员，主要从事谷子、向日葵新品种选育研究。

一、学习工作简历

（一）学习经历

1960 年至 1974 年 7 月，喀喇沁旗牛营子小学、牛营子中学学习；1974 年 9 月至 1978 年 7 月，原辽宁省昭乌达农牧学院农学系学习，1978 年 7 月毕业。

（二）工作经历

1978 年 8 月分配到赤峰市农业科学研究所（现赤峰市农牧科学研究所）工作，曾先后任谷子研究室主任、向日葵研究室主任。2008 年 4 月在赤峰市农牧科学研究所退休。

二、主要工作业绩

（一）1978—1983 年

1978 年分配到赤峰市农业科学研究所工作，一直从事谷子育种研究，酷爱这份工作、任劳任怨、不为名不为利，以饱满的热情、不知疲倦地、深入农村谷子生产田调查，掌握大面积高产田块谷子生长发育规律，制定育种目标。在谷子的生育期内，不论节假日、还是下乡回来，他都要去试验地里。细致观察同份材料在不同生态环境条件下（水浇地、山坡地、赤峰、海南、花盆）所表现出的特征特性。牢记每一份材料的特征特性和发育动态。通过杂交创造亲本、为新品种的选育打下基础。三十多年研究工作（十多次南繁和温室盆栽）做了五十多个谷子生育周期工作，缩短了育种年限。

（二）1984—1990 年

1984 年发现赤峰谷子显性矮秆基因 Dch，经过 20 多个世代自交、近百万株群体，没有得到纯合的矮秆群体（显性基因纯合致死）经自交、侧交、回交证实了这一点，证实了这份材料是受单个显性基因控制的杂合体，经全国谷子专业委员会组织专家鉴定，属国际首次发现，经大量的杂交组合后代中、在以 84133 为亲本、清津早生×金色狗尾草远缘杂交后代为父本的组合中，选出了纯合的矮秆群体 89044，创造了 3 亩平均单产 650 千克的最高纪录，而且米具有独特的香味，解决了谷子生产上高产与早衰、倒伏、米质差几大难题。而且用 Dch 做亲本同高株杂交，F_1 代降低了株高、穗部表现明显的杂种优势。用不育株组配的杂交种，F_1 代小区实验中折合亩产 1 吨多，充分证明谷子杂交种的生产潜力，发现的第二个显性矮秆基因 881520 是一份来源不同、遗传类型不同、丰富谷子育种基因库。创新了 50 多个亲本材料。

（三）1990—2000 年

先后参加“谷子显性雄性不育基因 Msch 的发现”和主持“谷子显性

矮秆基因 Dch 的发现”，参加国家“七五”和主持国家“八五”谷子科技攻关子专题“春谷高产稳产谷子新品种选育”。主持选出了赤谷 6 号和蒙谷 6 号等系列品种，为赤峰地区旱作雨养农业提供了丰富的物质基础。

（四）2001—2008 年

从事向日葵新品种选育研究，成功选育出多个向日葵不育材料。

三、主要成果和论著

（一）获奖成果

1. 《谷子显性矮秆基因的发现与应用》获得赤峰市科协自然科学优秀论文二等奖，1992 年，主要参加人。

2. 《谷子显性矮秆基因 Dch 的应用研究进展》在首届内蒙古农学青年学术会议上荣获优秀论文二等奖，1995 年，主要参加人。

3. 《蒙谷 6 号的选育与应用》获内蒙古自治区农业厅农学会优秀论文奖，2004 年，第一完成人。

4. 赤谷 5 号的选育，1990 年获赤峰市科技进步奖一等奖，主要参加人。

5. 谷子显性矮秆基因的发现，1990 年获赤峰市科技进步奖一等奖，主要参加人。

6. 1996 年获国家“八五”期间的优秀科技成果，编入《中国“八五”科学技术成果选》一书。1997 年获得内蒙古自治区科技进步奖三等奖，第一完成人。

7. 高产多抗优质谷子新品种赤谷 4 号，1991 年获国家计委、科委、财政部攻关重大成果，集体荣誉奖，主要参加人。

8. 赤谷 6 号的选育，1995 年 12 月获赤峰市科技进步奖一等奖，第一完成人。

9. 赤谷系列配套品种推广，1997 年获赤峰市政府优秀课题组奖，主持人。

（二）品种

赤谷 6 号，GPD 谷子（2018）150049，第一完成人。

蒙谷 6 号，1997 年，第一完成人。

（三）论文

1. 刘凤亭，姚占廷．谷子高产稳产的技术措施［J］．内蒙古农业科技，1985（02）：9-10.

2. 姚占廷，梁同生．谷子显性矮秆基因的发现［J］．内蒙古农业科技，1989（01）：8-10.

3. 严福忠，曲文祥，姚占廷．旱地夏谷的生育特点及高产栽培技术［J］．内蒙古农业科技，1991（06）：22-23.

4. 李书田，姚占廷，陈鉴．介绍几份优良谷子种质资源［J］．内蒙古农业科技，1994（04）：1.

5. 吴宝华，姚占廷，靳玉荣．早熟谷子新品种赤谷 6 号［J］．作物品种资源，1998（03）：2.

6. 姚占廷．矮秆蒙谷 6 号的选育与应用［C］//内蒙古农学会 2004 学术年会论文集：47-48.

7. 姚占廷．矮秆蒙谷 6 号的选育与应用［J］．内蒙古农业科技，2004（S1）：2.

8. 姚占廷，宁朝辉．赤谷 6 号的选育与应用［J］．内蒙古农业科技，2006（03）：63-64.

9. 姚占廷，付金宁，徐文丽，等．食用向日葵新品种赤葵 2 号的选育［J］．内蒙古农业科技，2007（06）：59-61.

10. 曲文祥，谭丽萍，姚占廷．赤峰市向日葵的生产潜力与发展措施［J］．内蒙古农业科技，2008（02）：89-90.

11. 曲文祥，姚占廷，谭丽萍，等．赤峰市食用向日葵新杂交种选育研究进展［J］．内蒙古农业科技，2008（03）：85-86.

12. 姚占廷．食用向日葵新品种“赤葵 2 号”［J］．中国农业信息，2008（12）：36.

姚占廷（右 2）在田间

石艳华

石艳华（1953—　），女，中共党员，辽宁省大连人，赤峰市农牧科学研究所研究员。从事谷子杂交优势利用研究工作。

一、学习工作简历

1953 年 8 月出生于辽宁省大连市，1974—1977 年在沈阳农学院农学系学习，1977 年 7 月毕业后分配到赤峰市农业科学研究所（现赤峰市农牧科学研究所）工作，2008 年退休。

二、主要工作业绩

毕业后曾从事谷子资源整理鉴定工作。1981 年参加谷子杂交优势利用研究课题。曾先后承担国家“七五”“八五”“九五”攻关项目“谷子杂种优势利用”，同时承担内蒙古自治区自然科学基金项目“谷子显性核不育研究”。1984 年其所在课题组研究发现谷子雄性显性核不育基因，摸清了其遗传规律，属国内外首次发现。这在理论上为核不育的存在提供了科学依据。

这一发现不仅开拓了植物雄性不育遗传研究和育种实验的新领域，而且具有很强的创新性和实用性。1987 年此项成果获内蒙古自治区科技进步奖一等奖，完成了“谷子显性核不育基因互作雄性不育三系配套”的研究，并在该领域拓建了显性基因核不育纯合一型系、隐性纯合可育系和显性纯合上位系的配套后杂交制种的制种方法，并获国家发明专利。参加了“谷子显性核不育基因的遗传与应用技术”，1994 年获内蒙古自治区科技进步奖三等奖。1999 年“谷子基因互作型显性核不育的发现、起源、胞质转换与应用体系”获国家自然科学奖四等奖。在《作物学报》《作物杂志》等刊物发表论文多篇。

石艳华同志工作几十年如一日，辛勤耕耘在谷子试验田中，几十次南繁北育，顾不上照顾年幼的孩子、侍奉年老的父母，一心扑在工作上，从一个青春韶华的弱女子逐渐成长为独当一面的科技女强人，是谷子显性雄性核不育基因发现的重要参与者，对谷子杂种优势利用研究做出重要贡献。

三、主要成果和论著

（一）获奖成果

1. 谷子显性雄性不育基因的发现，获内蒙古自治区科技进步奖一等奖，1987 年，主要完成人。

2. 鉴定成果：谷子核显性基因互作不育系三系配套，1990 年，主要完成人。

3. 谷子细胞核显性基因互作雄性不育系的选育繁殖制种技术，获内蒙古自治区科技进步奖三等奖，1991 年，主要完成人。

4. 发明：“基因互作型显性核不育系的选育繁殖制种方法”获国家发明专利。专利号：ZL 90103461.4，主要完成人。

5. 谷子基因互作型显性核不育的发现、起源、胞质转换与应用体系，获国家自然科学奖四等奖，1999 年 12 月 1 日，主要完成人。

（二）论文

1. 胡洪凯，马尚耀，石艳华．谷子显性雄性核不育基因的发现与利用［J］. 遗传，1985（03）：4.

2. 胡洪凯，马尚耀，石艳华．谷子（*Setaria italica*）显性雄性不育基因的发现［J］. 作物学报，1986（02）：73–78，147.

3. 刁现民，杜瑞恒，王天宇，王朝斌，石艳华．谷子 Ch 型显性雄性核不育花药发育的细胞形态学研究［J］. 华北农学报，1991（01）：13–17.

4. 胡洪凯，石艳华，王朝斌，等．谷子核显性基因互作雄性不育系的选育与配套［J］. 作物杂志，1991（02）：6–7.

5. 胡洪凯，王朝斌，韩文奎，石艳华．是“基因互作”，还是“复等位”？——兼与马尚耀先生讨论［J］. 遗传，1991（05）：34–36.

6. 胡洪凯，石艳华，王朝斌，等．“Ch 型”谷子显性核不育的遗传研究［J］. 内蒙古农业科技，1992（06）：4–7.

7. 王朝斌，石艳华，赵虎臣．谷子 Ch 型显性核不育性恢复可育机制的探讨［J］. 华北农学报，1992（04）：39–45.

8. 胡洪凯，石艳华，王朝斌，等．“Ch 型”谷子显性核不育的杂优利用研究［J］. 内蒙古农业科技，1993（02）：1–4.

9. 胡洪凯，石艳华，王朝斌，等．“Ch 型”谷子显性核不育的遗传及其应用研究（*Setaria italica*）［J］. 作物学报，1993（03）：208–217.

10. 袁进成，石云素，胡洪凯，赵治海，宋燕春，石艳华，黎裕，王天宇．谷子显性雄性不育基因 Ms~（ch）的 AFLP 标记［J］. 作物学报，2005（10）：1295–1299.

四、主要社会兼职与荣誉

1. 1989 年荣任中国共产党内蒙古自治区第五次党代会代表。
2. 1992 年获评赤峰市深入生产第一线有突出贡献的科技人员。
3. 1995 年获评内蒙古自治区优秀青年知识分子。

4. 1998 年获评内蒙古自治区有突出贡献的中青年专家。

5. 1999 年获评内蒙古自治区优秀共产党员。

6. 2002 年享受国务院政府特殊津贴。

7. 赤峰市第三届、第四届人大代表及常委委员。

8. 多次被赤峰市妇联评为优秀共产党员、先进工作者、三八红旗手。

袁华昆

袁华昆（1951— ），男，中共党员，内蒙古赤峰市松山区人，1977—1991年，在原赤峰市农业科学研究所工作，主持谷子新品种选育工作。

一、学习工作简历

（一）学习经历

1951年12月出生于内蒙古赤峰市松山区，1974—1977年在沈阳农学院学习。

（二）工作经历

1977年7月毕业后分配到昭乌达盟农业科学研究所（现赤峰市农牧科学研究所）工作。1983年开始主持谷子常规育种工作，任作物研究室主任；1992年1月至1996年5月在赤峰市林西县政府工作，任林西县科技副县长；1996年6月至2001年10月在赤峰市农业局工作，任农业局副局长；2001年10月至2012年4月在赤峰市人大农牧委工作，任农牧委主任。2012年4月退休。

二、主要工作业绩

1983—1991 年，在赤峰市农业科学研究所主持国家谷子“七五”“八五”攻关课题“谷子高产、多抗、优质新品种选育”工作，期间取得多项科研成果。

三、主要成果和论著

（一）获奖成果

1. 谷子显性矮秆基因的发现，获内蒙古自治区科技进步奖三等奖，课题主持人。

2. 赤谷 5 号的选育，获赤峰市科技进步奖一等奖，第一完成人。

3. 赤谷 6 号的选育，获赤峰市科技进步奖一等奖，主要参加人。

4. 赤谷 5 号推广应用、赤谷 6 号推广应用，分别获内蒙古农牧业厅科技成果奖二等奖。

5. 高产多抗优质谷子新品种赤谷 4 号，1991 年获国家计委、科委、财政部攻关重大成果，集体荣誉奖，主要参加人。

（二）品种

1. 赤谷 5 号，主要参加人。

2. 赤谷 6 号，主要参加人。

（三）论文

1. 袁华昆．“辽农 2 号”早熟沙打旺栽培因素的探讨［J］. 内蒙古农业科技，1986（04）：12-14.

2. 袁华昆，陈鉴．谷子品种更新的增产作用和基本经验［J］. 内蒙古农业科技，1990（05）：11-13.

3. 李宝才，袁华昆，李书田．赤谷四号谷子大面积开发推广经验

[J]. 内蒙古农业科技，1991（06）：19-20.

4. 李书田，袁华昆．谷子优良种质资源［J］. 内蒙古农业科技，1992（02）：7.

5. 王文仲，袁华昆，曹爱和，汪国森．真抓实干再创佳绩——赤峰市农业大灾之年夺丰收的体会［J］. 现代农业，1998（03）：2-3.

辽宁省

曹尔福

曹尔福（1933—2010），男，中共党员，辽宁省沈阳市人，辽宁省农业科学院水土保持研究所研究员，主要从事谷子育种研究工作。

一、学习工作简历

（一）学习经历

1933 年 1 月出生于辽宁省沈阳市，1941—1945 年就读于辽宁省沈阳市新城子区孟家屯小学和新城区大桥高小，1946—1947 年就读于辽宁省沈阳市第一中学，1947—1948 年就读于辽宁省沈阳市新城子区中学和沈阳市塔湾农科高职，1948—1950 年就读于安东农校，1950—1952 年就读于熊岳农校，1956—1960 年就读于沈阳农学院农学系。

（二）工作经历

1953—1956 年为吉林省辽源县农业局技术员，1960—1970 年为辽宁省农业科学院水土保持科学研究所技术员，1970—1977 年为辽宁省建平县五七农大技术员，1978—1992 年在辽宁省农业科学院水土保持研究所从事谷子育种、栽培研究，期间任作物室主任。

二、主要工作业绩

曹尔福先生一直从事谷子育种、栽培及开发研究。主持多项国家和辽宁省谷子新品种选育项目，育成朝谷 1 号、朝谷 2 号、朝谷 3 号、朝谷 4 号、朝谷 5 号、朝谷 6 号、朝谷 7 号、朝谷 3-1 8 个谷子新品种，并主持了谷子大面积丰产栽培技术开发。

主持的“谷子大面积综合高产栽培技术开发试验”，抓住了辽宁省朝阳地区在谷子生产上的关键技术问题，采取传统经验和先进技术相结合，技术应用和科技管理相结合，提出了适合朝阳地区谷子高产栽培的六项综合技术措施，特别在选用适于当地的优良品种、合理密植、科学管理等方面有新的发展，提高了谷子栽培技术水平。1982—1983 年在辽宁省朝阳地区六县一市两年累计试验面积 25. 95 万亩，平均 218. 9 千克/亩，增加粮食产量 2. 71 万吨，增加纯收入 585. 59 万元，并创造出百亩以上，亩产超千斤村 10 个，其中有 2 亩单产 672. 5 千克，1984 年六项综合栽培技术措施在朝阳地区推广 100 万亩。

三、主要成果和论著

（一）获奖成果

1. 朝谷 4 号、朝阳齐头白获辽宁省重大科技成果奖，1978 年。

2.《中国谷子品种资源目录》获农业部科技进步奖三等奖，参加人，1982 年。

3.《中国谷子品种志》获农牧渔业部科技进步奖三等奖，参加人，1985 年。

4. 谷子大面积丰产栽培技术开发试验，获辽宁省科技进步奖三等奖，1986 年。

5. 朝谷 3-1，获辽宁省朝阳市科技成果奖三等奖，1986 年。

6. 朝谷 7 号，获辽宁省农牧厅科技进步奖三等奖，1990 年。

7. 谷子优质米及芝麻、绿豆三小作物开发试验，获辽宁省农牧业厅科技成果奖二等奖，参加人，1990 年。

8. 朝谷 8 号，获辽宁省朝阳市科技进步奖一等奖，1992 年。

（二）品种

1. 朝谷 1 号，第一完成人。
2. 朝谷 2 号，第一完成人。
3. 朝谷 3 号，第一完成人。
4. 朝谷 4 号，第一完成人。
5. 朝谷 5 号，第一完成人。
6. 朝谷 6 号，第一完成人。
7. 朝谷 7 号，第一完成人。
8. 朝谷 3-1，第一完成人。

（三）论文

1. 曹尔福．因地制宜 发展谷子 [J]．新农业，1981（2）：23.
2. 曹尔福．科学管理 促发“三根” [J]．新农业，1984（07）：7.
3. 连锦薇，曹尔福．谷子良种 [J]．新农业，1985（07）：2.
4. 曹尔福．夏播谷子的特点与栽培措施 [J]．新农业，1986（11）：8-9.
5. 曹尔福，莲仲薇，李树会，岳增富．利用“Msch”不育材料进行谷子三系选育研究的进展 [J]．辽宁农业科学，1992（03）：48-49.
6. 陈玉玲，孙佳馥，曹尔福．谷子新品种——朝谷 8 号 [J]．新农业，1992（03）：14.

（四）著作

1. 中国农业科学院作物品种资源研究所，山西省农业科学院．中国谷子品种志 [M]．北京：农业出版社，1985（编委之一）.
2. 曹尔福．谷子 [M]．沈阳：辽宁科技出版社，1989.

四、主要社会兼职与荣誉

（一）社会兼职

中国作物学会粟类作物专业委员会委员。
辽宁省农学会理事。
辽宁省农业科学院学术委员。
辽宁省朝阳市政协第四、第五届委员。

（二）荣誉

1983 年被评为辽宁省朝阳地区优秀共产党员。
1984 年被评为辽宁省劳动模范。
1990 年被评为辽宁省朝阳市有突出贡献的专家。
1992 年享受国务院政府特殊津贴。
辽宁省朝阳地区人事局记功一次，多次被评为辽宁省水土保持研究所先进工作者。

曹尔福（前排右 1）在田间

王秀华

王秀华（1950—　），女，中共党员，辽宁省沈阳市辽中县（今辽中区）人，辽宁省铁岭市农业科学院研究员，主要从事玉米、谷子新品种选育及应用研究。

一、学习工作简历

（一）学习经历

1950年1月6日出生于辽宁省沈阳市辽中县，1958—1964年就读于辽宁省沈阳市辽中县第二小学，1965—1967年就读于辽中县第一中学。1973—1976年就读于沈阳农业大学农学院农学系农学专业。

（二）工作经历

1969—1972年在辽中县四方台乡平安村（知青）期间任村妇女主任3年，后转到铁岭市铁岭县菜牛乡张庄（知青）。1976年8月，沈阳农业大学毕业，被分配到辽宁省铁岭市农科所（现铁岭市农业科学院）。1976—1977年在辽宁省铁岭市农科所玉米栽培课题组工作。1978—1984年在粮作室玉米育种课题组工作。1985年在科技科从事计划、成果管理工作（兼所团总支书记）。1986—1987年任所后勤、行政办公室主任。

1987—2005 年在粮作室谷子育种课题从事谷子育种工作，期间任粮作所所长、党支部书记，兼任粮作室副主任。

二、主要工作业绩

1978—1984 年参与了玉米新品种铁 75-55/H84、铁单 4 号、铁单 7 号、铁单 8 号、铁单 9 号及玉米自交系 7922 的选育和应用工作。

1987—2005 年从事谷子新品种选育工作。一直承担辽宁省谷子新品种选育攻关课题、辽宁省谷子区域试验、北部高原区谷子品种联合区域试验和中国农业科学院品种资源入库（包括资源收集、保存、评价与利用）等课题。

主持或参加选育了铁谷 5 号、铁谷 7 号、铁谷 8 号、铁谷 9 号、铁谷 10 号、铁谷 11 号、铁谷 12 号、铁谷 13 号、铁谷 14 号等谷子品种及铁杂 12 号、铁杂 15 号高粱杂交种。

三、主要成果和论著

（一）获奖成果

1. “玉米新品种铁 75-55/H84”获辽宁省铁岭市政府奖二等奖，参加人，1985 年。

2. “铁单 4 号玉米单交选育及应用”获农业部科技进步奖二等奖，参加人，1989 年。

3. “铁单 8 号玉米选育”获辽宁省铁岭市科进步奖一等奖，同年又获得辽宁省科技进步奖二等奖，参加人，1993 年。

4. “铁谷 5 号选育及应用”获辽宁省铁岭市科技进步奖一等奖，同年获得辽宁省科技进步奖三等奖，参加人，1994 年。

5. “高产优质铁谷 5 号推广”获辽宁省铁岭市科技进步奖二等奖，国家科学委员会奖，参加人，1994 年。

6. “高产优质铁谷 7 号选育及应用”获辽宁省铁岭市科技进步奖二

等奖，参加人，1998 年。

7. “铁单 9 号玉米选育与应用”获辽宁省铁岭市科技进步奖一等奖，参加人，1999 年。

8. “铁谷 8 号谷子新品种选育及应用”获辽宁省铁岭市科技进步奖二等奖，2000 年。

9. “玉米自交系 7922 选育与应用”获辽宁省铁岭市科技进步奖一等奖，同年获辽宁省科学技术奖励委员会二等奖，参加人，2003 年。

10. “中国农作物种质资源收集保存评价与利用”获国家科学技术进步奖一等奖，中国农业科学院牵头组织，参加人，2003 年。

11. “高产优质谷子新品种铁谷 9 号选育及应用”获辽宁省铁岭市科技进步奖二等奖，2004 年。

（二）品种

1. 铁谷 5 号，主要参加人。
2. 铁谷 7 号，主要参加人。
3. 铁谷 8 号，主要参加人。
4. 铁谷 9 号，主要参加人。
5. 铁谷 10 号，辽农审证字第 672 号，第一完成人。
6. 铁谷 11 号，辽农审证字第 673 号，第一完成人。
7. 铁谷 12 号，辽农登证字第 256 号，主要参加人。
8. 铁谷 13 号，辽农登证字第 260 号，主要参加人。
9. 铁谷 14 号，国品鉴谷 2004004，主要参加人。
10. 铁杂 12 号，辽农审证字第 734 号，主要参加人。
11. 铁杂 15 号，国品鉴粱 2004011，主要参加人。

（三）论文

1. 王奎森，王生，王秀华，杨德忠，张红梅，刘忠山．玉米优良自交系 7922 的选育与应用［J］．国外农学·杂粮作物，1995（01）：50-51.

2. 王秀华，吴秀英，闰天成，周慧．铁谷五号的选育及栽培技术［J］．国外农学·杂粮作物，1996（05）：53-54.

3. 王秀华，闫天成，周慧．谷子新品种铁谷七号［J］. 作物品种资源，1998（01）：57-58.

4. 王秀华．谷子动态育种及应用［J］. 辽宁农业科学，1998（06）：41-42.

5. 王秀华，闫天成，关秀英，陈冰．谷子新品种“铁谷 6 号”最佳肥密模式的研究［J］. 国外农学·杂粮作物，1999（01）：33-35.

6. 周慧，王秀华，阎天成．辽宁省谷子新品种亲缘关系分析及今后育种的设想［J］. 杂粮作物，2001（06）：23-24.

7. 刘晓辉，王秀华．谷子生产潜力的基础研究Ⅱ. 外界环境对不同类型谷子品种千粒重的影响［J］. 吉林农业科学，2002（01）：8-12.

8. 周慧，闫天成，王秀华．谷子新品系抗除草剂试验［J］. 杂粮作物，2002（02）：119-120.

9. 阎天成，王秀华，周慧．谷子新品种铁谷 8 号特征特性及高产栽培技术［J］. 辽宁农业科学，2003（02）：49.

10. 阎天成，王秀华，周慧．影响荞麦产量原因的综合分析［J］. 杂粮作物，2003（02）：103.

11. 王秀华，《铁丰 18 大豆经济效益分析》，1984 年被辽宁省铁岭市科学技术协会评为优秀学术论文，同时发表在《辽宁农业科学》上。

12. 王秀华，《辽宁省谷子生产的回顾与展望》，1992 年 3 月 23 日在北方七省（市、区）谷子学术讨论会上宣读，并发表在《辽宁农业科学》上。

四、主要社会兼职与荣誉

（一）社会兼职

2001—2004 年，中国作物学会粟类作物专业委员会委员。

（二）荣誉

1970 年加入中国共产党。

1993年获评辽宁省铁岭市农业局先进工作者。

2003年获评辽宁省铁岭市科文卫工会行业标兵。

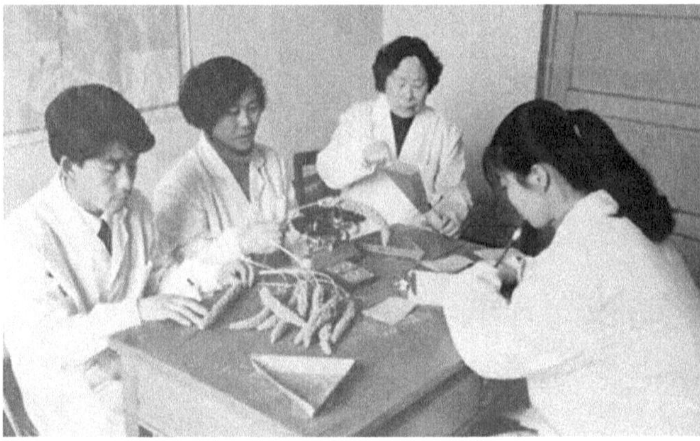

王秀华（左2）

王秀华（左1）在田间

王秀华

张宝金

张宝金（1949—　），男，中共党员，辽宁省朝阳人，辽宁省农业科学院水土保持研究所研究员，主要从事谷子育种研究。

一、学习工作简历

（一）学习经历

1949 年 6 月 1 日出生于辽宁省朝阳市朝阳县。1958—1963 年就读于杨树湾乡姚帐子小学，1963—1968 年就读大平房中学，完成初中高中学业。1973—1976 年就读于朝阳农学院农学专业。1993 年参加印度国际半干旱热带地区作物研究所的技术培训（1993 年 1—11 月）。

（二）工作经历

1977—1986 年在辽宁省农业科学院水土保持研究所从事高粱育种工作。1986—2009 年主要从事谷子育种工作。1995—2006 年任副所长。2009 年退休后单位回聘至 2013 年，继续从事谷子育种工作。

二、主要工作业绩

1986—1990 年，副主持“辽宁省谷子新品种选育”课题，参加育成朝谷 8 号谷子新品种。

1991—2005 年，主持国家谷子改良中心子课题，选育出朝谷 9 号、朝谷 10 号、朝谷 11 号、朝谷 12 号、朝谷 13 号谷子新品种。这 5 个新品种主要特点是抗旱、抗倒伏，高抗谷子白发病、黑穗病、谷瘟病和锈病，特别是朝谷 12 号免疫黑穗病，被列为国家春谷创新材料，在已鉴定的品种中极少；朝谷 13 号适应范围广，抗旱性尤为突出；新品种的推广应用，增产增收效果显著，促进了辽西地区的粮食发展。

2006—2009 年主持“春谷优质谷子新品种选育及产业化基地建设”项目，并担任国家谷子产业技术体系朝阳试验站站长。选育出朝谷 14 号、朝谷 15 号、燕谷 16 号谷子新品种，朝谷 14 号矮秆耐密植，株型紧凑，高抗锈病，是矮秆且抗锈病的创新品种。引进谷子化控间苗技术，并作为配套技术大面积应用于朝谷 15 号。该技术首次在辽西谷子主产区应用。

2009—2013 年（单位回聘），主持“春谷优质谷子新品种选育及产业化基地建设”项目，担任国家谷子糜子产业技术体系朝阳综合试验站站长。选育出燕谷 17 号、燕谷 18 号、朝杂谷 1 号谷子新品种。育成的朝杂谷 1 号是辽宁省首个杂交谷子，适宜谷子机械化生产。育成的燕谷 18 号谷子新品种抗性较好、米质优良、产量高，深受农户、种植大户、合作社、加工企业喜爱，成为辽宁省谷子主产区域的主栽品种，为辽宁省杂粮产业发展做出重要贡献。

2014—2019 年（退休），继续与张家口农业科学院谷子研究所、河北巡天种业合作。完成杂交谷子的产比试验，谷子不育系鉴定，谷子恢复系筛选，杂交组配等研究工作。

工作期间，张宝金研究员共主持和参加了新品种、新技术推广项目 10 余项，通过举办不同层次的技术学习培训班，培养农业技术人员 200 多人次，培训农民、种植大户、合作社等 2 000多人次。主推谷子新品种 6 个，朝谷 9 号、朝谷 12 号、朝谷 13 号、朝谷 14 号、朝谷 15 号、燕谷

18 号，生育期适中，适应范围广，在辽西地区及自然条件相似的干旱、半干旱地区如内蒙古兴安盟、赤峰市、河北青龙等地推广应用，种植区域广泛，增产粮食 15 万吨左右，对种植户增收和贫困户脱贫起到了积极作用。

三、主要成果和论著

（一）获奖成果

1. “谷子新品种朝谷 8 号推广”获辽宁省农牧厅三等奖，参加人，1993 年。

2. “谷子新品种朝谷 9 号推广”获辽宁省农牧厅二等奖，1999 年。

3. “谷子新品种朝谷 11 号推广”获辽宁省朝阳市科技进步奖一等奖，2003 年。

4. “谷子新品种朝谷 12 号选育及推广”获辽宁省科技进步奖三等奖，2003 年。

5. “朝谷系列新品种选育及高产栽培技术推广”获辽宁省朝阳市科技进步奖一等奖，同年获辽宁省科技进步奖三等奖，2008 年。

6. “朝谷 14 号选育及应用”获辽宁省农业科学院科技创新三等奖，2010 年。

7. “朝谷 15 号选育与应用”获辽宁省农业科学院科技创新三等奖，2011 年。

（二）品种

1. 朝谷 9 号，主要参加人。

2. 朝谷 12 号，辽农登证字第 348 号，第一完成人。

3. 朝谷 13，国品鉴谷 2004006，第一完成人。

4. 朝谷 14 号，辽备谷［2006］33 号，第一完成人。

5. 朝谷 15 号，辽备谷［2007］38 号；国品鉴谷 2009014，第一完成人。

6. 燕谷 16 号，国品鉴谷 2009014，第一完成人。

7. 燕谷 17 号，辽备谷［2009］53 号，第一完成人。

8. 燕谷 18 号，国品鉴谷 20110009，第一完成人。

9. 朝杂谷 1 号，辽备谷［2012］67 号，第一完成人。

（三）论文

1. 王恩波，张宝金，陈玉铃，孙佳馥．谷子新品种朝谷 9 号选育报告［J］．辽宁农业科学，1995（06）：47-49.

2. 袁立新，张宝金．浅谈辽宁省谷子生产及开发利用［J］．辽宁农业科学，1996（04）：39-41.

3. 孙佳馥，张宝金，岳增富，陈玉玲．谷子新品种朝谷 10 号选育报告［J］．国外农学·杂粮作物，1998（05）56-57.

4. 袁立新，张宝金．新品种朝谷 9 号高产栽培技术［J］．新农业，1998（03）：10.

5. 张宝金，袁立新．辽宁省谷子育种工作的回顾与展望［J］．国外农学·杂粮作物，1999（01）：15-17.

6. 张海金，张宝金，孙佳馥．辽宁春谷育种材料创新研究初报［J］．杂粮作物，2000（04）：24-26.

7. 袁立新，张宝金．谷子理想株型形态特点［J］．作物杂志，2000（02）：23-24.

8. 杨立国，张宝金，石太渊，岳增富，赵立兵．高粱杂交种辽杂 13 号选育报告［J］．辽宁农业科学，2002（05）：43-44.

9. 林凤，杨立国，石太渊，张宝金，苗青，翟强．优良粒用高粱杂交种辽杂 13 号［J］．杂粮作物，2004（02）：117.

10. 张宝金，胡祥岐．谷子新品种朝谷 13 号选育及栽培技术要点［J］．杂粮作物，2005（03）：151.

11. 张宝金，张志鹏，谭西贵，徐彦阳．高粱、谷子、水稻新品种［J］．中国农村科技，2005（09）：9-10.

12. 张宝金．谷子新品种朝谷 13 号［J］．中国农村科技，2005（09）：9.

13. 张海金．优质、高产新型谷子新品种朝谷 14 号的选育［J］．作物杂志，2007 年（01）：75-76.

14. 祁崇祝，张宝金，张俊生，赵峻峰．辽西半干旱地区甜高粱合并开发利用［J］．现代农业科技，2009（20）：95，97.

15. 王凯玺，张文飞，张海金，陈国秋，张宝金．朝阳市谷子生产存在的问题及对策［J］．现代农业科技，2010（13）：95，97.

16. 王凯玺，陈国秋，张海金，张文飞，黄瑞，张宝金．南繁谷子覆膜栽培技术［J］．河北农业科学，2012（01）：13-14，90.

四、主要社会兼职

2001 年，中国作物学会粟类作物专业委员会委员。

1994—2009 年，国家谷子品种鉴定委员会委员。

张宝金（左 2）在田间

黑龙江省

李景春

李景春（1933—2007），男，吉林省扶余县（今扶余市）人。黑龙江省农业科学院作物育种研究所研究员，享受国务院政府特殊津贴专家，主要从事谷子遗传育种研究。

一、学习工作简历

（一）学习经历

1933 年 10 月 7 日出生于吉林省扶余县。1938—1948 年就读于泰康初级小学和泰康中学，1960—1963 年参加东北农学院农学专业函授班学习。

（二）工作经历

1950—1956 年在黑龙江省克山县农业试验站工作，1956—1961 年在安达县试验站工作，1961—1968 年在黑龙江省农业科学院作物育种研究所粮作室工作，任谷子组组长；1968—1970 年在黑龙江省清河“五七干校”劳动锻炼，1970—1993 年在黑龙江省农业科学院作物育种研究所从事谷子育种研究，任谷子室主任。

二、主要工作业绩

20世纪50年代联合黑龙江省多家谷子育种单位，主持完成了黑龙江省种质资源的收集、整理与鉴定工作，根据谷子生产和市场的需求，不断调整育种目标。调查整理了农家品种生态特点及分布规律，划分了谷子生态型，并参加了地方农家品种的整理与归并，提纯了一些农家品种，入选了602份农家品种。并将这些谷子地方品种划分为大粒黄、大青苗、薄地租、白沙谷、勾根、刀把齐、老来变、鸭子嘴、糟皮、黄沙谷、粘谷、爪谷等12个基本生态类型。以“产量高、质量好、病虫害轻”为育种目标，从中筛选出了一批抗性较强的品种，已成为谷子遗传育种的优异基础材料，被广泛应用。根据黑龙江省自然条件和12个谷子基本生态型的生育特性及其分布规律，李景春先生又带领黑龙江省谷子育种的科技人员，将黑龙江省划分为松花江黑土平原、牡丹江半山间、合江低湿平原、西部碳酸盐黑土、嫩江干旱平原、克拜黑土丘陵和北部高寒等7个谷子生态区，为全省开展谷子生态育种和分区制定育种目标以及实现谷子良种区域化种植，提供了科学依据。

20世纪60年代初，李景春先生在谷子育种工作中，带领研究室的科技人员，通过集团和系统选种方法，还推广了耐盐碱的刀把齐、抗病虫的老来变和米质好的大粒黄等一批谷子农家品种。当时，由于栽培技术的提高，已满足不了农业生产的需要，他又主持修改了谷子育种目标。以“熟期适中、喜肥水、秆强、抗倒伏，白发病和螟虫轻”为主攻方向，选育出了一批谷子新品种，使黑龙江省的谷子品种基本实现了良种化。选育出了安谷号、哈尔滨号、龙谷号、备荒号等区域化系列谷子新品种40多个。其覆盖面占全省谷子品种的90%以上，对不断实现谷子良种更新换代、增强品种抗逆性、改善品质、提高产量、促进不同时期谷子生产的发展，起到了积极作用，获得了极显著的社会和经济效益。

60年代后期至70年代，开展了谷子杂交育种研究，利用双亲的重组和分离，选育谷子新品种。以杂交育种为主，开展了辐射育种、辐射与杂交育种相结合的育种方法，选育出了更为优良的谷子新品种，取得了明显的效果。根据栽培技术的提高和气候的变化，以“早熟、高产”为主要育种目标，并通过系统选育和品种间杂交的方法，培育出了对白发病免疫品种哈 71-3012 等一批谷子新品种（品系），从而代替了部分系选品种，产量也得到了很大的提高。

“六五”期间，李景春先生在对黑龙江省的谷子种质资源抗病鉴定的同时，加强了谷子多抗性育种和品质育种。在育种途径和方法上，以常规育种为主，以亲本材料创新为突破口，积极开展了品种间杂交、辐射诱变、杂种优势利用等育种方法，改变了过去侧重高产育种的问题。谷子育种已由高产、多抗向高效、优质转变，在育种目标上特别注重引导谷子育种“高产、优质、多抗”的综合性。利用优质品系或品种作为杂交亲本，选育抗性强和品质好的品种，不但考虑了小米的营养品质，还兼顾了食用品质和商品性，不断提高谷子的育种水平。其中仅谷子优良品种龙谷 23 在育成初期每年推广面积就达到了 150 多万亩，按照品种本身净效果增产 10%计算，每亩可增产粮食 40 斤，谷草 80 斤，获得的经济效益相当可观。

“七五”“八五”期间，李景春先生按照国家课题攻关任务的要求，经过十几年的不懈努力、精心实施，通过多学科协作攻关，育成和审定推广了龙谷 25、龙谷 26、龙谷 27、龙谷 28 和龙谷 29 等 5 个谷子新品种。同时，还开展了育种科技、途径及应用基础研究，使整体科研水平提高到了新的层次。特别是谷子新品种龙谷 25，含硒量高达 0.065 毫克/千克，比一般品种高 1.7~2.0 倍，1986 年被中国作物学会粟类作物专业委员会评为一级优质米。该品种的育成，填补了我国谷子食补、食疗品种的空白。

1989 年还育成推广了适宜黑龙江省北部高寒地区种植的超早熟谷子新品种龙谷 26。该品种的耐寒性极强，能在黑龙江省北纬 53°29′的漠河县北极村种植，突破了我国谷子栽培区域的北限，向北延伸了 385 公里，调节了这个地区的作物结构，填补了我国最北部高寒地区不能种谷子的空白。在“八五”期间，李景春先生还带领研究室的科研人员，针对黑龙江省谷子新品种在生产上存在的倒伏和病害加重、影响产量和品质问题，以抗倒伏、抗病为主要目标，在理论研究的基础上，育成和推广了高产优质抗病谷子新品种龙谷 29。由于该品种具有根系发达、喜肥水、茎秆韧性强、抗病、增产潜力大等突出特点，1994 年在黑龙江省肇东市种植 1 148 亩高产示范田，平均亩产 516. 8 千克，突破了千亩千斤（市斤）大关，创造了国内外谷子大面积高产纪录。

三、主要成果和论著

（一）获奖成果

1. 谷子优良品种龙谷 23，获全国科学大会奖，1978 年。

2. 中国谷子品种目录的整理与编写，获农业部技术改进奖一等奖，1980 年。

3. 《黑龙江作物品种志》，获黑龙江省科技进步奖三等奖，1981 年。

4. 全国谷子生态联合试验及中国谷子主产区谷子生态区划，获农业部科技进步奖三等奖，1982 年。

5. 选育、繁殖、推广优质高产良种龙谷 23，获黑龙江省科技进步奖四等奖，1985 年。

6. 全国谷子品种区域试验及其结果的应用，获农牧渔业部科技进步奖三等奖，1986 年。

7. 《中国谷子品种志》，获中国农业科学院科技进步奖二等奖，1988 年。

8. 优质富硒谷子龙谷 25 的选育与开发，获黑龙江省科技进步奖三等奖，1989 年。

9. 谷子品种龙谷 26 的选育与开发利用，获黑龙江省农业科技奖三等奖，1989 年。

10. 谷子新品种龙谷 28 选育与推广，获黑龙江省科技进步奖四等奖，1991 年。

11. 辐射诱变与离体等生物技术相结合培育新品种，获黑龙江省科技进步奖二等奖，1993 年。

12. 谷子新品种龙谷 30 选育与推广，获黑龙江省科技进步奖三等奖，参加人，2003 年。

（二）品种

多年来，李景春先生主持和参加选育安谷号、哈尔滨号、龙谷号等谷子新品种 40 多个，经大面积生产利用，获得了显著的社会和经济效益。如富硒谷子龙谷 25，含硒量高、营养丰富，填补了我国食补食疗谷子品种的空白，被评为全国一级优质米。耐寒超早熟龙谷 26 的育成和推广利用，将我国谷子栽培北限由北纬 50°推进到北纬 53°29′，为北部高寒地区增添一个新作物。抗病高产的龙谷 28，1990 年在肇东出现百亩千斤的高额产量，1994 年喜肥高产的龙谷 29 又突破了千亩千斤大关，创造出国内外谷子大面积高产纪录。

（三）论文

1. 李景春，那海智，陈丽华．谷子杂交亲本选配的探讨［J］. 黑龙江农业科学，1979（3）.

2. 李景春，那海智，吴秀兰，陈丽华，张太民，王绍斌．黑龙江省谷子地方品种资源的研究［J］. 黑龙江农业科学，1980（4）.

3. 李景春，那海智，陈丽华，张太民，王绍滨．谷子杂种后代主要性状遗传变异与选择［J］. 黑龙江农业科学，1980（6）.

4. 李景春，那海智，吴秀兰，陈丽华，张太民．黑龙江省谷子的生态特性与品种区划［J］. 黑龙江农业科学，1983（5）.

5. 李景春．黑龙江省谷子育种三十五年［J］. 黑龙江农业科学，1986（3）.

6. 李景春，张太民．我国最北部高寒地区谷子新品种的选育和应用［J］. 黑龙江农业科学，1990（4）.

7. 李景春，王绍滨，陈丽华．龙谷 28 选育与应用［J］. 黑龙江农业科学，1990（5）.

8. 李景春，王绍滨，张太民．我国北部高寒地区谷子品种的试验与推广应用［J］. 黑龙江农业科学，1991（5）.

（四）著作

1. 黑龙江省农业科学院作物育种研究所谷子组．谷子育种技术［M］.

哈尔滨：黑龙江人民出版社，1975.

2. 李景春，那海智，吴秀兰，陈丽华，张太民，王绍滨．黑龙江作物品种志［M］．哈尔滨：黑龙江人民出版社，1979.

3. 中国农业科学院作物品种资源研究，山西省农业科学院．中国谷子品种志［M］．北京：农业出版社，1985.

4. 李景春，聂希安．东北地区谷子科学研究专辑［C］．哈尔滨：黑龙江省农业科学院，1985.

5. 黑龙江省农业科学院作物育种研究所谷子室．中国谷子品种资源目录［M］．太原：山西省农业科学院，1985.

四、主要社会兼职与荣誉

（一）社会兼职

1988 年，任中国作物学会粟类作物专业委员会副主任委员。

1988 年，任黑龙江省作物学会副理事长。

（二）荣誉

1987 年，获黑龙江省科协系统先进科技工作者。

李景春（左 1）在试验田

观察作物长势

李景春（左）田间工作照

李景春（左 1）在田间进行品种选育

郭德仁

郭德仁（1935—2016），男，汉族，1935 年 9 月 11 日出生，辽宁省沈阳市人。1959 年 8 月毕业于东北农学院，1959 年 9 月参加工作，1981 年 6 月 23 日入党，1978 年 9 月晋升助理研究员，1985 年 7 月晋升为副研究员，曾一直担任嫩江地区农科所谷子育种课题主持人。1987 年 5 月任嫩江地区农科所副所长，2001 年、2005 年、2006 年获“优秀共产党员”称号。2016 年 10 月 16 日因病于天津去世。

科技成果比较突出，曾获黑龙江省科技大会奖、黑龙江省农业科学院优秀成果奖、农牧渔业部技术改进一等奖，发表论文 15 篇。参加编写《黑龙江农作物品种志》《全国谷子品种志》《全国谷子品种目录》的工作，参与编写《黑龙江作物品种志》《中国谷子品种志》《中国谷子品种资源目录》等书籍。1985 年被聘为黑龙江省谷子研究协会理事。曾担任国家“七五”谷子重点攻关课题主持人。1988 年参加齐齐哈尔市生物学会任理事。

参加谷子育种工作 30 余年，20 世纪 60 年代初，通过系统选育，选育出了谷子新品种龙选 1 号，该品种在第二届中国作物学会粟类作物专业委员会优质食用粟鉴评中被评为一级优质米。70 年代选育出高产品种嫩选 6 号、嫩选 7 号和嫩选 8 号，80 年代选育出优质抗逆谷子品种嫩选 9 号、嫩选 10 号。特别是用杂交和辐射结合的方法选育出的嫩选 11 号和完全用辐射方法选育出的嫩选 12 号，这两个品种既抗逆丰产又秆草双佳，对提高谷子产量，振兴谷子生产起到了明显的作用。同时，这两个品种的推广，填补了黑龙江省没有通过辐射方法育成谷子品种的空白。其中嫩选 7 号获黑龙江省科技大会奖，嫩选 11 号、嫩选 12 号获黑龙江农业科学院优秀成果奖，嫩选 11 号于 1988 年获黑龙江省优秀成果奖四等奖。

张太民

张太民（1939—2001），男，辽宁省辽阳县人。黑龙江省农业科学院作物育种研究所副研究员，主要从事谷子遗传育种研究。

一、学习工作简历

（一）学习经历

1939年1月4日出生于黑龙江省杜尔伯特自治县泰康镇。1954—1960年就读于吉林省双辽县一中和黑龙江省齐齐哈尔市实验中学，1960—1965年就读于东北农学院农学专业。

（二）工作经历

1965—1967年在黑龙江省农业科学院作物育种研究所杂粮组，从事杂粮育种研究，1968—1969年在黑龙江省清河“五七干校”劳动锻炼，1969—1970年在黑龙江省农业局从事农业行政工作，1970—1979年在黑龙江省农业科学院作物育种研究所杂粮组从事杂粮育种研究，1970—1999年在黑龙江省农业科学院作物育种研究所从事谷子育种研究。

二、主要工作业绩

20 世纪 70—90 年代参加黑龙江省谷子选育与推广工作，培育了优质谷子品种龙谷 23、龙谷 25、龙谷 26、龙谷 28、龙谷 30 等，获省级科技进步奖多项。

1988 年参加了“东北地区谷子两系杂交攻关协作组”，以谷子隐性不育系丹 1 为母本选育出的杂交种龙杂 101 和龙杂 102 分别比对照龙谷 28 增产 17. 2%和 15. 5%。

三、主要成果和论著

（一）获奖成果

1. 谷子优良品种龙谷 23，获全国科学大会奖，参加人，1978 年。

2. 选育、繁殖、推广优质高产良种龙谷 23，获黑龙江省科技进步奖四等奖，参加人，1985 年。

3. 优质富硒谷子龙谷 25 的选育与开发，获黑龙江省科技进步奖三等奖，参加人，1989 年。

4. 谷子品种龙谷 26 的选育与开发利用，获黑龙江省农业科技奖三等奖，参加人，1989 年。

5. 谷子新品种龙谷 28 选育与推广，获黑龙江省科技进步奖四等奖，参加人，1991 年。

6. 谷子新品种龙谷 30 选育与推广，获黑龙江省科技进步奖三等奖，参加人，2003 年。

（二）论文

1. 李景春，那海智，吴秀兰，陈丽华，张太民，王绍斌．黑龙江省谷子地方品种资源的研究［J］. 黑龙江农业科学，1980（4）.

2. 李景春，那海智，陈丽华，张太民，王绍滨．谷子杂种后代主要性状遗传变异与选择［J］. 黑龙江农业科学，1980（6）.

3. 张太民，于亚玲．小豆新品种“龙小豆1号”［J］. 黑龙江农业科学，1983（4）.

4. 李景春，那海智，吴秀兰，陈丽华，张太民．黑龙江省谷子的生态特性与品种区划［J］. 黑龙江农业科学，1983（5）.

5. 张太民，李景春．龙谷25的选育和开发利用［J］. 黑龙江农业科学，1988（4）.

6. 李景春，张太民．我国最北部高寒地区谷子新品种的选育和应用［J］. 黑龙江农业科学，1990（4）.

7. 李景春，王绍滨，张太民．我国北部高寒地区谷子品种的试验与推广应用［J］. 黑龙江农业科学，1991（5）.

8. 张太民．谷子两系杂交种的研究与选育［J］. 黑龙江农业科学，1993（5）.

（三）著作

1. 李景春，那海智，吴秀兰，陈丽华，张太民，王绍滨．黑龙江作物品种志［M］. 哈尔滨：黑龙江人民出版社，1979.

2. 黑龙江省农业科学院作物育种研究所谷子室．中国谷子品种资源目录［M］. 太原：山西省农业科学院，1985.

四、主要荣誉

1982年，获评黑龙江省农业科学院先进工作者。

张太民（右1）

王绍滨

王绍滨（1952— ），男，回族，中共党员，辽宁省法库县人，黑龙江省农业科学院作物育种研究所研究员，主要从事谷子遗传育种研究。

一、学习工作简历

（一）学习经历

1952 年 4 月 21 日生于辽宁省法库县。1959—1968 年就读于哈尔滨市桦树小学和哈尔滨第十二中学，1972—1975 年就读于牡丹江农校农学专业。

（二）工作经历

1968—1973 年在黑龙江省嫩江县嫩北农场二分场工作，1975—1976 年在黑龙江省农业科学院耕作栽培研究所工作；1976—2012 年在黑龙江省农业科学院作物育种研究所从事谷子育种研究，1993—2003 年任谷子室主任。

二、主要工作业绩

1991—1995 年为国家“八五”重点攻关课题“谷子高产、稳产新品种选育”主持人之一，并一直主持全国谷子品种试验东北区组课题。

1996—2000 年主持了国家“九五”重点课题“谷子杂种优势利用技术研究”，同时也是国家重点课题“春谷育种材料与方法研究”的主要执行人。

2001—2003 年主持了黑龙江省农业良种化工程“谷子优质品种的选育”课题。并选育出了优质谷子新品种龙谷 25，2003 年 2 月通过黑龙江省品种审定委员会审定。同时还是国家“863”计划“谷子优质高产多抗新品种选育”课题主要执行人。

2005—2008 年担任农业部农业结构调整重大技术研究项目“高效优质谷子品种选育及配套栽培技术”课题主要执行人。“十一五”期间还主持了国家科技支撑计划课题“东北优质谷子新品种选育及产业化基地建设”子专题和农业部“谷子优异种质的精确鉴定”课题。

王绍滨（右 1）在田间

自“七五”以来，先后审定推广了龙谷 25 和龙谷 33 等 9 个谷子新品种。选育的谷子新品系龙辐 93199 经国家谷子攻关组统一鉴定，表现为高度抗旱、抗黑穗病。表现出抗灾能力强、增产潜力大、高产稳定、米质好

王绍滨（中）在试验田

王绍滨在看作物长势

的优点，深受农民好评，1999年通过省级审定，命名为龙谷30。其中粮草兼优的龙谷29和高产优质谷子新品种龙谷30的育成，是通过品种间杂交与辐射诱变育种技术相结合的成果，为谷子育种提供了一条新的途径。在新品种的推广过程中，王绍滨老师更加重视区域试验和生产试验，通过去试验点进行检查和定期召开总结工作会议，解决了试验中存在的问题，保证了试验质量，为新品种的推广提供大量的科学依据。同时做到了选育、繁殖、推广相结合，加速了谷子新品种推广速度。例如龙谷31是1998年决选的品系，2001—2002年参加省级区域试验，同时交叉进行了生产试验及大面积良种繁殖和生产示范，增产效果显著，表现高产稳产。2003年通过黑龙江省品种审定委员会审定。到2006年，在黑龙江省的累计推广面积达到了89.0万亩。

三、主要成果和论著

（一）获奖成果

1. 全国谷子品种区域试验及其结果的应用，获农牧渔业科技进步奖三等奖，参加人，1986年。

2. 优质富硒谷子龙谷 25 的选育与开发，获黑龙江省科技进步奖三等奖，参加人，1989 年。

3. 谷子品种龙谷 26 的选育与开发利用，获黑龙江省农业科技奖三等奖，参加人，1989 年。

4. 谷子新品种龙谷 28 选育与推广，获黑龙江省科技进步奖四等奖，参加人，1991 年。

5. 辐射诱变与离体等生物技术相结合培育新品种，获黑龙江省科技进步奖二等奖，参加人，1993 年。

6. 谷子新品种龙谷 29 的选育与应用，获黑龙江省农业科技奖三等奖，参加人，1997 年。

7. 谷子新品种龙谷 30 选育与推广，获黑龙江省科技进步奖三等奖，参加人，2003 年。

8. 优质谷子新品种龙谷 31 选育与推广，获黑龙江省农业科技奖二等奖，2007 年。

（二）品种

自“七五”以来，作为主要执行人，王绍滨先后主持或参与选育推广了龙谷 25、龙谷 26、龙谷 2、龙谷 29 和龙谷 31 等 9 个谷子新品种。选育的谷子新品系“龙辐 93199”经国家谷子攻关组统一鉴定，表现为高度抗旱、抗黑穗病。表现出抗灾能力强、增产潜力大、高产稳定、米质好的优点，深受农民好评，1999 年通过省级审定，命名为“龙谷 30”。其中粮草兼优的龙谷 29 和高产优质谷子新品种龙谷 30 的育成，是通过品种间杂交与辐射诱变育种技术相结合的成果，为谷子育种提供了一条新的途径。

（三）论文

1. 王绍滨．关于谷子辐射育种几个基本问题的探讨［J］．黑龙江农业科学，1990（6）．

2. 王绍滨．谷子辐射后代性状变异与选育效应的研究［J］．黑龙江农业科学，1992（1）．

3. 王绍滨．快中子诱发选育谷子新品种［J］. 黑龙江农业科学，1997（6）.

4. 王绍滨．谷子新品种龙谷 30 及其高产栽培技术［J］. 作物杂志，1999（2）.

5. 王绍滨．谷子两系杂交种龙杂谷 1 号及其制种技术［J］. 黑龙江农业科学，1999（2）.

6. 王绍滨．谷子叶片生长及幼穗分化与外部形态的关系［J］. 黑龙江农业科学，2001（6）.

7. 王绍滨，李延东，于金海，刘景松，马金丰．优质谷子新品种龙谷 31 特征特性及栽培技［J］. 中国农技推广，2008（1）.

8. 王绍滨．黑龙江省无公害谷子栽培技术［J］. 黑龙江农业科学，2008（4）.

9. 王绍滨．黑龙江省谷子育种工作的回顾及展望［J］. 中国农技推广，2008（6）.

10. 王绍滨．谷子新品种龙谷 31 的选育及高产栽培技术［J］. 杂粮作物，2008，28（1）.

（四）著作

1. 李景春，那海智，吴秀兰，陈丽华，张太民，王绍滨．黑龙江作物品种志［M］. 哈尔滨：黑龙江人民出版社，1979.

2. 黑龙江省农业科学院作物育种研究所谷子室．中国谷子品种资源目录［M］. 太原：山西省农业科学院，1985.

四、主要荣誉

1988 年，加入中国共产党。

1985 年和 1987 年先后两次被评为黑龙江省农业科学院先进工作者。

陈丽华

陈丽华（1938—2019），女，福建省泉州市人，黑龙江省农业科学院作物育种研究所副研究员，主要从事谷子遗传育种研究。

陈丽华参加选育了哈尔滨号、龙谷号、备荒号等区域化系列谷子新品种30多个。她参加编写了《东北地区谷子科学研究专辑》《谷子育种技术》《中国谷子品种资源目录》《黑龙江作物品种志》等谷子论著。

河南省

张履鹏

张履鹏（1929—　），男，中共党员，天津（原为河北省）宁河人，原新乡地区农业科学研究所（现称新乡市农业科学院）副研究员，1982年后从事高等教育工作，任河南财经学院（现为河南财经政法大学）教授。主要从事谷子种质资源、育种、栽培、病虫害、生理、遗传等多方面研究。

一、学习工作简历

1929年8月生。曾在津海道联立、天津市立、河北省立高等农校学习农艺专科。毕业后1949年初，由华北人民政府农业部派往冀鲁豫行署农场（菏泽）从事农业科研工作，由于单位行政隶属关系的变动，改称过平原省农业试验场、河南百泉农业试验站、新乡地区农业科学研究所（以下简称新乡农科所），现又称为新乡市农业科学院。张履鹏的谷子研究工作则始终如一。职务开始定为技术员、谷子（杂粮）研究组组长，在河南农学院进修后，曾任新乡农科所农艺师（研究室主任），又晋升副研究员、副所长等职。“文革”结束后，1982年底调出新乡农科所，从事高等教育工作，任河南财经学院教授。

二、主要工作业绩

（一）历史上首次采用杂交方法成功培育谷子新品种

1949年开始到冀鲁豫行署农场，就从事谷子研究工作，连续坚持30余年，直至1983年转入教育岗位。

1. 品种资源收集与整理

1951年结合为苏联收集谷子原始材料，收集平原省的谷子农家种1 000余种，经过试验筛选和调查，有的品种如枪鞭穗谷、铁头碰谷等直接应用于生产，大部分经过整理，保存良好品种资源进行了抗病鉴定。根据任务的变化，全部平原省的谷子品种资源在20世纪70年代交割给河南省农业科学院。与全国同仁合作编写了《中国谷子品种志》；完成了“中国谷子品种资源目录的整理与编写”，该项目1980年获农业部技术改进奖一等奖。

2. 谷子系统选育

新农724是20世纪50年代末到60年代华北地区种植的主要夏播谷子品种。在河南、河北、山东种植面积达300万亩以上。《中国农业百科全书》将其列为全国13个推广面积最大的谷子品种之一。当时正是“三年困难”时期，及时解决了增产问题，受到领导的重视，获地委书记王庭栋、省委书记杨珏会见。1962年11月中共中央中南局常委、农委主任李尔重带领农委人员来所驻点总结经验。写出了《直接为农业生产服务的新乡专区农科所》的调查报告。

3. 突破了谷子的杂交育种难题

1954年开始探讨谷子的杂交育种。谷子起源于我国，科学研究较发达的国家，很少有这方面的资料。为了克服这方面的困难，只得从基础研究入手。首先研究了谷子的开花和杂交技术，如何克服谷子花小期短的难关。研究了谷子去雄、杂交技术。随即又研究了杂交后代分离与育种程序等问题。研究成果在1958年发表于《农业学报》。同时用杂交方法培育出新农冬2，并在华北地区、苏北、皖北大面积推广。最高年份种植面积突破百万亩。此后又培育了新农691谷，于1978年获河南省重大科学技术成果奖。新农761谷在华北谷子区域试验中居第一位。1982年统计安阳地区推广17.34万亩，新乡地区推广12.87万亩，洛阳地区推广19.19万亩，获农牧渔业部技术改进奖二等奖，以此带动了全国谷子杂交育种的开展。国家谷子产业技术体系首席科学家刁现民研究员的文章提道：1959年，河南省新乡地区农科所张履鹏等在世界上首先采用杂交方法育成了新品种“新农冬2”，此后，杂交育种在我国普遍开展起来，我国谷子科研进入了以杂交育种为主的阶段。1970年到1980年，采用杂交方法育成的品种占50%以上。在20世纪70年代育成品种中，杂交育成种占50%。

4. 探索谷子育种的新技术、新方法

为了进一步提高谷子育种水平，70年代研究了谷子的分类，谷子细胞遗传等问题。并应用了谷子远源杂交、辐射引变、引用亲缘、地理、生理生态差异较大品系等办法，选配组合，以扩大亲本的选用范围。不但能提高常规谷子育种的质量，也为杂交优势利用“三系”配套提供育种材料。培育的抗“一倒三病”品系在育种开始应用。如沧州地区农科所选育的“青到老”（冀谷6号）获得1982年度农牧渔业部技术改进奖一等奖，其亲本就有这些品系的血缘，豫谷1号的选配也应用了这些品系。

5. 主持全国谷子良种区域试验

1973—1985年主持国家级的谷子品种区域试验13年，布局合理，采取了正确的试验方法和数据统计技术，为全国大田生产提供了59个良种，占参试品种的12%。其中36个品种应用后，共增产粮食60亿斤，增加社会效益11.17亿元。并为防止生产用种多、乱、杂起到了良好的作用，1986年获农牧渔业部科技进步奖二等奖。

6. 谷子杂交育种的成功，得到了中央和地方政府的奖励和表彰

国内重要报刊如《人民日报》《光明日报》《人民画报》《河南日报》等进行了报道。1962年4月6日，河南日报记者宋东瀛以《新农专科所培育良种取得显著成绩》为题称：“负责谷子育种工作的研究人员张履鹏、谢明玉等，在开始搞谷子杂交试验时，曾经连续失败了三年，但是他们认真汲取了失败的教训，细致观察和研究谷子的开花、授粉规律，终于掌握了杂交技术，得到了许多杂交种”。中南局科委、河南省科委 1962 年 11 月 22 日在考察报告中称：“谷子杂交在副所长张履鹏主持下，经过十年的苦心钻研，摸索了一套谷子杂交的程序，创造了新农 724、新农冬 2，两个新的优良品种比农家品种增产一倍以上。几年来公开发表的论文、著作 20 余篇，在全国性科技杂志或学术刊物发表的有 14 篇，农业出版社出版的《粟及其栽培技术》及《农业学报》上发表的《粟的开花与杂交技术的研究》都是很有水平的著作。”1963 年 1 月 15 日新华社记者陈健在《每日新闻》报道称：“在谷子育种田里，张履鹏和他的同伴一年繁育了两代谷子，终于在 1958 年培育出我国第一个谷子杂交种——新农冬 2，之后，他们又培育出了新农 30、新农 724、新农 941 等几个谷子新品种”。《人民日报》1963 年 2 月 25 日报道中称：“新乡农业科学研究所的青年技术员张履鹏是第一个采用杂交方法培育谷子品种的育种者。是一个谷子丰产能手。”1964 年第 3 期《人民画报》登载了记者张乐善、杨丙文的图文，说：“提起新谷种的诞生，人们都忘不了张履鹏，他是新乡专区农业科学研究所的一个年轻技术员，是这个谷种的培育者。他在研究所领导和同志们的支持下，曾经访问河南省的 20 多个县、上百个村庄；去过河北、山西、山东等省农村，访问种谷能手，收集了 800 多个农家谷子品种，记录了上百万有关谷子的丰产经验，作为培育新品种的原始材料和参考资料。”《光明日报》记者周昆 1970 年 3 月 5 日以《工农相结合道路》为题称：“以技术员张履鹏为首的三结合科研小组，用杂交方法选育成功的我国第一个谷子有性杂交种新农冬 2 和另外两个优良谷种新农 673、新农 681 等谷子新品种都是通过所内外三结合科研小组培育出来的”。

（二）谷子栽培研究成果颇多，专著首次问世

1. 谷子栽培技术研究成果

谷子栽培技术研究方面，首先系统总结了谷子高产能手的生产经验。如总结了张图书、李春渭和辉县南李庄的栽谷三熟经验。在此基础上进行了专题研究。1952—1954 年进行了播种期研究。确定河南北部春播以立

夏节气前后为好，夏播应在 6 月上旬为宜。并研究了误期播种的期限及温度指标。1954 年以来，又做了抗旱保苗的专题调查及播种量和播种深度的试验，提出了合理保苗措施。1955 年进行了谷子移栽调查，研究了谷子移栽一年三作制的增产效果和经济效益。1950—1963 年十余年间，研究谷子肥料三要素的施用量、施用期和施用方法，确定了合理施肥制度和增产效果。还研究了不同肥力、不同品种与谷子留苗密度的关系。春播每亩留苗三万株，夏播留苗四万株为宜，并积极推广了“小丛匀留苗”技术的丰产经验。为了推广谷子先进增产技术，撰写了针对不同层次读者的科普图书及专著。1953 年出版了《谷子》科学普及读物，连续三次出版。1958 年又出版了《粟及其栽培技术》专著，在技术界引起重视。1987 年又与国内谷子专家联合编写了《中国谷子栽培学》。

2. 谷子病虫害防治技术研究

1952—1958 年对为害严重的粟灰螟进行了生活史及防治技术研究，使长期以来难于防治的钻心虫得以解决，该论文 1958 年发表于《应用昆虫学报》，此后，又对粟穗螟的发生规律进行研究。两项成果在 1978 年同时获河南省重大科学技术成果奖。

3. 谷子的生理生化专题研究

为了掌握谷子的生长发育规律，1958 年以来，随着研究设备的不断完善，进行了谷子生理生化专题研究。专题研究有：谷子生育与环境关系；谷子的水分生理、需水量、需水系数研究；谷子合理密度的个体、群体动态及耕作关系，谷子在自然条件下调节结构的作用研究；为合理灌溉、密植提供了理论根据。1963—1964 年还进行了谷子温度指标研究，明确了谷子各个发育阶段的最适温度和临界温度。20 世纪 70 年代末利用示踪原子研究了谷子的主要养分在体内的运转规律，此项研究发表于 1985 年《作物学报》并获得河南省科技进步奖。根据以上研究成果，探讨了高产技术。在高产田土壤肥力充足的条件下，以防旱防倒为前提，用施肥、耕作管理措施，促控结合，使谷子在较高代谢水平上，均衡协调生长发育，防止封垄过早。谷子最大叶面积系数达到 5 左右，可以达到高产，光能利用比较充分。

4. 开展谷子栽培史研究，传承祖国农学遗产

发表在国家级刊物的论文有：《古代相传的作物区田栽培法》《溲种

法的试验报告》《冬谷试验及调查报告》等。1986 年发表在《中国农史》上的论文《谷子的起源与分类史研究》为谷子的遗传研究奠定了理论基础。参编《中国农业百科全书》的作物卷和农史卷。合编的《中国农业科学技术史稿》获得农业部科技进步奖一等奖及国家科学技术进步奖三等奖。

三、主要成果和论著

（一）获奖成果

1. 主持“谷子品种新农 691”，1978 年获河南省重大科技成果奖。

2. 主持“粟灰螟发生规律及防治研究”，1978 年获河南省重大科技成果奖。

3. 主持“粟穗螟防治示范与推广”，1978 年获河南省重大科技成果奖。

4. 参加“中国谷子品种资源目录的整理与编写”，1980 年获农业部技术改进奖一等奖。

5. 主持“农业自然资源和农业区划研究”，1981 年获河南省科技进步奖三等奖。

6. “新农 761 谷子的选育推广”，第一完成人，1980 年获新乡地区重大科技成果一等奖、河南省重大科技成果三等奖；1983 年获农牧渔业部技术改进奖二等奖。

7. 主持“全国谷子品种区域试验及其结果的应用”，1986 年获农牧渔业部技术进步奖二等奖。

8. 主持“谷子不同类型品种氮磷体内吸收运转规律研究”，1987 年河南省科技进步奖二等奖。

9. 参与完成《中国农业科学技术史稿》，1996 年获农业部科技进步奖一等奖，1998 年再获国家科学技术委员会科技进步奖三等奖。

（二）著作、论文

张履鹏出版专著 15 部，发表论文 41 篇。有关谷子方面的著作 9 部，

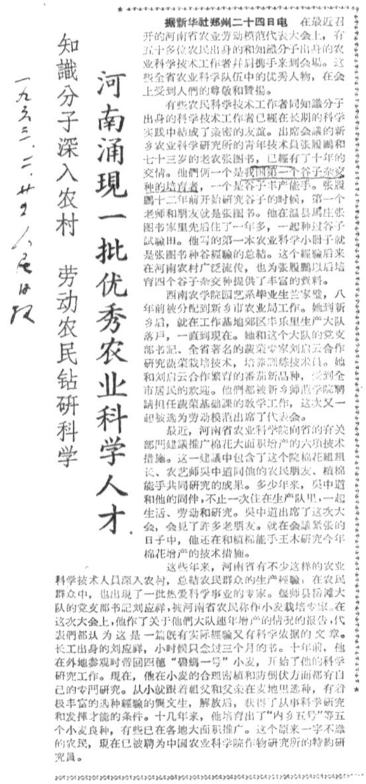

一九六三.二.廿五 人民日报

知識分子深入农村 劳动农民钻研科学

河南涌现一批优秀农业科学人才

据新华社郑州二十四日电 在最近召开的河南省农业劳动模范代表大会上，有五十多位农民出身的和知識分子出身的农业科学技术工作者并肩携手来到会場。这些全省农业科学队伍中的优秀人物，在会上受到人們的尊敬和贊揚。

有些农民科学技术工作者同知識分子出身的科学技术工作者已經在长期的科学实践中結成了亲密的友誼。出席会議的新乡农业科学研究所的青年技术員张履鹏和七十三岁的老农张图书，已經有了十年的交情。他們俩一个是我国第一个谷子杂交种的培育者，一个是谷子丰产能手。张履鹏十二年前开始研究谷子的时候，第一个老师和朋友就是张图书。他在温县馮庄张图书家里先后住了一年多，一起种过谷子試驗田。他写的第一本农业科学小册子就是张图书种谷經驗的总結。这个經驗后来在河南农村广泛流传，也为张履鹏以后培育四个谷子杂交种提供了丰富的資料。

西南农学院园艺系毕业生兰家瑩，八年前被分配到新乡市农业局工作。她到新乡后，就在工作基地郊区丰乐里生产大队落戶，一直到現在。她和这个大队的党支部书記、全省著名的蔬菜专家刘启云合作研究蔬菜栽培技术，培养訓練技术員。她和刘启云合作繁育的番茄新品种，受到全市居民的欢迎。他們都被新乡师范学院聘請担任蔬菜基础課的教学工作，这次又一起被选为劳动模范出席了代表会。

最近，河南省农业科学院向省的有关部門建議推广棉花大面积增产的六項技术措施。这一建議中包含了这个院棉花組組长、农艺师吳中道同他的农民朋友、植棉能手共同研究的成果。多少年来，吳中道和他的同伴，不止一次住在生产队里，一起生活、劳动和研究。吳中道出席了这次大会，会見了許多老朋友。就在会議紧张的日子中，他还在和植棉能手王木研究今年棉花增产的技术措施。

这些年来，河南省有不少这样的农业科学技术人員深入农村，总結农民群众的生产經驗，在农民群众中，也出現了一批热爱科学事业的专家。偃师县岳滩大队的党支部书記刘应祥，被河南省农民称作小麦栽培专家。在这次大会上，他作了关于他們大队連年增产的情况的报告，代表們都认为这是一篇既有实际經驗又有科学依据的文章。长工出身的刘应祥，小时候只念过三个月的书。十年前，他在外地参观时帶回四穗“碧蚂一号”小麦，开始了他的科学研究工作。现在，他在小麦的合理密植和防倒伏方面都有自己的专門研究。从小就跟着祖父和父亲在麦地里选种，有着极丰富的选种經驗的龚文生，解放后，获得了从事科学研究和发揮才能的条件。十几年来，他培育出了“内乡五号”等五个小麦良种，有些已在各地大面积推广。这个原来一字不識的农民，现在已被聘为中国农业科学院作物研究所的特約研究員。

1963 年 2 月 25 日《人民日报》报道文章

论文 15 篇，录之于下：

1.《谷子》（科普书籍），河南人民出版社、河南科学技术出版社，1953 年、1974 年、1981 年三次修订出版。

2.《粟及其栽培技术》（专著），农业出版社，1958 年出版，1981 年第二次增订。

3.《粟的杂交育种》（专著），上海科学技术出版社，1961 年出版。

4.《农田耕作制知识》（科普），河南人民出版社，1979 年出版。

5.《中国谷子品种志》（合编），农业出版社，1985 年出版。

6.《中国谷子栽培学》（合编），农业出版社，1987 年出版。

7.《农业区划与布局》（主编），河南科学技术出版社，1989 年出版。

8.《中国农业科学技术史稿》，农业出版社，1989 年出版。

9.《农业百科全书．农史卷．作物卷》（参编），农业出版社，1994 年出版。

10. 张履鹏 . 811 谷的试验结果［J］. 平原农讯，1950.

11. 张履鹏 . 优良品种小齐头黄谷［J］. 平原农讯，1950.

12. 张履鹏 . 粟的开花与杂交技术研究［N］. 农业学报，1958-9-1.

13. 张履鹏 . 粟杂交育种成果及杂交后代选择研究［C］//中国作物学会年会论文集，1963.

张履鹏在看资料

14. 张履鹏．粟灰螟的药剂防治［N］. 应用昆虫学报，1958-1-4.

15. 张履鹏．谈春播作物的防旱及抗旱播种［N］. 河南日报，1963-2-15.

16. 张履鹏．应用氮15研究夏谷灌浆期氮素运转规律［J］. 河南农林科技，1984（10）.

17. 张履鹏．谷子不同类型品种的氮磷体内吸收运转规律研究［J］. 作物学报，1985（11）.

18.《谷子可以高产》，中央农业科技广播，1966年。

19. 张履鹏．我国农田耕作制度的发展［N］. 河南日报，1962-4-20.

20. 张履鹏．施行谷子移栽的一年三作制［J］. 农业科学通讯，1957（5）.

21. 张履鹏．古代相传的区田栽培法［N］. 农业学报，1957-8-1.

22. 张履鹏．溲种法试验报告［M］. 农业遗产研究集刊（第二册），北京：中华书局，1958.

23. 张履鹏．冬谷试验及调查报告［M］. 农业遗产研究集刊（二册），北京：中华书局，1958.

24. 张履鹏．谷子的起源与分类史研究［J］. 中国农史，1986（1）.

2010年张履鹏在内蒙古谷子田考察

四、主要社会兼职与荣誉

张履鹏同志曾任新乡地区农业科学研究所农艺师（研究室主任），又晋升副研究员、副所长等职；1982年底任河南财经学院教授、农业经济系主任、院学术委员会副主任。

被聘为《作物学报》《中国农史》编委。

社会兼职：河南省农学会常务理事，新乡地区农学会会长等；曾担任中国农业历史学会副会长、中国农业经济史研究会副理事长、河南省农史研究会会长、河南省乡镇经济学会会长、河南省科学技术史学会副会长等职。

1959年和1964年两次被授予河南省甲等农业劳动模范称号。从事教

谷子新杂交品种喜获丰收，张履鹏（右 2）在辉县
新庄试验基点与农民共尝新米（1964 年）

育工作后，研究领域也有扩展。先后共获省部级奖 18 项，出版专著 15 部，发表论文 41 篇。两次被授予河南省科技先进工作者。河南省财经学院优秀教师，市劳动模范。1992 年起，享受国务院政府特殊津贴。离休后享受厅局级离休待遇。

张履鹏（左 3）与同仁在考察谷子杂交品系特征（1964 年）

张子寅

张子寅（1921—2008），男，安徽省临泉县人，中共党员，历任河南省农业试验场、河南省农业科学院杂秋粮组组长、谷子研究室主任、副研究员，主要从事谷子种质资源、新品种选育、高效栽培技术研究。

一、学习工作简历

1950年张子寅毕业于河南大学农学系，兼任中国作物学会粟类作物专业委员会委员，河南省作物学会常务理事、副秘书长等职，主持学会日常工作十余年。主持选育了豫谷3号、豫谷6号，育成了矮秆、竖叶、举穗的郑谷737，获省级成果奖7项，其中，获得河南省科技发明博览会金奖1项，主持的临颍县万亩夏谷开发，获省政府三等奖1项，先后8次获省科协、中国作物学会和中国农学会先进工作者奖。主编的《谷子模式规范化栽培》《杂粮》《薏苡》等5本图书中，《谷子模式规范化栽培》获北方10省市优秀科技图书二等奖。在华北农业、济南全国谷子专业会议等处发表河南省谷子密植试验初步报告，加快矮化育种、发展谷子生产，带状种植，一年三收，种养结合，发展粮肉生产（合写）等论文十几篇。

二、主要工作业绩

（一）谷子资源征集、整理和保存

主要参与1957年农业部统一部署的农作物品种征集工作。经1957—1958年繁殖统计，共征集保存谷子品种资源2 452份，同时还征集了黍子、稷子资源近200份，荞麦140份，蜡烛谷、碱谷、薏苡等20余份。1962—1964年按照不同标准完成河南省谷子资源的初步分类。后经几次繁殖整理归并，1977年全省共保存1362份省内资源材料，1978年全部编入《中国品种资源目录》，中国农业科学院作物品种资源研究所主持的“中国谷子品种资源目录的整理与编写”项目，1980年获农业部技术改进奖一等奖，作物研究所（现粮食作物研究所）为参加单位。

（二）资源利用研究

1951—1952年参与了谷子资源的白发病、黑穗病和谷瘟病的抗性鉴定工作。参与了谷子品种资源抗谷瘟病鉴定，参与“七五”重点课题“粮食作物种质资源繁种和农艺性状鉴定”。20世纪50—60年代选出郑州8号、郑州12号等品系，1970年开始谷子杂交育种采用温室、海南冬春加代，南繁北育进行动态选择，提高品种生态适应性。应用辐射诱变，选育出郑青辐系列中间材料，采用梯形杂交，融合优良基因，经十年南繁北育，打破矮秆与早枯的连锁表现，选育出一批新品系和农艺性状好的矮秆、半矮秆，叶片上冲中间材料，促进矮化和株型育种，1995年获河南省科技发明博览会金奖。

（三）谷子品种筛选和新品种选育

主持农家品种的评选鉴定推广。1950—1970年主持农家品种的评选鉴定推广工作，选出华农4号、东风谷、白把子、磨里谷、开封隔墙塔、虞城大拔谷、民权青谷等谷子良种。推广一批优良农家品种，铁头碰、虞城大拔谷、孟津雀不食等品种推广面积均在100万亩以上。

杂交新品种选育研究。1976 年参与育成郑谷 2 号、郑谷 4 号姊妹系品种，郑谷 4 号 1978 年获河南省重大科技成果奖，郑谷 2 号 1980 年获河南省重大科技成果奖三等奖。主持育成豫谷 3 号是“七五”提交国家验收的夏谷新品种，1995 年主持育成耐旱耐瘠薄的豫谷 6 号，当年省内外推广 50 万亩以上。同期育成的豫谷 8 号“矮秆、竖叶、高产、高蛋白”夏谷新品种，属国内第一个矮秆、竖叶型高产谷子品种，适应性广，宜密植和机械化收割。

（四）良种引进和区域试验

主持和承担河南省谷子良种区域试验、华北夏谷区品种区域试验、河南省谷子品种旱地区域试验和华北区谷子品种适应性研究等，通过区域试验，引进鉴定推广的品种都发挥了较好作用。历年的实践证明，山东省、河北省中、南部的日照时间与生产条件与河南省接近，互相引种成功率较高。如 20 世纪 50 年代从华北农业科学研究所引进的华农 4 号、白把子、磨里谷，60 年代从山东农业科学院引进的昌潍 62、鲁谷 2 号、衡研 130、柳条青等品种在河南省有较大的推广面积。为了进一步研究豫谷 1 号的适应性，进行了两年的旱地区域试验，增加两个高海拔地区的试点，观察不同纬度、海拔的光温反应。坑（盆）栽耐旱涝观察，结果表明豫谷 1 号对光温反应迟钝、耐旱耐涝性较强，适应性广，可向北延伸推广。

（五）谷子栽培技术研究

主持开展谷子密植、播种期研究，明确河南省谷子种植行距、密度和留苗方式。1958—1963 年采用 3 个谷子品种分 14 个播种期进行研究。结果表明早熟品种从冬至到大暑均可播种，1992 年对丰产田品种间叶面积进行调查研究，结果表明品种间适宜密度差异大。1993 年进一步对紧凑型品系的密度进行研究，确定每亩 5 万株为丰产栽培的适宜密度。

（六）示范与推广开发

1982—1984 年与临颍县、农牧厅等协作进行谷子开发研究，获得省政府三等奖，在中国科协第二次全国代表大会上做了总结交流。80 年代末对“七五”“八五”推介的新品种及其配套增产技术设立专题，建立推广网络和良繁体系。利用一足（足墒下种）、二精（精量播种）、三增（增施肥料、配方施肥，增加密度，增加管理）、四改（改施氮肥为氮磷配比为 1：1，改双株稀植留苗为单株密植，改粗放管理为精细管理，改单一防治病虫害为综合防治病虫害）、五早（早播种 6/10 前、早中耕 6/18 号前、3-5 叶早间苗、7-8 叶定苗后早治虫、7 月上中旬早追磷肥、7 月下旬到 8 月上旬早追氮肥）配套增产栽培技术大面积示范推广。1994—1996 年在荥阳、汝州、伊川、虞城等地推广“八五”品种豫谷 6 号，与汝州市旱地办公室合作，打造出万亩无水浇旱地平均单产 300 千克的纪录。

三、主要成果和论著

（一）成果

1. 豫谷 3 号，1989 年河南省品种审定委员会审定，国家一级优质米，列为华北夏谷区大面积推广品种，到 1995 年种植面积达 290. 6 万亩。

2. 豫谷 6 号，1995 年河南省品种审定委员会审定，国家一级优质米，引种到十多个省区，推广面积在 500 万亩。

3.《谷子模式规模化栽培》（主编）获北方 10 省市优秀科技图书二等奖。

（二）品种

1. 豫谷 3 号，第一完成人。
2. 豫谷 6 号，第一完成人。
3. 郑谷 737，第一完成人。

（三）主要论著

1.《谷子模式规范化栽培》《杂粮》《薏苡》等图书（主编）。

2. 张子寅．谷子的优势和增产技术［J］. 河南农林科技，1981

(04)：9-10.

3. 张子寅．小米的主要营养成分与作用［J］. 河南农业科学，1985（12）：11-12.

4. 张子寅．小米黄酒的研制［J］. 农业科技通讯，1986（11）：35.

5. 杜连仲，薛本炜，张子寅．带状种植，一年三收　发展粮食生产［J］. 河南农业科学，1996（03）：11-13.

四、主要社会兼职与荣誉

历任河南省农业试验场、河南省农业科学院杂秋粮组组长、谷子研究室主任，中国作物学会粟类作物专业委员会委员，河南省作物学会常务理事、副秘书长等职，主持学会日常工作十余年。

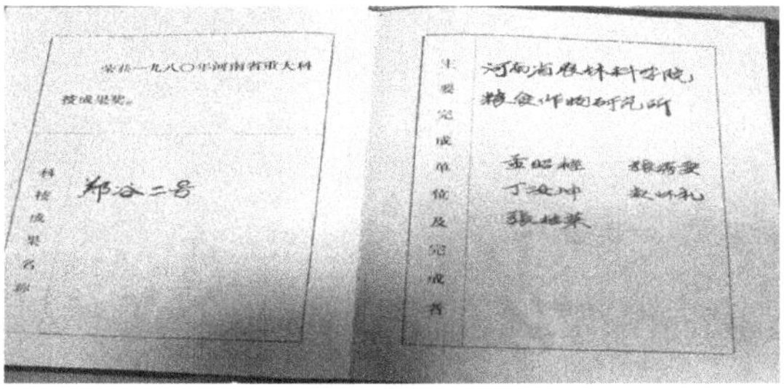

主持完成的重要活动或重要成果照片

骆丽轩

骆丽轩（1926—1986），男，北京人，高级农艺师，河南省安阳市农业科学研究所谷子研究室主任，主要从事谷子育种与栽培研究、大型农场勘察及设计建厂规划等；精通日语和英语。

一、学习工作简历

（一）学习经历

1926 年 10 月出生于北京市。1939 年 8 月至 1942 年 8 月在北京辅仁大学附中学习；1942 年 9 月至 1945 年 3 月在北京产研农业技术人员养成所学习。

（二）工作经历

1949 年 3 月至 1956 年 11 月在国营博爱农场工作。1956 年 11 月到新乡农业合作干校担任教员；1958 年 11 月至 1962 年 6 月在安阳市农业合作干校担任教员；同年调到河南省安阳市农业科学研究所从事谷子遗传育种与栽培技术研究，1963 年任谷子研究室主任，1986 年 4 月去世。

二、主要工作业绩

骆丽轩是去南繁工作较早的科研人员，自河南农业大学吴绍骙教授提出南繁加代玉米育种理论后，1968 年便带领谷子科研人员下海南三亚育种，加快了谷子新品种选育速度。

在河南省安阳市农业科学研究所工作期间，主持承担了国家重点攻关课题，谷子品种资源的征集、保存、整理、鉴定、利用研究，以及谷子新品种选育。从农家种和品种资源中直接鉴定或评选出的优良品种有安革 2 号、安革 5 号、黄粘谷、青秆刀把齐、六月鲜、胎黄谷、鹌鹑头、青苗老鸹嘴、疙瘩头等。其中胎黄谷参加两年河南省区域试验表现最佳，在安阳地区和河南省推广面积最大。

主持选育的安革 1 号、安革 4 号、安革 6 号、安谷 30 和安谷 17 表现较好，其中安谷 30 经 1974 年河南省区域试验表现较优，在林县、洛阳地区大面积推广。安谷 17 曾在新乡农业科学研究所 1975 年的区域试验中产量居供试品种之冠。安革 3 号，自 1971—1976 年累计推广面积超过百万亩以上，曾编入中国农业科学院和河南省成果汇编，并于 1978 年春荣获河南省重大科技成果奖。

1972 年，骆丽轩等开始辐射诱变和杂交育种技术研究工作，探索了谷子辐射的有效剂量，为突变系的选拔提供了方法和经验。

主持选育的豫谷 1 号，1983 年 12 月获河南省重大科技成果奖一等奖，农牧渔业部技术改进奖一等奖，1988 年获国家科技发明奖二等奖。豫谷 1 号（原名安 316）是河南省安阳地区农科所于 1974 年采用日本 60 日作母本、土龙作父本进行同源杂交，连续五年安阳、海南两地交替选育，历经 7 个世代，于 1979 年春在海南出圃。1983 年 3 月经河南省农作物品种审定委员会审定，命名豫谷 1 号。豫谷 1 号具有株型直立，叶片上冲，穗脖短、下垂度小，透光性好耐密植、抗病性强等特点。在 1980—1983 年四年的华北区、河南省和安阳地区三级五次区域试验中，参试品种采用模糊数学进行综合评判，其抗倒能力为 1.33 级，基本解决了华北夏谷区谷子生产上的大面积严重倒伏问题；在华北区域试验中通过采用模糊数学对各参试品种谷锈病、谷瘟病和叶斑病抗性进行了综合评判，其抗病指数为 1.80，而一般品种抗病指数在 2.13～3.72。豫谷 1 号光温反应迟钝，适应范围广，在北纬 18°～44°、东经 80°～125°的广大区域都能种植，是当时华北夏谷区和东北大连市春谷区的主栽品种。1982

年已引种到全国 24 个省、市和自治区，1986 年全国种植面积为 654 万亩，累计种植面积为 1 744.6万亩，新增总产量 108.64 万吨。豫谷 1 号适口性好，小米食味醇香，被评为全国一级优质米。

参与选育的谷子品种豫谷 2 号 1991 年荣获国家计委、科委、财政部联合颁发的国家“七五”攻关重大科技成果证书，且荣获河南省科技进步奖二等奖。

三、主要成果和论著

（一）获奖成果

1. 安革 3 号，获河南省重大科技成果奖，1978 年。

2. 谷子新品种豫谷 1 号，获得河南省重大科技成果奖一等奖，农牧渔业部技术改进奖一等奖，1983 年；国家科技发明奖二等奖，第一完成人，1988 年。

3. 高产多抗谷子新品种豫谷 2 号，获国家“七五”科技攻关重大成果及河南省科技进步奖二等奖，第四完成人，1991 年。

（二）品种

1. 豫谷 1 号，第一完成人，1983 年。

2. 豫谷 2 号，审定编号 890035-2，主要参加人，1989 年。

（三）论文

1. 骆丽轩，路长安．谷子新品种——安 316［J］. 河南农林科技，1982（4）：19.

2. 骆丽轩，贾怀珍，王润生．不同氮磷配合比例对夏谷产量的影响［J］. 河南农林科技，1984（3）：16-17.

路长保

路长保（1938—1993），男，中共党员，河南省林州人，安阳市农业科学院研究员，主要从事谷子新品种选育及推广应用研究。

一、学习工作简历

（一）学习经历

1950 年 9 月 18 日出生于河南省林州市横水镇南庄村，1948—1959 年就读于本村小学、横水乡完全小学和林县第一中学，1959—1963 年就读于河南农学院农学系。

（二）工作经历

1963 年 8 月被分配到原安阳地区农业科学研究所，在杂粮组从事谷子专业研究至 1970 年，期间三次住基点并以服务社会中心工作为主。1970 年秋到 1972 年底从事高粱科研，1973 年 1 月重返谷子专业从事育种工作。1981 年以后，路长保同志先后晋升为助理研究员、副研究员和研究员，1985 年被任命为谷子研究室主任，1986 年以后主持的谷子新品种选育课题，被列入国家“七五”和“八五”重点科技攻关项目。

二、主要工作业绩

20 世纪 60 年代，他深入农村积极调研，了解谷子等生产现状，帮助和指导农民科学种田、培训科技队伍，总结丰产经验。曾多次长途奔波于山西的长治、吕梁山区，河北的石家庄、张家口，内蒙古的赤峰、昭乌达盟，东北的黑龙江、吉林及山东和河南省各地，收集整理了近千份谷子原始资料，充实了本单位谷子基因库，为育种的更大发展奠定了新的基础。先后 15 次奔赴海南岛、云南西双版纳南繁加代，对加快谷子育种进程起到了关键性作用。为了精确掌握育种材料的特性，天刚蒙蒙亮，他就带着计划书到试验田观察、评选；为了确保试验质量，他经常带着鸟枪和工人一道看鸟。1972 年 2 月海南加代正值定选阶段，突然收到家中急电“母亲病故速归”，他强忍着丧母的极大悲痛，以顽强意志坚持到圆满完成任务。30 年如一日，他用辛勤和汗水换来了丰硕的成果，换来了人们的敬重。主要业绩如下：

（一）新品种选育方面

1. 安 221

1975 年春于海南出圃选育而成，1975—1978 年所内三年、全区两年、华北区一年联合试验，表现位列排前，适宜中上等肥力地区夏播种植。1980 年获得河南省重大科技成果四等奖，为主要完成人。

2. 豫谷 1 号

1979 年育成，1980—1983 年通过了华北、河南省、安阳地区三级区试，在 4 年 5 次 126 个试点中，平均亩产 300. 4 千克，较对照新农 761 平均增产 20. 03%，居 44 个参试品种之首，荣获五连冠。水肥地块一般亩产 300~450 千克，最高单产 576 千克。该品种株型直立，叶片上冲，高产、稳产、抗旱耐涝、适应范围广，品质优良，被评为全国一级优质米。1982 年已经推广到全国 24 个省、市、自治区，1986 年全国种植面积 654 万亩，为华北区最佳谷子良种，亦是东北春谷区辽宁南部的主栽品种，到 1988 年全国累计种植面积 2 800万亩，净增粮食 152 万吨，是新中国成立后种植面积最大、经济效益最高的一个谷子优良品种。1983 年荣获河南省重大科技成果一等奖及国家农牧渔业部科技改进奖一等奖，1988 年荣获国家发明二等奖，路长保在豫谷 1 号的选育研究、推广应用中起到了重大作用，做出了突出贡献。

3. 豫谷 2 号

在国家“七五”科技攻关中，他带领科研人员又选育出了在抗锈、抗倒、结实性、商品性等方面明显优于豫谷 1 号的新品种，并在历次试验中较豫谷 1 号表现增产，出色完成了攻关任务。1989 年河南省审定命名，1992 年河北省认定。1991 年荣获河南省科技进步奖二等奖，并荣获国家计委、科委、财政部联合颁发的国家“七五”科技攻关重大成果荣誉证书。

4. 豫谷 5 号

“八五”科技攻关阶段，在病重期间还多次亲临试验地指导和培养青年科研人员。1992 年又一个新品种豫谷 5 号通过河南省品种审定，1993 年全国审定命名为 GS 豫谷 5 号。鉴于豫谷 1 号、豫谷 2 号、豫谷 5 号三个品种在华北区试中的优异表现，使安阳市农业科学研究所获得了华北谷子大协作区“三连冠”的称号，使安阳农科所的谷子育种研究跃居全国领先地位。1998 年豫谷 5 号获得河南省科技进步奖二等奖，河南省农科系统一等奖。

（二）为丰富亲本库源，选育、鉴定、筛选出一批优良亲本

培育评选出一批早熟、结实性好、抗逆性强的育种中间亲本材料，如安 441、安 472、安 4254、安 096、安 5262、安 1097、安 4073、安 4133 等常用骨干品系；培育出一批矮秆稳定的后代中间材料，如安矮 1、安矮 2……安矮 8、安矮 9 等及株型直立、叶片上冲的特殊类型材料，丰富了矮化育种的材料基础，为摘掉谷子低产、秆高易倒之帽子发挥重要作用。

筛选鉴定出一批遗传力强、配合力高的材料。如日本 60 日、北京 2122、土龙、打 D-J、小柳根、张矮、鲁谷 2 号、大同黄、新农 691、大毛黄、安 3、胎黄、六月鲜、安 441、安 472、安 30、备战谷等稳定材料 17 个，用之育成的优良新品种在生产上大面积推广应用。

（三）在育种方法上创新

最早南繁时创新性地把杂种第一代拿到海南岛锻炼驯化，提高变异频率、适应能力和优良种性；在亲本组配方面，采用同源亲本异地杂交的新方法，选育出突破性品种“豫谷 1 号”，充实了育种理论，是育种史上一个成功的创新。

三、主要成果和论著

（一）获奖成果

1. 安 221 谷子新品种选育，获得河南省重大科技成果四等奖，1980 年，主要参加人。

2. 谷子新品种豫谷 1 号，获得河南省重大科技成果一等奖、农牧渔业部技术改进奖一等奖，1983 年；豫谷 1 号的选育，获得国家发明二等奖，1988 年，第 2 发明人。

3. 豫谷 2 号谷子新品种选育，1991 年获得国家计委、科委、财政部联合颁发的国家“七五”攻关重大科技成果荣誉证书，并获得安阳市科技进步奖一等奖、河南省科技进步奖二等奖，第 1 完成人。

4. 高产、多抗、优质谷子新品种 GS 豫谷 5 号，获得河南省科技进步奖二等奖，1998 年，第 1 完成人。

（二）品种

豫谷 1 号，河南省审定，第 2 完成人。

豫谷 2 号，审证字第 890035-2 号，第 1 完成人。

GS 豫谷五号，审证字第 9207 号，GS04003-1993，第 1 完成人。

（三）论文

路长保．从豫谷 1 号、2 号的选育探讨谷子育种的关键措施［M］．李东辉．谷子新品种选育技术．西安：天则出版社，1990：116-118.

四、主要社会兼职与荣誉

（一） 社会兼职

第七届、第八届河南省人民代表大会代表；中国共产党安阳市第六次代表大会代表。

河南省作物学会会员；中国作物学会粟类作物专业委员会会员。

（二） 荣誉

1985 年，加入中国共产党。数次被评为安阳市农科所先进工作者和优秀共产党员。

1982 年安阳地区劳动模范；1986 年安阳市先进工作者；1989 年安阳市劳动模范。

1983 年河南省先进科技工作者；1989 年河南省劳动模范；1990 年河南省优秀专家。

1990 年国家有突出贡献的中青年专家；1991 年起享受国务院政府特殊津贴。

孟昭桂

孟昭桂（1935— ），女，中共党员，河南省商丘人，中专，河南省农业科学院粮食作物研究所副研究员，1978 年以后主要从事谷子品种资源的征集整理、种质创新、谷子辐射育种、矮秆品系的筛选评价、新品种选育及栽培技术研究工作。

一、学习工作简历

1950 年参军入伍，1950—1952 年在商丘地委工作，1952—1955 年在郑州农校农学专业上学，1956 年加入中国共产党，1955—1995 年在河南省农业科学院工作，副研究员，1968—1979 年任作物组组长，曾任河南省农业科学院作物研究所副所长，谷子研究室主任。

主持国家“七五”“八五”科技攻关子课题，选育出矮源、抗锈源被育种单位应用。主持和参加培育出郑谷 2 号等优质高产品种在生产上推广应用，获河南省部级奖励 7 项，发表谷子科研论文 10 余篇。

二、主要研究经历与贡献

（一）品种资源

1. 谷子资源征集、整理、保存、利用研究

1955 年参与征集保存谷子品种资源 544 份，1957 年在农业部的统一部署下，全省开展了农作物品种征集工作。1955—1967 年保存整理谷子、绿豆等品种资源 2 452份，按照谷子品种资源的性状进行初步的分类分析，1978 年河南省谷子品种资源全部入《中国谷子品种资源目录》（009657—011018），中国农业科学院作物品种资源研究所主持的“中国谷子品种资源目录的整理与编写”1980 年获农业部技术改进奖一等奖（作物研究所为参加单位）。2007 年 9 月孟昭桂等到渑池县征集到南坻坞贡米 4 份。

2. 资源利用研究

1951—1952 年参与谷子资源的白发病和黑穗病鉴定工作，1978 年以后从事谷子种质资源创新工作，主持国家“七五”“八五”科技攻关子专题，承担谷子优质新品种选育、亲本材料创新两个子课题工作，选出矮源、抗锈源被国内兄弟育种单位应用，从中选出的郑 737 青大面积推广应用。同时开展了郑 737 青、矮 88、豫谷 3 号、郑 53 等品种（系）的提纯繁殖工作，完成了“八五”品种资源（优质材料）繁种入库工作。1983 年起参加中国农业科学院作物品种资源研究所和吉林省植物保护研究所主持的谷子品种资源抗谷瘟病鉴定，河南省 1 468份材料参加鉴定，鉴定出苗期高抗材料 22 份。参与“七五”重点课题“粮食作物种质资源繁种和农艺性状鉴定”，协助完成河南 1 362份谷子资源的繁种、农艺性状、谷瘟病、品质及抗谷锈病鉴定（中抗 4 份、高抗 6 份）。完成“八五”入库 120 份亲本材料分析鉴定。1997 年对 110 份谷子优异种质资源生态适应性鉴定，鉴定出 15 份综合表现优异的材料，14 份适应性好、可利用价值大的材料，15 份有突出优点可作为中间材料的种质资源。2000 年参加全国高抗谷锈病的材料综合性状联合鉴定，对创新高抗谷锈病的材料进行综合

性状联合鉴定，通过田间表现、室内考种、选种圃鉴定，选出高抗谷锈病和其他性状符合合同要求的优异材料611个。

3. 种质资源创新与利用研究

1970年始，利用^{60}Co-γ射线、热中子、EMS等处理干种子、萌动种子及穗分化时期的植株。诱变和杂交相结合，处理早代提高突变率，重视自然突变体的选择。与省内外植保学科协作，采用人工接种与重病区自然鉴定相结合，温室苗期鉴定与田间成株期鉴定相结合，确保鉴定的稳定性和准确性。创新与研究利用同步，边观察、边研究、边利用。经过近30年努力，选出一批具有不同株高、不同遗传特点、不良性状较少的矮源新种质和具有不同遗传背景、高抗谷锈病，抗性稳定、农艺性状较好的抗锈新种质及大量丰产优质具有多抗性的优异中间亲本，叶片上冲、结实性好的株型材料。创新材料的种类、数量、抗性等级及农艺性状居国内领先地位。经育种实践应用表现好的有：矮秆新种质郑矮2至6号、郑407等，郑抗锈1至8号等9个抗锈新种质，7429B、郑474、330红、78r郑4、郑737、郑8725等一批丰优、株型紧凑的材料，成为豫谷3号、豫谷6号、豫谷8号、豫谷10号的主要亲本。

（二）品种选育与栽培研究

1. 农家品种的评选鉴定推广

河南省农家品种丰富，为了择优推广提高谷子产量，1950—1970年，参加本单位组织的农家品种评选鉴定工作，利用鉴定、调查整理、系统选育等方法，评选出一批优良农家品种。主要参与筛选出铁头碰、虞城大拔谷、孟津雀不食等品种在河南省大面积推广，推广面积在100万亩以上；开封刀把齐、林县胎黄谷、商丘二糙、杞县黄苗二糙、青秆刀把齐、开封隔墙搭、麦茬糙等推广面积在10万亩以上；筛选出的早熟品种有孟津七叶糙、安阳六月鲜和洛阳齐头黄等，晚播救灾品种有民权青谷、息县寒粟等。

2. 新品种选育研究

20世纪50—60年代参与新品种选育工作，由华农4号×白把子后代中选育出郑州8号、郑州12号等品系，分蘖力强，在豫东兰考、中牟等地种植，后因不抗白发病未能大面积推广。1970 年开始，采用温室、海南冬春加代，南繁北育进行动态选择，提高品种生态适应性。选出一批新品系和农艺性状好的矮秆、半矮秆，叶片上冲的中间材料。其中 81407 组合（水里混×豫谷 1 号）是一个很好的矮源，为选育高产品种奠定了基础。应用辐射诱变，选出郑青辐系列中间材料，通过有性杂交，选育出一批夏谷新品种。1976 年育成郑谷 2 号、郑谷 4 号，1989 年 4 月育成的豫谷 3 号通过河南省审定，1995 年育成高产、抗倒伏、抗旱 1 级、耐病品种豫谷 6 号（78r 郑 4×7519），当年省内外推广 50 万亩以上。同期育成的豫谷 8 号“矮秆、竖叶、高产、高蛋白”夏谷新品种，属国内第一个矮秆、竖叶型高产谷子品种，适应性广，宜密植和机械化收割。2000 年作为主要育种人育成豫谷 10 号。

3. 良种的引进和区试

20 世纪 50 年代从华北农业科学研究所引进的华农 4 号、白把子、磨里谷，60 年代从山东省农业科学院引进的昌潍 62、鲁谷 2 号、衡研 130、柳条青等品种在河南省有较大的推广面积。1983—1984 年主持豫谷 1 号的特性、发育规律、栽培技术配套研究及应用，豫谷 1 号在两年水浇地条件下增产突出。为了进一步研究它的适应性，又进行了两年的旱地区域试验，增加两个高海拔地区的试点，观察不同纬度、海拔的光温反应。坑（盆）栽耐旱涝观察，结果表明豫谷 1 号对光温反应迟钝、耐旱耐涝性较强，适应性广，可向北延伸推广。1983 年省内外推广 134 万亩，增产谷子一亿斤以上，1984 年在豫、冀、鲁统计推广 353. 25 万亩，创造了巨大经济效益。

4. 谷子栽培技术研究及推广

参加谷子密植、播种期研究、间作施肥研究、谷子需水研究及劳模经验总结和推广。1956—1957 年进行谷子间作豆类实验，结果表明间作有稳产、养地、增收等作用，间作方式以三行谷子一行豆类较好。1981 年开展了品种、密度、肥料复因子试验。参与 1983—1984 年（坑栽、盆栽）谷子需水规律的试验，谷子 3~4 叶期要求土壤持水量 50%~60%，促生永久根发育；拔节期保持 50%左右利于蹲苗；孕穗、抽穗期 70%~80%为宜；开花至盛花期逐渐降低到 50%左右，以达到多粒籽饱。在壮苗基础上，土壤保持50%的田间持水量蹲苗直到12片叶后再浇孕穗水，可达到既防倒伏又能增产的目的。还开展了“郑737青”矮88、郑8725的密度试验，总结小麦、谷子高产栽培技术，筛选出大拔谷在河南省大面积推广；1968—1979年任作物组组长，克服重重困难，除坚持谷子育种课题外，还建立了生物技术和油菜两个课题，开展小麦高稳低栽培技术研究，并承担河南省主要农作物新品种的推广工作；主持参加的小麦高稳低栽培技术，郑引1号，郑单1号、郑单2号，郑谷2号、郑谷4号，郑油1号等获得国务院、省、部重大成果奖。1995年与农牧厅合作进行示范推广，完成“八五”攻关示范规模，豫谷6号和郑737青分别推广20万和6万多亩，汝州市豫谷6号示范样板田，万亩样板田亩产228千克，4个千亩样板田亩产251~290千克，7个百亩样板田亩产302~328千克，最高亩产503千克，完成“七五”“八五”攻关子专题任务。1990年对谷子、玉米间作进行试验，但效果不理想。同年进行谷子专用微肥、植物生产调节剂试验，增产效果明显。

5. 学习和总结劳模经验并推广

20世纪60年代前往温县向全国农业劳动模范张图书学习种谷经验。总结出秋冬山药茬深翻土地并结合施粗肥，谷雨后播种、深开沟、浅覆土，行距1.5尺（50厘米），播幅4寸（约合13.33厘米）。苗期3叶间苗，5叶定苗，每亩3.5万株左右。田间管理以锄（扎谷）由浅到深，播种后45天左右应由“控”进入“促”的阶段。孕穗后期浇一次抽穗水。

三、主要研究成果

1. “郑谷4号”1978年获河南省重大科技成果奖，获评国家一级优质米，推广面积100万亩以上。

2. “郑谷2号”1980年获河南省重大科技成果奖（第一完成人），获评国家一级优质米，推广面积100万亩以上。

3. “谷子新种质创造与利用研究”2000年获河南省科技进步奖二等奖（第三完成人）。

4. “豫谷3号选育与推广”，1996年获河南省科技进步奖三等奖（第六完成人）。

5. “郑谷 2 号、4 号推广应用”（与种子公司合作）获河南省农口改进奖。

6. “中国谷子品种资源目录的整理与编写”（参与整理编写），1980 年获得农业部技术改进奖一等奖。

7. 参与的“郑引 1 号的示范推广”“郑单 2 号的选育”“郑油 1 号的引进观察鉴定”，均获得国家和河南省重大科技成果奖。

四、主要论著

1. 孟昭桂．郑谷四号及其栽培技术要点［J］．河南农林科技，1980（05）：9.

2. 孟昭桂．不同土壤含水量对夏谷生长发育的影响［J］．河南农业科学，1986（05）：9–11.

3. 孟昭桂，丁汝坤，齐敏学，季元甫．谷子高产品种选育的探讨［J］．河南农业科学，1988（02）：1–3.

4. 丁汝坤，孟昭桂．提高谷子突变育种效率的几个问题［J］．河南科技，1988（07）：1–2.

5. 孟昭桂，齐敏学，丁汝坤，焦新海．谷子郑矮 2 号矮秆基因的遗传研究［J］．河南农业科学，1990（01）：1–3.

6. 齐敏学，孟昭桂．矮秆竖叶型谷子——郑 737 青［J］．农家参谋，1995（02）：14.

7. 孟昭桂，齐敏学，卫丽，焦新海．夏谷新品种豫谷 6 号的选育［J］．河南农业科学，1996（06）：11–12.

8. 齐敏学，孟昭桂，卫丽．矮谷新品系——郑 737 青及其栽培技术［J］．河南农业科学，1996（07）：39.

9. 孟昭桂，卫丽．谷子抗倒突变体 78γ 郑 4 的选育［J］．作物杂志，1996（02）：25.

10. 孟昭桂，齐敏学，卫丽．河南省谷子诱变育种的成就［J］．核农学通报，1997（04）：12–14.

11. 孟昭桂，卫丽．高产优质谷子新品种豫谷6号［J］．农村百事通，1997（02）：24-25.

12. 卫丽，孟昭桂，齐敏学，丁勇．谷子矮源郑矮2号种质的创新［J］．作物杂志，1998（05）：29.

13. 卫丽，孟昭桂，程相武．谷子开花习性与结实率关系的研究［J］．中国农学通报，1999（03）：79-80.

14. 李君霞，杨国红，卫丽，孟昭桂．谷子冬播技术试验［J］．中国种业，2007（12）：52-53.

15. 李君霞，杨国红，孟昭桂，范艳萍，卫丽．谷子育种中的株型结构源、优质源和抗源的创新［J］．作物杂志，2008（12）：108-110.

五、主要社会兼职

兼任河南省核学会理事、河南省秋作物审定委员会委员等职。

谷子专家孟昭桂（左1）

“谷子新种质创造与利用研究”获奖证书

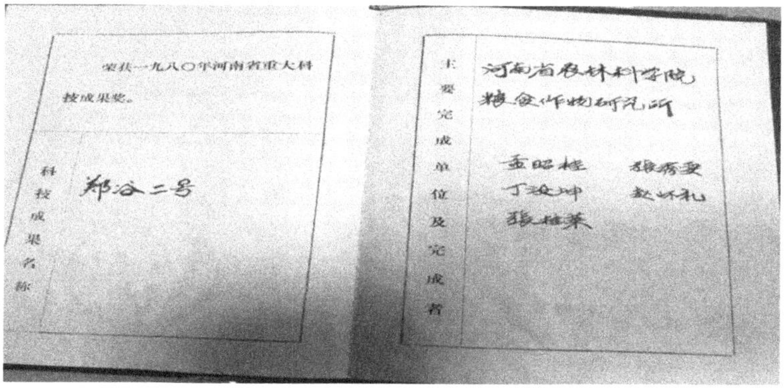

“郑谷 2 号”获河南省重大科技成果奖

丁汝坤

丁汝坤（1940—1995），男，河南省永城县（今永城市）人，河南省农业科学院粮食作物研究所副研究员，主要从事谷子新品种选育和亲本创新研究。

一、学习工作简历

1964 年北京农业大学农学系毕业。1964 年在河南省农业厅经作处任技术员；1972—1995 年在河南省农业科学院粮食作物研究所工作，先后任技术员、助理研究员、副研究员。1987 年任郑州市金水区第二届政协委员；1989 年任谷子研究室副主任；1992 年任河南省作物学会第五届理事；1993 年任中国原子能农学会理事。发表谷子研究相关省级以上论文 9 篇，其中第一作者 7 篇。“郑谷 4 号选育与推广” 1978 年获河南省重大科技成果奖；“郑谷 2 号选育与推广” 1980 年获河南省重大科技成果奖三等奖；“郑谷 737 青”获 1995 年河南省第八届发明展览会金奖；“豫谷 3 号选育与推广” 1996 年获河南省科技进步奖三等奖。另获河南省“三农”科技进步三等奖 2 项，河南省农科系统科技成果二等奖 1 项。

二、主要研究经历与业绩

1. 谷子资源征集、整理、保存、利用研究

1972年开始从事谷子育种20多年，参与谷子品种资源征集、分类、进行繁殖保存，选优利用研究。参加完成国家及河南省“六五”“七五”谷子科技攻关项目、河南省农业科学院重点项目及国家、河南省新品种区域试验和生产示范试验。参与1983年由中国农业科学院作物品种资源研究所和吉林省植物保护研究所主持，全国协作进行谷子品种资源抗谷瘟病鉴定，参与“七五”重点课题“粮食作物种质资源繁种和农艺性状鉴定”，协助完成河南1 362份谷子资源鉴定工作。

2. 谷子新品种选育及推广

先后主持或参加选育推广郑谷2号、郑谷4号、豫谷3号、豫谷1号、郑谷737青等高产、稳产、优质谷子新品种。郑谷2号、郑谷4号、豫谷3号高产、稳产、优质，为河南省主要推广品种。郑谷737青矮秆竖叶、举穗、高产、优质、耐密，亩产500千克不倒，是谷子育种上的一次重大突破，居国际领先水平。主持选育出郑矮1号、郑矮2号、郑矮3号、79080等矮秆抗到材料，郑33和郑53等半矮秆新品系，为矮化育种提供了矮源。积极参加郑谷2号、郑谷4号、豫谷1号、豫谷3号等新品种的示范推广，累计面积达900万亩。

3. 育种改良与栽培技术研究

1986年研究了H_2O_2对夏谷休眠种子发芽率的影响，为夏谷在河南加代、分期播种、授粉杂交提供依据。撰写《夏谷的突变育种》《谷子线虫病的田间识别和防治》《河南谷子矮源及其选育》《谷子高产育种探讨》《H_2O_2打破谷子休眠期的研究》《豫谷3号的生产特点及栽培技术》《郑矮2号的发现及遗传分析》等8篇论文，对指导谷子育种和生产发挥了积极作用。

三、主要研究成果

1. “郑谷4号选育与推广”1978年获河南省重大科技成果奖。

2. “郑谷 2 号选育与推广” 1980 年获河南省重大科技成果奖三等奖。

3. “郑谷 737 青” 获 1995 年河南省第八届发明展览会金奖。

4. “豫谷 3 号选育与推广” 1996 年获河南省科技进步奖三等奖。

四、主要论著

1. 丁汝坤．谷物多用沟播犁［J］. 河南农林科技，1980（05）：15-16.

2. 丁汝坤．过氧化氢对夏谷休眠种子发芽率的影响［J］. 河南农业科学，1987（06）：3-4.

3. 丁汝坤．谷子线虫病的田间识别与防治［J］. 河南农业科学，1987（08）：36-37.

4. 孟昭桂，丁汝坤，齐敏学，季元甫．谷子高产品种选育的探讨［J］. 河南农业科学，1988（02）：1-3.

5. 丁汝坤．夏谷突变育种成效显著［J］. 河南农业科学，1988（02）：41.

6. 丁汝坤．河南谷子矮源及其选育［J］. 河南农业科学，1988（07）：1-2.

7. 丁汝坤，孟昭桂．提高谷子突变育种效率的几个问题［J］. 河南科技，1988（07）：1-2.

8. 丁汝坤．改进谷子有性杂交技术［J］. 河南农业科学，1989（08）：21.

9. 孟昭桂，齐敏学，丁汝坤，焦新海．谷子郑矮 2 号矮秆基因的遗传研究［J］. 河南农业科学，1990（01）：1-3.

五、主要社会兼职

1987 年任郑州市金水区第二届政协委员；1992 年任河南省作物学会第五届理事；1993 年任中国原子能农学会理事。

丁汝坤（左5）在田间

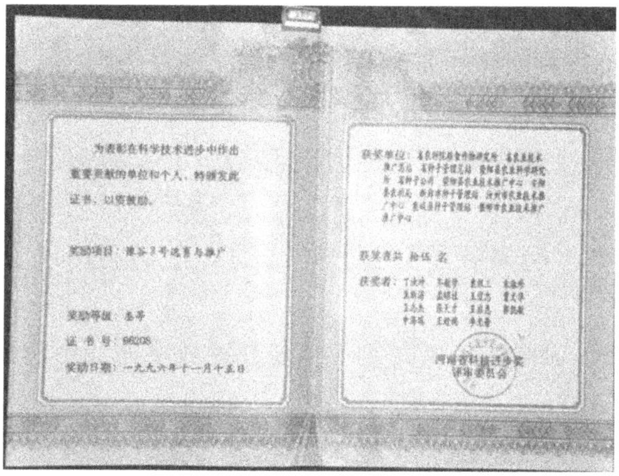

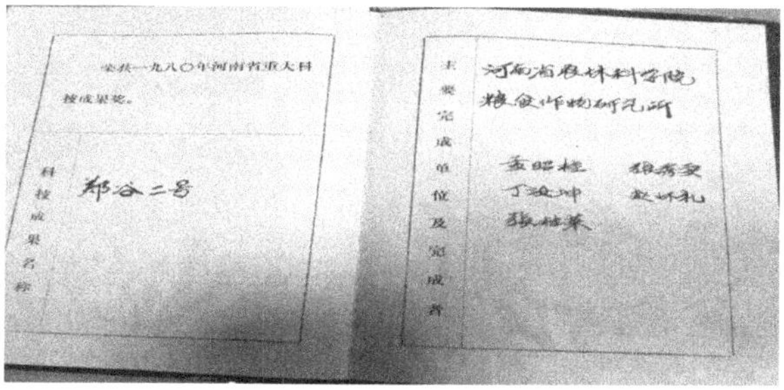

重要成果与荣誉

齐敏学

齐敏学（1937—2019），中共党员，河北省高阳县人，河南省农业科学院粮食作物研究所，副研究员，主要从事谷子种质资源评价、新品种选育及栽培技术研究。

一、学习工作简历

1952—1955 年新疆乌鲁木齐市第一高中，1952 年在新疆哈密初级中学入团，1959 年 9 月西北农学院农学专业毕业。1980 年 10—12 月在江苏省农业科学院参加农业部举办的遗传育种学习班，1984—1985 年在河南省农业科学院参加英语学习班。

1959 年 9 月至 1962 年 5 月在宁夏固原地区农校任教，1962 年 6 月至 1979 年 12 月宁夏固原地区农业科学研究所工作，1976 年 10 月在宁夏固原地区农业科学研究所加入中国共产党，1979 年到河南省农业科学院工作。1981 年河南省农业科学院授予助理研究员，1981 年任河南省农业科学院技术职称评定委员会委员。1987 年任谷子研究室主任，中国作物学会核农学会会员。获得主要成果“高产多抗夏谷新品种豫谷 6 号”1997 年获得河南省科技进步奖三等奖；“谷子新种质创造与利用研究”获得 2000 年河南省科技进步奖二等奖；“豫谷 3 号选育与推广”1996 年获得河南省科技进步奖三等奖；“临颍万亩夏谷开发研究”获得河南省推广二等奖，“郑谷 2、4 号的推广应用”获河南省“三农”三等奖；“豫谷 1 号特性、发育规律、栽培技术研究及应用”获河南省“三农”三等奖。参与编写著作 5 部，发表论文 10 多篇。

二、主要工作业绩

（一）谷子资源征集、整理、保存

参与 1979 年以后品种资源的收集及整理工作，河南省农业科学院 1979 年将各地市农科所保存的资源全部收回，统一进行研究保存，截至 1985 年共有品种资源 1 476份。后陆续分批补遗及新种质资源后续编目入库，1985—1990 年 120 份（020441－020560），1991—1995 年 144 份（024169-024312），1996—2000 年 103 份（027081-27183）。1981—1984 年全国统一编写《中国谷子品种志》，河南 32 个谷子品种入志。1991、1996、2001 年结合国家中期库建设和省院种质资源库建设对保存谷子资源普繁。

（二）资源利用研究

参与 1983 年起由中国农业科学院作物品种资源研究所和吉林省植物保护研究所主持，全国协作进行谷子品种资源抗谷瘟病鉴定工作，鉴定出苗期高抗谷瘟病的品种 22 个。参与“七五”重点课题“粮食作物种质资源繁种和农艺性状鉴定”，协助完成“八五”谷子高产新品种选育、谷子亲本创新、谷子资源编目及入库 120 份亲本材料分析鉴定。1997 年对 110 份谷子优异种质资源生态适应性鉴定，1998 年鉴定 162 份优异种质，2000 年参加全国高抗谷锈病的材料综合性状联合鉴定，对创新的高抗谷锈病的材料进行综合性状联合鉴定，通过联合鉴定为有效利用优异的材料提供了重要物质基础和前提。

（三）品种选育与示范推广

在谷子新种质创造及利用方面，参与郑矮 2 号矮秆基因遗传及利用研究，选育出郑 407 半矮秆新矮源及 80r46、87r01、87r02 矮秆品系，通过部级鉴定，利用郑 407 等新矮源育成郑 737 一批低秆、抗倒伏品系进行产量试验。创造筛选出的一批谷子新矮源、新抗源为我国谷子矮化株型育种做出重要贡献。参加谷子抗锈性鉴定及抗原筛选：筛选出郑抗 1、郑抗 2 两个新抗源和十多个抗锈亲本，利用创造的种质资源，主持选配组合 1 700余个，育成郑 081、郑 037、郑 289 等一批不同类型中间材料，1992 年主持转育成 3 个夏谷半矮秆 ch 型显性核不育系郑 407A 抗锈、矮秆、丰优轮选群体，增加了谷子杂交育种和种质创新的有效手段，1996 年参加“九五”攻关任务“粟类优良种质评价与利用研究”“夏谷育种材料及方法研究”子专题。

主要从事谷子新品种选育、种质创新和品种推广工作。1980—1982 年，通过谷子杂交选种圃计划、田间实施及海南、温室加代繁殖，选育出 7260 西、7429B 谷子新品系，通过河南省区试。1991 年对谷子进行了化学杀雄研究。1992 年在海南对郑谷 2 号、郑谷 4 号等杂交后代材料进行温光反应、分离观察选种，同年在郑州种植试验，结果表明在三亚选择有效。

1980—1984 年，参与郑谷 2 号、郑谷 4 号推广应用、临颍县万亩夏谷高产开发等谷子种植示范推广工作，其中郑谷 2 号、郑谷 4 号累计推广 368 万亩，获得河南省“三农”三等奖。参与的临颍县万亩夏谷高产开发项目，亩产 260. 8 千克，产量一年翻一番，获河南省政府三等奖。1983—1991 年，主持豫谷 3 号（郑 137）、豫谷 6 号（郑 821）、郑 413 新品种（系）的选育，“七五”通过国家验收，获河南省农科系统二等奖；豫谷 3 号在 1985—1988 年多点联合鉴定试验中的河南省区试和华北预备试验中，连续四年产量均居第一位。豫谷 6 号 1992 年参加河南省区试产量居第一位。

（四）栽培研究

1981 年开展了谷子品种、密度、肥料复因子试验。1990 年对谷子、玉米间作进行试验，但效果不理想。同年进行谷子专用微肥、植物生产调节剂试验，增产效果明显。1983—1984 年开展（坑栽、盆栽）谷子需水规律的试验，沟播谷、精量机播研究，齐敏学撰写的“丰产、省工的沟播谷子”入选河南科学技术出版社《河南农作物科研成果选编》。20 世纪 70 年代安阳专区农业科学研究所研制的滚筒播种器，在巩县向阳大队召开谷子现场会上进行推广。1982—1983 年与安阳县协作进行小型播种机精量机播研究表明，必须整好土地、精选种子、墒情充足和注意防虫，播后进行镇压。

三、主要成果和论著

（一）主要研究成果

1. 高产多抗夏谷新品种豫谷 6 号，1997 年获得河南省科技进步奖三等奖（第一名）。

2. 谷子新种质创造与利用研究，2000 年获得河南省科技进步奖二等奖（第二名）。

3. 豫谷 3 号选育与推广，1996 年获得河南省科技进步奖三等奖（第二名）。

4. 临颍万亩夏谷开发研究，获得河南省推广二等奖。

5. 郑谷 2、4 号的推广应用，获得河南省“三农”三等奖。

6. 豫谷 1 号特性、发育规律、栽培技术研究及应用，获得河南省“三农”三等奖。

（二）主要论著

1.《河南省旱作区发展生产改善主粮结构，解决蛋白质不足的途径》，北方旱作区农业学术讨论会论文选编（合著），1983 年。

2.《谷子生产技术问答》（合著），河南科学技术出版社，1985 年。

3.《谷子规范化栽培》（合著），河南科学技术出版社，1991 年。

4.《杂粮高产专家谈》（合著），中原农民出版社，1997 年。

5. 张子宝，孙宝祥，齐敏学，王鸿奎．临颍县 1983 年万亩夏谷开发研究获得丰产 [J]. 河南农林科技，1984（04）：9-10.

6. 孟昭桂，丁汝坤，齐敏学，季元甫．谷子高产品种选育的探讨［J］．河南农业科学，1988（02）：1-3.

7. 孟昭桂，齐敏学，丁汝坤，焦新海．谷子郑矮2号矮秆基因的遗传研究［J］．河南农业科学，1990（01）：1-3.

8. 齐敏学，孟昭桂．矮秆竖叶型谷子——郑737青［J］．农家参谋，1995（02）：14.

9. 孟昭桂，齐敏学，卫丽，焦新海．夏谷新品种豫谷6号的选育［J］．河南农业科学，1996（06）：11-12.

10. 齐敏学，孟昭桂，卫丽．矮谷新品系-郑737青及其栽培技术［J］．河南农业科学，1996（07）：39.

11. 孟昭桂，齐敏学，卫丽．河南省谷子诱变育种的成就［J］．核农学通报，1997（04）：12-14.

12. 卫丽，丁勇，齐敏学．华北平原区夏谷品种系谱分析［J］．中国农学通报，1998（04）：53-54.

13. 卫丽，孟昭桂，齐敏学，丁勇．谷子矮源郑矮2号种质的创新［J］．作物杂志，1998（05）：29.

14. 卫丽，齐敏学，李新美，丁勇．谷子良种繁育技术改进［J］．种子，1999（05）：70.

谷子专家孟昭桂（左2）、齐敏学（右3）

四、主要社会兼职

1981 年河南省农业科学院技术职称评定委员会委员。1987 年中国作物学会核农学会会员。

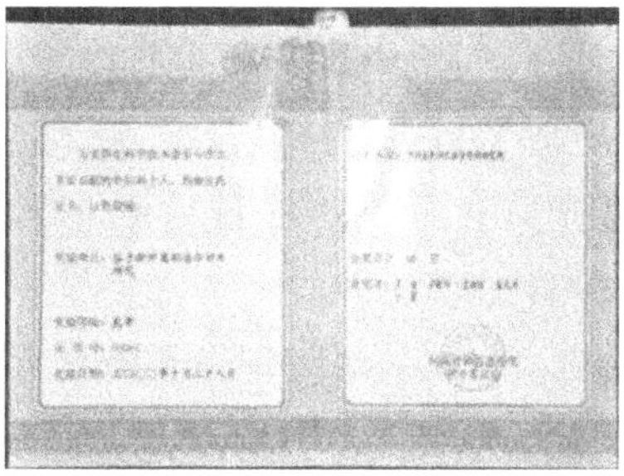

“谷子新种质创造与利用研究”获奖证书

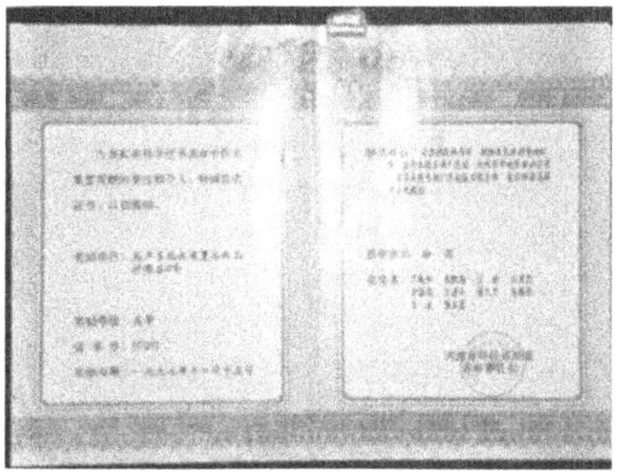

“高产多抗优质夏谷新品种豫谷 6 号”获奖证书

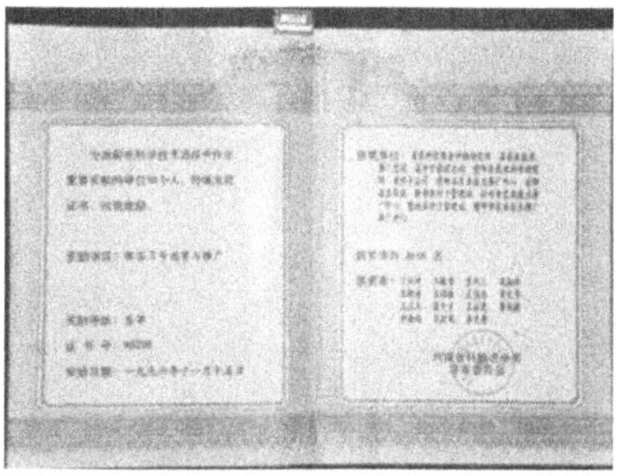

“豫谷 3 号选育与推广”获奖证书

岳安良

岳安良（1931—2016），男，汉族，河南省宜阳县人，副研究员，原洛阳地区农业科学研究所杂粮研究室主任，主要从事谷子栽培及育种工作。

一、学习工作简历

1951 年 5 月至 1952 年 11 月洛阳农林学校学习。1953 年春至 1954 年 8 月百泉农专学习。1954 年 8 月至 1958 年 8 月河南省农学院农学系学习。

1958 年 8 月河南省农学院毕业分配至洛阳农林科学院（原洛阳地区农业科学研究所）工作。恢复职称评审后，1980 年 10 月评为助理农艺师，1981 年 12 月评为农艺师，1988 年 5 月聘为副研究员。1991 年退休。

二、主要工作业绩

岳安良同志由于家贫，解放时 17 岁，一出校门即通农活。1949 年春写一篇自传，入选《洛阳中学校报》。1951 年先后在百泉农校和河南农学院农业专科学校毕业，1958 年分配到洛阳地区农业科学研究所。一直从事谷子研究工作，主要在谷子育种、栽培、品种性状研究三个方面有重要贡献。

（一）育种方面

选育出洛谷 871、洛谷 872 谷子品种。在生产上应用创造了千亩亩产超过 600 斤的洛阳丘陵旱地纪录。

（二）栽培技术研究方面

1. 1980 年开展“旱地夏谷氮磷优化施肥研究”

针对旱地夏谷，没有使用磷肥的习惯，造成氮肥利用率低，导致种植产量低等生产上存在的问题。研究肯定了旱地施用磷肥的效果非常显著，氮磷优化配比是 1.5 : 1，氮磷优化使用的地块，比单施用氮肥增效提高 56.5%。磷肥必须选用水溶性的过磷酸钙，做底肥或沟施均可，每亩适宜使用量 30 千克以上，氮肥每亩适宜使用量不超过 12.5 千克。旱年结合雨水，降雨前使用更佳。

2. 1982 年进行“旱地夏谷整地播种措施优化筛选”研究

针对豫西丘陵山区十年九旱、土壤黏重、谷子粒小，必须浅播，麦后种谷，高温干燥，难以保证谷子一播全苗、壮苗的问题，试验分别把贴茬播种、播前耙地、播后耙、播后镇压、穿（麦）垄背、犁耕耙、撒养苗肥等农艺耕作措施有机结合起来，进行筛选，提出了“浅穿垄背—贴茬播种—撒养苗肥—播后耙”的全苗壮苗技术，在生产上大面积应用，极大提高了洛阳地区夏谷的产量水平。

3. 谷子性状方面研究

以洛阳地区的谷子品种为材料，开展“豫西谷子生态型观察结果与分析”研究，阐明了谷子品种区域性性状，为华北夏谷区的谷子引种工作提供理论依据。同时认为洛阳地区有 5 个重要农艺性状与夏谷高产稳产有关：①中粒种在豫西丘陵山区具有适应性；②米质粳性；③早熟性；④穗较长，码数较多，较小，稳产性好；⑤植株较高。

通过“夏谷品种丰产性状指标研究”探索用性状来判断夏谷品种（品系）的丰产性，对本生态区的谷子育种工作有十分重要的意义。在岳安良老师带领下，洛阳地区农业科学研究所把农家种根据刺毛分为三类：长毛种、中毛种、短毛种。把推广种划为两类：推广（普及）品种 、高产型品种（高而不稳，只能够局部应用）。通过连续多年研究，穗粒数随着码粒数递增和有效码数递减而递增。有效码数在穗部结构上体现了高产与稳产的相反相成关系。穗码粒数递增曲线与有效码数递减曲线在“推广（普及）品种”重合，这就是推广品种能够大范围普及的原因。穗码粒数也不是越多越好，“高产型品种（高而不稳，只能够局部推广）”穗码粒数最多，但是产量高而不稳。

4. 归纳以上两个方面的研究，得出了夏谷选种的 12 项指标

田间选种指标九项：植株较低，秆子坚韧，叶片较上冲，群体较大，个体均匀，叶片较干净（抗病性好），中早熟，落黄好，穗部丰产性好（中短穗、无毛、穗码较大、排列较松散）；另外三项：结实性好，实产，食味品质。

三、主要成果和论著

（一）获奖成果

1. 1980 年主要协作完成的“中国谷子品种资源目录的整理与编写”，获得农业部技术改进奖一等奖，参加人。

2. 1982 年主持完成的“新农 761 谷子试验示范及推广”，获得洛阳地区行署科技成果奖二等奖，第一完成人。

3. 1982 年主持完成的“夏粟品种丰产性状分析”，获得河南省农业科学院科研成果奖三等奖，第一完成人。

4. 1983 年主要协作完成的“新农 761 谷子的试验示范及推广”，获得农牧渔业部农牧业科技改进奖二等奖，参加人。

5. 1984 年主持完成的“夏谷子良种良法示范”，获得河南省农业科学院科研成果奖四等奖，第一完成人。

6. 1984 年主要协作完成的“豫谷一号特性、发育规律、栽培技术研究及应用”，获得河南省农牧厅农业技术改进奖三等奖。同时获得河南省农业科学院科研成果奖三等奖，参加人。

7. 1985 年主要协作完成的“河南省谷子开发研究”，获得河南省农业科学院科研成果奖四等奖，参加人。

8. 1987 年主要协作完成的“全国谷子品种区域试验及其结果的应用”，获得农牧渔业部科技进步奖三等奖，参加人。

（二）品种选育

主持选育洛谷 871、洛谷 872 谷子品种。

（三）论文

1. 岳安良．丘陵旱地夏谷的整地与施肥［J］．粟类作物，1990（2）．

2. 岳安良．夏谷全苗壮苗措施初探［J］．糜谷黍科研通讯，1987（4）．

3. 岳安良．豫西谷子品种生态型观察结果分析［J］．农作物研究资料，1982（4）．

4. 岳安良．豫西夏谷子品种丰产性状的观察与分析［J］．农作物研究资料，1982（4）．

四、主要社会兼职与荣誉

中国作物学会粟类作物专业委员会会员。

王润生

王润生（1950—2001），男，中共党员，河南省林州县（今林州市）人，河南省安阳市农业科学院副研究员，主要从事谷子新品种选育及推广研究。

一、学习工作简历

（一）学习经历

1950年7月8日出生于河南省林州市河顺镇东曲阳村，小学在本村就读，初、高中毕业于河顺镇中学。1985年12月毕业于中央农业广播学校农学专业，1991年3月12—17日，参加河北省农林科学院谷子研究所组织的“谷子体细胞无性繁殖技术”培训。

（二）工作经历

20世纪70年代末，曾当过本村农业技术员（林县先进典型试验站），喜欢研究良种良法、精耕细作等科学试验，并善于总结经验加以推广，成绩突出，1980年被招聘到安阳专区农业科学研究所（现安阳市农业科学院）转为正式干部，专门从事谷子研究。1995年开始担任谷子研究室主任。

二、主要工作业绩

在安阳专区农业科学研究所工作期间，兢兢业业，任劳任怨，一直从事谷子新品种选育、栽培和技术推广。

“七五”“八五”期间，连续参加完成了国家科技攻关项目“谷子高产多抗优质新品种选育研究”，为主要参加人。育成的新品种豫谷 2 号抗病抗倒、小米色泽黄中透亮，荣获 1991 年度安阳市科技进步奖一等奖、河南省科技进步奖二等奖；育成的豫谷 5 号早熟、抗锈、结实性好，1992 年通过河南省审定，1993 年全国审定命名，王润生主持了该品种推广及奖励申报工作，1998 年获得河南省科技进步奖二等奖。

“九五”期间，为了解决生产上骨干品种豫谷 1 号等重感谷锈病，已难于在生产中继续发挥应有作用之难题，他主持的国家科技攻关二级子课题“夏谷育种材料与方法研究”，在材料创新和抗性鉴定方面做了大量工作。豫谷 7 号、豫谷 9 号、安 93-15 脱颖而出，分别于 1997 年、2000 年、2001 年通过河南省审定，并成为当时河南谷子生产上的主栽品种。豫谷 7 号高产、抗病、品质优良、粮草兼丰，为生产上少有的紫苗品种，与绿苗品种交替种植便于剔除同年伴生谷莠杂草，获得 2000 年国家主要农作物品种后补助项目资助，2004 年获安阳市科技进步奖一等奖；豫谷 9 号，全国一级优质米，高抗倒伏，活秆成熟；安 93-15 获得 2002 年国家主要农作物品种后补助项目资助。

三、主要成果和论著

（一）获奖成果

1. 豫谷 2 号谷子新品种选育，1991 年获得国家计委、科委、财政部联合颁发的国家“七五”攻关重大科技成果荣誉证书，并获安阳市科技进步奖一等奖、河南省科技进步奖二等奖，主要完成人。

2. 高产、多抗、优质谷子新品种 GS 豫谷 5 号，1998 年获河南省科技进步奖二等奖，第 2 完成人。

3. 安阳县山丘半干旱地区百亩夏谷高产栽培技术研究，1994 年获安阳县科技奖一等奖。

4. 高产优质多抗谷子新品种豫谷 7 号选育与推广，2004 年获安阳市科技进步奖一等奖，第 1 完成人。

（二）品种

豫谷 2 号，审证字第 890035-2 号，主要完成人。

GS 豫谷 5 号，审证字第 9207 号，GS04003-1993，第 2 完成人。

豫谷 7 号，审证字第 9746 号，第 1 完成人。

豫谷 9 号，审证字第 24 号，2000 年。

安 93-15，豫审证字 2001022 号。

（三）论文

王润生，王素英，张广军，范阳，等．半干旱地区夏谷高产高效益栽培技术优化模型研究［J］．河南职业技术师范学院学报，1998（4）：11-15.

四、主要社会兼职与荣誉

（一）社会兼职

河南省作物学术委员会会员，中国作物学会粟类作物专业委员会会员。

（二）荣誉

2000 年加入中国共产党。

1997 年、2000 年、2001 年数次被评为安阳市农业科学研究所先进工作者。

张秀雯

张秀雯（1931—　），女，陕西省三原县人，河南省农业科学院粮食作物研究所副研究员，主要从事谷子种质资源搜集、鉴定、整理工作。

一、学习工作简历

张秀雯，1931 年 11 月 11 日出生，大学本科，1955 年毕业于西北农学院（现西北农林科技大学）农学专业，1955 年 7 月至 1958 年 12 月在陕西省扶风县拖拉机站工作，1959 年 1 月调入河南省农业科学院工作，副研究员。完成《中国谷子品种资源目录》《中国谷子品种志》河南谷子资源部分，完成河南省谷子品种资源抗谷瘟病鉴定工作，为谷瘟病抗性育种提供抗源材料。在省级刊物发表论文 1 篇，获河南省重大科技成果奖 1 项、河南省科技成果奖三等奖 1 项。

二、主要工作业绩

（一）谷子资源征集、整理、保存

自 1962 年起一直从事谷子科研工作，主持谷子品种资源保存、整理、入库、编目课题，将河南省征集的2 000余份谷子品种资源，经研究整理合并为1 482份，统一编入《中国谷子品种资源目录》。该书由山西省农业科学院出版全国发行，并获农业部技术改进奖一等奖。1985—1986年保质保量地完成了全部种子更新繁殖，一次性上交国家种质库长期保存。同时还将河南省20余份黍稷资源一并编目入库。通过鉴定整理基本摸清河南省谷子品种资源类型及生态型。划分为：以豫东平原为主的春谷区，品种分蘖性强，穗子多为长穗长毛；以豫北豫西平原丘陵区为主的夏谷区，品种多为单秆大穗短毛。同期完成《中国谷子品种志》河南品种的撰写任务，获中国农业科学院科技进步奖二等奖。

（二）资源利用研究

谷瘟病是河南省谷子生产上的主要病害之一，利用抗病品种是控制谷瘟病的有效措施。首先必须选育抗病亲本，而确定抗病亲本则必须先通过抗病鉴定，查清品种资源的抗性，掌握可供利用的抗源材料。因此1983—1985年由中国农业科学院作物品种资源研究所和吉林省植物保护研究所主持，全国协作进行谷子品种资源抗谷瘟病鉴定，在统一计划下进行抗谷瘟病多点鉴定，采用苗期筛选的方法，主持本省谷瘟病鉴定工作。1983—1984年对品种资源于苗期接种，至1985年苗期鉴定结束。河南省的1 468份品种资源参加鉴定，除开封地区高感材料占品种总数1.2%外，其余地区均无高感品种。苗期高抗谷瘟病（一级）的有民权青谷、郾城青秆刀把齐、商丘母鸡够、商水糙谷、开封麦茬谷等22个品种。初步分析不同地区的材料抗感数量比率的差异，可能与这地区发病频率高，经过多年自然选择有关。在鉴定的1 468份材料中，虽然有3/5以上的材料属于感病，但表现抗病的材料也不少，鉴定出的民权青谷被推荐为全国抗谷瘟病鉴定对照品种。还鉴定出抗谷瘟病一级品种22个、二级品种45个，均属高抗品种，可认为是一批可供直接或间接利用的宝贵材料，为谷瘟病育种提供抗源材料用于抗病育种。该项目获农牧渔业部科技进步奖三等奖。主笔撰写《谷子品种资源抗谷瘟病鉴定初报》在省级刊物发表。

主要参与"七五"重点课题"粮食作物种质资源繁种和农艺性状鉴定"，协助完成河南1 362份谷子资源的繁种、农艺性状、谷瘟病、品质

及抗谷锈病鉴定。完成“八五”入库120份亲本材料分析鉴定。

（三）新品种选育研究

参加郑谷4号和郑谷2号新品种的选育和推广，两品种表现产量高、米质好、抗病，粮草兼优，深受群众喜爱，分别获1978年河南省重大科技成果奖及1980年河南省政府三等奖。

（四）谷子栽培技术研究

主要参与谷子密植、播种期研究。新中国成立后，与新乡市农科所通过每年的调查总结以及单复因子试验，肯定谷子行距33~40厘米（包括宽窄行），夏谷单株留苗比较适当，薄地每亩留苗2万株，中肥地2.5万~3.5万株，肥地3.4万~4万株为宜，比稀植的增产一成以上。1958—1963年采用3个谷子品种分14个播种期进行研究。1992年对丰产田品种间叶面积调查研究，1993年进一步对紧凑型品系的密度进行研究。

学习和总结劳模经验并推广，与孟昭桂老师一起总结出秋冬山药茬深翻土地并结合施粗肥，谷雨后播种、深开沟、浅覆土，行距1.5尺（50厘米），播幅4寸（约合13.3厘米）。苗期3叶间苗，5叶定苗，每亩3.5万株左右。田间管理以锄（扎谷）由浅到深，播种后45天左右出现苗色变化，有深有浅（黄绿），表明应由“控”进入“促”的阶段。此时追饼肥、鸡粪等有机肥并浇拔节水，以后再进行一次深中耕高培土。孕穗后期浇一次抽穗水，抽穗后15~20天如天气干旱浇一次灌浆水，晴天无风时浇，小水轻浇，隔沟轮回浇，以防后期倒伏。

三、主要成果和论著

1.“郑谷4号选育与推广”1978年获河南省重大科技成果奖，参加人。

2.“郑谷2号选育与推广”1980年获河南省重大科技成果奖，参加人。

3.“中国谷子品种资源目录的整理与编写”，1980年获得农业部技术改进奖一等奖，主要完成人。获河南省政府三等奖。

四、主要论著

1.《中国谷子品种资源目录》1982 年由山西省农业科学院出版，参编。

2.《中国谷子品种志》1985 年由农业出版社出版，参编。

3. 张秀雯．河南省谷子品种资源抗谷瘟病鉴定初报［J］．河南农业科学，1987（07）：12-14.

张秀雯

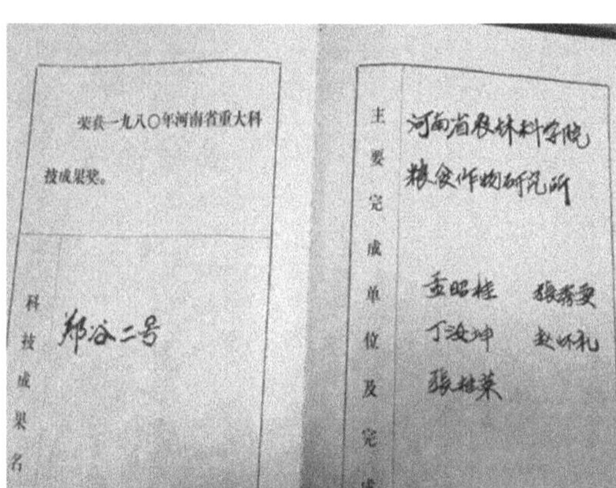

张秀雯成果证书

山东省

杨永琛

杨永琛，江苏省连云港市人，1931 年 11 月生，山东农学院农学系农学专业本科毕业。历任山东省农业科学院作物研究所技术员、农艺师、副研究员、研究员，曾长期担任山东省农业科学院作物研究所谷子研究室主任，中国作物学会粟类作物专业委员会副主任委员、山东省农作物品种审定委员会常委等职务。1993 年 4 月退休，享受国务院政府特殊津贴。

一、主要研究经历与贡献

1951 年 6 月至 1954 年 9 月在江苏省东海县工作，1954 年 9 月至 1958 年 8 月山东农学院学习，1958 年 9 月分配到山东省农业科学院作物研究所从事谷子研究工作。

长期致力于谷子品种资源收集整理、谷子育种、栽培研究工作。“六五”期间是山东省谷子重点研究课题主持人，“七五”“八五”期间是国家谷子攻关课题专家组成员、谷子育种攻关项目专题主持人之一，两个五年计划期间协助国家项目主持人李东辉先生开展了大量的项目组织协调工作，为推动全国谷子科研、生产的发展贡献了自己的力量。

（一）品种资源整理方面

1. 20 世纪 50、60、80 年代 3 次参加并组织了山东省内大规模的谷子品种资源征集，对征集的 3 000余份资源进行了植物学特征、生物学特性、品质分析和抗旱性与抗病性研究，整理获得 2 600余份谷子品种资源，入编国家谷子资源目录。

2. 组织课题组分批对 2 600余份谷子种质资源进行繁殖，向国家品种资源库提供同等份数的合格种子，进行长期保存。20 世纪 90 年代初完成了保存资源的进一步整理归并，剔除重复资源，2 275份长期保存。

3. 1985 年编撰 55 个谷子品种入编《中国谷子品种志》。

4. 鉴定出华农 4 号、平阳谷等春谷品种和小毛青、柳条青、鲁谷 1 号、鲁谷 2 号等夏谷品种，提供生产应用。

5. 鉴定出包括著名国外种质日本 60 日、土龙等一大批优秀谷子种质资源材料，提供育种运用。

6. 参加编写了《中国谷子品种志》，1988 年获中国农业科学院科技进步奖二等奖。

（二） 谷子育种研究方面

主持和参加了系统选育、杂交育种和辐射育种的研究工作。1970 年前后主持开展夏谷杂交育种技术研究，确定了应用人工单花去雄杂交技术；开展了两亲本单交和多亲本复合杂交组配方式进行杂交育种。建立了杂种后代系谱选育规程，为谷子杂交育种技术的应用建立了规范，研究课题长期沿用。先后育成春夏谷新品种 10 余个。

（三） 谷子栽培技术研究方面

主持开展了夏谷生长发育过程、需水、需肥规律的试验研究，并对“养根促壮”技术进行深入研究，最后形成了以“养根促壮”技术为核心的夏谷丰产栽培技术体系，编写了《夏谷高产栽培技术历程表》。主持完成了 1982—1985 年山东省科委重点攻关课题“山东省 16 万亩谷子大面积开发”，牵头潍坊农科所、德州农科所、滨州农科所、枣庄农科所等谷子主产区的农业科研单位，10 余个县农业局农技人员参与技术开发，迅速推动了谷子品种更新，促进了谷子栽培新技术的普及，带动了山东省谷子生产的发展，由 20 世纪 70 年代末的 200 多万亩，发展到 1985 年的 360 多万亩，是其后山东省谷子种植面积的最高点。

1988 年获山东省黄淮海平原农业研究与开发工作奖，1990 年获山东省农业科学院科技进步奖一等奖。

为了进一步提高粮食产量，共同主持了1991—1995年山东省科委攻关课题“小麦夏谷亩产吨粮及配套栽培技术研究”，极大地促进了小麦夏谷一年两作条件下夏谷产量的提高，1993年莒南县试点2亩夏谷8337（鲁谷10号）实打实收亩产604.4千克，为当时全国夏谷最高产量纪录。

二、主要获奖成果

1. “柳条青”“鲁谷三号”1978年获山东省科学大会奖，主要完成人。

2. “鲁谷4号”1981年获山东省科技成果奖三等奖，第一位。

3. “谷麦单穗防杂脱粒机”1981年获山东省科研成果奖三等奖，第一位。

4. “鲁谷5号”1987年获山东省科技进步奖三等奖，第三位。

5. “全国谷子生态联合试验及中国谷子主产区谷子生态区划”1987年3月获农牧渔业部科技进步奖三等奖，第五位。

20世纪80年代培训班授课

80年代试验田调查

三、主要论著

编著书籍多部，发表论文近20篇。

（一）主编

主编《谷子》，1981 年由山东科学技术出版社出版。

（二）参与编写

1. 中国农业科学院作物品种资源研究所，山西省农业科学院．中国谷子品种志［M］. 北京：农业出版社，1985（编委之一）.

2.《中国谷子栽培学》（第四章谷子的生长与发育），中国农业出版社 1987 年 5 月出版。

3.《谷子育种学》（第十四章夏谷高产育种，346-389 页），中国农业出版社 1997 年 3 月出版。

4.《山东粮棉持续增产理论与技术》（第十六章杂粮增产技术中“谷子部分”），中国农业出版社 1997 年 2 月出版。

（三）主要论文

1. 管延安，黄承彦，杨永琛．谷子有性生殖过程的研究—Ⅰ. 夏谷受精作用的细胞学观察［J］. 作物学报，1992（2）：157-160，163-164.

2. 管延安，任连菊，杨永琛，李晓云，尹庆良．不同熟期谷子品种光合速率的比较研究［J］. 莱阳农学院学报，1993（3）：172-176.

3. 管延安，黄承彦，李晓云，许有芬，杨永琛．夏谷胚胎和籽粒发育的研究［J］. 粟类作物，1995（1-2）：1-4.

4. 郑菊英，杨永琛．辐射育成夏谷新品种鲁谷 7 号［J］. 山东农业科学，1990（4）：10-12.

5. 张廉，杨永琛．谷麦单穗防杂脱粒机研制成功［J］. 山东农业科学，1982（1）：56.

6. 杨永琛．夏谷高产、多抗、优质新品种选育研究进展［J］. 谷黍科研通讯，1989（5）.

7. 李景春，王殿瀛，杨永琛，陈洪斌．综论“七五”粟高产、多抗优质新品种选育［J］. 粟类作物，1989（7）：6-8.

8. 李东辉，陈洪斌，杨永琛．谷子“七五”科研攻关成效明显，选育出一批优异特用新品种［J］. 粟类作物，1989（7）：9-10.

9. 陈洪斌，李景春，杨永琛．“七五”谷子新品种选育课题攻关回顾［J］. 粟类作物，1991（1）：23-28.

阎世纯

阎世纯，男，1936年5月10日出生，山东省诸城市贾悦镇老阎家同村人。1963年8月毕业于山东农学院农学系农学专业，同年8月分配到聊城地区农业科学研究所工作。在聊城地区农业科学研究所工作期间，曾任农作物研究室谷子高粱组组长，农艺师。1984年调到德州地区农业科学研究所工作，曾任杂粮室副主任，晋升农业技术推广研究员，1997年退休。曾任山东省品种审定委员会谷子专业组副组长、中国作物学会粟类作物专业委员会委员。

一、主要研究经历与贡献

长期从事谷子、杂粮育种与栽培工作，主要研究经历及贡献如下。

（一）1965年开始主持杂交高粱育种工作

先后育出聊杂1号、聊杂2号、聊杂3号、聊杂4号4个高粱品种，每个品种累计推广面积30万亩以上，成果入选1959—1979年《聊城地区农科所科研成果选编》。

（二）1965年开始主持谷子育种工作

1. 系统育种

选育出聊谷3号夏谷良种，比对照品种鲁谷2号增产12.9%，在山东省内外累计推广面积150余万亩。该项成果1977年1月荣获中共聊城地

阎世纯工作照

委和聊城地区革命委员会科学大会奖。1978 年 5 月荣获中共山东省委和山东省革命委员会科学大会奖。

2. 不育系杂交育种

育出聊谷 4 号和聊谷 5 号两个夏谷良种，分别比鲁谷 2 号增产 9. 5%~45. 7%和 15. 6%，各累计推广面积 50 万亩以上。

3. 复合杂交育种

育出聊谷 6 号夏谷良种，比对照品种聊谷 3 号增产 26. 7%，累计推广面积 58.59 万亩。

（三）1975—1985 年，承担华北夏谷联合试验

鉴定出适宜在华北地区推广的夏谷良种 7406、聊谷 3 号、7205、安 316 等品种，为华北地区夏谷生产再上一个新台阶做出贡献。

（四）谷子线虫病的研究

谷子线虫病全国各地均有不同程度的发生，有的叫倒青，有的叫红叶病，也有的叫不育病，早期未形成有效检查方法。经试验研究，发现将掐下的谷穗在水里浸泡 5～10 分钟，然后滴一滴水在玻璃上，用 3 000倍的高倍显微镜观察，可看到许多像蛔虫一样的虫子蠕动，这就是谷子线虫。1978—1980 年通过室内药剂筛选、田间小区试验和大田示范，肯定了 50%甲基 1605 药液 2 500倍浸种 24 小时，谷子线虫病防效高达 96.2%以上，秕谷率可降低 48.6%～60.2%，明显优于 0.2%白砒拌种，比温水（56～57℃）变温浸种方法简便易行、省工、成本低，并且兼治地下害虫，在山东、河南、河北、陕西等省示范推广，取得显著的防治效果。

（五）1983—1985 年

承担山东省科委下达的万亩夏谷低产变高产开发试验。由开发前三年的亩产 127.55 千克提高到 309.95 千克，亩增 182.4 千克，新增总产量 4 911 吨，新增纯收入 196.4 万元。

二、主持或参加的主要研究课题

1. 1986—1988 年，承担并主持山东省花生中熟、早熟、夏播花生区域试验。

2. 1986—1988 年，主持山东省经委下达的花生低产变中产开发试验，三年累计开发面积 44 280亩，平均亩产 231.97 千克，新增总产 4 802 吨，新增纯收入 420.1 万元。

3. 1989—1991 年，承担并主持“鲁西北平原非灌区小麦耐旱品种选育及配套技术研究”。

4. 1989—1992 年，主持山东省科委下达的旱作农业综合技术开发试验，四年累计开发面积 41. 5 万亩。

5. 1991—1996 年，共同承担了国家“九五”攻关课题“大豆种质资源抗胞囊线虫 2 号生理小种鉴定”工作。

三、主要研究成果与所获荣誉

1. 聊谷 6 号，1986 年荣获山东省科技进步奖三等奖，第一位。

2. 1987 年荣获德州地区科技进步奖三等奖，第二位。

3. 1990 年 1 月荣获德州地区科技进步奖二等奖，第一位。

4. 1993 年荣获德州地区科技进步奖二等奖，第三位。

5. 1994 年荣获德州地区科技进步奖二等奖，第一位。

6. 1988 年 2 月被中共德州地委直属机关党委评为优秀共产党员。

7. 1989 年 3 月被德州地委和行署评为科技双放先进工作者。

8. 1988—1993 年被中共德州地委和行署评选为专业技术拔尖人才。

四、主要论著

1. 编著有《谷子》，主笔，修改后出版。

2. 《中国谷子品种志》，1985 年 11 月由中国农业出版社出版。

3. 阎世纯．掌握生育规律，夺取夏谷丰收［J］．山东农业科学，1975（2）．

4. 阎世纯．认真总结经验，夺取夏谷丰收［J］．山东农业科学，1976（2）．

5. 阎世纯．根据谷子有性杂交的分离法则和独立分配法则选择杂种后代［J］．聊城地区农业科学研究所农业科技资料，1980（3）．

6. 阎世纯．选择指数在谷子育种中的应用［J］．聊城地区农业科学研究所农业科技资料，1980（3）．

7. 管延安，任莲菊，李晓云，阎世纯．夏谷高产栽培农艺措施的研究［J］．山东农业科学，1997（3）：16-18.

8. 郑延海，闫世纯．大豆胞囊线虫生理小种的鉴定及大豆种质资源对其抗性的评价［J］．植物保护，1997（4）：31-33.

9. 郑延海，阎世纯，贾爱君．盆栽大豆胞囊线虫接种及大豆抗性资源的再评价［J］．作物品种资源，1999（2）：34-35.

郑菊英

郑菊英（1936—2017），女，汉族，祖籍福建省龙溪县。1936 年 4 月生于印度尼西亚三宝垅，1955 年 7 月返回中国。山东省农业科学院作物研究所副研究员，主要从事谷子育种研究。

一、学习工作简历

1956 年 9 月考入山东农学院农学专业，1960 年本科毕业，同年分配到山东省农业科学院作物研究所杂粮研究室从事谷子育种工作。1970—1973 年山东省农业科学院下放，随谷子专业到济宁地区农科所工作，1973 年返回山东省农业科学院作物研究所，继续从事谷子育种研究。1991 年 5 月退休。历任山东省农业科学院作物研究所技术员、农艺师、副研究员。曾担任济南市归国华侨联合会委员、山东省农业科学院侨联小组组长。1987 年 1 月加入中国共产党。

二、主要研究经历与贡献

从事谷子研究工作以来，承担国家项目 4 项，山东省科委项目 1 项；获山东省科技进步奖二等奖 1 项、三等奖 4 项，农业部科技进步奖三等奖 2 项；发表论文著作 10 篇。

30多年来一直从事谷子育种研究工作。承担国家“七五”攻关项目01子专题“夏谷高产、多抗、优质新品种选育”，是研究课题主要完成人。

在育种研究实践中提出了应用“多途径”育种方法，有效提高了育种效率。任职以来，在研究团队的共同努力下，通过系统选种、杂交育种、辐射育种3种育种方法，成功育成了具有不同优良性状、适合山东省不同生态区的春、夏谷优良新品种8个、新品系1个，在山东省广泛推广应用。

（一）“系统选种”法

山东地形复杂，自然气候条件复杂，广泛种植谷子，是谷子主产区。因此形成了谷子种类繁多，性状各异的农家品种。

1. 采用“混合系统选种法”，从众多农家品种中选育出抗病、高产、中早熟夏谷优良新品种“柳条青”，供生产应用。

2. 采用“单穗选种”法，从农家品种“60日还仓”中选育出抗病（谷瘟病、红叶病、谷锈病）性强、结实性（出谷率）高、绿叶黄谷穗、适应性广的早熟抗病优良单穗系“60日还仓-1”，定名为“鲁谷2号”，在全省推广应用。柳条青和鲁谷2号被河南、河北两省引入，成为主要推广品种之一。

两个新品种皆获1978年山东省科学大会奖。

3. 采用“混合选种法”从农家品种中选育出高抗白发病、结实性好、产量高适宜春播的中熟优良品种鲁金1号。1971年在山东省金乡县马庙大队大面积生产示范中表现高抗白发病，因此在谷子白发病严重的马庙大队实现了品种更新。

生产实践证明，从农家品种中选育出的优良夏谷新品种，不仅解决了生产上存在的品种混杂退化、病害严重、耐肥性差、产量低等问题，而且通过系统选种技术手段，可以提高新品种的纯度、抗病性，产量显著提高，极大地推动了山东省的谷子生产。

（二）杂交育种

1. 采用具有不同性状的亲本材料不5019作为母本，日本60日作为父本有性杂交，经多代选育，育成了夏谷新品种鲁谷 4 号。该品种应用于生产表现高产、耐肥、抗倒性强。鲁谷 4 号的育成，解决了多年来育种上难于突破的抗倒伏性状，是当时育成新品种中表现秸秆坚韧、抗倒性强的唯一夏谷品种，可以缓解或解决谷子生产中存在的耐肥性差、生产后期倒伏、秕谷率高、产量低等问题，实现夏谷增产的目的。

1981 年获得山东省科学技术委员会三等奖。

2. 用亲本不 5019 为母本，鲁谷 2 号为父本，杂交育成夏谷新品种鲁谷 5 号。抗病性、结实性均表现良好，适应性广，成熟后绿叶黄谷穗，在生产上大面积推广应用。

1985 年经山东省农作物品种审定委员会审定命名，1987 年获山东省科技进步奖三等奖。

3. 1983 年育成优质多抗、早熟夏谷新品种鲁谷 8 号，1985 年经山东省农作物品种审定委员会审定命名。经河北省谷子研究所接种鉴定，高抗谷锈病、白发病、黑穗病，被列为山东省多抗性品种。1988 年在全国赛米会上被评为一级优质米，亦是山东省少有的耐瘠、多抗、优质、成熟性好的夏谷早熟类型品种之一，也是一个适宜救灾的好品种。

1994 年获山东省农业科学院科技进步奖一等奖。

4. 杂交育成的夏谷新品系“8062-8”，具有抗倒性强、丰产性状优异的特点，1990 年通过山东省农作物品种审定委员会认定。该品系的育成又一次解决了山东省谷子育种上难于突破的抗倒伏性状，不仅可以用于生产，还可以用作育种中优异的抗倒类型亲本。

1996 年获山东省科技进步奖三等奖。

5. 参加高产谷子新品种鲁谷 10 号的选育，“高产谷子新品种鲁谷 10 号选育及栽培技术研究”1999 年获农业部科技进步奖三等奖和山东省科技进步奖二等奖。

杂交育种的成败关键在于选用的亲本材料。试验证明，杂种后代在遗传亲本优良性状的同时，伴随着不良性状的出现，难于选到符合育种目标的材料。因此，杂交育种首先必须重视亲本材料的收集、观察、鉴定、创造等工作。要在亲本材料丰富的遗传基因基础上，摸索和掌握亲本材料的配合力和主要性状的遗传规律和特点，为亲本的选配利用、配制组合提供科学依据。

（三）辐射育种

据文献报道，辐射育种有三大特点：①辐射诱变既能保持原品种的优良性状，同时还可以改变原品种的几个或多个不良性状；②辐射后代稳定快，一般第三代（M_3）就稳定；③辐射可以诱变出各种变异类型，如中秆、超矮秆、植株叶片上举、熟期变化等多种类型性状的突变。为创造新的变异类型，提高育种效率，在从事常规育种的同时，也开展了辐射育种研究工作。

1975 年开始，采用^{60}Co-γ 射线辐照早熟、高秆、小穗品种鲁谷 2 号，在 M_1 代选择结实性好，绿叶黄谷穗、株高较鲁谷 2 号矮 15 厘米左右、成熟期晚 5 天左右的正常植株，M_2 代选中矮秆、结实性好、抗病、中大穗类型优异单株 5 株，M_3 代以鲁谷 2 号为对照种，种植 2 个株系，其中“鲁二 4 万-88”（鲁谷 7 号）表现突出，生长整齐、穗粗大、各性状稳定，株高较原品种矮 15.4 厘米。

鲁谷 7 号在全省 1981—1985 年测产试验中比对照鲁谷 2 号增产显著。在全省大面积生产示范中表现生长整齐、综合性状好、产量高，成为山东省中秆、中熟、中大穗型的高产夏谷新品种，1987 年通过山东省农作物品种审定委员会审定命名，在生产上大面积推广，1993 年获山东省科技进步奖三等奖。

研究结果表明，辐射 M_1 代有一定数量的显性突变，可以稳定遗传，因此提出 M_1 代是选择的关键世代；M_2 代是选择的有利世代；M_3 代是鉴定突变系稳定性的重要世代。为今后开展辐射育种提供了科学依据。

三、主持或参加的主要课题

国家“六五”“七五”攻关项目“高产、优质、多抗夏谷新品种选育”主要参加人。

三、主要研究成果

1. “鲁谷 4 号” 1981 年获山东省科研成果奖三等奖，第三位。

2. “夏谷新品种鲁谷 5 号” 1987 年获山东省科技进步奖三等奖，第一位。

3. “夏谷新品种鲁谷 7 号” 1993 年获山东省科技进步奖三等奖，第一位。

4. “夏谷新品种 8062-8 的选育” 1996 年获山东省科技进步奖三等奖，第五位。

5. “高产谷子新品种鲁谷 10 号选育及栽培技术研究” 1999 年获山东省科技进步奖二等奖，第五位。

郑菊英（右）田间调查

四、主要论著

1. 郑菊英，杨永琛. 辐射育成夏谷新品种鲁谷 7 号 [J]. 山东农业科学，1990（4）：10-12.

2. 郑菊英，许友芬，李晓云. 辐射诱变技术在谷子育种上的应用 [M]. 李东辉. 谷子新品种选育技术. 西安：天则出版社，1990：109-111.

任莲菊

任莲菊，女，汉族，1941年11月生，河北省栾城县人，曾任山东省农业科学院作物研究所谷子研究室主任、副研究员。1967年毕业于北京农业大学农学系植物生理生化专业（五年制本科）。1967年11月分配到山东省农业科学院作物研究所植物生理研究室工作。1970年下放到泰安农科所；1974年调回山东省农业科学院作物研究所植物生理室；1978年调到山东省农业科学院作物研究所谷子研究室。1998年退休。

一、主要研究经历与贡献

从事谷子研究工作以来，承担国家项目4项，山东省科委项目1项；获得国家科学技术进步奖一奖1项，山东省科技进步奖二等奖1项、三等奖4项，农业部科技进步奖三等奖2项；发表论文著作10余篇。

（一）谷子育种

长期致力于谷子育种、育种基础材料研究，先后选育出夏谷系列品种鲁谷4号、鲁谷5号、鲁谷7号、鲁谷8号以及一大批优良品系。利用多亲本复合杂交技术，在杂交后代中导入多种优异基因，选育出的高产、优质、多抗夏谷品种鲁谷8号。该品种品质优良，获评国家一级优质米，并且高抗锈病、白发病和黑穗病。通过辐射诱变选育出的鲁谷7号，具有稳产、高产、适应性广等特点。

（二）谷子种质资源鉴定

1982—1986 年主持承担了“粟品种资源谷瘟病抗性鉴定及病菌生理小种的研究”课题。对山东省 2 977份谷子品种资源进行了分批分期的种植、人工接种、调查研究，筛选出一批抗谷瘟病材料，提供育种应用，填补了山东省谷子资源抗病性鉴定的空白。

（三）育种基础材料研究

为增强育种后劲，提高育种效率，选育出高产、多抗、优质、成熟期适宜、适应性强的夏谷新品种，对基础材料进行了详细考察研究，分析其遗传规律。对初步表现好或某些性状符合育种目标要求的材料加以利用，在利用过程中认识发现有利性状的遗传力，大大提高了育种工作的效率。不仅为本单位，也向外单位提供了大量优异的育种应用材料，并成功培育成数个优良的谷子新品种。

（四）谷子杂种优势利用研究

1990—1992 年开展了谷子杂种优势利用研究，收集并创造了一批不育材料，并对配合力进行了研究，为丰富遗传背景初步组建了轮回群体。

二、主持或参加的主要课题

1. 共同主持国家“六五”“七五”科技攻关项目“高产、优质、多抗夏谷新品种选育”子专题。
2. 1982—1986 年主持“粟品种资源抗谷瘟病抗性鉴定及病菌生理小种的研究”课题。
3. 共同主持国家“八五”科技攻关项目“谷子亲本创制”课题。
4. 主持山东省科委项目“夏谷新品种选育”课题。

三、主要研究成果

1. “鲁谷 4 号”1981 年获山东省科研成果奖三等奖，第二位。

任莲菊田间调查（左 2）

2. “夏谷新品种鲁谷 5 号”1987 年获山东省科技进步奖三等奖，第二位。

3. “夏谷新品种鲁谷 7 号”1993 年获山东省科技进步奖三等奖，第二位。

4. “夏谷新品种 8062-8 的选育”1996 年获山东省科技进步奖三等奖，第一位。

5. “高产夏谷新品种鲁谷 10 号选育及栽培技术研究”1999 年获山东省科技进步奖二等奖，第二位。

四、主要论著

1. 任莲菊，刘正蒙，沈立，沈志松，梁道荣，黄舜阶，崔茹，高学曾，藤世云．黑索金（RDX）对农作物毒性影响初步研究［J］. 环境科学，1987，8（4）：34-37.

2. 管延安，任莲菊，徐淑良．谷子数量性状遗传差异分析及在育种上的应用［J］. 莱阳农学院学报，1990，7（4）：274-279.

3. 任莲菊，管延安，李晓云．夏谷新品种鲁谷八号育成报告［J］.

粟类作物，1991（2）：25-28.

4. 任莲菊，管延安，李晓云．夏谷新品种8062-8的生育特点与高产栽培技术［J］．山东农业科学，1994（2）：10-11.

5. 管延安，任莲菊．山东省谷子的品种改良［J］．山东农业科学，1994（6）：16-18.

6. 管延安，任莲菊．夏谷新品种鲁谷10号的特征特性及栽培技术要点［J］．山东农业科学，1996（3）：43.

7. 管延安，任莲菊，李晓云，阎世纯．夏谷高产栽培农艺措施的研究［J］．山东农业科学，1997（3）：16-18.

8. 管延安，任莲菊，李晓云，李群，尹庆良．夏谷群体光合速率及不同冠层器官的光合贡献［J］．华北农学报，1997，12（1）：51-55.

9. 管延安，任莲菊，李晓云，尹庆良，李根英．不同类型夏谷品种群体发育与干物质积累特点的研究［J］．山东农业科学，1999（4）：13-16.

10. 管延安，王忠孝，李群，李晓云，任莲菊．夏谷群体光合作用特性及其影响因素［J］．作物学报，2001，27（1）：71-74.

许有芬

许有芬，山东省青州市人，1956 年 1 月出生，1971 年 12 月至 1975 年 8 月在青州市中国农业科学院烟草研究所办公室工作，1975 年 9 月至 1978 年 6 月就读于山东农学院农学系，本科学历。1978 年至 1992 年 4 月在山东省农业科学院作物所谷子研究室从事谷子育种工作，1993—2004 年在小麦育种室从事小麦育种工作。

社会兼职：中国作物学会会员。

一、主要研究经历与贡献

参加完成国家谷子、小麦育种攻关课题 6 项，参加选育并通过审定的谷子、小麦品种 8 个，在国内外学术刊物上发表论文 13 篇。

参加育成的夏谷新品种鲁谷 7 号，平均亩产比当时推广品种增产 16.07%。5 年累计推广面积 100 多万亩，增产粮食 4 万吨，纯增社会效益 2 400万元。

鲁谷 8 号，蛋白质含量高，粗脂肪 4.3%，赖氨酸含量等均高于传统优质米“龙山小米”，1988 年在中国作物学会粟类作物专业委员会的评审会上获一级优质米证书，成为山东省“龙山小米”的主要替代品种。1994 年获山东省农业科学院科技进步奖一等奖，为第三完成人。

夏谷新品种 8062-8，具有高产、多抗、适应性强等突出特点，在大面积丰产示范田中，平均亩产达 458.3 千克，其中 23 亩单产 505.5 千克，创造了大面积的丰产纪录，累计推广面积达 150 多万亩，1996 年获山东省科技进步奖三等奖，为第三完成人。

鲁谷 10 号表现高产稳产适应性广，在全省产量示范试验中，2 亩地平均亩产 604.4 千克，创造了我国夏谷单产的最高纪录，同年在莒南县 1 700多亩平均亩产 504.9 千克，为 20 世纪 90 年代北方地区夏谷主栽品种之一，累计推广面积 400 多万亩，获经济效益 1 亿多元，1999 年获山东省科技进步奖二等奖，为第七完成人。

协作项目：承担“谷子种质抗谷瘟病鉴定及病理小种研究”山东部分资料汇总、结果分析。该项研究 1989 年获农业部三等奖，本人为山东部分的主要完成人。

二、主要研究成果

1. 夏谷新品种鲁谷 5 号，1987 年获山东省科技进步奖三等奖，第三位。

2. 夏谷新品种鲁谷 7 号，1993 年获山东省科技进步奖三等奖，第三位。

3. 优质、多抗、高产夏谷新品种鲁谷八号，1994 年获山东省农业科学院科技进步奖一等奖，第三位。

4. 夏谷新品种 8062-8 的选育，1996 年获山东省科技进步奖三等奖，第三位。

5. 高产夏谷新品种鲁谷 10 号选育及栽培技术研究，1999 年获山东省科技进步奖二等奖，第七位。

三、主要论文

1. 郑菊英，许有芬，李晓云．辐射诱变技术在谷子育种上的应用［M］．李东辉．谷子新品种选育技术．西安：天则出版社，1990：109-111.

2. 郑菊英，许有芬，任莲菊．夏谷新品种鲁谷 7 号育成报告［J］．粟类作物，1991（2）：12-14.

3. 管延安，黄承彦，李晓云，许有芬，杨永琛．夏谷胚胎和籽粒发育的研究［J］. 粟类作物，1995（1-2）：1-4.

4. 任莲菊，管延安，许有芬，李晓云．高产、多抗夏谷新品种 8062-8［J］. 粟类作物，1996.

许有芬在田间

陕西省

伊虎英

伊虎英（1936— ），男，中共党员，陕西省武功县人，中国科学院水土保持研究所研究员，主要从事谷子等作物辐射育种研究等工作。

一、学习工作简历

（一）学习经历

1962年7月毕业于兰州大学生物系生物物理专业（5年制）。

（二）工作经历

1962年10月被分配到中国科学院生物物理研究所。1973年8月从生物物理研究所调到西北水土保持研究所至退休。

1991年7月被国家科委聘为国家“八五”攻关“主要粮食作物新品种选育研究”项目可行性专家委员会委员，1991年9月被农业部聘为国家“八五”攻关“谷子新品种选育技术研究”可行性论证专家组副组长。享受国务院政府特殊津贴。

二、主要工作业绩

先后主持国家“七五”“八五”“九五”“十五”等“高产、多抗、优质谷子新品种选育”攻关项目。主持中国科学院“七五”“八五”“九五”“十五”重大科技攻关项目“黄土高原区优质谷子新品种选育”。中科院重大科研项目“辐谷3号、4号、6号、7号”等谷子新品种在黄土高原推广。在国家进行“两弹一星”研制期间曾组建和主持“我国核试验对动物远后期效应”的研究，主持国家自然科学基金项目“牧草辐射效应和低毒小冠花选育”。从事国家科委下达的任务“震前动物反应”的研究。

谷子辐射适宜引变剂量是谷子辐射育种的重要问题，国内外对此问题均无系统研究，率先对黄河中下游30个谷子品种的辐射引变适宜剂量和辐射敏感性进行了研究。依据谷子对辐射的反应，可分为3种类型，即敏感性，中间型，迟钝型。30个谷子的半致死剂量（即适宜引变剂量）值为3.6万~9.2万拉德，平均值为5.98万拉德。生长量与剂量之间呈负相关。经最小二乘法处理，符合$y=a+bx$。通过根尖细胞染色体畸变的研究：染色体畸变和辐射剂量之间呈正相关，染色体畸变随着辐射剂量的增加而增加。通过M_2性状突变的观测，发现性状突变和染色体畸变之间呈指数函数关系，符合$y=a+e^{bx}$方程（y代表性状突变率，x代表染色体畸变率）。用此方程可预测M_2性状突变出现的频率。对古老品种和新的谷子品种的辐射敏感性进行研究时，发现新的品种比古老的农产品种辐射敏感性约高1~2倍。从新品种M_2代中选出的突变体稳定快，而古老品种M_2代中选出的突变体不易稳定。这些研究结果均系首创。对谷子辐射育种具有重大意义，丰富了辐射育种理论。

谷子辐射敏感性和抗旱性之间的相关性进行了研究。通过辐射对谷子成活率和染色体畸变率的影响的研究，发现谷子的抗旱性与谷子的辐射敏感性呈负相关。谷子抗旱性越强，谷子对辐射的耐受性越强，谷子抗旱性越弱，对辐射愈加敏感。该项研究为谷子抗旱性鉴定提供了较简易准确的方法。

在进行谷子辐射诱变规律的研究同时，在延安地区获得了两个新品系——辐谷1号和辐谷2号。1980年9月进行了鉴定。该品种具有抗病、抗倒、丰产、早熟等特性。比对照增产18%~29.4%。1982年在陕北、关中等地推广面积约3 000公顷，1980年11月和12月分别在《陕西日报》和《延安日报》进行了介绍。

“七五”期间选育出了辐谷3号新品种。1989年1月陕西省农作物品种审定委员会审定通过，命名为辐谷3号，同年7月经国家“七五”攻关谷子专家组验收。辐谷3号在丰产性、抗病性、品质、适应性等方面均有突破，达国内先进水平。1987年在大荔雷北村和永寿监军镇单产分别达7 875千克/公顷和8 025千克/公顷，创陕西省夏谷生产的最高水平。大荔雷北村种植900亩，平均亩产400千克以上，如此大面积丰产田块在陕西省夏谷生产中是前所未有。1988年在宁南山区彭阳县长城原种植0.3公顷，单产5 417.5千克/公顷，创宁南山区谷子生产最高水平。在抗病性方面有所突破，高抗白发病、黑穗病、谷瘟病，中抗病毒病。米质优质，适口性好，1988年在全国优质米评选会上评为二级优质米。早熟性好，生育期90~95天，比陕西省推广的夏谷品种秦谷2号、6号，早熟10~15天。该品种已在关中、渭北、陕南的商县，陕北的安塞、子丹、榆林，宁夏的彭阳、固原，甘肃的镇原等3省（区）32县大面积推广。1986—1988年收获面积2.5万公顷。1989年收获面积2.88万公顷，截至1992年底累计推广面积达8万公顷。每公顷按增产11.0%计算，可增产3 600万千克，可增值2 520万元（每千克谷子按0.70元计算）。

选育出辐谷4号新品种，该品种1990年育成。高产，在1989—1990年三年预试和区试中平均单产3 681千克/公顷，比照秦谷6号增产10.7%。品质好，蛋白质含量12.9%，脂肪含量5.6%，属高脂肪型，符合国家一级米标准。抗病性强，高抗白发、黑穗、谷瘟等病。适应性广，可在关中、陕北、宁南、平凉地区等地区播种。累计推广面积达3万公顷。1992年12月通过陕西省品种审定委员会审定。

辐谷6号和辐谷7号新品种选育。辐谷6号产量高，丰产性好。1994—1995年省区试验，遇到特大干旱性，仍获持平均单产量3 000千克/公顷，比对照秦谷6号增产43.0%。在陕西省合阳县生产示范中，平均单产量7 500千克/公顷，创该县夏谷生产历史最高水平。品质优良。该品种经陕西省农业科学院测试中心分析，粗蛋白质含量10.78%，赖氨酸和粗脂肪含量分别为0.50%和4.8%，符合国家一级优质米标准。1994年12月在全国优质米评比会上被评为优质米。1999年1月经陕西省农作物品种审定委员会审定通过。辐谷7号具有丰产性好、抗逆性强、品质优良等特点，已在关中地区和渭北高原大面积推广种植，很受群众欢迎。2002年12月经陕西省农作物品种审定委员会审定通过。

为了提高黄土高原谷子的产量，我们开展谷子产量的最佳模式的探讨。在干旱少雨的情况下，在≥10 ℃年积温2 500℃以上的春谷区，每公顷留苗52.5万~45.0万株，播种期4月25日至5月1日，公顷施二胺150千克，产量可达到3 000~5 250千克/公顷。此项研究对地广人稀的西北黄土高原地区来说，意义非常重大。

在21世纪初，研究了中国谷子辐射育种发展过程和成就。我国已用辐射诱变技术共选出谷子新品种（系）41个，这些品种在我国谷子生产中都发挥了重要作用，这些品种的特点是产量高、品质好，抗逆性强。我国谷子辐射育种属于国际领先水平。

研究不同谷子品种富集硒的效力的规律，对预防地方病具有重要的意义。对东北、西北和华北地区的195个谷子品种在贫硒区（地方病区）种植，对其籽粒中的含硒量进行测定。发现谷子不同品种富硒含量差别甚大，其范围为1.01~18.60微克/千克。分三种类型：高硒型（13.81~18.60微克/千克）占总数的16.4%；中硒型（5.81~13.80微克/千克）占总数的76.4%；低硒型（1.01~5.8微克/千克）占总数7.2%。通过以上试验结果，可以从中选育出适合本地区丰产性好，抗逆性强的富硒谷子品种，在贫硒区进行种植。对预防地方病有重要意义。特别是全国四大名米中的桃花米和沁州米含硒量分别是11.65微克/千克和11.41微克/千克，已达到在富硒区谷子含硒量（11微克/千克）的水平。在应用和开发方面值得重视。

谷子对放射性^{75}Se吸收运转规律的研究实验结果指出，叶面涂^{75}Se后，谷子成熟时取样测定，两个品种以穗部的含硒量最高，穗部以小米含硒量最高。品种之间差别也较大，优质2号品种各器官的含量均高于辐谷

3 号 0. 2~0. 4 倍。以上研究结果给施硒肥提供了科学依据。

通过低硒区施硒肥对谷子含硒量的影响及增产效果的研究取得如下的结果：施不同量硒肥对土壤中含硒量的影响甚大，土壤中含硒量随着施硒量的增加而增加。谷子籽粒中含硒量随着硒肥量的增加而增加。当施硒肥为零时，谷粒中含量 7. 83 微克/千克，公顷施硒肥量达 75 克时，籽粒中含硒量增至 30. 00 微克/千克。当每公顷施 300 克时，籽粒中含硒量达 99. 78 微克/千克。每公顷施硒肥 75 克时，谷子籽粒含硒量可达到非病区籽粒中含硒量（非病区谷子籽粒中含硒量 11~45 微克/千克）。谷子施硒肥有明显的增产效果。每公顷施硒肥 75 克、150 克、225 克时，谷子产量分别增产 15. 6%、18. 6%、38. 4%。该项研究表明，给谷子施硒肥，不但可以提高谷子产量，还可以提高土壤含硒量，改变环境硒水平，提高谷籽粒中含硒量。病区群众通过食用高硒谷达到预防地方病的目的。谷子富硒的研究，经中国科学院图书馆文献情报检索，该项研究达到国内外领先水平。

三、主要成果和论著

（一）获奖成果

1. 辐谷 1 号和辐谷 2 号，延安地区行政公署科技成果三等奖，1983 年。

2. 辐谷 4 号，中国科学院科技进步奖三等奖，1997 年。

3. 辐谷 4 号，首届杨陵科技成果博览会获后稷金像奖，1994 年。

（二）品种

辐谷 1 号、辐谷 2 号、辐谷 4 号、辐谷 6 号、辐谷 7 号。

（三）论文

1. 马建中，山立，吕金印，伊虎英．实验室放射性同位素及放射源安全管理探索［J］. 实验技术与管理，2014，31（10）：226-228，245.

2. 马建中，马东艳，伊虎英，王宁娟，黄占斌，鱼红斌．高产抗旱优质谷子新品种辐谷 7 号的选育与推广利用［J］. 核农学报，2009，23（5）：809-811.

3. 马建中，马东艳，伊虎英，鱼红斌，郝玉怀．^{60}Co-γ 射线与稀土元素复合处理甜菜种子对其含糖量和产量的影响［J］. 核农学报，2004，18（1）：11-13.

4. 伊虎英，鱼红斌，马建中．用核技术选育高产优质谷子新品种辐谷 6 号［J］. 核农学报，2003，17（2）：141-142.

5. 伊虎英，鱼红斌，马建中．中国谷子辐射育种的成就和展望［J］. 核农学报，2002，16（2）：125-128.

6. 马建中，鱼红斌，伊虎英．关于牧草辐射育种几个问题的探讨［J］. 核农学报，2000，14（3）：167-173.

7. 马建中，鱼红斌，伊虎英．我国北方主要牧草辐射敏感性及适宜剂量的研究［J］. 中国草地，1998（2）：37-41，79.

8. 马建中，鱼红斌，伊虎英．高产优质抗病谷子新品种辐谷 4 号的选育［J］. 核农学通报，1997，18（6）：258-259.

9. 马建中，鱼红斌，伊虎英．黄土高原谷子新品种辐谷 4 号的选育［J］. 水土保持通报，1997，17（3）：60-62.

10. 马建中，鱼红斌，伊虎英．中国北方主要牧草品种的辐射敏感性与辐射育种适宜剂量的探讨［J］. 核农学通报，1997，18（3）：101-105.

11. 伊虎英，陈凡，鱼红斌，马建中．多变小冠花中 β-硝基丙酸含量的研究［J］. 草业科学，1995，12（2）：16-17.

12. 伊虎英，鱼红斌，马建中．谷子辐射诱变效应的研究［J］. 核农学报 1995，9（4）：207-211.

13. 伊虎英，鱼红斌，马建中．谷子辐射敏感性和抗旱性关系的探讨［J］. 核农学通报，1995，16（2）：61-64.

14. 伊虎英，鱼红斌．沙打旺、苜蓿和小冠花^{14}C 光合产物的转移及分配的研究［J］. 草业科学，1994（5）：31-34.

15. 鱼红斌，伊虎英，马建中．^{60}Co-γ 射线诱发沙打旺早熟性产草量与始花序着生叶位相关性的研究［J］. 中国草地，1993（1）：55-59.

16. 伊虎英，彭富荣，鱼宏斌．微波与^{60}Co-γ射线复合处理对小麦根尖细胞遗传学效应的影响［J］. 核农学通报，1993，14（1）：18-21.

17. 伊虎英，鱼红斌，马建忠．射线照射小冠花干种子的细胞遗传学和辐射损伤效应的研究［J］. 草业科学，1992（6）：45-48.

18. 伊虎英，鱼红斌，陈凡，马建中．辐射诱变低毒多变小冠花的选育［J］. 中国草地，1992（6）：18-22.

19. 伊虎英，鱼红斌，马建中．辐射诱变小冠花突变体毒性的探讨［J］. 核农学报，1992，6（3）：129-133.

20. 伊虎英，鱼宏斌，陈凡，马建中．水土保持优良植物——小冠花［J］. 水土保持通报，1992，12（4）：56-59，63.

21. 伊虎英，李殿荣．甘蓝型油菜细胞质雄性不育三系花粉活性和形态观察［J］. 陕西农业科学，1991（6）：8-9.

22. 伊虎英，鱼红斌，马建中．黄土高原 30 个谷子品种辐射敏感性的研究［J］. 核农学通报，1991，22（6）：269-273.

23. 鱼红斌，伊虎英，马建中．黄土高原主要牧草品种辐射敏感性的研究［J］. 核农学通报 1991，12（5）：207-209.

24. 伊虎英，郝玉怀，鱼宏斌，马建中．硒肥对低硒区谷子籽粒含硒量及产量的影响［J］. 土壤通报，1991，22（1）47.

25. 伊虎英，鱼宏斌．辐射诱发超导早熟沙打旺的选育［J］. 草业科学，1989，6（3）：18-21.

26. 鱼红斌，伊虎英．^{60}Co-γ射线对沙打旺细胞遗传学效应和M_2性状变异的影响［J］. 核农学报，1987，1（2）：112-116.

27. 伊虎英，彭富荣，鱼红斌．激光与^{60}Co-γ射线复合处理大麦干种子对染色体和 M_2 畸变的影响［C］//中国科学院西北水土保持研究所集刊，1987（6）：32-34.

28. 伊虎英，鱼红斌．黄土高原 25 个苜蓿品种的辐射敏感性［C］//中国科学院西北水土保持研究所集刊，1987（6）：63-68.

29. 伊虎英，彭富荣，鱼红斌．激光与^{60}Co-γ射线复合处理对小麦细胞遗传学效应和诱发突变的影响［C］//中国科学院西北水土保持研究所集刊，1987（6）：69-75.

30. 伊虎英．春谷辐射引变效应的研究［C］//中国科学院西北水土保持研究所集刊，1987（6）：77-82.

31. 汪夕彬，伊虎英，鱼红斌．水稻辐射育种适宜辐照剂量的初步研究［C］//中国科学院西北水土保持研究所集刊，1987（6）：83-88.

32. 伊虎英．国外牧草和豆科饲料作物辐射诱变综述［J］．水土保持学报，1984（3）：57-60.

33. 伊虎英，彭富荣．光和中子结合使用对小麦根尖细胞遗传学效应的影响［J］．细胞生物学杂志，1984（1）：21-22.

34. 伊虎英，鱼宏斌．小冠花根蘖辐射效应的研究［J］．中国草地学报，1984（4）：21-24.

35. 伊虎英．冬小麦和春谷的 M_1 染色体畸变和 M_2 性状变异之间的相关性地探讨［J］．原子能农业应用，1981（2）：1-4.

36. 伊虎英，彭富荣，鱼宏斌．激光和微波对小麦细胞遗传学和性状变异的影响［J］．陕西农业科学，1981（5）：11-13.

37. 伊虎英．应用微核法测定小麦根尖细胞染色体辐射效应的研究［J］．遗传，1981，3（3）：30-31.

38. 汪夕彬，伊虎英，鱼红斌，彭富荣．对黄河中下游 54 个小麦品种辐射敏感性的初步探讨［J］．原子能农业应用，1980（1）：3-7，41.

39. 伊虎英．春谷辐射引变和后代选育［J］．陕西农业科学，1980（5）：45-47.

40. 汪夕彬，伊虎英，鱼红斌．辐射小麦 γ_1 植株穗部的嵌合现象［J］．遗传，1980，2（5）：15-18.

四、主要社会兼职与荣誉

曾任中国原子能农学会理事、陕西省原子能学会理事长，并任该学会科普咨询工作委员会委员，《核农学通报》编委会委员，陕西省核学会常务理事。

伊虎英（右 1）给中国科学院“九五”攻关专家组介绍工作

中国科学院“八五”农作物攻关专家组视察辐谷 4 号

朱光琴

朱光琴（1936—　），男，汉族，河南开封人。陕西省农业科学院研究员，主要从事谷子杂种优势及糜子、荞麦品种资源、新品种选育及产业化开发研究。

一、学习工作简历

（一）学习经历

1959 年毕业于西北农学院（现西北农林科技大学）农学系农学专业。

（二）工作经历

1960 年在延安市农牧局工作，1961 年在延安地区科学院工作；1962—1978 年在延安地区农业科学研究所工作。1978 年调入陕西省农业科学院从事杂粮研究。1987 年晋升副研究员，1993 年晋升研究员、杂粮室主任，1996 年 3 月退休。

二、主要工作业绩

先后主持过糜子、谷子育种以及荞麦课题，兼职全国谷子杂种优势利用研究协作组主持人。1978 年 1 月出席陕西省科学大会，获陕西省委省政府先进个人奖。

1972 年春在全国谷子科研工作会议上开始酝酿组织全国谷子杂优研究协作组。1973 年 2 月与崔文生等召开了“谷子雄性不育海南座谈会”，随后在农业部领导下全国谷子杂优研究协作组正式成立，延安地区农业科学研究所为第一牵头单位，朱光琴为第一牵头人，聘请鲍文奎先生为技术顾问。协作组开展了多种协作活动：①一年一次一个省开现场观摩会，汇报进展交流经验，协商下一年度工作要点。1975 年黑龙江现场会上邀请袁隆平先生作水稻三系选育的学术报告（到会做报告的是湖南省农业科学院邝一相先生）。②参照高粱、水稻制定了谷子三系标准。③在延安和张家口坝下农科所按双轨制建立了全国谷子雄性不育系资源圃，1974 年有 40 多个谷子雄性不育系入圃。④分地域划片对不同不育系测交寻找保持系。这些协作活动推动了全国谷子杂优研究有序开展。

1979—1980 年主持陕西省农业科学院和陕西省科委谷子杂优课题。“六五”主持农业部谷子杂优课题，“七五”“八五”主持国家科技攻关项目谷子育种课题子课题“谷子杂种优势利用研究”。

（一）糜子育种

1. 对陕北 14 个县 60 多个优良农家种进行品种鉴定和品种比较试验，肯定了牛尾黄等品种的增产作用和大红袍糜子适于迟播救灾复种的特性。

2. 鉴定出 10 个品系经 4 年比较试验和多点生产示范，选育出“东方红”和“丰收”两个优良品种，在陕北推广种植。

3. 诱变育成东方红、大瓦灰等十多个八倍体糜子新品系。此外翻译苏联糜子研究文章 10 余篇，油印交流。

（二）谷子育种

1. 杂优研究

1967 年最先发现谷子不育现象。经遗传分析，其育性分离符合单一隐性雄性不育基因的分离规律，由此育成首个谷子不育系“延型雄性不育系”，种子寄送全国 34 个谷子科研单位；1972 年标本在全国农林科学实验成果展览会上展出，同年《农业科技通讯》和《陕西农业科学》分别刊发《谷子延型雄性不育系的研究》和《谷子延型雄性不育系育种小结》，这些工作为全国谷子杂优研究揭开了新篇章。多品种测配筛选保持系提供了大量杂交组合，从1968年的测配后代中选育出延夏谷一号，复种单产达4 650千克/公顷，1975年推广面积达夏谷面积的一半以上，成为夏谷的骨干品种，它是利用不育系选育谷子新品种的第一例。在三系尚不配套的情况下设计完成了“去公留母”和“去假留真”的两系法应用研究。促进了两系法应用的开展。

2. 矮化育种

从辐射处理中得到5个矮秆类型，其中矮秆竹叶青是一个隐性矮基因突变，在此基础上通过杂交选育对其叶型穗型进行改造，将稀植大穗型改造成密植紧凑型，密度试验每公顷30万株不倒，并且适于机械化收割，此项成果收录于陕西省科技情报研究所1977年科技成果选编中。

3. 多倍体育种

比较富民隆、乙醚、秋水仙碱的诱变效果，以及多种热震荡处理花序，从中得到十多个八倍体糜子，数十个四倍体谷子，以及碱谷、御谷、高粱、荞麦和八倍体金色狗尾草等等。在多倍体的识别中综合运用间接鉴定指标，总结出“三查一种”的鉴定方法，无须直接鉴定佐证，即可确认诱变成功株，科学出版社出版晋东南地区科技局编《谷子》一书对此有引述；《西北植物学报》对东方红糜子八倍体有过研究报道（1992年）。

此外，在梁宏儒先生主持下参加过延谷二号、延谷三号新品种选育。

（三）给隐性核不育系选育保持系

多品种与延型不育系测交筛选保持系：将陕西省农业科学院保存的关中、陕南谷子品种与不育系测交，加上延安地区农业科学研究所测过的陕北品种，完成了陕西地方品种全部测配，除个别品种有“一代保持”现象外，未测找出隐性核不育系的保持系，这一结果两次证明隐性核不育系难以从多品种广泛测交中筛选到保持系。

按“洋葱公式”筛查胞质可育基因：对洋葱公式周期长、难度大等问题做了修改：用 A 中之 B 缩短了年限，用显性核不育过渡，省去了手工杂交，用逆向运行增大胞质异质性。用延 A、水 A 测配 40 多个品种，大红袍等 19 个品种胞质为不育基因，未能选育出保持系。

（四）按水稻野败模式选育细胞质雄性不育系

法氏、福勃、轮生狗尾草都是四倍体，而谷子是二倍体，为避免杂交产生三倍体的染色体不稳，将谷子加倍成四倍体。

远缘杂交往往因为幼胚夭亡而失败，与植物所合作，将授粉 12 天内的 264 个子房接种，培养出 232 个试管苗，成活 11 株，得到“四倍体显性核不育谷子×法氏狗尾草”真杂种 2 个株系，$2n=4x=36$。克服了杂种幼胚早期夭亡。

远缘杂交也会因为 F_1 不结实而失败，云南狗尾草×谷子（$4n$）就是这样，从不结实 F_1 主茎的节上分枝上采下幼穗，接种外植体 132 个，经组织培养扩繁试管苗千余株，$2n=4x=36$，回交得以繁殖。

在多倍体保存和倍性稳定性观察中发现还原二倍体现象。将四倍体杂种去雄不授粉迫使出现还原二倍体，再用二倍体谷子回交，使其成为稳定的二倍体质核杂种。

经过上述多个程序，最终从轮生狗尾草×谷子（$4n$）杂交组合中育成了谷子 Ve 型细胞质雄性不育系，回交 9 代完成了核代换，与父本山丹油条谷性状基本一致，大群体不育株率 90.0%，不育度 93.51%。优系不育株率 100%，不育度 99%～100%，用 30 多个谷子品种与之测交，F_1 为雄性不育。花粉败育为圆败型，柱头外露，易于异交。Ve 型胞质不育系于 1990 年通过国家攻关课题组验收，是国内第一个细胞质雄性不育系。

此外，作为协作单位和国家同一攻关课题成员单位，对谷子显性核不育研究做了以下助攻：镜检确认谷子显性核不育败育特征是典型的功能败育型；将 Msch 引变成四倍体，用于远缘杂交选育胞质雄性不育系；洋葱公式中引用 Msch 免去谷子手工杂交；将 Msch 导入轮生狗尾草细胞质中，完成 Msch 的细胞质转换。

1980 年延安地区农业科学研究所将谷子杂优协作组移交陕西省农业科学院，作为该协作组的第一牵头人，多次参加农业部召开的协作经验交流会，学习水稻、油菜协作组的先进经验，改进了协作方式，增加了协作内容：

1. 增加了情报资料交流，翻译谷子文献，不定期内部印发；建立资料目录卡，于1992年出版了《谷子二次文献专辑》，涵盖1889—1990年一个世纪谷子文献信息，外文文摘350条，外文题录556条，中文题录1 371条，共计2 277条，此书是谷子生产、教学、科研工作者有益的工具书。

2. 种质资源圃增加了狗尾草征集保存与利用，广泛收集国内各种野生狗尾草，在国际交流时将八倍体金色狗尾草换得了法国轮生狗尾草，为远缘杂交选育细胞质雄性不育系提供了野生亲本。

3. 不同雄性不育基因控制的不育材料表现不同的败育特征，对资源圃保存的多个不育系的败育特征进行了镜检和系统地比较研究，根据败育特征，将谷子不育系划分为四类：花药退化型如338A，无花粉型如延A，花粉败育型可细分为典败、圆败和染败，功能败育型如Ch显性核不育。对每种败育类型都写了文字描述，根据谷子特点记述了最佳取样时间和取样的形态指标。修订了谷子三系标准，增加了不育系败育特征和不育性遗传稳定性的记载项目和观察方法。

4. 按照《农业科研协作组原则》要求，每年向农业部科技司编报协作项目执行情况，协作更具体更扎实。1989年在杨陵协作会上组织以“Msch”为杂交工具与不同生态类型品种杂交，统一计划，统一供种，统一组配，统一南繁，七省区10多个科研单位测配1 300多个组合，选育出了10多个新的不育材料，也为谷子新品种选育提供了大量杂交组合。

三、主要成果和论著

（一）获奖成果

1. 怎样夺取谷子高产，延安地区科研成果乙等奖，1973年。
2. 谷子延型雄性不育系选育，陕西省科研成果三等奖，1978年。
3. 全国谷子生态联合试验及中国谷子主产区谷子生态区划，农业部科技进步奖三等奖，1992 年。

4. 谷子基因互作型显性核不育的发现、起源、胞质转换与应用体系，国家科技部自然科学奖四等奖，1999 年。

（二） 品种

谷子品种：延夏谷一号、延谷二号、延谷三号。

糜子品种：东方红糜子、丰收糜子。

（三） 论文

1. 朱光琴．介绍三个糜子品种［J］. 陕西农业，1963（5）：13.

2. 朱光琴．糜子选种工作获得初步成果［J］. 科技动态，1965（3）：16.

3. 朱光琴．谷糜多倍体诱变取得初步成果［J］. 科技动态，1966（1）：35.

4. 朱光琴．谷子两系法制种研究成功［J］. 陕西科技消息，1978（1）：1.

5. 朱光琴．谷子系两系法的木本繁殖技术［J］. 农业科技通讯，1984（4）：5.

6. 朱光琴，李续中，师公贤，李亚文．谷子不育系同源四倍体秋水仙碱引变试验［J］. 陕西农业科学，1987（6）：33.

7. 周俊彦，罗新谈，郭扶兴，马惠，朱光琴．［云南狗尾草×谷子（四倍体）］F_1组织培养中的植株再生［J］. 作物学报，1988，14（8）：227-231.

8. 朱光琴，吴权明，马云彤．谷子 Ve 型不育系的选育［J］. 陕西农业科学，1991（1）：7.

9. Guo Fuxing，Zhou Junyan，Luo Xintan，Ma Hui，Zhu Guangqin，Wu Quanming，Ma Yuntong. Plant Regeneration of Teteaploid Plants of *Fagopyrum esculentum* Moench. in Tissue Culture［C］. Proceedings of the 5th International Symposium on Buckwhent，Beijing：Agriculture Publishing House，1992，291-299.

10. 朱光琴，吴权明，马云彤，陈雪婷，朱静林，郭扶兴，周俊彦，罗新谈，马惠．荞麦良种快速繁殖的几种方法［J］．陕西农业科学，1993（5）：38.

11. 罗新谈，郭扶兴，周俊彦，马惠，吴权明，马云彤，朱光琴．谷子（*Setaria italica*）Ch 4n×法氏狗尾草（*S. faberii*）的杂种幼胚培养及杂种 F_1 的鉴定［J］．作物学报，1993，19（4）：352-358.

12. 朱光琴，陈雪婷，朱静林，吴权明，张建刚．谷子显性雄性不育基因"Ms^{ch}"的细胞质转换［J］．西北植物学报，1994，14（5）：33-35.

（四）著作

1. 朱光琴，李续中．怎样夺取谷子高产［M］．西安：陕西人民出版社出版，1973.

2. 朱光琴（主编），李起秀，张建刚，陈洪武，李续中．谷子二次文献专辑［M］．西安：陕西师范大学出版社，1992.

3. 朱光琴（参著）．谷子育种学［M］．北京：中国农业出版社，1997.

朱光琴在工作

谷子杂交会议照片

重要成果与工作照片

柴 岩

柴岩（1951— ），男，中共党员，陕西府谷县高石崖镇仓贺峁村人，西北农林科技大学研究员，主要从事糜子、荞麦、谷子品种资源、新品种选育及产业化开发研究。

一、学习工作简历

（一）学习经历

1958—1962 年在高石崖苍贺峁小学读 1～4 年级；1962—1965 年在高石崖公社西贺家畔小学读 5、6 年级；1965—1968 年在府谷中学读初中，1966—1968 年受“文化大革命”影响，初中毕业时间延长至 1968 年冬季；1969 年在本村苍贺峁小学教学，1970—1972 年在府谷中学读高中（农技班）。1972—1974 年在西北农学院（1999 年改组为西北农林科技大学）农学系读书，1974 年 11 月毕业，分配到陕西省榆林农业科学研究所（后改为榆林农业科学研究院）工作，1998 年调至陕西省农业科学院黄土高原治理研究所工作，1999 年陕西省农业科学院并入西北农林科技大学后在西北农林科技大学农学院工作。

（二）工作经历

1974—1998 年在陕西省榆林农业科学研究所工作，其间担任研究室主任；1998—2000 年在陕西省农业科学院黄土高原治理研究所工作，其间担任副所长；2000—2011 年在西北农林科技大学农学院工作，其间担任副院长，分管研究生工作，承担本科生、研究生作物栽培学、作物高产理论与实践等课程的讲授任务。2011 年 1 月退休。

1988 年 8 月晋升为助理研究员，1993 年 12 月晋升为副研究员，1998 年 12 月晋升为研究员（后职称转换为教授）。

1996 年 2 月起享受国务院政府特殊津贴。1996 年 8 月被评为陕西省有突出贡献中青年专家，2001 年 12 月被评为陕西省有突出贡献专家。

长期开展糜子、荞麦国际学术交流活动，1995 年以来先后访问俄罗斯、乌克兰、捷克、斯洛文尼亚、美国、加拿大、澳大利亚、日本、韩国等国家。

二、主要工作业绩

1974—1979 年在榆林农业科学研究所从事谷子育种研究；1980 年至今，从事糜子、荞麦品种资源研究、品种选育、栽培及产品开发利用研究工作；2011 年 1 月退休之后继续从事糜子、荞麦等成果转化、产品开发及产业化工作。创建并主办“中国小杂粮网站”（2003 年至今）。

1998 年以来，主持组织全国荞麦、糜子、燕麦、青稞、薏苡、绿豆、小豆、芸豆、豌豆、蚕豆、豇豆、鹰嘴豆、草豌豆等 13 个杂粮作物的品种区域试验，进行杂粮品种田间评价，每三年一轮，参加试验的有全国 27 个省市 70 多个科研单位。

2001—2016 年期间，担任全国小宗粮豆品种鉴定委员会主任，主持全国杂粮品种鉴定工作，先后推荐、鉴定一大批杂粮优良品种，解决了杂粮生产需要，促进了杂粮生产发展，带动了全国杂粮育种研究。

2006—2018 年担任农业部小宗粮豆专家指导组组长，组织全国杂粮生产调研和考察，摸清全国杂粮生产和产业发展状况，每年对主要杂粮生产技术提出指导意见。

2004年起担任中国粮食行业协会杂粮分会副会长，积极协助全国粮食行业协会开展全国十强杂粮加工企业评选、杂粮地方特色优势县的认定工作，提出主要杂粮生产发展建议和措施，促进了全国杂粮产业发展。

2007年组织举办第十届国际荞麦研讨会、榆林国际荞麦会，为第十届国际荞麦协会主席。2012年发起并组织召开首届国际糜子研讨会，为第一届国际糜子协会主席。

三、主要成果和论著

（一）获奖成果

1. 旱地小杂粮优质高产技术集成与推广，农业部农牧渔业丰收计划一等奖（第一名），2010年12月。

2. 陕西小杂粮优质高产技术示范推广，陕西省科技进步奖二等奖（第一名），2010年2月。

3. 陕西主要小杂粮示范推广，陕西省科技进步奖二等奖（第一名），1998年。

4. 中国黍稷品种资源利用研究，山西省科技进步奖二等奖（第三名），1995年9月。

5. 马铃薯脱毒种薯技术，农业部农牧渔业丰收计划二等奖（第一名），2002年8月。

6. 榆黍1号选育，陕西省科技进步奖三等奖（第一名），1997年1月。

7. 荞麦丰产栽培技术研究，陕西省科技进步奖三等奖（第一名），1992年5月。

8. 中国黍稷品种资源编目整理，农业部科技进步奖三等奖（第三名），1993年9月。

9. 中国黍稷优异资源利用，山西省科技进步奖三等奖（第五名），1998年9月。

10. GS 内糜 5 号的育成与推广，内蒙古自治区科技进步奖三等奖（第四名），1995 年 12 月。

（二）品种

1. 糜子品种

榆黍 1 号、榆糜 2 号、陕糜 1 号、陕糜 2 号、内糜 5 号。

2. 荞麦品种

西农 9976、西农 9968、榆 6-21、西农 9909、西农 9920、西农 9940。

3. 豆类品种

西芸 1 号、西芸 2 号，西绿 1 号，西豌 1 号、西豌 2 号等。

（三）论文

1. 张小东，冯佰利，王鹏科，赵如浪，屈洋，于澄宇，柴岩*. 糜子化学杀雄剂筛选及杀雄效果研究初报［J］. 西北农业学报，2011，20（8）：77-81.

2. 张志芬，高小丽，冯佰利，柴岩*，党根友，谢惠民 . 糜子籽粒贮藏蛋白的组分分析［J］. 西北农林科技大学学报（自然科学版），2009，37（4）：81-85.

3. 林华，高金锋，高小丽，冯佰利，党根友，柴岩*. 不同基因型芸豆品种丰产性及稳定性分析［J］. 干旱地区农业研究，2009，27（2）：108-113.

4. 刘春花，高金锋，王鹏科，冯佰利，柴岩*. 超声波法提取苦荞黄酮的工艺研究［J］. 西北农业学报，2009，18（1）：281-284.

5. 夏明月，柴岩*，冯佰利，高小丽，慕芳，苗芳 . 绿豆开花后不同节位叶片衰老的超微结构研究［J］. 西北农业学报，2009，18（3）：131-135.

6. 柴岩 . 糜子（黄米）的营养和生产概况［J］. 粮食加工，2009，34（4）：90-91.

7. 王忠景，冯佰利，柴岩*，胡银岗 . 甜荞品种内与品种间的遗传多样性研究［J］. 西北植物学报，2009，29（7）：1314-1319.

8. 姚爱华，冯佰利，柴岩*，高金锋，刘建华，薛少平，朱瑞祥．不同耕作方式对小杂粮产量及水分利用效率的影响［J］．干旱地区农业研究，2008，26（1）：97-101.

9. 党根友，冯佰利，高冬丽，高小丽，柴岩*．不同芸豆品种种子发育过程中贮藏蛋白积累研究［J］．西北植物学报，2008，28（7）：1366-1370.

10. 党根友，高金锋，高小丽，冯佰利，柴岩*．灰色关联分析在芸豆区试产量性状上的应用［J］．西北农业学报，2008，17（3）：155-159.

11. 张艳，柴岩*，冯佰利，胡银岗．苦荞和甜荞查尔酮合成酶基因的克隆及序列比较［J］．西北植物学报，2008，28（3）：0447-0451.

12. 高冬丽，高金锋，党根友，冯佰利，柴岩*．荞麦籽粒蛋白质组分特性研究［J］．华北农学报，2008，23（2）：68-71.

13. 倪志勇，徐兆师，刘丽，李连城，柴岩*，陈明，马有志．小麦转录因子 TaDREB6 基因的克隆及鉴定［J］．麦类作物学报，2008，28（3）：357-363.

14. 党根友，冯佰利，高小丽，高金锋，高冬丽，柴岩*．芸豆种子蛋白组分及其在种子萌发过程中的变化［J］．华北农学报，2008，23（5）：85-88.

15. 安守强，李瑞国，梁成真，高冬丽，柴岩*．微波提取苦荞籽粒总黄酮最佳工艺的研究［J］．安徽农业科学，2007，35（10）：2833-283.

16. 李瑞国，高冬丽，柴岩*，胡银岗，高金锋，安守强．苦荞资源农艺性状因子聚类分析［J］．干旱地区农业研究，2007，25（6）：80-84.

17. 高小丽，孙健敏，高金锋，冯佰利，柴岩*，张鹏涛．绿豆区试品种综合分析与评价［J］．西北农业学报，2005，14（1）：167-171.

18. 柴岩．2002 年我国小杂粮出口回顾［J］．中国农业信息，2004（1）：7-8.

19. 柴岩，冯佰利．中国小杂粮产业发展现状及对策［J］．干旱地区农业研究，2003，21（3）：145-151.

20. 柴岩，冯佰利．东北和新疆小杂粮生产及市场考察［J］．现代化农业，2003（1）：15-18.

21. 张雄，王立祥，柴岩，廖允成．小杂粮生产可持续发展探讨［J］．中国农业科学，2003，36（12）：1595-1598.

22. 柴岩，冯佰利．小杂粮生产现状及对策［J］．中国农业科技导报，2001，3（5）：57-61.

（四）著作

1. 柴岩，冯佰利．中国杂粮与杂粮产业［M］．杨凌：西北农林科技大学出版社，2013.

2. 柴岩，冯佰利，王宏岩．中国黄米食品［M］．杨凌：西北农林科技大学出版社，2012.

3. 柴岩，张洪程，程映国，廖琴．中国特色作物产业发展研究［M］．杨凌：西北农林科技大学出版社，2008.

3. 柴岩，万富世．中国小杂粮产业发展报告［M］．北京：中国农业科学技术出版社，2007.

4. 柴岩，王鹏科，冯佰利．中国小杂粮发展指南［M］．北京：中国农业科学技术出版社，2007.

5. 柴岩，冯佰利，孙世贤．中国小杂粮品种［M］．北京：中国农业科学技术出版社，2007.

6. 柴岩，冯佰利．第十届国际荞麦会议论文集［M］．杨凌：西北农林科技大学出版社，2007.

7. 林汝法，柴岩，廖琴，孙世贤．中国小杂粮［M］．北京：中国农业科学技术出版社，2002.

8. 柴岩．糜子［M］．北京：中国农业出版社，1999.

9. 柴岩．粟类作物（糜子专辑）［Z］．粟类作物专业委员会，1997.1.

10. 林汝法，柴岩．中国荞麦［M］．北京：中国农业出版社，1994.

11. 柴岩．陕西省糜子品源目录［Z］．陕西榆林地区农业科学研究所，1983.

12. 柴岩．陕西省荞麦品种资源目录［Z］．陕西榆林地区农业科学研究所，1983.

四、主要社会兼职与荣誉

2006—2018 年担任农业部小宗粮豆专家指导组组长，2001—2016 年担任全国小宗粮豆品种鉴定委员会主任；曾经担任中国粮食行业协会杂粮分会副会长、陕西省粮食行业协会副会长、中国作物学会栽培专业委员会副主任，中国作物学会粟类作物专业委员会副主任委员，中国作物学会燕麦荞麦专业委员会副主任；第十届国际荞麦协会主席、第一届国际糜子协会主席。

柴岩在田间

谢庆观

谢庆观（1917—2005），男，九三学社社员，安徽省马鞍山市人，陕西省农业科学院研究员。主要从事耕作栽培、作物育种和种质资源等方面的研究工作。

一、学习工作简历

（一）学习经历

1928 年 9 月至 1934 年 6 月在南京私立安徽中学读书，1936 年 9 月至 1937 年 12 月在国立安徽大学农学院农业经济系学习，1938 年 1 月至 1940 年 6 月在国立四川大学农学院学习。

（二）工作经历

1940 年 8 月至 1947 年 5 月在国立女子师范学校任讲师兼农场主任，1947 至 1949 年 4 月在农林部苏皖繁殖站任技术专员兼推广组组长。1949 年 4 月参加革命工作，1949 年 7 月至 1950 年 1 月在华东人民革命大学学习，1950 年 2 月至 1954 年 9 月在西北农林部任技术员。1985 年 8 月离休。

二、主要工作业绩

先后在陕北绥德、子长等地蹲点，结合培养丰产典型开展综合研究，针对黄土高原丘陵山区的生态条件。进行了陕北川地耕作改制研究，提出了二年三熟的种植制度，有效地提高当地的粮食产量水平。

通过长期的生产调查研究，提出了重视品种增产作用，开展了国内谷子优良品种的引进，其中作为主持人完成的“黄沙谷引种鉴定”“231 谷子引种鉴定”项目获陕西省农业科学院成果奖。谷子优良品种黄沙谷、231 成为陕北地区的主栽品种，起到显著的增产作用。在抓好品种引进的同时，积极开展资源利用研究，参加了“中国谷子品种资源目录的整理与编写”项目，主持陕西编目工作，第一次系统地收集整理了全省谷子农家品种，该项目于 1980 年获农业部技术改进奖一等奖。

从事农业教育科技工作 40 多年注重研究总结和科普宣传，作为主编，出版著作 3 部：《作物育种》《种子与育种知识》《怎样才能使谷子增产》。参编著作 3 部：《中国谷子品种志》《中国谷子栽培学》《谷子原种操作规程》。此外还参加编写了《农业主要名词解释》等科普读物 30 多本。这些著作提高陕西省谷子育种理论水平，宣传推广了农业科学技术知识，为陕西农业生产做出了重要贡献。

三、主要成果和论著

（一）获奖成果

1. 子长县川地耕作改制，陕西省农业科学院成果奖，1976 年。
2. 小麦下川，陕西省首届科学大会奖及陕西省农业科学院成果奖，1978 年。
3. 中国谷子品种资源目录的整理编写，农业部技术改进奖一等奖，1980 年。
4. 《陕西省四级农科网技术手册》，陕西省科普一等奖，1980 年。

（二）论文

1. 谢庆观．陕北川地间作套种的实践与认识［J］．陕西农业科学，1982（2）：31-33.

2. 谢庆观．浅谈我省粮食生产的几个科学技术问题［J］．陕西农业科学，1981（1）：32-36.

3. 谢庆观．多穗高粱在绥德地区试种情况［J］．陕西农业科学，1960（3）：86-87.

4. 谢庆观．玉米在绥德地区的发展及其丰产技术［J］．陕西农业科学，1960（4）：166-169.

5. 谢庆观，鲍巨松．八字宪法的精神促进了1985年绥德新兴农业社大面积丰产［J］．陕西农业科学，1959（4）：157-158，167.

6. 谢庆观．陕北区田和畖田的丰产［J］．陕西农业科学，1959（1）：26-27.

（三）著作

中国农业科学院作物品种资源研究所，山西省农业科学院．中国谷子品种志［M］．北京：农业出版社，1985（编委之一）.

龚德友

龚德友（1936— ），男，中共党员，湖北省汉阳县蔡甸镇（今武汉市蔡甸区）人。榆林市农业科学研究所研究员，主要从事谷子育种、栽培和农业技术推广等工作。

一、学习工作简历

（一）学习经历

1955 年 8 月至 1959 年 7 月在西北农学院（现西北农林科技大学）农学系农学专业就读。

（二）工作经历

1959 年 9 月被分配到水土流失严重、风沙肆虐、生活贫困的榆林地区农业科学研究所工作，1998 年退休。1959—1960 年为农业实习技术员，1961—1981 年任农业技术员和谷糜研究课题负责人，1976 年 1 月 20 日加入中国共产党；1982 年至 1987 年 11 月任助理研究员，作物第一研究室主任，科研科科长；1987 年 12 月任副研究员，1987 年 12 月至 1998 年任业务副所长，1995 年任榆林市农业科学研究所研究员。

二、主要工作业绩

榆林市农业科学研究院（原名榆林地区农业科学研究所）成立于1958年秋，最初设有农业、林业、植保和畜牧业四个研究室。是由榆林市原林业、植保、畜牧业工作站和延安市农业科学研究所设在榆林试验基点的人员等合并组成，全所只有30余人，一无所址，二无试验场地。

1959—1976年主要从事农业技术推广工作，1977—1998年才正规开展谷子研究工作。在工作期间做出了一点成绩，得到了党和政府授予的荣誉及奖励。1979年9月榆林地区科学技术大会授予谷子“榆谷1号”一等奖；1985年7月陕西省科学技术会议授予二等奖；1987年12月陕西省劳动模范先进集体代表大会，榆林市农业科学研究所作物第一研究室被授予“陕西省先进集体”的称号；1989年8月2日被农业部任命为全国农作物品种审定委员会第二届（1989—1993年）委员；陕西省科协第四届委员和省作物学会委员；1989年9月27日被中共榆林地委地区行政公署授予“榆林地区劳动模范”称号，1990年12月8日被中共榆林地委选拔为地区级有突出贡献的拔尖人才，并给予每月20元津贴，1992年1月16日被中共榆林地委榆林地区行政公署授予“发扬延安精神开发建设榆林”十面红旗之一等；1992年起享受国务院政府特殊津贴。另外，作为普通群众的共产党员代表，光荣出席了1986年1月17日召开的中共陕西省代表会议和1993年5月召开的中共陕西省第八次代表大会。

工作40年，其中前18年的农技工作做了四件事：

一是1961—1962年的试验农场筹办和协助领导接收1962年下马的榆林农学院校址，为榆林地区农业科学研究所拥有办公地点、住宿条件和试验基地奠定了基础。同时所的设置将林业和畜牧两个研究室划分出去，在保留农业、植保两研究室的基础上，增设了果蔬、农化两个研究室，成为研究所以后发展的雏形。

二是“文化大革命”时期，在试验农场劳动三年，其中欲测定杂交高粱的生产潜力，于1969年种植了0.6公顷榆林地区农业科学研究所配置的杂交高粱（♀3197A×♂平罗娃娃头），生长整齐，长势良好，为当年地区的品种审定提供了参观鉴定的唯一现场做出了贡献，该组合成为本所第一个通过审定的品种，命名为“榆杂 1 号”杂交高粱。

三是农村蹲点推广农技和学“大寨”，四个县九个年头，推广“两杂两薯”、水稻、春小麦、谷、糜等优良农家品种和引进品种、植保、农化技术。其中，1965—1966 年，榆林地区遭遇特大旱灾，在神木麻家塔蹲点，创造了“麻家塔地区千斤沟”，出席了 1966 年西北地区第一次农业学大寨—兰州会议，并且调查总结的《麻家塔水稻丰产技术经验》，刊于《陕西农业》1966 年 4 期 20-21 页。米脂县蹲点两年，山旱地主推“两杂两薯”，为米脂、神木两县提供了“沙杂 15”号洋芋和“两杂”种子以及栽培技术，为以后在全区推广打下基础。1975—1976 年在绥德县五里湾蹲点，进行小麦下川复种谷糜可行性试验，为提高复种指数和增加细粮供应比例提供技术依据，并总结了该队复种谷子的丰产经验“绥德县五里湾大队回茬谷子丰产经验总结”，收录于《陕西省谷子丰产技术栽培经验》。1960 年在靖边县梁镇东园则村蹲点，主要完成了作物品种、肥料三要素试验、病虫害防治，以及当地耕作栽培调查。

四是谷子试验研究，1963—1964 年谷子原始材料鉴定整理归并，由 500 余份整理归并为 390 余份，以后每 4~5 年繁殖一次。1970 年开始谷子杂交方法探索，1971 年参加了山西省长治地区首次召开的全国谷子现场经验交流会，还进行了谷子协作问题的讨论，确定了全国谷子品种联会区域试验及其年会由各参试单位分别主持等议题，为以后全国谷子研究工作及联合协作攻关奠定了基础。

“文化大革命”结束后，1977—1998 年是谷子研究的黄金期，做了以下三件事：

一是谷子品种选育与联合协作攻关。首先是在以往工作基础上，通过农家品种选优和引进外地品种比较，先后推广了石炮谷、黄沙谷、青卡谷和大同黄谷 1 号、内蒙古辽东黄等谷子良种。自 1970 年开始谷子杂交育种、辐射育种以来，选育出了榆谷 1 号、榆谷 2 号、秦谷 1 号和秦谷 5 号。“榆”字号为榆林地区审定通过品种，“秦”字号为陕西省农作物品种审定委员会审定通过而命名。“榆谷 1 号”获 1979 年榆林地区科技大会一等奖。“秦谷 5 号”获 1995 年陕西省科技进步奖三等奖。

参与了中国农业科学院、河北省农林科学院谷子研究所等单位主持的有关谷子协作攻关研究项目工作。为1980年和1985年出版的《中国谷子品种目录》和《中国谷子品种志》编写了陕西省榆林地区全部材料。此两项均获得了农业部技术改进奖一等奖。完成了“全国谷子品种区域试验及其结果的应用”和“全国谷子生态联合试验及中国谷子主产区谷子生态区划”榆林试验点的研究任务，两项研究均获得农业部科技进步奖三等奖。

二是谷子栽培研究。对陕北干旱、水土严重流失的丘陵沟壑区谷子进行了保苗与丰产等方面的栽培研究。通过多年试验、蹲点、调查的资料积累，以及专门立项研究——陕北榆林丘陵沟壑区山旱地谷子单产200千克栽培技术研究，经1985—1986年的试验、示范、推广以及地、省两级现场鉴定、验收，获得1990年榆林地区科技进步奖二等奖和1991年陕西省科技进步奖三等奖。编写了有关谷子栽培的科普小册子，在榆林地区推广。

三是谷子生态生长发育研究。长期研究谷子在不同生态条件下的生长发育动态，为谷子丰产丰收提供栽培依据，在正常生产条件下，研究观测谷子不同播种期的生长发育动态与相对应的温度和光照长短的关系——谷子生长、发育速度与光、温的关系。研究发现谷子穗分化始期与拔节期存在三种情况：即谷子分化始期可在谷子拔节期之后、之中和之前出现三种情况；谷子的生长速度与温度的高低呈正相关，与光照时间的长短相关不显著；谷子穗分化与拔节期的关系由温度决定，温度高穗分化在拔节期前开始，温度低在其后，一定的温度时同时出现，呈回归关系；而与光照长度相关不显著。这与谷子从高纬度、高海拔向低纬度、低海拔引种生育期缩短，反之相反的结论是一致的。

此外，参编了“榆林地区种植区划”的所有作物栽培部分，此项获省区划三等奖。另外，为推广农业技术，在原《榆林报》发表农业技术科普文章多篇。

三、主要成果和论著

（一）获奖成果

1. 秦谷 5 号新品种选育，陕西省科技进步奖三等奖，1995 年。

2. 陕北榆林丘陵沟壑区山旱地谷子亩产 200 千克栽培技术研究，榆林地区科技进步奖二等奖，陕西省科技进步奖三等奖，1991 年。

3.《中国谷子品种志》，农牧渔业部科技进步奖一等奖（参加人），1985 年。

4. “中国谷子品种目录的整理与编写”，农业部技术改进奖一等奖（参加人），1980 年。

5. 榆谷 1 号，榆林地区科技大会一等奖，1979 年。

（二）品种选育

榆谷 1 号、榆谷 2 号、秦谷 1 号、秦谷 5 号。

（三）发表论文

1. 高凤宏，龚德友. 榆林旱地谷子亩产 200 千克栽培技术 [J]. 干旱地区农业研究，1996，14（1）：62-66.

2. 龚德友，常耀邦，龚小峰. 陕北长城沿线风沙区春小麦千粒重与收获期的关系 [J]. 陕西农业科学，1994（6）：22-23.

3. 高凤宏，龚德友. 陕北榆林地区谷子抗逆性育种及其对策 [J]. 粟类作物，1994（4）：16-18.

4. 龚德友. 鸟饲出口品种秦谷 5 号选育及栽培要点 [J]. 粟类作物，1992（2）：19.

5. 龚德友. 陕北丘陵沟壑区抗旱播种法 [J]. 陕西农业，1989（2）：10.

6. 龚德友. 谷子水平沟三湿三压播种法 [J]. 陕西农业，1989（3）：5.

7. 龚德友，高凤宏．旱地谷亩产200公斤栽培技术［J］．农业科技通讯，1987（11）：9.

8. 龚德友．谷子发育进程与光、温的关系［J］．糜谷黍科研通讯，1987（4）：34-41.

9. 龚德友．旱地谷子丰产有方［J］．农村科学，1987（12）：10.

10. 龚德友，高凤宏．陕北旱地谷子高产栽培技术探讨［J］．陕西农业科学，1985（1）：23-25.

11. 龚德友．谷子叶片生长动态与温度的关系［J］．陕西农业科学，1982（6）：11-14.

12. 龚德友．春谷单花灌浆成熟过程的观测［J］．陕西农业科学，1982（1）：37.

13. 龚德友．谷子穗分化与拔节期关系的观察［J］．陕西农业科学，1981（1）：14-16，19.

14. 龚德友．麻家塔水稻丰产技术经验［J］．陕西农业，1966（4）：20-21.

龚德友测量谷子穗长

龚德友（右1）观察谷子成熟情况

龚德友

龚德友

俞国华

俞国华（1951— ），女，原籍北京市，陕西黄龙县人。延安地区农业科学研究所推广研究员。长期从事谷子遗传育种研究。

一、学习工作简历

（一）学习经历

1972 年 6 月至 1974 年 11 月西北农学院（现西北农林科技大学）农学系农作专业学习。

（二）工作经历

1974 年 11 月至 1977 年 9 月在延安市农业学校任教，教师。1977 年 10 月至 2006 年 9 月在延安市农业科学研究所工作，先后任农艺师、高级农艺师、推广研究员。

二、主要工作业绩

1977—1983 年参加了绿肥新品种推广、绿肥压青后效研究。1981—

1990 年参加“大豆引种和新品种推广”工作。1985—1987 年主持“陕西省春玉米区域试验”。1990—1995 年参加黄土高原丘陵沟壑区土壤中钼元素与钼肥效应研究和多元微肥、专用肥推广项目。1991—2003 年主持国家“八五”、省“九五”科技攻关项目子课题“陕北春谷优质、高产、多抗新品种选育、推广、栽培技术研究”。主持选育出了延谷 11 号、延谷 12 号两个谷子品种。这两个品种高产、优质、抗病、抗倒性强、适应性广，小米色泽鲜黄，口味品质优良，蛋白质含量达 10% 以上，脂肪含量达 5%，成为陕北地区主要种植推广的优良品种。1997—2002 年在延安、榆林两个地区累计推广 15.4 万公顷，增收谷子 4 600万千克，实现效益 5 600多万元。获得陕西省、延安市科技进步奖等奖项 10 余项。

三、主要成果和论著

（一）获奖成果

1. 谷子新品种延谷 11 号，延安市科技进步奖一等奖（排名第一），1999 年；陕西省科技进步奖三等奖（排名第一），2000 年；国际农牧业科技成果优秀产品金奖，2001 年。

2. 谷子新品种延谷 12 号，第六届中国杨凌农博会评为后稷金像奖，1999 年；延安市科技进步奖一等奖（排名第一），陕西省科技进步奖三等奖（排名第一），2002 年。

3. 黄土高原丘陵沟壑区土壤中钼元素与钼肥效应研究，陕西省农业厅科技进步奖一奖（排名第二），陕西省科技进步奖三等奖（排名第二），1995 年。

4. 辽豆 3 号大豆新品种示范与推广，延安市农业技术推广三等奖（排名第二），1993 年。

5. 太原 47 号大豆新品种示范与推广，延安市科技进步奖四等奖（排名第二），1986 年。

（二）品种

谷子品种：延谷 11 号、延谷 12 号。

大豆品种：辽豆 3 号、太原 47 号。

（三）论文

1. 俞国华，袁宏安，韩芳，张水萍，霍延梅．谷子新品种延谷 9311 的特征特性及栽培技术［J］．陕西农业科学，2001（9）：36–37.

2. 刘冬梅，王拴全，俞国华．黄土高原丘陵沟壑区旱地玉米种植方式研究［J］．土壤侵蚀与水土保持学报，1999，5（6）：132–135.

3. 俞国华，袁宏安．延谷 11 号的选育及栽培要点［J］．陕西农业科学，1997（4）：43.

4. 杜翠萍，俞国华，韩淑云．浅谈延安地区谷子杂交育种［J］．陕西农业科学，1996（4）：35–38.

5. 王爱菊，俞国华，袁宏安，杜翠萍．延安地区大豆引种中的几点体会［J］．大豆通报，1996（3）：4–5.

6. 王爱菊，俞国华．大豆产量与数量性状的相关性测定［J］．陕西农业科学，1986（02）：46.

四、主要社会兼职与荣誉

享受国务院政府特殊津贴专家。1982—1989 年是陕西省青年联合会委员。1986 年作为中国青年代表团团员访问朝鲜。

俞国华（左 1）和韩淑云

韩淑云

韩淑云（1936—　）女，中共党员，山西省汾阳人，延安市农业科学研究所副研究员，主要从事谷子品种资源、新品种选育及栽培技术研究。

一、学习工作简历

（一）学习经历

1961 年 7 月毕业于河北农业大学农学系农学专业，同年参加工作。

（二）工作经历

1962—1998 年在延安地区农业科学研究所工作。

二、主要工作业绩

先后参加了国家“七五”“八五”“九五”科技攻关“抗旱、稳产、优质谷子新品种选育”项目，主编《陕西省谷子品种资源征集、研究与编目》，参编《中国谷子品种志》，在省级以上刊物发表论文 28 篇。获科技成果 12 项。先进事迹在《延安在起飞》《陕西日报》《金秋杂志》《延安日报》等报纸杂志宣传报道。

三、主要成果和论著

（一）获奖成果

1. 中国农作物种质资源收集保存评价与利用，国家科学技术进步奖一等奖（协作），2003 年。

2.《中国谷子品种志》（参与编写），中国农业科学院科技进步奖二等奖，1988 年。

3. 抗旱、稳产、优质新品种延谷 10 号选育，延安地区科技进步奖二等奖，1994 年。

4. 陕西省谷子品种资源征集研究与编目，陕西省科技进步奖三等奖，1989 年。

5. 陕西省谷子品种资源征集研究与编目，延安地区科技进步奖一等奖，1986 年。

6. 全国第二次品种资源补充征集及近缘野生植物考察和采集，陕西省科技成果二等奖（协作），1980 年。

（二）论文

1. 杜翠萍，俞国华，韩淑云．浅谈延安地区谷子杂交育种［J］．陕西农业科学，1996（4）：35-36.

2. 杨官厅，韩淑云，刘明贵，刘海燕．谷子耐旱性鉴定初探［J］．干旱地区农业研究，1992，10（2）：98-102.

3. 杨官厅，韩淑云，刘名贵．陕西省各子品种谷粒品质研究初报［J］．陕西农业科学，1988（1）：30-31.

4. 杨官厅，韩淑云，刘明贵．陕西省谷子品种品质资源研究初报［J］．陕西农业科学，1987（3）：14-15.

5. 韩淑云，刘明贵，杨官厅．陕西谷子品种资源抗旱鉴定［J］．陕西农业科学，1986（4）：6-7.

6. 韩淑云，刘明贵．陕北的谷子品种资源［J］. 陕西农业科学，1984（5）：23-25，22.

四、主要社会兼职与荣誉

1996 起享受国务院政府特殊津贴。1992 年评为延安地区巾帼建功先进个人和蹲点先进个人。1990 年评为延安地区三八红旗手 。

韩淑云（中）

韩淑云（左 3）

刘敏营

刘敏营（1953— ），男，中共党员，陕西省富平县刘集镇北甫村人，渭南市农业学校高级农艺师，主要从事夏谷品种资源、新品种选育及产业化开发研究。

一、学习工作简历

（一）学习经历

1969 年至 1976 年 3 月在原 4785 部队服兵役，1976 年 11 月至 1979 年 3 月在西北农学院农学系学习。

（二）工作经历

1979 年 12 月至 1999 年 12 月在渭南市农业科学研究所工作，1984 年 5 月至 1986 年 6 月和 1992 年 8 月至 1999 年 12 月任渭南地区农业科学研究所副所长、党委委员，兼渭南市科协一大常委；2000 年 1 月任渭南市农业学校副校长、党委委员；2004 年 5 月任渭南市农业学校正处级调研员。

1982 年至 1987 年 6 月任渭南市农业科学研究所农业技术员；1987 年 7 月起任渭南市农业科学研究所助理研究员；1997 年任高级农艺师。

二、主要工作业绩

先后从事夏谷良种、夏玉米良种、夏播大豆良种选育和新水地小麦技术开发及栽培技术研究。先后主持和主要完成省部级、市厅级科技进步奖、农业技术推广奖 13 项；主持和主要参与完成秦谷 2 号、秦谷 5 号、秦谷 9 号、渭谷 2 号和渭豆 1 号良种选育工作；先后主持省级重大农业科技推广项目 2 项；先后在《干旱地区农业研究》《陕西农业科学》《中国科学院西北水土保持研究所集刊》《作物学报》及渭南市级科技论文十余篇；先后在《陕西农业》《陕西科技报》和《渭南农业科技》发表科普文章数十篇。

针对渭北旱原光温资源充足，春季干旱，夏播作物大多是在小麦、油菜等收获后播种的特点，以综合性状好，高产、稳产、优质、早熟、抗旱、抗倒、抗病，比对照品种增产 10%以上为育种目标，选育谷子优质高产品种秦谷九号。该品种以“气死风”做母本，“菠菜根”做父本通过有性杂交，在 F_1、F_2代选择综合性状好、早熟、优质，F_3代选择茎秆直立、生长优势明显的株系，F_4代以后增大选择压力选出遗传性状稳定、穗形整齐一致的 87070-2-1，即秦谷九号。该品种幼苗绿色，叶鞘紫色，成株期叶色深绿，茎秆粗壮，抗倒性强，叶片宽而直立，抗旱性强。穗长纺锤形，穗码排列紧，短刚毛，白谷黄米，粳性，株高 90.9～100.9 厘米，主穗长 21～22 厘米，节间短，千粒重 2.8 克，出谷率 76.0%～77.9%，出米率 81.5%，全生育期 97～107 天，属早熟品种。抗谷瘟病、谷锈病、白发病和黑穗病，轻染红叶病，平均产量 3 325.5千克/公顷，较对照豫谷 1 号增产 32.6%。先后在富平、大荔、蒲城、澄城等县进行示范种植，平均产量 4 918.5千克/公顷，较对照秦谷 6 号和当地对照品种平均增产 34.8%，表现出显著的增产作用。1994—1995 年参加关中地区夏谷区域试验，并进行生产示范，同时研究该品种配套的优质高产栽培技术措施，繁殖原种，进行大面积推广。

三、主要成果和论著

（一）获奖成果

1. 秦谷 8 号、渭谷 2 号夏谷品种技术推广，渭南市科技进步奖三等奖，1999 年。

2. 陕西省夏谷品种试验示范与推广，陕西省科技进步奖三等奖，1999 年。

3. 夏谷品种中间试验及结果应用推广，渭南市科技进步奖二等奖，1997 年。

4. 秦谷 2 号推广，渭南地区行署科技进步奖二等奖，1989 年。

（二）品种

秦谷 2 号、秦谷 5 号、秦谷 9 号和渭豆 1 号。

（三）论文

1. 刘敏营，李新辉，卜巨仓，雷粉梅，闫宝华．数理统计在作物品种评价中的应用与作用［J］．陕西农业科学，2006（4）：25-26.

2. 刘敏营，张倩香，刘琛，卜巨仓，师建林．渭南农业结构调整的思路浅析［J］．陕西农业科学，2003（3）：41-43.

3. 张倩香，屈新军，刘敏营，刘琛，雷莉萍，杨孔雀．夏谷新品种秦谷九号及其栽培技术［J］．杂粮作物，2003，23（2）：87-88.

4. 王铁俊，雷粉梅，杜新荣，刘敏营．旱地小麦高产育种目标探讨［J］．陕西农业科学，1996（3）：6-9.

5. 王铁俊，刘敏营，党社琴．渭北旱地小麦品种演变及遗参数估算研究简报［J］．干旱地区农业研究，1996，14（1）：75-77.

6. 姚振镐，郑剑英，郝明德，陈加贞，刘敏营．渭北旱原夏谷及甘薯需肥量试验［C］//中国科学院西北水土保持研究所集刊，1985（2）：92-103.

7. 刘敏营，陈加贞．夏谷数量性状遗传参数及其通径分析初报［J］．干旱地区农业研究，1984（3）：79-86.

8. 郝明德，陈加贞，刘敏营．夏谷体内干物质积累与运转［J］．陕西农业科学，1984（2）：22-23.

田间检测

刘敏营（左 1）

刘大敏

刘大敏（1927—2001），男，四川省合川县（今重庆市合川区）人，宝鸡市农业科学研究院高级农艺师，主要从事谷子品种资源、新品种选育等工作。

一、学习工作简历

（一）学习经历

1951 年 7 月毕业于四川省立教育学院、西南农学院，同年 10 月分配到西北军政委员会农林部。

（二）工作经历

1951—1962 年先后在陕西省茂陵拖拉机站、陕西省农业厅、陕西省西安拖拉机站、西安市农林局、西安市农业机械工人技术学校工作，1962 年 1 月调到宝鸡专区农业科学研究所至退休。

二、主要工作业绩

1976 年，刘大敏率领团队利用辐射方法对农家品种马缰绳干种子进行^{60}Co-γ 射线处理，后经过多代系统选育于 1987 年育成陕西省夏播谷子品种秦谷 6 号，曾用名宝辐 1 号。品种选育推广的同时，系统研究了秦谷 6 号的丰产性、稳产性，形成了“氮磷配合一次深施、早播种、早间苗、早追肥、早培土、水平沟耕作、谷豆间作、谷粮间作、三密一稀、四密一稀”等丰产关键技术的集成和组装，形成良种良法配套技术叠加，并在整个关中夏谷区进行推广，品种普及率高、技术示范效果好，实现了平均单产 2 625~3 000千克/公顷，推进了关中地区夏谷品种的更新换代，实现了增产增收。

在秦谷 6 号的基础上，为了进一步实现夏谷品种的产量提升，在宝谷 27 变异单穗的基础上系统选育优系，并于 1990 年成功选育秦谷 7 号。该品种生育期更短，产量潜力能达到3 250千克/公顷，能更大范围地适应关中地区麦茬复种以及渭北地区旱地麦后复种，实现了麦-谷二元耕作制度的良性循环。

秦谷 6 号和秦谷 7 号的成功选育，加速了陕西夏谷区品种更新速度，大范围提高了陕西夏谷产量和种植效益，在一定时期为陕西省粮食供给和粮食安全保障发挥了重要作用。同时，其衍生的谷子优质品种仍然在生产中发挥重要作用，成为陕西谷子育种以及种质创新的重要基础材料。

三、主要成果和论著

（一）获奖成果

秦谷 6 号新品种选育与配套技术的研发，宝鸡市科学技术进步奖二等奖和陕西省科技进步奖三等奖，1990 年。

（二）品种选育

秦谷 6 号、秦谷 7 号。

（三）论文

刘大敏，庞毅元，刘周让，任雅琴 . 夏谷新品种秦谷 7 号［J］. 陕西农业科学，1991（1）：43.

四、主要社会兼职

《宝鸡市农业科技》主编。

刘大敏（中）

刘大敏（中）

段春兰

段春兰（1953—　），女，中共党员，陕西洛川县人，中国农业科学院作物科学研究所副研究员，人事处处长，主要从事谷子品种资源、新品种选育研究。

一、学习工作简历

（一）学习经历

1959—1966 年在上草地村完全小学读 1～5 年级，1966—1968 年在黄章中学读初中，1970—1972 年在旧县中学读高中，1972—1973 年路线教育，1974 年 1—11 月在洛川县上草地村任副书记，1974 年至 1976 年 12 月在西北农学院农学系读书；1977 年毕业分配到延安地区农业科学研究所工作，1989 年 12 月调至北京朝阳农场，1991 年调至中国农业科学院作物品种资源研究所工作，2003 年作物品种资源研究所和核能研究所合并到作物科学研究所，在作物科学研究所人事处工作。

（二）工作简历

1982—1989 年在陕西省延安地区农业科学研究所工作，期间担任谷子课题主持人。

1991—1994 年，评聘副研究员。

1994—2000 年，在中国农业科学院作物品种资源研究所工作，期间担任人事处副处长、处长。

2003—2013 年，担任作物科学研究所党委办公室主任、党委委员、人事处处长。

2013 年 3 月退休。

二、主要工作业绩

1977—1989 年在延安地区农业科学研究所从事谷子育种研究；1991—1994 年在中国农业科学院作物品种资源研究所从事谷子品种资源研究。1994 年从事行政工作。

三、主要成果和论著

（一） 获奖成果

1. 秦谷三号的选育与推广，延安地区科技成果一等奖，陕西省科技进步奖三等奖（第二位），1984 年。

2. 谷子白发病菌生理小种确定，农业部科技进步奖三等奖（第四位）。

3. 延谷 8 号的选育，延安地区科技进步奖二等奖（第一位）。

4. 谷子栽培技术与秕谷关系的研究，延安地区科技进步奖三等奖（第一位）。

5. 延引吕谷二号的选育与推广，延安地区科技进步奖三等奖（第二位）。

6. 名优小宗粮豆品种试验示范，山西省朔州市科技进步奖二等奖（第八位）。

7. 保水剂在农业上的应用，中国农业科学院科技进步奖二等奖（二级证书）。

8.《旱地春谷不同类型遗传参数的研究》，全国青年学术会优秀论文。

9.《谷子栽培技术与秕谷关系的研究》，陕西省优秀论文。

（二）品种

谷子品种秦谷 3 号、延谷 8 号、延引吕谷 2 号。

（三）论文

1. 谢克忠，段春兰，党存安．谷子新品种秦谷3号简介［J］. 陕西农业科学，1986，(03)：46-47.

2. 段春兰，董树新，刘明贵．不同施肥量及方法对谷子产量效应［J］. 陕西农业科学，1987，(04)：6-7.

3. 褚菊征，曹秀菊，刘怀祥，王雅儒，曹秀菊，段春兰．粟白发病抗病性研究Ⅱ：我国粟白发病菌生理小种及其分布［J］. 植物病理学报，1996. 26（2）：145-151.

4. 王雅儒，曹秀菊，段春兰，宋燕春，褚菊征．谷子（粟）白发病抗病性研究Ⅲ：粟优异种质对白发病生理小种抗谱的测定［J］. 植物病理学报，1997. 27（3）：263-268.

高振虎

高振虎（1947— ），男，陕西省米脂县人，西北农林科技大学研究员，主要从事谷子新品种选育、旱作农业推广等研究。

一、学习工作简历

（一）学习经历

1974年毕业于西北农学院（现西北农林科技大学）农学系。

（二）工作经历

1968年开始在陕西省米脂县农技站工作；1981年调到陕西省农业科学院黄土高原治理研究所工作；1999年转入西北农林科技大学环境学院工作至退休。他用毕生之精力在陕北从事谷子和生态农业的研究与推广工作。

二、主要工作业绩

参加工作以来，主要从事谷子新品种选育和栽培技术研究。先后主持和参加多项国家及省级的研究推广项目，主要有农业部牧草品种资源的引进与鉴选项目，国家“九五”攻关课题“中北部丘陵区（米脂）生物资源鉴选与农牧业综合发展研究”；科技部“黄土高原丘陵区生物资源高效利用及生态治理模式研究”；原陕西省农办项目“谷子优良品种的选育与推广”“大豆品种的引进与鉴选”“米脂县农林牧综合治理开发技术推广”“米脂县桥河岔乡持续高效农业建设研究与推广”“米脂县马铃薯规范化栽培技术研究”；陕西省科技厅“黄土高原丘陵区生物资源高效利用及生态治理模式研究”等。获陕西省科技进步奖二等奖和三等奖及其他，在省内外各类学术期刊发表文章20余篇。主编、参编《榆林地区农业发展研究》《陕北农业区域开发及名优品种荟萃》《黄土高原丘陵区农业技术体系研究》《黄土丘陵区种植业研究》《黄土高原丘陵区水土保持与种植业综合发展研究》、编著《黄土高原农业实用技术88例》等专著多部。此外，参加中国作物学会、陕西老科协等学术研讨会多次。

三、主要成果和论著

（一）获奖成果

1. 秦谷4号，陕西省科技进步奖三等奖（第三名），1989年。

2. 优质谷种榆谷3号选育与推广，陕西省科技进步奖二等奖（第一名），1994年。

（二）论文

1. 高振虎，李枫．榆林地区水资源现状及开发利用对策探讨［J］．干旱地区农业研究，1999，17（3）：121-125.

2. 高振虎．榆林地区粮食生产潜力与开发研究［J］．干旱地区农业研究，1997，15（4）：105-110.

3. 高振虎，吴存良，党维宏．榆谷3号高产形态生理指标及栽培技术［J］．陕西农业科学，1994，（2）：30-31.

4. 高振虎．应用灰色关联分析方法综合评价农作物品种［J］．陕西农业科学，1993，（5）：9-11

5. 高振虎 . 榆林地区草地资源持续高效利用研究［J］. 中国草地，1992，(2)：8-12.

6. 林关石，高振虎，胡银岗，杨进荣 . 陕北几种农业生态经济系统生产力分析［J］. 水土保持通报，1991，11（3）：48-55.

7. 高振虎 . 优质谷子新品种 7992［J］. 陕西农业科学，1989，(6)：13.

四、主要社会兼职

2019 年兼任陕西省老区建设促进会农业专家委员会专家。

高振虎在田间

梁宏儒

梁宏儒（1924—2016），男，中共党员，陕西省华县人，西北农林科技大学研究员，主要从事旱农作物育种和栽培技术研究等工作。

一、学习工作简历

（一）学习经历

1936 年 8 月至 1939 年 7 月在华县小学学习；1939 年 8 月至 1945 年 7 月在华县咸林中学学习；1945 年 8 月至 1948 年 7 月在西北农学院（现西北农林科技大学）农学系学习。

（二）工作经历

1948 年 8 月至 1949 年 7 月在陕甘宁边区农业厅工作；1949 年 8 月至 1976 年 7 月在延安地区农科所工作，任技术股长、推广站长、副书记、副所长；1976 年 8 月至 1977 年 12 月在延安地区农技推广站任书记、站长；1978 年 1 月至 1984 年 6 月任延安地区农业局主任；1984 年 7 月调入原陕西省农业科学院旱农研究室工作，任副主任、主任；1978 年 3 月晋升为农艺师，1983 年 3 月晋升为高级农艺师。1992 年享受国务院政府特殊津贴，被评为具有突出贡献专家。1957 年 4 月加入中国共产党，1991 年 5 月离休。

二、主要工作业绩

在延安地区工作期间，主要从事旱农作物育种和栽培技术的研究工作，长期在第一线蹲点，有很强的科研能力和丰富的实践经验，获得了丰硕的成果。先后主持参加了“陕北水土保持耕作法、生物肥田的实验和调查研究”“陕北谷子的良种选育和栽培技术的研究”，引进和推广了国内外优良农作物技术和品种，技术思路正确，研究方法新，研究成果过硬，学术水平在国内领先，主持的边区 1 号、燕 811 谷、抗旱谷、大红袍谷在陕北 26 个县、甘肃、山西、河北等地推广 2 万公顷，增产 10.53 亿斤，增值 2310 万元，1990 年被陕西省评为“科技兴陕”先进个人。

在陕西省农业科学院工作期间，长期主要从事旱地农业研究和推广工作，他先后主持省部级科研课题多项，获省部级科技进步奖 5 项。先后撰写了《陕西省种植业资源与区别》《北方旱地秋作物栽培技术》《旱地农业》等科研专著 10 余部，在全国期刊发表的论文 30 余篇，为我国的旱地农作物栽培和选种育种研究做出突出贡献。因工作业绩突出多次被评为陕西省农业系统先进个人、先进科技工作者。

三、主要成果和论著

（一）获奖成果

1. 陕西渭北旱原合阳甘井试验区旱地农业增产技术体系研究，陕西省科技进步奖二等奖，1985 年。

2. 陕西省种植业资源与区划研究，农牧渔业部科技进步奖一等奖，1987 年。

3. 北方不同类型旱地农业综合增产技术研究，农业部科技进步奖二等奖，1988 年。

4. 渭北旱原合阳县甘井科学实验基地建设及综合技术开发与推广的研究，陕西省人民政府技术推广一等奖，1990 年。

5. 我国北方旱地农作物增产技术体系研究，陕西省农村发展研究二等奖，1992 年。

（二）品种

谷子品种边区 1 号、燕 811 谷、抗旱谷、大红袍谷等。

（三）论文

1. 张转放，梁宏儒，梁连友．渭北旱原农业生态系统物能转化效率及综合效益评估［J］. 地域研究与开发，1992，11（2）：44-48.

2. 梁宏儒，梁连友．旱地农业生态系统的改善——以合阳县甘井乡为例［J］. 生态学杂志 1990，9（1）：47-50.

3. 梁宏儒．推广旱作农业技术发挥基地辐射作用［J］. 陕西农业科学，1989，（2）：31-34.

4. 张衍文，刘文浩，梁宏儒．陕西省中低产地区发展粮食生产的对策［J］. 陕西农业科学，1989，（6）：33-34.

5. 梁宏儒，梁连友．旱地农业资源的综合利用与区域治理问题的探讨［J］. 中国农学通报，1989，（5）：5-8.

6. 梁宏儒．推广“四法”种田是陕北丘陵沟壑区旱农耕作措施上的一个重要突破［J］. 耕作与栽培，1985，（6）：6-9.

7. 梁宏儒．延安地区旱农耕作措施［J］. 陕西农业科学，1984，（2）：11-12.

8. 梁宏儒．水土保持耕作法与坡耕地水土流失的逆转措施［J］. 中国土壤与肥料，1984，（1）：11-13.

9. 梁宏儒．旱地栽培技术—四法种田［J］. 农业科技通讯，1984，（1）：21-22.

10. 梁宏儒．对发展延安南部旱原农业生产的意见［J］. 陕西农业科学，1982，（6）：30-31. 21

四、主要社会兼职与荣誉

曾兼任陕西省农学会常务理事、陕西省作物学会理事、陕西省耕作研究会理事、陕西省农业发展研究中心特邀研究员、陕西省第六次党代会代表、延安地区农学会副理事长、延安地区专业技术职称评定委员会主任、延安地区科技咨询委员会主任、陕西省农业发展办公室农业顾问、陕西省延川、洛川、合阳县农业顾问。

林关石

林关石（1935—　），男，浙江乐清市北阔镇横坦村人，米脂县农业技术推广站高级农艺师，主要从事谷子品种资源、新品种选育及示范推广工作。

一、学习工作简历

（一）学习经历

1954 年 1 月从浙江台州农校毕业，1954 年 3 月分配在米脂县杜家石沟农技站工作。

（二）工作经历

1954 年 3 月被分配到陕北米脂县农技站，从事农业技术推广工作。1982 年 3 月加入中国共产党。1987 年秋调入陕西省黄土高原治理研究所，1988 年 8 月评为高级农艺师，1999 年到西北农林科技大学米脂试验站工作。1984 年 1 月被国家经委、国家科委、农业部、林业部联合授予“农技推广先进工作者”光荣称号。1993 年 10 月 1 日受到了国务院的表彰奖励，成为发展我国农业技术事业做出突出贡献先进人物，享受国务院政府特殊津贴。村村寨寨每每匆忙着他的身影，田间地头处处留下他的足迹。

寒来暑往，岁岁年年，在陕北乃至三秦农业基础科技研究成果推广领域一干几乎就是半个世纪。撰写学术论文 72 篇。合编《陕北农业区域开发及名优品种荟萃》《陕北马铃薯育种与栽培》。获省、地科技进步和推广奖 9 项，其中省政府一、二等奖各 1 项、三等奖 3 项、地市奖 4 项。

二、主要工作业绩

1976 年 1 月，远赴晋、蒙、冀、京、鲁、辽、赣七省（区、市），引进谷子、高粱、大豆、马铃薯等育种材料 231 份。

1976—1985 年，成功培育出了高产优质谷子新品种秦谷 4 号。通过陕西、甘肃和新疆三省区的推广种植 40 万公顷，每公顷增产谷子 300 千克，增产谷子 1.2 亿千克，经济效益增加了 1.8 亿元。

1992 年培育出榆豆 2 号，累计推广面积 100 万亩，增加产值 4 800 万元。

1990 年至 1995 年 9 月育成香葵 9012，在陕西、河南、甘肃、北京郊区、山西、内蒙古六省（区、市）推广面积 1.3 万公顷，每公顷增产 450 千克，共增经济效益 1715 万元。

三、主要成果和论著

（一）品种

谷子品种秦谷 4 号，大豆品种榆豆 2 号，向日葵品种香葵 9012。

（二）论文

1. 林关石 . 钴 60 丙种射线对谷子当代性状表现的相关性分析 [J]. 陕西农业科学，1977，(7)：13-16.

2. 林关石 . 谷子品种的抗旱性观察 [J]. 陕西农业科学，1984，(4)：17-19.

3. 林关石 . 秦谷 4 号的选育及栽培要点 [J]. 陕西农业科学，1986，

(5)：29-30.

4. 林关石．陕北黄土丘陵区大豆引种及品种选育问题［J］. 陕西农业科学，1989，(2)：11-12.

5. 林关石，郭培才．陕北黄土高原春大豆综合农艺措施数学模型研究［J］. 大豆科学，1993，12（4）：323-329.

四、所获荣誉

1984 年 1 月，国家经委、农牧渔业部等 4 单位授予“农林科技推广先进工作者”称号。

1991 年 9 月，国家科委、陕西省政府授予“科技扶贫经济开发先进个人”称号。

1993 年 10 月，经国务院批准享受政府特殊津贴。

1996—1998 年，两次被杨凌地区工委评为优秀政协委员。

林关石（中）在榆豆 2 号田间

林关石工作照

林关石获表彰

甘肃省

吴国忠

吴国忠（1944— ），男，汉族，中共党员，江苏省武进县（今常州市武进区）人，甘肃省农业科学院粮食作物研究所（现作物研究所）研究员。主要从事谷子新品种选育及栽培技术研究。

一、学习工作简历

（一）学习经历

1963 年 9 月至 1968 年 7 月，甘肃农业大学果蔬专业学习。工作后，参加在石家庄举办的全国谷子生物技术讲习班研修培训。

（二）工作经历

1968 年 7 月至 1970 年 1 月，兰州军区张掖西洞滩军直农场工作。

1970 年 2 月至 1971 年 8 月，甘肃省农宣队镇原分队从事农业宣教工作，任小队副组长。

1971 年 9 月至 1983 年 11 月，甘肃省农业科学院粮食作物研究所会宁试验站从事谷子育种工作，任谷子课题组组长。

1983 年 12 月至 1988 年 2 月，甘肃省农业科学院粮食作物研究所从事科研管理与谷子育种栽培等研究工作，任副所长。

1988 年 3 月至 1996 年 2 月，甘肃省农业科学院粮食作物研究所从事科研管理与谷子育种栽培等研究工作，任所长，1994 年晋升为研究员。

1996 年 3 月至 2003 年 3 月，甘肃省农业科学院粮食作物研究所从事谷子育种栽培等科研工作，2003 年 4 月退休。

二、主要工作业绩

1971—2003 年，在甘肃省农业科学院粮食作物研究所工作期间，作为谷子科研团队带头人，先后开展了谷子种质资源鉴定、编目、繁种，谷子新品种选育，谷子栽培技术研究工作，组织开展了全省谷子、杂粮新品种大面积示范推广。1971 年以来，先后育成陇粟 2 号、陇谷 3 号、陇谷 4 号、陇谷 5 号、陇谷 6 号、陇谷 7 号、陇谷 8 号、陇谷 9 号、陇谷 10 号等谷子新品种。通过水旱穿梭选育，育成的陇谷 6 号是甘肃省第一个优质米谷子品种，抗旱性达到一级强抗旱；利用地理远缘亲本杂交育成的极早熟谷子品种陇谷 7 号生育期，成为 2 200米高海拔地区适种品种；育成的陇谷 10 号蛋白质含量高达 18. 45%，是第一个国家谷子品种鉴定委员会鉴定定名品种，具有适应性广、丰产性好等特性。在品种改良方面的研究工作，推动了谷子品种的更新换代和生产水平的提高。同时，对旱地谷子长期的育种研究工作进行了系统总结，提出了旱地谷子育种的方向和策略，为谷子遗传改良提供了重要参考。

在谷子品种资源研究方面，先后参与完成国家“八五”“九五”“十五”谷子种质资源繁种、编目、鉴定繁种和遗传评价等工作，参加完成了“甘肃省主要农作物品种资源研究”工作，开展了谷子种质资源农艺性状鉴定、抗病毒病鉴定、耐逆性鉴定工作，鉴定筛选出大量优异种质资源用于谷子育种，推动谷子早熟、抗病育种迈上新的台阶。在谷子栽培方面，20 世纪 70 年代，研究了降雨等生态因子对谷子产量的影响，明确了水分是影响旱地谷子高产的主要因子；80 年代开展了冬播谷子栽培技术研究，丰富了旱地谷子栽培技术模式，有效解决了农时农事的科学调配；90 年代初率先在国内开展了谷子地膜覆盖栽培技术研究，提出了品种配套的地膜覆盖栽培技术规程，为旱地谷子良种地膜覆盖配套栽培技术推广提供了技术支撑。

三、主要成果和论著

（一）获奖成果

1. 参加完成的“谷子新品种陇粟2号的选育”，1978年获甘肃省科学大会奖。

2. 参加完成的“中国谷子品种资源目录的整理与编写”，全国协作项目，1980年获农业部技术改进奖一等奖。

3. 参加完成的“甘肃省小麦、玉米、马铃薯、谷子、糜子、高粱品种资源目录”，1985年获甘肃省科技进步奖二等奖。

4. 主持完成的“谷子新品种陇谷3号的选育”，1986年获甘肃省农业厅农业技术改进三等奖。

5. 主持完成“谷子新品种陇谷4号的选育”，1989年获甘肃省科技进步奖三等奖。

6. 主持完成“甘肃省谷子良种大面积示范推广”，1990年获甘肃省科技进步奖三等奖。

7. 参加完成的“全国谷子生态联合试验及中国谷子主产区谷子生态区划”，1992年获农业部科技进步奖三等奖。

8. 主持完成的“糜谷新品种选育推广”，1992年获中国丝路节交易会银奖。

9. 主持完成的“谷子新品种陇谷5号的选育”，1995年获甘肃省科技进步奖二等奖。

10. 主持完成的“救灾小秋粮食作物示范推广”，1996年获甘肃省农技推广二等奖。

11. 主持完成的“陇谷6号优质谷子示范与推广”，1999年获甘肃省科技进步奖三等奖。

12. 主持完成的“谷子新品种陇谷6号选育”，2000年获甘肃省科技进步奖二等奖。

13. 参与完成的“谷子新品种陇谷 8 号选育”，2004 年获甘肃省科技进步奖二等奖，主要完成人。

14. 参与完成的“高蛋白丰产抗病谷子新品种陇谷 10 号”2008 年获甘肃省科技进步奖三等奖，主要完成人。

（二）育成和引进品种

1. 陇粟 2 号，1978 年由甘肃省农业科学院粮食作物研究所育成。
2. 陇谷 3 号，1982 年由甘肃省农业科学院粮食作物研究所育成。
3. 陇谷 4 号，1985 年甘肃省农作物品种审定委员会审定定名。
4. 陇谷 5 号，1989 年甘肃省农作物品种审定委员会审定定名。
5. 陇谷 6 号，1994 年甘肃省农作物品种审定委员会审定定名。
6. 陇谷 7 号，1999 年甘肃省农作物品种审定委员会审定定名。
7. 陇谷 8 号，2000 年甘肃省农作物品种审定委员会审定定名。
8. 陇谷 9 号，2003 年由甘肃省农业科学院粮食作物研究所育成。
9. 陇谷 10 号，2003 年通过国家谷子品种鉴定委员鉴定。
10. 榆荞 4 号，1994 年甘肃省农作物品种审定委员会审定定名。

（三）论文

1. 吴国忠，彭忠．怎样种好谷子［J］. 甘肃农业科技，1979（03）：16-17.

2. 吴国忠．谷子新品种系介绍［J］. 甘肃农业科技，1984（03）：24-25，19.

3. 吴国忠．干旱地区雨量等气象因素的变化对谷子产量的影响［J］. 甘肃农业科技，1984（05）：21-23.

4. 吴国忠．全省良种谷子大面积推广工作取得新的进展［J］. 甘肃农业科技，1987（05）：4.

5. 史伊宏，郑遂义，唐修文，吴国忠，王志宏，张振江．甘肃省小麦、玉米、马铃薯、谷子、糜子、高粱种质资源的初步研究［J］. 甘肃农业科技，1987（07）：12-15.

6. 黄毓玮，吴国忠．印度珍珠粟资源研究初报［J］．甘肃农业科技，1991（02）：27-29.

7. 吴国忠，黄毓玮．谷子品种抗病毒病鉴定研究［J］．甘肃农业科技，1991（11）：31-33.

8. 吴国忠，杨天育，黄毓玮．谷子地膜覆盖栽培试验研究初报［J］．甘肃农业科技，1992（02）：10-13.

9. 吴国忠，杨天育，吴士恒，徐重贤．谷子地膜覆盖栽培技术研究［J］．甘肃农业科技，1993（08）：15-17.

10. 杨天育，吴国忠，黄毓玮．关于加强我省谷子科研工作的几点意见［J］．甘肃农业科技，1994（06）：3-4.

11. 吴国忠，黄毓玮，杨天育．陇谷六号谷子新品种选育报告［J］．甘肃农业科技，1994（09）：8-10.

12. 吴国忠，黄毓玮，杨天育．小秋粮食作物与抗灾农业生产［J］．甘肃农业科技，1995（06）：7-8.

13. 吴国忠，黄毓玮，郜成业．早熟谷子播期研究初报［J］．甘肃农业科技，1996（08）：11-14.

14. 杨天育，吴国忠，郜成业，黄毓玮，何继红．陇谷6号旱地春播播期试验研究［J］．甘肃农业科技，1997（09）：3-4.

15. 黄毓玮，杨天育，吴国忠，郜成业，何继红．旱地春谷合理群体结构研究［J］．甘肃农业科技，1997（11）：11-13.

16. 吴国忠．我院谷子科研工作回顾与展望［J］．甘肃农业科技，1998（10）：37-39.

17. 吴国忠．谷子地膜覆盖栽培的增产作用及发展趋势［J］．甘肃农业科技，1999（02）：31-32.

18. 黄毓玮，吴国忠，郜成业．陇谷6号地膜覆盖栽培技术［J］．甘肃农业科技，1999（03）：16-17.

19. 吴国忠，陈学君，何继红．早熟谷子新品系73-153-1-7-2选育报告［J］．甘肃农业科技，2000（03）：9-10.

20. 吴国忠，黄毓玮，杨天育．极早熟谷子新品系8911-6H-5选育报告［J］．甘肃农业科技，2000（03）：11-12.

21. 吴国忠，杨天育，郜成业．早熟谷子新品系 74H50-16-5-3 选育报告［J］. 甘肃农业科技，2000（04）：10-11.

22. 杨天育，吴国忠，黄毓玮，何继红．对 21 世纪我省谷子科技创新的思考［J］. 甘肃农业科技，2000（11）：17-18.

23. 杨天育，吴国忠，黄毓玮，何继红．旱地春谷数量性状的遗传与选择研究［J］. 西北农业学报，2000（04）：18-21.

24. 吴国忠．谷子早熟品种育种的实践与基本经验［J］. 甘肃农业科技，2001（05）：8-10.

25. 何继红，杨天育，吴国忠．甘肃省谷子地方品种营养品质的分析与评价［J］. 植物遗传资源科学，2002（01）：41-44.

26. 吴国忠. 早熟谷子新品种陇谷 8 号综合评价［J］. 甘肃农业科技，2002（09）：12-14.

27. 杨天育，黄相国，何继红，沈裕琥，吴国忠．谷子遗传资源多样性研究进展［J］. 西北农业学报，2003（01）：43-47.

28. 吴国忠．甘肃省小杂粮生产现状及发展措施［J］. 甘肃农业科技，2003（03）：19-21.

29. 杨天育，窦全文，沈裕琥，黄相国，何继红，吴国忠．应用 RAPD 标记研究不同生态区谷子品种的遗传差异［J］. 西北植物学报，2003（05）：765-770.

30. 何继红，杨天育，吴国忠．高蛋白丰产抗病谷子新品种陇谷 10 选育报告［J］. 甘肃农业科技，2004（03）：12-10.

（四）著作

1.《中国谷子栽培学》参编人，山西省农业科学院主编，农业出版社出版，1987 年。

2.《甘肃省志 · 农业志》参编人，甘肃文化出版社出版，1995 年。

四、主要社会兼职与荣誉

（一）社会兼职

1. 中国作物学会理事。

2. 甘肃省作物学会理事长。

3. 甘肃省农作物品种审定委员会杂粮专业组组长。

（二）荣誉

1. 1988 年，被甘肃省农业科学院授予在农业科技工作中做出优异成绩者二等奖和农村蹲点十五年荣誉证书。

2. 1996 年起享受国务院政府特殊津贴。

贾尚诚

贾尚诚（1944— ），男，汉族，甘肃省会宁县人，甘肃省农业科学院粮食作物研究所（现作物研究所）研究员，主要从事糜子种质资源、品种选育及栽培技术研究。

一、学习工作简历

（一）学习经历

1964—1968 年，甘肃省临洮农业学校，植物保护专业学习。

（二）工作经历

1968 年 8 月至 1973 年 3 月，在兰州农场从事园艺与小麦育种工作。

1973 年 4 月至 1975 年 3 月，在甘肃省农业科学院粮食作物研究所从事糜子育种工作。

1975 年 4 月至 1976 年 2 月，在甘肃省农业科学院粮食作物研究所通渭县马营点从事科学种田工作。

1976 年 3 月至 1976 年 9 月，在甘肃省农业科学院粮食作物研究所定西县大坪点从事旱地小麦高产推广工作。

1976 年 10 月至 1993 年 3 月，在甘肃省农业科学院粮食作物研究所会宁试验站从事糜子育种栽培研究及推广等工作，任课题组组长。

1993 年 4 月至 2003 年，在甘肃省农业科学院粮食作物研究所榆中点从事糜子品种资源、育种栽培研究及推广工作，任课题组长，1994 年晋升为研究员，2003 年 4 月退休。

二、主要工作业绩

参加工作以来，贾尚诚长期从事糜子种质资源研究、新品种选育和示范推广工作。参加完成了“中国黍稷品种资源收集整理与利用”“中国黍稷品种资源编目、繁种和特性鉴定”等研究工作，鉴定筛选出一批特异糜子资源用于糜子生产和育种工作；通过对甘肃省黍稷品种资源类型分布及生态型进行研究，为甘肃糜子生态分布和品种科学布局提供了依据。

坚持走技术创新的路子，开展糜子育种技术研究。攻克糜子温汤去雄杂交技术难题，育出了甘肃省第一个杂交选育糜子新品种陇糜 3 号；优化亲本选配，利用野生糜子品种资源，突破品种界限进行种与亚种间杂交，育成了创新糜子新品种陇糜 5 号；通过^{60}Co 辐射诱变处理杂交组合中间材料，育成了早熟糜子品种陇糜 8 号。参加工作以来主持和参加育成的陇糜 1 号、陇糜 2 号、陇糜 3 号、陇糜 4 号、陇糜 5 号，陇糜 6 号、陇糜 7 号和陇糜 8 号等早、中晚不同熟性糜子品种，集早熟、抗旱、优质、高产于一体，成为生产上的主栽品种和搭配品种，为糜子生产提供了良好的品种支撑。新华社、中央广播电台、中央电视台、农民日报、科技日报等各大新闻媒体分别以《甘肃育出世界首个糜子创新品种》和《小糜子做出了大文章》等为题，对糜子育种工作进行了报道。

注重品种良种良法配套示范与推广。为了推动成果转化，研究了糜子品种配套栽培技术、良种良法配套示范，先后组织甘肃全省 7 个地州市、30 多个县市开展了糜子新品种的大面积推广，并向陕西、宁夏、内蒙古、新疆等省区辐射发展；20 世纪 90 年代，在省内外累计推广陇糜系列糜子新品种 2 400余万亩，糜子产量比对照品种平均提高了 23.8%，使糜子新品种在提高复种指数、抗旱救灾中发挥了良好效果；撰写并组织拍摄的《陇东旱地复种糜子丰产栽培技术》电视录像，成为全面反映糜子大面积示范推广工作的真实写照。

三、主要成果和论著

（一）获奖成果

1. 主持完成的“糜子新品种陇糜 3 号的选育”，1990 年获甘肃省科技进步奖三等奖。

2. 主持完成的“陇东旱地复种糜子良种示范推广”，1993 年获甘肃省科技进步奖三等奖。

3. 主持完成的“陇糜 4 号大面积示范推广”，1993 年获农业部全国农牧渔业丰收一等奖。

4. 参加完成的“中国黍稷品种资源编目、繁种和特性鉴定评价”，1993 年获农业部科技进步奖三等奖。

5. 主持完成的“早熟优质糜子新品种—GS 陇糜 4 号的选育”，1995 年获国家科学技术进步奖三等奖。

6. 参加完成的“中国黍稷品种资源收集整理与利用研究”，1995 年获得山西省科技进步奖二等奖。

7. 主持完成的“创新糜子新品种陇糜 5 号的选育”，2001 年获甘肃省科技进步奖一等奖。

8. 参加完成的“救灾小秋粮食作物示范推广”，1996 年获甘肃省农技推广二等奖。

9. 参加完成的“中国农作物种质资源收集保存评价与利用”，2003 年获国家科学技术进步奖一等奖。

10. 参加完成“糜子新品种陇糜 8 号的选育”，2008 年获甘肃省科技进步奖三等奖。

11. 参加完成的“糜子新品种陇糜 7 号的选育”，2010 年获甘肃省科技进步奖三等奖。

（二）育成和引进品种

1. 陇糜 1 号，1983 年由甘肃省农业科学院粮食作物研究所育成。

2. 陇糜2号，1983年由甘肃省农业科学院粮食作物研究所育成。

3. 陇糜3号，1988年甘肃省农作物品种审定委员会审定定名。

4. 陇糜4号，1991年甘肃省农作物品种审定委员会审定定名，1994年通过国家农作物品种审定委员会审定定名。

5. 陇糜5号，1991年甘肃省农作物品种审定委员会审定定名。

6. 陇糜6号，1996年甘肃省农作物品种审定委员会审定定名。

7. 陇糜7号，2008年甘肃省农作物品种审定委员会认定定名。

8. 陇糜8号，2008年甘肃省农作物品种审定委员会认定定名。

（三）论文

1. 贾尚诚．糜子在旱地农业中的地位［J］．甘肃农业科技，1986（01）：31-32.

2. 贾尚诚．陇东旱地复种糜子丰产栽培技术［J］．甘肃农业科技，1991（06）：10-11.

3. 贾尚诚．旱地糜子新良种陇糜四号［J］．作物品种资源，1992（01）：48.

4. 贾尚诚．陇糜4号推广成效显著［J］．甘肃农业科技，1993（04）：1-2.

5. 贾尚诚．陇糜5号选育报告［J］．甘肃农业科技，1995（08）：3.

6. 贾尚诚．氮磷钾配施在糜子上的增产效果［J］．甘肃农业科技，1996（08）：33-34.

7. 董孔军，贾尚诚．高产优质糜子新品种陇糜7号选育简报［J］．中国农村小康科技，2005（09）：12.

8. 董孔军．贾尚诚．优质抗旱早熟糜子新品种陇糜8号选育报告［J］．甘肃农业科技，2005（10）：11-12.

9. 杨天育，董孔军，何继红，贾尚诚．利用糜子野生种进行旱地糜子育种的实践［J］．作物杂志，2005（05）：69-70.

（四）著作

1.《糜子》参编人，柴岩主编，中国农业出版社出版，1999年。

2.《甘肃省志·农业志》参编人，甘肃文化出版社出版，1995 年。

四、所获荣誉

1. 1998—2008 年，先后 6 次获得甘肃省农业科学院“先进工作者”和“做出突出贡献者”等荣誉称号。

2. 1994 年被评为甘肃省劳动模范。

3. 1995 年起享受国务院政府特殊津贴。

贾尚诚在田间

黄毓玮

黄毓玮（1946— ），女，汉族，浙江省慈溪县（今慈溪市）人，甘肃省农业科学院粮食作物研究所（现作物研究所）副研究员，主要从事谷子新品种选育与种质资源研究。

一、学习工作简历

（一）学习经历

1966—1970 年，北京农业大学农学系学习，获学士学位。参加工作后，参加了北京举办的全国科技情报培训班和太原举办的全国谷子食味品质检测培训班研修培训。

（二）工作经历

1970—1971 年，甘肃省农宣队陇西分队从事农业宣教工作。

1971—1974 年，甘肃省科技工作队从事农业科研工作。

1974—1982 年，甘肃省农业科学院粮食作物研究所会宁试验站从事春小麦选育工作和技术档案管理。

1982—2000 年，甘肃省农业科学院粮食作物研究所从事谷子品种选育、种质资源及栽培技术研究等工作，曾任谷子研究室主任，1987 年晋升助理研究员，1995 年晋升副研究员，2000 年退休。

二、主要工作业绩

1974—1980 年，在甘肃省农业科学院会宁试验站主要从事旱地春小麦新品种选育和春小麦抗锈育种，比较系统地研究了旱地春小麦品种产量与性状的关系，提出的旱地春小麦育种策略，指导旱地春小麦育种取得了良好成效，先后育成会宁 14 号、陇春 11 号等春小麦新品种在生产上大面积推广应用。

1982—2000 年，在甘肃省农业科学院粮食作物研究所从事谷子种质资源鉴定、谷子新品种选育研究工作。先后参与完成国家“八五”“九五”谷子种质资源繁种编目鉴定和遗传评价等工作，参编了《谷子优异种质资源》；参加完成了“甘肃省主要农作物品种资源研究”工作，鉴定筛选出大量优异种质资源用于谷子育种，促进了早熟、优质谷子品种选育；同时对谷子病毒病的抗性进行了深入研究，推动谷子抗病育种迈上新的台阶。

针对甘肃谷子生产实际，开展了早熟、优质等谷子新品种选育工作。通过研究谷子品种播期与积温的关系，为早熟谷子品种选育提供了科学依据，先后育成陇谷 5 号、陇谷 7 号、陇谷 8 号和陇谷 9 号等早熟、极早熟品种，为利用谷子品种开展农业抗灾救灾夺丰收提供了品种支撑。将参加全国谷子食味品质鉴评培训会学到的新技术应用于谷子优质品种选育，育成了甘肃省第一个优质米谷子品种陇谷 6 号。开展了谷子抗旱性和光温特性等的研究，育成了抗旱性强、适应性较广的陇谷 4 号、陇谷 10 号等品种。

此外，和团队成员针对甘肃干旱缺水的实际，开展了谷子地膜覆盖栽培技术等研究工作，提出了品种配套的地膜覆盖栽培技术规程，为旱地谷子良种地膜覆盖配套栽培技术推广提供了技术支撑。

三、主要成果和论著

（一）获奖成果

1. 参加完成的“春小麦新品种会宁 14 号选育与推广”，1988 年获甘肃省农业厅技术改进奖三等奖。

2. 参加完成的“春小麦新品种陇春 11 号选育”，1989 年获甘肃省农业厅技术改进奖三等奖。

3. 参加完成的“谷子新品种陇谷 4 号选育”，1989 年获甘肃省科技进步奖三等奖。

4. 参加完成的“全省谷子良种大面积示范推广”，1990 年获甘肃省科技进步奖二等奖。

5. 参加完成的“中国黍稷品种资源编目、繁种和特性鉴定评价”，1993 年获农业部科技进步奖三等奖。

6. 参加完成的“谷子新品种陇谷 5 号选育”，1995 年获甘肃省科技进步奖二等奖。

7. 参加完成的“救灾小秋粮食作物示范推广”，1996 年获甘肃省农技推广二等奖。

8. 参加完成的“陇谷 6 号优质谷子示范与推广”，1999 年获甘肃省科技进步奖二等奖。

9. 参加完成的“优质陇谷 6 号”，2001 年获甘肃省科技进步奖二等奖。

10. 参加完成的谷子新品种“陇谷 8 号的选育”，2004 年获甘肃省科技进步奖二等奖。

（二）育成和引进品种

1. 陇谷 4 号，1985 年甘肃省农作物品种审定委员会审定定名。

2. 陇谷 5 号，1989 年甘肃省农作物品种审定委员会审定定名。

3. 陇谷 6 号，1994 年甘肃省农作物品种审定委员会审定定名。

4. 陇谷 7 号，2003 年甘肃省农作物品种审定委员会审定定名。

5. 陇谷 8 号，2003 年甘肃省农作物品种审定委员会审定定名。

6. 陇谷 9 号，2003 年由甘肃省农业科学院粮食作物研究所育成。

7. 陇谷 10 号，2003 年通过国家谷子品种鉴定委员鉴定，2004 年甘肃省农作物品种审定委员会审定定名。

8. 榆荞 4 号，1994 年甘肃省农作物品种审定委员会审定定名。

（三）论文

1. 黄毓玮，王志宏．旱地春小麦数量性状与产量相关性初步研究［J］．甘肃农业科技，1984（05）：18-20.

2. 黄毓玮．旱地春小麦生产潜力与抗旱育种综述（一）［J］．甘肃农业科技，1986（06）：33-35.

3. 黄毓玮．旱地春小麦生产潜力与抗旱育种综述（二）［J］．甘肃农业科技，1986（07）：19-21.

4. 黄毓玮．旱地春小麦生产潜力与抗旱育种综述（三）［J］．甘肃农业科技，1986（08）：30-32.

5. 黄毓玮，吴国忠．印度珍珠粟资源研究初报［J］．甘肃农业科技，1991（02）：27-29.

6. 吴国忠，黄毓玮．谷子品种抗病毒病鉴定研究［J］．甘肃农业科技，1991（11）：31-33.

7. 吴国忠，杨天育，黄毓玮．谷子地膜覆盖栽培试验研究初报［J］．甘肃农业科技，1992（02）：10-13.

8. 杨天育，吴国忠，黄毓玮．关于加强我省谷子科研工作的几点意见［J］．甘肃农业科技，1994（06）：3-4.

9. 吴国忠，黄毓玮，杨天育．陇谷六号谷子新品种选育报告［J］．甘肃农业科技，1994（09）：8-10.

10. 吴国忠，黄毓玮，杨天育．小秋粮食作物与抗灾农业生产［J］．甘肃农业科技，1995（06）：7-8.

11. 吴国忠，黄毓玮，郜成业．早熟谷子播期研究初报［J］．甘肃农业科技，1996（08）：11-14.

12. 杨天育，吴国忠，郜成业，黄毓玮，何继红．陇谷 6 号旱地春播播期试验研究［J］. 甘肃农业科技，1997（09）：3-4.

13. 黄毓玮，杨天育，吴国忠，郜成业，何继红．旱地春谷合理群体结构研究［J］. 甘肃农业科技，1997（11）：11-13.

14. 黄毓玮，吴国忠，郜成业．陇谷 6 号地膜覆盖栽培技术［J］. 甘肃农业科技，1999（03）：16-17.

15. 吴国忠，黄毓玮，杨天育．极早熟谷子新品系 8911-6H-5 选育报告［J］. 甘肃农业科技，2000（03）：11-12.

16. 杨天育，吴国忠，黄毓玮，何继红．对 21 世纪我省谷子科技创新的思考［J］. 甘肃农业科技，2000（11）：17-18.

17. 杨天育，吴国忠，黄毓玮，何继红．旱地春谷数量性状的遗传与选择研究［J］. 西北农业学报，2000（04）：18-21.

吉林省

高国仁

高国仁（1938—2013），男，汉族，吉林省长春市人。1938年农历五月廿四日出生，在长春农业科学院主要从事谷子育种工作。2013年2月3日因病去世。

一、学习工作简历

（一）学习经历

高国仁同志1962年毕业于吉林农业大学农学专业。

（二）工作经历

毕业后分配到农安三盛玉农业站任技术员，1965年4月任副站长，从事农业技术推广工作。1972年4月，调入长春市农业科学院，从事谷子育种工作。

二、主要工作业绩

1976年开始主持谷子新品种选育研究。鉴于对本职工作的热爱，为填补长春市谷子基础研究和推广品种的空白，采取调查研究和查阅资料同步进行的方式，收获较大。通过对4个品种从出苗到成熟每隔四天定时的观察和镜检，对两个品种从抽穗到开花结束定时的花量调查和昼夜开花规律的研究，基本掌握和明确了本地区的谷子生长发育规律；通过查阅古今中外有关谷子方面的著作资料，明确了谷子起源于我国，对中国农耕文化与中华民族的起源和发展曾做出突出贡献，且一直是军需民用的重要物资。这些研究更加激发了他对谷子研究的热情和对考古学研究的兴趣。他能及时掌握省、市谷子种植面积的消长形势、品种供应状况、农村谷子品种现状以及群众对优良谷子品种的迫切要求，促使他更加刻苦工作和钻研。逐步弄清了适于本地区种植的谷子生态型，明确了育种目标。

三、主要成果和论著

（一）主要成果

1976年获农业部科技进步奖三等奖；系选育成的长谷一号深受群众欢迎，至1988年推广面积已达140万亩，创社会效益987万元，获市科技进步奖三等奖；1989年杂交育成的长谷二号获长春市第三届发明与革新三等奖，1991年推广面积达62.3万亩，创社会效益1 400多万元，获吉林省、长春市科技进步奖四等奖；长谷二号一直是全省主要的推广品种，1995年评为国际优秀科技成果，编入《中国“八五”科技成果选》一书；1995年杂交育成的长谷五号又通过省级鉴定。就在谷子面积急剧压缩的情况下，从1991年至1995年，长谷系列谷子品种始终是吉林省主要的推广品种，累计推广面积达80多万亩，创社会效益900多万元。

（二）著作、论文

1.《制约谷子产量的主导因素及其增产措施的初步分析》刊载于《东北地区谷子科学研究专辑》，1985年。

2.《粟在中国古代社会中的地位和作用》为在全国谷子会议上的发言稿，引起专家们的重视，首先被推荐在1987年《糜谷黍科研通讯》中发表，1991年又在国家级刊物《农业考古》中全文转载。

高国仁在工作

3.《谷子》刊载于《长春市志·农业志》，1995年出版。

4.《谷子高产栽培技术要点》刊载于《北方农村致富实用技术精选》，吉林科技出版社1989年出版。

5.《中国谷子的起源和发展简史》刊载于《谷子育种学》，农业出版社出版。

6. “长谷二号”选育报告［J］. 吉林农业大学学报，1990（3）.

7. “长谷二号”育、繁、推一体化工作法与体会［J］. 粟类作物，1991（2）.

8.《长春市谷子品种遗传资源》刊载于《中国谷子及其他粟类作物品种遗传资源目录》，农业出版社 1995 年出版。

9.《我市农村小城市建设在经济区划方面的几点看法》为政协组织视察后在常委会上的总结发言稿，后在《长春建设》1995 年 1 期发表。

10.《长谷二号》刊载于《中国实用科技成果大辞典》，1995 年出版。

11. 高国仁，蒋宏伟 . 从粟类作物在中国历代社会中的作用看粟类科研工作者当前的庄严使命［J］. 农业考古，1997（1）.

四、主要社会兼职与荣誉

高国仁同志为长春市第八届政协委员、常委，在 1995 年被评为优秀政协委员。

赵喜魁

赵喜魁（1929—2015），女，九三学社社员，辽宁省沈阳市人，吉林省农业科学院作物育种研究所副研究员。主要从事谷子遗传育种研究工作。

一、学习工作简历

1953 年 8 毕业于东北农学院农学系。分配到东北农业科学研究所育种系杂粮组谷子课题工作。1958 年开始担任谷子育种课题主持人。1964 年主持东北协作区谷子联合区域试验课题。1978—1984 年在吉林农业大学农学系育种教研室任教并主持谷子育种研究课题。1984 年调回吉林省农业科学院作物所，为谷子育种课题主持人。1985 年晋升副研究员。1990 年 10 月退休。

赵喜魁具有坚实的理论基础和丰富的实践经验，多年从事谷子遗传育种研究工作，对推动农业生产和谷子育种研究做出了很大贡献。

二、主要工作业绩

20 世纪 50 年代，赵喜魁开展吉林省和辽宁省 14 个县市的谷子地方品种调查和搜集工作，共搜集 2 083份材料，并进一步归类整理，解决了同种异名和异种同名问题，为全省谷子育种工作奠定了地方品种资源基础，同时研究了地方品种生态型。选育出花脸 1 号、花脸 2 号品种，在生产中大面积推广。1958 年开始主持谷子新品种选育工作，提出杂交育种和系统选育并举的育种方针，逐步转向以品种间杂交育种为主的途径，改进了谷子杂交方法，使杂交率由过去的 5%提高到 30%以上，效果很显著，在国内首次提出“整穗接触授粉法”，为杂交育种工作解决了一个关键技术难题。

三、主要成果和论著

在 37 年的谷子育种工作中，她参与选育出 16 个推广良种，累计推广面积 500 余万公顷，创造社会效益达 6. 3 亿余元。其中以公谷 6 号品种最为突出，抗逆性强、适应区域广、高产稳产，增产 10%以上，其推广种植达 23 年之久，在良种推广上实属罕见，1968—1990 年累计推广面积为 246 万公顷，占吉林省谷子播种面积的 25. 6%，占主推区的 47. 9%，创造社会效益 4 亿余元。此外，公谷 6 号还作为优良的亲本源，被广泛利用。它又是谷瘟病的优秀抗源，成为新品种选育的优秀种质源。于 1978 年荣获全国和吉林省科学大会重大贡献奖和重大科技成果奖。

1970—1980 年，确定推广公谷 15 号、公谷 23 号、公谷 29 号、公谷 31 号谷子新品种。20 世纪 80 年代育成的公谷 60 号品种，1988 年获吉林省农业厅技术改造奖二等奖，1990 年获吉林省科技进步奖三等奖。

在生态试验研究方面，赵喜魁提出吉林省分三个生态区及各生态区的主要生态性状、分布规律及生育期间降水量与谷粒大小的相关性等观点。

撰写的主要论文有：《谷子杂交优势的分析》被全国谷子专业委员会评为优秀论文，《我国主要粟产区品种生态型和适应性》《谷子丰产经验调查报告》《吉林省谷子品种生态型和育种目标》等多篇学术论文。编写著作有：《吉林省农作物品种志》第一册、第二册的谷子、糜子部分，《吉林省农业史志》《谷子育种学》《谷子良种繁育》等讲义以及《非黑土地带的谷子》《谷子的分析》和《春麦的春化对产量、种子播种质量的影响》等译文。

四、主要社会兼职与荣誉

赵喜魁工作勤恳认真、刻苦钻研，为吉林省谷子育种做出了突出贡献。1992 年起享受国务院政府特殊津贴。1993 年获吉林省委省政府颁发的“吉林英才奖章”。

金莲花

金莲花，女，1935 年 1 月出生，中共党员，吉林省延吉县人。吉林省农业科学院作物育种研究所副研究员。主要从事谷子品种资源搜集整理、品种选育工作。

一、工作简历

1960 年 8 月毕业于延边农学院农学系。同年分配到吉林省农业科学院从事谷子育种研究工作。1969 年以来，一直担任谷子研究室主任、课题主持人，1985 年晋升为副研究员。1984 年开始任吉林省农作物品种审定委员会委员、“七五”国家科技攻关谷子专业委员会委员。1990 年 10 月退休。

二、主要工作业绩和成果

金莲花在 30 年的谷子新品种选育研究中，先后选育推广了公谷 6 号、公谷 23 号、公谷 62 号等三批共 10 个高产、优质、抗性强的谷子新品种，其中，公谷 6 号从 1968 年推广以来深受农民欢迎，至 1990 年，累计种植面积达 246 万公顷，创社会效益 4 亿多元，获得 1978 年全国科学大会重大贡献奖和吉林省科学大会重大科技成果奖。公谷 62 号从审定推广以来，到 1992 年推广面积达 4 万公顷以上。该品种 1986 年在全国谷子赛米会议上被评为二级优质米，1993 年获吉林省科技进步奖三等奖。

金莲花从 20 世纪 70 年代开始，搜集、整理、保存了国内外谷子品种资源 2 000多份，其中吉林省为 485 份。并与植物保护研究所协作进行了谷瘟病、谷子白发病、黑穗病、锈病四大病害的人工接种鉴定，从中筛选出抗源材料 20 个，并完成了吉林省品种资源的植物学特征、生物学特征、经济学特征等 23 个项目调查，为育种工作提供了科学依据，并利用该成果参加编写了《中国谷子品种资源目录》，该项成果在 1980 年获农业部技术改进奖一等奖。参加完成了东北大区谷子区域试验和全国谷子联合生态试验及中国谷子主产区生态区划课题研究，这项工作分别获得 1986 年农牧渔业部科技进步奖三等奖、1992 年农业部科技进步奖三等奖。

三、主要论著

参加编写的著作有《农作物种子与育种》《中国谷子品种资源目录》《中国谷子品种志》《谷子品种生态区划意见》《吉林省农作物品种志》（第二集）。主要论文有《谷子杂种后代粟瘟病抗性遗传规律研究初报》《东北地区作物品种区划》等。

四、主要社会兼职与荣誉

曾多次被评为吉林省农业科学院三八红旗手和吉林省农业科学院作物研究所先进工作者。

黄英杰

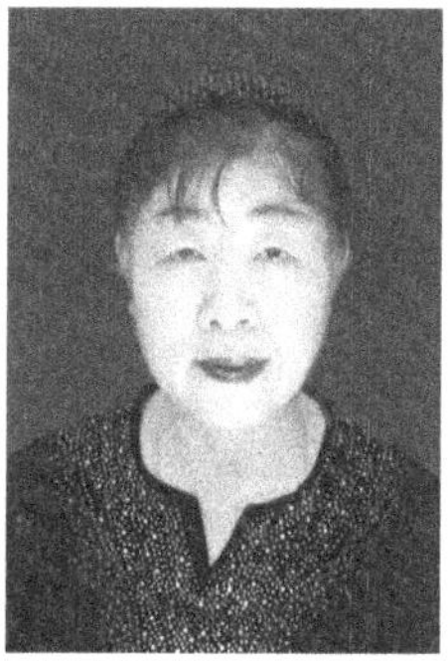

黄英杰，籍贯河北省望都县，1953年11月出生。吉林农业大学农学专业大专毕业。1970年到吉林市农业科学院工作直至退休。作物研究所副所长，研究员。专职从事谷子、糜子新品种选育及推广应用工作。

一、学习工作简历

1970年在吉林农业大学农学专业学习，毕业后到吉林市农业科学院工作。

二、主要研究经历和贡献

从事谷子、糜子育种研究31年，将传统育种技术与新兴的育种技术相结合，针对我国谷子生产中存在着低产、倒伏、品质差等关键技术难题，采用优质杂交育种、抗病倒伏育种，培育出营养品质及食味品质均达到国家级优质小米标准的高产抗倒伏的优良新品种九谷8号、九谷9号、九谷10号、九谷11号、九谷12号、九谷13号6个。主持和参加国家级、省级、市级科研项目10余项，其中，九谷9号和九谷10号获农业部、科技部后补助。九谷10号同时还获得了吉林省科技局后补助品种。获吉林省科技进步奖三等奖7项，获市科技进步奖一等奖2项。发表国家级论文5篇，省级论文16篇，学术会议宣读、交流20余篇。合作编写谷子栽培学、农业技术、农业实用全书。其中，该同志主持选育的九谷9号、九谷10号谷子新品种在吉林省、辽宁省、黑龙江省3年累计推广应用100余万亩，获经济效益6 000万元以上。大面积生产应用中均表现优质、高产，分别于1997年10月、2001年11月获吉林省科技进步奖三等奖。九谷8号和九谷13号是通过国家审定品种，生产中均表现丰产性好、优质、抗倒伏。其中九谷8号分别于1993年、1994年获吉林市科技进步奖一等奖和吉林省科技进步奖三等奖。主持选育的九黍1号新品种于1996年获吉林省科技进步奖四等奖。

在进行品种选育的同时，黄英杰同志积极进行了科技成果的二次开发，结合市场需求，研制出“吉林优质小米”精制免淘米，以1千克小包装形式投放市场，深受消费者青睐，市场反馈信息好，经济效益显著。该产品获吉林省农业厅“3818优质小米基地及小康乡建设”项目支持。在项目实施过程中，黄英杰同志多次下乡考察指导，与农民打成一片，积极推广新成果及其配套栽培模式，给农民解决栽培中的技术难点，从而促进了谷子成果产业化，并推进了公司加农户，产、供、销一条龙的订单农业发展。谷子产量从每公顷平均3 250千克提高到4 000~5 000千克。建成了优质小米生产和批发基地，3年累计创效益800多万元，于1998年获吉林省政府农业丰收计划二等奖。

三、主持或参加的主要研究课题

1. 主持农业部、吉林省科委、省农业厅下达的“八五”新品种选育项目，1989—1998年。

2. 国家“九五”攻关：“谷子新品种选育”农业部后补助项目“九谷9号”，主持人，1995—2000年。

3. 主持吉林省科委“优质谷子新品种选育”项目，1996—2000年。

4. 主持吉林省农业厅“吉林省高产、优质、多抗谷子新品种选育”课题，1996—2000年。

5. 主持吉林市委“优质谷子新品种选育”课题，1995—2000年。

6. 主要参加“中国黍稷品种资源特性鉴定与评价”项目，1996—2000 年。

7. 主持吉林省农业厅“3818 优质小米基地及小康乡建设”项目，1996—2000 年。

8. “十五”攻关项目：“九谷 10 号”获农业部、科技部后补助项目，主持人，2001—2003 年。

9. 吉林省科技局后补助项目“九谷 10 号”，主持人，2001—2003 年。

四、主要研究成果

1. 主持选育的谷子新品种九谷 8 号、九谷 9 号、九谷 10 号、九谷 11 号、九谷 12 号谷子新品种分别于 1990、1995、1998、2001、2004 年通过吉林省农作物品种审定委员会审定。主持选育的谷子新品种九谷 13 号于 2006 年通过全国谷子品种鉴定委员会鉴定。

2. 1993 年，“九谷 8 号新品种选育”项目获吉林市科技进步奖一等奖，第一名。

3. 1994 年，“九谷 8 号新品种选育”项目获吉林省科技进步奖三等奖，第一名。

4. 1996 年，九黍 1 号获吉林省科技进步奖四等奖，第一名。

5. 1997 年，九谷 9 号获吉林省科技进步奖三等奖，第一名。

6. 1998 年，“中国黍稷优异种质的筛选利用”项目获山西省科技进步奖三等奖，第四名。

7. 1998 年，“优质小米基地及小康乡建设”项目获吉林省农业丰收计划二等奖，第一名。

8. 2001 年，“优质高产谷子新品种九谷 10 号”项目获吉林省科技进步奖三等奖，第一名。

9. 2005 年，“特色谷九谷 11 号新品种选育”项目获吉林省科技进步奖三等奖，第一名。

九谷 8 号鉴定现场

五、主要论著

1. 参加编写《中国黍稷》第十章，该著作于 1996 年 11 月由中国农业出版社出版。

九谷 13 号

2. 参加《糜子》著作审稿，该著作于 1999 年 12 月由中国农业出版社出版。

3. 黄英杰．九黍 1 号选育报告［J］. 吉林农业科学，1994（3）：35-37.

4. 黄英杰，徐大明．优质高产新品种九谷 9 号的选育报告［J］. 吉林农业科学，1995（2）：21-23.

5. 黄英杰，徐大明，崔秀红，刘金明．谷子主要数量性状的遗传变异和选择效果的研究［J］. 吉林农业科学，1997（3）：25-28.

6. 黄英杰，刘金明，王桂芳，靳有权，崔秀红．优质高产新品种九谷 10 号选育报告［J］. 吉林农业科学，1998（3）：32-34.

7. 黄英杰，刘金明，崔秀红．优质高产新品种九谷 11 的选育［J］. 作物杂志，2001（5）：45.

8. 黄英杰，张占金，孙赋，赵华，刘会才．优质谷子新品种九谷 12 的育成及应用［J］. 作物杂志，2004（3）：49.

六、主要社会兼职与荣誉

1994—2006 年当选中国作物学会粟类作物专业委员会委员，2000 年当选全国谷子品种鉴定委员会委员。1999 年获全国总工会、教育部、科技部、人事部、劳动部联合颁发的自学成才奖。同年，获吉林市“巾帼科技创新能手”称号。2000 年获科技兴市“先进工作者”称号。2001 年获全国农作物区域试验“先进工作者”称号。多次被评为单位先进工作者。被单位三次推荐吉林省、市中青年有突出贡献拔尖人才，并推荐为吉林市科技专家、谷子学科带头人。获吉林省科技进步奖三等奖 7 项，吉林市科技进步奖一等奖 2 项。

宁夏回族自治区

王玉玺

王玉玺（1941—　），男，中共党员，山西省长治县人，固原地区农业科学研究所（现为宁夏农林科学院固原分院）副研究员，主要从事谷子、糜子新品种选育及栽培技术研究。

一、学习工作简历

（一）学习经历

1957 年 9 月至 1960 年 7 月，就读于山西省晋东南农业专科学校初技部农作物专业。

1960 年 9 月至 1965 年 7 月，就读于山西省长治农业学校。

1980 年 9 月至 10 月，参加宁夏科协举办的速成科技日语学习班。

1981 年 12 月，参加七省（区）谷子染色体训练班。

1991 年 3 月 20—30 日，参加全国谷子生物技术讲习班。

（二）工作经历

1965 年山西省长治农业学校毕业后，响应党的号召，报名支援宁夏建设，分配到宁夏固原专区农业局工作，先后在贺兰县和西吉县参加两期社会主义教育运动。“文化大革命”中，参加抓革命促生产运动，主抓农业技术工作。

1969年调入固原地区农业科学研究所，先后任机关组长、生产连长等职，参与玉米、高粱制种与繁种工作。1973年牵头筹建固原地区农业科学研究所糜子谷子科研课题组，1974年开始主持谷子、糜子、荞麦科学研究工作。1984年参与筹建固原地区农业科学研究试验场，兼首任场长。2000年从固原地区农业科学研究所退休。

二、主要工作业绩

育成宁糜、宁谷系列谷子糜子新品种，为宁夏谷子糜子生产提供了品种支撑。从收集地方品种入手，结合引进外地优良品种进行鉴定利用，逐步开展了谷子糜子多途径新品种选育。同时，从总结群众栽培经验着手，以糜子为主要研究对象，开展了系列栽培技术研究，对谷子和荞麦也进行了引种繁殖和高产栽培方面的研究。先后筛选出大红糜子、大黄糜子、紫秆红糜子等一批地方品种；引进了紫杆大日月、甘粟2号、晋谷9号等外省区糜子谷子品种；通过系统选育和有性杂交，主持育成宁糜8号、宁糜9号、宁糜10号、宁糜11号、宁糜12号糜子新品种和宁谷1号谷子新品种，在生产中发挥了各自的作用。其中，主持育成的宁谷1号为宁夏首次选育的谷子新品种；宁糜8号春播生育期70天，夏播生育期50天，亩产可达100~200千克，是可供复种救灾的生育期最短的糜子品种；GS宁糜9号抗旱耐旱能力强，适口性好，丰产稳产，连续多年作为国家区域试验对照品种应用，1996年9月，入选国家科学技术委员会国家级科技成果重点推广计划项目，同时入选《中国“八五”科学技术成果选》；GS宁糜10号中晚熟，丰产稳产，2009年被中国作物学会粟类作物专业委员会评为“适口性好的品种”，在宁夏头营曾创造了小面积亩产500千克的高产纪录。宁糜11号和宁糜12号选育，填补了宁夏没有糯性糜子品种的空白。

对糜子开花习性、光敏性、水分利用效率等进行了深入研究，为糜子杂交育种和栽培研究提供了科学依据。开展了糜子杂交技术研究，提出了以手工去雄为主，温汤去雄、剪颖去雄、泡弹甩镊去雄为辅的糜子杂交技术体系。将研究成果进行集成组装，进行万亩丰产栽培示范，在年降雨量不足 300 毫米的宁夏中部干旱区平均亩产达到 125. 6 千克。

系统总结了自宁夏回族自治区成立至 2000 年宁夏糜子研究成果，为后续研究者提供了丰富的参考资料。不辍笔耕，编纂形成了 500 余万字的宁夏糜子研究史料；执笔完成了《中国黍稷》第八章“黍稷的栽培技术”，《糜子》第七章“糜子新品种选育”等 5 部专著，撰写学术论文 10 余篇。其中，《关于 *Panicum miliaceum* L. 栽培种规范称谓之商榷》一文规范了糜子在我国的统一称谓，在全国区试协作组的文件中统一使用。《加强糜子良种繁殖与储备工作》一文，提出了糜子“良种布局区域化，良种繁殖体系简单化，提纯复壮群众化，备荒种子制度化”的糜子“四化”繁种技术，在糜子良种推广中起了重要作用，直至今天仍然具有指导意义。《糜子在宁南山区旱作农业中的地位》一文，分析了糜子的植物学耐旱性；采用瓦尔特气象图，分析了糜子在旱作农业生产中与气候条件相吻合的物候学特征，总结出“糜子以自身年际间面积的不稳定，保证了粮食生产的相对稳定”的结论，提出了发展旱地糜子生产的新思路。

三、主要成果和论著

（一）获奖成果

1. 1985 年，《糜子在宁南山区旱农中的地位》，宁夏科协优秀学术论文三等奖，排名第一。

2. 1987 年，全国谷子品种区域试验及结果应用，农牧渔业部科技进步奖三等奖，完成人。

3. 1992 年，杂粮新品种引种选育，宁夏科技进步奖三等奖，排名第一。

4. 1994 年，GS 宁糜 9 号新品种选育及推广应用，宁夏科技进步奖二等奖，排名第一。

5. 1992 年，高产、稳产、优质、特抗旱糜子优良品种，中国新产品新技术博览会银奖，排名第一。

6. 1994 年，旱地糜子新品种 GS 宁糜 9 号，首届中国杨凌农科城技术成果博览会技术成果后稷金像奖，排名第一。

7. 1999 年，糜子新品种宁糜 10 号选育及推广应用，宁夏科技进步奖三等奖，排名第一。

8. 2008 年，糯性糜子新品种选育，宁夏科技进步奖三等奖，排名第三。

（二）育成和引进品种

1. 宁谷 1 号（宁种审证字第 112 号）：1979 年 12 月宁夏回族自治区农作物品种审定委员会审定通过。

2. 甘粟 2 号（宁种审证字第 308 号）：1983 年 1 月宁夏回族自治区农作物品种审定委员会审定通过。

3. 晋谷 9 号（宁种审证字第 411 号）：1984 年 12 月宁夏回族自治区农作物品种审定委员会审定通过。

4. 紫杆大日月（宁种审证字第 410 号）：1984 年 12 月宁夏回族自治区农作物品种审定委员会审定通过。

5. 宁糜 8 号（宁种审证字第 614 号）：1988 年 12 月宁夏回族自治区农作物品种审定委员会审定通过。

6. 北海道（宁种审证字第 718 号）：1990 年 11 月宁夏回族自治区农作物品种审定委员会审定通过。

7. 榆荞 2 号（宁种审证字第 719 号）：1990 年 11 月宁夏回族自治区农作物品种审定委员会审定通过。

8. GS 宁糜 9 号（宁种审证字第 717 号，GS04004-1992）：1990 年 11 月宁夏回族自治区农作物品种审定委员会审定通过，1992 年全国农作物品种审定委员会审定通过。

9. GS 宁糜 10 号（宁农种审证字第 9418 号，GS04001-1997）：1994 年 1 月宁夏回族自治区农作物品种审定委员会审定通过，1997 年 7 月全国农作物品种审定委员会审定通过。

10. 宁糜 11 号（宁种审证字第 9812 号）：1998 年 4 月宁夏回族自治区农作物品种审定委员会审定通过。

11. 宁糜12号（宁种审证字第9813号）：1998年4月宁夏回族自治区农作物品种审定委员会审定通过。

（三）论文

1. 王玉玺．糜子在宁南山区旱作农业中的地位［J］．干旱地区农业研究，1983（01）：77-82.

2. 王玉玺，宋刚．糜子在宁南山区旱农中的地位［J］．宁夏农业科技，1983（04）：1-3.

3. 王玉玺，容霞．旱地糜子高产栽培经验总结［J］．宁夏农业科技，1984（03）：17-18，21.

4. 王玉玺．加强糜子良种繁殖与储备工作［J］．宁夏农林科技，1988（04）：15-16.

5. 王玉玺，张立君，容霞，马均伊．“宁糜九号”旱地栽培优化群体结构探讨［J］．粟类作物，1991（4）：17-22.

6. 王玉玺，张立君，马均伊，容霞．宁糜9号［J］．作物杂志，1992（04）.

7. Wang Yuxi，Ma Junyi，Zhang Lijun，Rong Xia. A Study of Technology in Maintaining the Productive Seed of Buckwheat［C］//Agriculture Publishing House：*Proceedings of the 5th International Symposium on Buckwheat*. 20-26，August 1992，Taiyuan，China，315-318.

8. 王玉玺．黍稷品种区域试验及其成就［J］．粟类作物，1993（3）：30-31.

9. 王玉玺，程炳文．关于 *Panicum miliaceum* L. 栽培种规范称谓之商榷［J］．粟类作物，1997（1）：63-66.

（四）著作

1. 杜守宇，安兴东，王玉玺．粮食作物丰产栽培技术［M］．银川：宁夏人民出版社，1996.

2. 柴岩，王玉玺，王智才，等．糜子［M］．北京：中国农业出版社，1997：136-160.

王玉玺（左）与柴岩

王玉玺在田间

3. 王星玉，魏仰浩，王玉玺，等．中国黍稷（第八章）[M]．北京：中国农业出版社，1997：94-127.

4. 魏仰浩，于雅玲，王玉玺，贾尚诚，柴岩，王春生．中国糜黍的育种史与育种成就［C]//中国黍稷论文选，1990（03）：267-272.

王玉玺不同时期工作照

四、主要社会兼职与荣誉

（一）社会兼职

1994 年，全国糜子科研协作组组长。

1995 年，中国作物学会粟类作物专业委员会第三届委员会黍稷学组副组长。

（二）荣誉

1992 年，固原县总工会五一劳动奖章。

1993 年，中共固原地区委员会优秀共产党员。

1995 年起享受国务院政府特殊津贴。

1998 年，宁夏回族自治区党委、人民政府：荣誉证书、奖章、纪念卡。

2003 年，中共固原市农业科学研究所委员会优秀共产党员。

2008 年，宁夏回族自治区党委、人民政府有突出贡献专家。

2012 年，第一届国际糜子论坛：荣誉奖章 “Mr. Wang Yuxi：In Recognition of One’s Accomplishment and Persistent efforts in Genetic Improvement and Production of Broomcorn Millet”。